Auf zum Steinhuder Meer!

Kulturlandschaft Schaumburg

Band 2

Herausgegeben
von der
Schaumburger Landschaft

Klaus Fesche

Auf zum Steinhuder Meer!

Geschichte des
Tourismus am größten Binnensee
Niedersachsens

Verlag für Regionalgeschichte
Bielefeld 1998

Die Deutsche Bibliothek – CIP-Einheitsaufnahme

Fesche, Klaus:
Auf zum Steinhuder Meer! : Geschichte des Tourismus am größten
Binnensee Niedersachsens / Klaus Fesche. – Bielefeld : Verl. für
Regionalgeschichte, 1998
    (Kulturlandschaft Schaumburg ; Bd. 2)
ISBN 3-89534-220-3

Gedruckt auf chlorfrei gebleichtem und alterungsbeständigem Papier

ISBN 3-89534-220-3

Hersteller: Heinz Kameier, Leopoldshöhe
Einbandgestaltung: Martina Billerbeck, Bielefeld

Satz und Druck: Hans Kock Buch- und Offsetdruck GmbH, Bielefeld
Bindung: B. Gehring Großbuchbinderei, Bielefeld
Printed in Germany

Inhaltsverzeichnis

Vorwort 7

Das Steinhuder Meer als Landschaft und Lebensraum 11

Die Anfänge des Steinhuder-Meer-Fremdenverkehrs 19
    Frühe Besucher 19
    Ein Mythos entsteht: „Die unüberwindliche Festung" 22
    Die Romantik: Wandlung der Besuchermotive 24
    Sandige Wege, schmerzende Füße: Verkehrsverhältnisse 27
    Ausflugsziel Bad Rehburger Kurgäste 33
    Ausbau des Wilhelmsteins zum Besucherziel 34
    Attraktion Gefängnisinsel: Tourismus und Strafvollzug 36

Die Auswirkungen der Industrialisierung 39
    Zivilisationskritische, oppositionelle und antimoderne Bewegungen 42
    Zeit gewinnen, Raum überwinden 43

Der Wilhelmstein als Touristenattraktion 45
    Das Fremdenbuch als Poesiealbum und Mitteilungsorgan 47
    Schul- und Vereinsausflüge 48
    Politische Bekenntnisse 52
    Aus aller Herren Länder 52
    Das Treiben auf dem Wilhelmstein 53
    Steinhude holt auf 56

Thema: Mit dem Fahrrad ans Steinhuder Meer 61

Die Steinhuder Meerbahn und ihre Folgen 67
    Gründung und Blüte der Bahn 67
    Der Bau des Strandhotels 75
    Porträt: Der „Manager" – Landrat v. Woyna 78
    Der Abstieg Hagenburgs 80
    Die Fischer in Not 82
    Kampf um alte Privilegien und Reformen 84
    Die Polizeistunde: Ein wackelndes Bollwerk 89
    Porträt: Kaufmann und Seiler, Schiffer und Gastronom – Ernst Schuster 91
    Die Frühzeit der organisierten Tourismusförderung 96
    Die Anfänge des Segelns auf dem Steinhuder Meer 99

Die Entdeckung des Nordufers 105
    Hermann Bahlsen plant ein Freizeit- und Ferienparadies 107
    Porträt: Reformbewegte Touristin – Katharina Eleonore Behrend 112

Thema: Tourismus im Zeichen des Mars 117
    Kriegsspiele am Meer 118
    Auf ein Neues! 121

Themenblock: Jahreszeiten 125
  Die Eroberung des Eises 125
  Himmelfahrt und Pfingsten: Die ersten Saison-Höhepunkte 130
  Sommervergnügen: Baden am Steinhuder Meer 134

Die zwanziger Jahre: Freizeit wird zur Massenbewegung 145
  Wochenend hat Konjunktur 145
  Der Weiße Berg 148
  Naturzerstörung und Naturschutz 152
  Weitere Expansion des Tourismus 157
  Mit dem Auto ans Steinhuder Meer 161
  Die Steinhuder Meerbahn in Bedrängnis 164
  Tanz und Geselligkeit 168
  Wassersport wird Volkssport 170
  Tourismus in der Weltwirtschaftskrise 174

Tourismus im „Dritten Reich" 179
  Erholung und Fremdenverkehr im Griff des NS-Regimes 179
  Modernes Marketing 181
  „Kraft durch Freude" 184
  Das Landjahrheim Mardorf 185
  Die Marine-HJ am Steinhuder Meer 187
  Die Teilstillegung der Steinhuder Meerbahn 188
  Wochenendhäuser für Wohlhabende – eine Promenade fürs Volk 192
  Krieg 202

Die Nachkriegszeit 205
  Der Vormarsch des Automobils 208
  Das Ende der Kleinbahn 210
  Die Campingwelle 214
  Die Entwicklung der Wochenendsiedlungen 216
  Ökologische Bedrohungen 219
  Die Entwicklung des Rettungsdienstes 221

Erholungsgebiet im Großraum Hannover 225
  Raumordnung und Landschaftsplanung 225
  Territoriale Neuordnungen 234
  Tourismus im „Naturpark" 234
  Wassersportprobleme 238
  Historische Alternativen zum Straßenverkehr? 241
  Angebot und Nachfrage heute 243
  Ausblick 247

Abkürzungsverzeichnis 249

Anmerkungen 250

Quellenverzeichnis 260

Literaturverzeichnis 263

Danksagung 268

Vorwort

Dieses Buches behandelt die Geschichte von Fremdenverkehr und Erholung am Steinhuder Meer. Die Arbeit an diesem Gegenstand entwickelte sich aus dem bei der Schaumburger Landschaft e.V. in Bückeburg angesiedelten Projekt „Schaumburg im Industriezeitalter". Bei der vom Initiator Karl Heinz Schneider angeregten Beschäftigung mit dem Thema „Steinhuder Meerbahn und Tourismus" entdeckte ich, daß es keine historische Darstellung des Fremdenverkehrs am Steinhuder Meer gab, obwohl der Andrang der „Fremden" – der Ausflügler, Urlauber, Wochenendsiedler und Wassersportler – das Steinhuder Meer und die Orte in seiner Umgebung nachhaltig beeinflußt und verändert hat.

Aufgrund dieses Problems entstanden Fragen wie: Begann der Steinhuder Tourismus wirklich erst mit der Steinhuder Meerbahn, wie mancherorts zu lesen ist? Welche Rolle spielte der Fremdenverkehr bei den Planungen zur Kleinbahn? Wieviele Menschen fuhren schon vor dem Ersten Weltkrieg zum Wilhelmstein? Wurde am Steinhuder Meer ansonsten nur gesegelt, da doch manche Publikationen nur über diese – zugegeben spektakulärste – Freizeitbeschäftigung sprechen? Welchen Einfluß hatte der Fremdenverkehr auf die Entwicklung der einzelnen Orte am Steinhuder Meer?

Während der Arbeit ergaben sich zahlreiche weitere Aspekte, Erkenntnisse und neue Fragestellungen. Wie der Spiegel des Meeres je nach Wetter, Tages- oder Jahreszeit blau, braun, gelb, silber, weiß oder schwarz erscheint – all diese Farben kommen in den Beschreibungen der Besucher vor –, so zeigt und reflektiert die Geschichte des Steinhuder-Meer-Fremdenverkehrs ein breites und schillerndes Spektrum an historischen Erscheinungsformen, Einflüssen, Ereignissen, Prozessen und Moden. Es galt, die unterschiedlichsten Gesichtspunkte zu behandeln; Tourismusgeschichte verbindet politische, Kultur-, Mentalitäts-, Wirtschafts- und Verkehrs-, Sozial- und Umweltgeschichte.

Innerhalb dieser bereits über 200jährigen Geschichte soll das Buch eine erste Orientierung ermöglichen. Allerdings können nicht alle Faktoren und Gesichtspunkte behandelt werden; Sportgeschichte etwa wird nur gestreift, das Segeln in erster Linie als touristisches Phänomen behandelt. In diesem Buch geht es eher darum, den Blick auch auf die anderen, z.T. vergessenen und weniger spektakulären Aspekte des Steinhuder-Meer-Tourismus zu lenken.

Tourismusgeschichte kann zeigen, wie sich im Zuge der Industrialisierung das Verhältnis zwischen Stadt und Land änderte: Das Land ist nicht mehr nur Nahrungsquelle, sondern vor allem Regenerationsressource, Ort der Entspannung und Erholung. Gleichzeitig wandelt sich auch das Verhältnis zwischen Mensch und Natur, die nicht mehr feindlich ist, sondern Objekt der Sehnsucht. Die Beschäftigung mit Freizeit- und Tourismusgeschichte ermöglicht, die Widersprüche zu erkennen, in denen wir gefangen sind: Warum fahren wir in tausenden Automobilen ins Grüne, vergiften die Luft, verstopfen die Straßen und würdigen die Umgebung unseres Ziels zu Parkplätzen herab, wo wir doch eigentlich Ruhe, frische Luft und „unberührte Natur" suchen?

Aber nicht nur Widersprüche und Probleme behandelt dieses Buch, sondern auch die angenehmen Seiten, die Ausflüge und Reisen bieten: Reise- und Entdeckerlust, Badefreuden, Wintervergnügen, Geselligkeit, kulturellen Austausch, Selbsterfahrung.

Zum Aufbau des Buches: Nach einer Beschreibung des Steinhuder-Meer-Raumes vor Beginn der touristischen Eroberung wird die Entwicklung des Wilhelmstein-Tourismus nachgezeichnet, der ältesten und lange Zeit nahezu einzigen Form des Steinhuder-Meer-Fremdenverkehrs. Zunächst werden die ersten Anfänge des Inselbesuchs durch Adelige und wohlhabende oder gelehrte Bürger dargestellt. Zum Verständnis des wachsenden (Ausflugs-)Tourismus am Ende des 19. Jahrhunderts ist es notwendig, einen Blick auf die Geschichte der Industrialisierung zu werfen, und zwar am Beispiel Hannovers, des Hauptherkunftsortes der Steinhuder-Meer-Besucher. Infolge der Industrialisierung erlebte der Tourismus allgemein und auch am Steinhuder Meer einen Aufschwung, der hier noch gefördert wurde durch den Betrieb der Steinhuder Meerbahn ab 1898. In die Darstellung der Entwicklung bis zum Ersten Weltkrieg werden Personen-Porträts und Themenkapitel eingeschoben. Letztere behandeln epochenübergreifend den einst und heute wieder wichtigen Fahrradtourismus, die Anfänge der Tourismusförderung und die militärische Motivation zum Besuch des Sees. Im Themenblock „Jahreszeiten" werden der Winterfremdenverkehr, der Auftakt zur Hauptsaison zu Himmelfahrt und Pfingsten und das Sommervergnügen Baden beleuchtet.

In den zwanziger Jahren erlangten die sich bereits vor dem Ersten Weltkrieg andeutenden modernen Freizeitformen Massenwirksamkeit: Zu den Wilhelmstein-Ausflügen traten vor allem das Baden und der Wassersport. Aber auch die Probleme von heute zeichneten sich schon ab: die Natur- und Umweltzerstörung, nicht nur durch Landwirtschaft und Torfabbau, sondern auch durch den Fremdenverkehr, vor allem durch den stärker werdenden, sich motorisierenden Individualverkehr. Dieser sollte schließlich auch das Ende der Steinhuder Meerbahn herbeiführen, die einst entscheidende Dynamik in den Fremdenverkehr gebracht hatte. Der massenhafte Ansturm ans Steinhuder Meer traf lange Zeit auf eine unzureichende Infrastruktur – sicher auch als Folge der beiden Weltkriege –, die schließlich seit den 60er Jahren unter der Federführung des Großraums Hannover und seit 1974 durch den dafür zweimal preisgekrönten Naturpark Steinhuder Meer durchgreifend verbessert wurde.

Dieses Buch richtet sich in erster Linie an ein breites Publikum. Anschaulichkeit und Verständlichkeit waren deshalb Paten bei der Abfassung des Textes. Zahlreiche Abbildungen und – kursiv gesetzte – Zitate aus den historischen Quellen unterstützen die Anschaulichkeit. Auf wissenschaftliche Definitionen, Methodendarstellungen und Erörterungen des Forschungsstandes wurde verzichtet. Anmerkungen, die die Textaussagen belegen, und die Verzeichnisse der ausgewerteten Quellen und der benutzten Literatur finden sich am Ende des Buches.

Ohne die Unterstützung zahlreicher Personen und Institutionen wäre dieses Buch nicht entstanden. Diesen Menschen und Einrichtungen ist der Autor zu großem Dank verpflichtet. Es ist schwierig, Jedem und Jeder in gebührender Weise zu danken. Eine ausführliche Danksagung findet sich am Ende des Buches. Bestimmte Personen und Institutionen möchte der Autor jedoch besonders nennen.

Die Anregung zu diesem Buch kam von Dr. Karl Heinz Schneider (Universität Hannover), ehemals Leiter des Projekts „Schaumburg im Industriezeitalter" bei der Schaumburger Landschaft e.V. Diese war Trägerin einer AB-Maßnahme, in deren Rahmen ich wichtige Vorarbeiten leisten konnte. Hierfür ist auch den beteiligten Arbeitsämtern zu danken. Die Schaumburger Landschaft förderte das Buch weiterhin durch einen anschließenden Werkvertrag, durch eine Beteiligung an den Kosten sowie durch organisatorische Unterstützung. Dr. Ernst Böhme, dem ehemaligen stellvertretenden Leiter des Staatsarchivs Bückeburg, verdanke ich neben Hinweisen auf Archivalien auch die Unterstützung des Projekts bei Auftrag- und Geldgebern sowie wichtige Ermunterung. Vielfältige Unterstützung, in Form von Kritik und Ratschlägen, aber auch durch die Erstellung der Grafiken, erhielt ich von Hardy Krampertz. Wie er haben auch Marion Schumann und Bodo Dringenberg größere Teile des Textes gelesen, kritisiert und korrigiert. Gelesen wurde der Text schließlich von Hans-Georg Vorholt, dem Leiter des Stadtarchivs Wunstorf, der ebenso wichtige Hinweise gab. Unterstützung erhielt ich auch vom Vorsitzenden der Ortsgemeinschaft Seeprovinz des Schaumburg-Lippischen Heimatvereins Hermann Beckedorf, der zahlreiche Abbildungen und Quellen zur Verfügung stellte sowie Kontakte zu Zeitzeugen und Leihgebern herstellte. Außer der Schaumburger Landschaft e.V. haben sich an den Herstellungskosten auch die Stadt Wunstorf, die Stadtsparkasse Wunstorf, die Steinhuder Meerbahn GmbH in Wunstorf, der Kommunalverband Großraum Hannover und der Landkreis Hannover beteiligt.

Das Buch widme ich Carla, Jonas und Marion.

Hannover, im März 1998   Klaus Fesche

Das Steinhuder Meer als Landschaft und Lebensraum

Bevor das Steinhuder Meer vom Fremdenverkehr und zur Erholung „entdeckt" wurde, war es in mehrfacher Hinsicht abgelegen. Einer Besiedelung und dem Verkehr standen widrige naturräumliche Bedingungen in weiten Bereichen der Umgebung des „Meeres" (niederdeutsch für See)[1] entgegen. So waren große Teile des Ufers von Moorgebieten oder – infolge regelmäßiger Überschwemmungen – feuchten Wiesen eingefaßt. Feuchtwiesen, Sümpfe und Moore bildeten mit dem Meer eine naturräumliche Einheit und sind verschiedene Stufen einer natürlichen Entwicklung, die nach der letzten Eiszeit vor etwa 15.000 Jahren begann. Damals entstand beim Abschmelzen der Gletscher ein See, der weitaus größer war als heute. Erst durch allmähliches Verlanden entstand eine Landschaft, in der die einzelnen Bestandteile Meer, Moor und Feuchtland ineinander übergingen. Die heutige Größe des flachen, im Durchschnitt nur 1,5 Meter tiefen Meeres beträgt etwa 30 qkm.[2]

Besonders unzugänglich war das Tote Moor nördlich und östlich des Meeres und südlich des Grinder Waldes. Dem Bremer Geographen Johann Georg Kohl, der den See und die ihn umgebenden Orte und Landstriche bereiste und 1863 beschrieb, erschien es als charakteristisch für die *ziemlich wüste Gegend im Osten und Norden des Steinhuder Meeres*, für die *Moore, Brüche, Dünen, Heiden, ,Teufelskuhlen' und Bannseen, daß die aus dem Osten Deutschlands zuweilen westwärts hereinbrechenden Wölfe besagten Strich selbst noch in neuester Zeit wild genug gefunden haben, um vorübergehend darin ihre Standquartiere zu nehmen.* Die letzte Wolfsjagd hatte 1845 stattgefunden, der Wolf wurde schließlich im Grinder Wald erlegt.[3] Als Ausflugsziel schien eine solche Gegend denn auch kaum geeignet: In der von Spilcker 1819 verfaßten Historisch-Topographischen Stadtbeschreibung Hannovers wurde zwar der westlich des Sees gelegene Rehburger Brunnen

Düster-dramatische Darstellung von Moor und See in einem Holzstich von 1882 (Holzstich, Daheim 1882; Repro: Hoerner, Hannover).

empfohlen, nicht jedoch das auf dem Wege dorthin liegende Steinhuder Meer.[4]

Solch unwegsames Gelände, die *morastige Wüste des großen Torfmoores*[5] und das Meer selbst bildeten eine natürliche Barriere, und es verwundert nicht, daß entlang dieser Naturräume auch politische Grenzen entstanden. Das nördliche Seeufer bildete die schaumburg-lippische Grenze zum Kurfürstentum und späteren Königreich Hannover mit seinen Ämtern Rehburg und Neustadt. Es galt der Grundsatz, daß das schaumburg-lippische Territorium so weit wie der Wasserspiegel reiche; durch das Tote Moor ging diese Grenze mitten hindurch. Auf der politischen Landkarte des in viele Einzelstaaten aufgeteilten Deutschen Reiches lag das Steinhuder Meer also in einem eher unbedeutenden Kleinstaat, der 1807 zum Fürstentum erhobenen Grafschaft Schaumburg-Lippe, die nach der Teilung der Grafschaft Schaumburg 1647 entstanden war; der andere Teil gehörte als Grafschaft Schaumburg zur Landgrafschaft Hessen-Kassel. Das kleine Land war zur Erhaltung seiner Selbständigkeit auf das Wohlwollen mächtigerer Nachbarstaaten und Bundesgenossen angewiesen; mehr als einmal stand sein Fortbestehen auf Messers Schneide.

Aber auch innerhalb des Kleinstaats Schaumburg-Lippe lag die sogenannte „Seeprovinz" und mit ihm das Meer abseits vom Kerngebiet um die Residenz Bückeburg und Stadthagen, abseits hinter dem Riegel, der durch die Ausläufer der Rehburger Berge gebildet wird. Die Seeprovinzler, also die Bewohner der Dörfer und Flecken Großenheidorn, Steinhude, Altenhagen und Hagenburg, sowie der Gemeinden der sogenannten „Bergkette" im Südwesten des Meeres, Wiedenbrügge, Wölpinghausen, Bergkirchen und Schmalenbruch-Windhorn, führten ein Leben, das sich von dem der übrigen Schaumburger und Schaumburg-Lipper unterschied. Der Schaumburg-Lipper Heimatforscher Wilhelm Wiegmann schrieb in seiner Heimatkunde kurz nach der Jahrhundertwende: *Von den übrigen Bewohnern unseres Landes unterscheiden sich die Seeprovinzler durch Kleidung und Sprache. Sie tragen keine Nationaltracht, sondern meist einfache, bürgerliche Kleidung. Statt des landesüblichen Maike heißt es hier Dirn, statt mi und di aber meck und deck.*[6] Lebten die übrigen Schaumburger außer von der Landwirtschaft vom Bergbau, von der Glasmacherei, vom Sandsteinabbau, so beruhte die Lebensgrundlage der Seeprovinzbewohner neben der Landwirtschaft auf dem Nutzen, den sie aus Meer und Moor ziehen konnten. So waren Hagenburg und Altenhagen durch einen 1-1,5 km breiten Streifen Niedermoor, Moor- und Feuchtwiesen vom See getrennt. Direkt am See lagen die „Schwimmenden Wiesen", auch Fledderwiesen genannt, aus derem schwankenden Untergrund Schlamm zur Düngung gefördert wurde;[7] im Hagenburger Moor wurde Torf gestochen. Auch in dem nördlich von Großenheidorn gelegenen Hochmoor, dem schon erwähnten Toten Moor, wurde von allen Anrainern in harter Handarbeit Torf gestochen. Kohl schrieb 1863, das Hauptprodukt des Moores, der Torf, sei angesichts des Wachstums der hannoverschen Bevölkerung *viel wert geworden*, denn: *Die*

Grasmähen auf den Fledderwiesen
(Holzstich, Daheim 1882;
Repro: Hoerner, Hannover).

Durch Sturm abgerissene Wiesenstücke wurden mit Hilfe einer Egge wieder eingefangen und zurückgeholt (Holzstich, Daheim 1882; Repro: Hoerner, Hannover).

Küchen und Öfen jener Stadt werden hauptsächlich aus diesem Moore, das einen Teil des Steinhuder Beckens bildet, geheizt. Ganze Karawanen von Torfwagen rollen beständig dahin ab und die Moorbesitzer werden reich dabei.[8]

Letzteres war wohl doch ein wenig übertrieben. Immerhin waren die Bedingungen an der Südseite des Meeres günstiger als an den übrigen Ufern. Die geologische Karte weist im Bereich des Fleckens Steinhude, der als einziger Ort direkt am Meer lag, der Bauerndörfer Großenheidorn und Altenhagen und des Fleckens Hagenburg Tal- und Schmelzwassersände aus; die Böden bei Altenhagen und Hagenburg gehören mit Bodenwertzahlen von 55-75 zu den guten bis mittleren Böden.[9] Nur die Steinhuder Fluren waren mager, in den anderen Orten gedieh die Landwirtschaft recht ordentlich: *Hier ist nämlich die einzige Seite des Meeres, wo ein wahrhaft fruchtbarer Ackerboden sich bietet. Schon das Aeußere der Orte zeugt von Wohlhabenheit. Nur Steinhude soll trotz seines malerischen Ansehens eine Ausnahme machen. Dagegen gewähren die stattlichen Meierhöfe von Großenheidorn, Altenhagen und selbst Hagenburg einen wahrhaft herzerfreuenden Anblick. Steinhude mit seinen 11-1200 Einwohnern nährt sich mehr von Weberei und Fischerei, als vom Ackerbau, und zwar schon seit alter Zeit,* schreibt 1859 Georg Landau.[10] Auch in den anderen Orten wurde die Leineweberei betrieben, denn hier war das Zentrum der schaumburg-lippischen Leineweberei; 1861 lebten in Steinhude, Großenheidorn und Hagenburg und Altenhagen 560 Webermeister und -gesellen, die meisten davon freilich in Steinhude.[11] In Großenheidorn, dessen Wiesen sich bis an das Ostufer des Meeres ausdehnten, lebten nach Landau 1859 *beinahe 900 Seelen,* für Altenhagen nennt er *nahe 400,* während Hagenburg ebenso bevölkert wie Steinhude sei.

Hagenburg hatte bis zum Ende des 19. Jahrhunderts eine hervorgehobene Stellung, da es nicht nur wie Steinhude auch Flecken – also ein größeres Dorf mit gewissen städtischen Rechten wie z.B. dem Marktrecht – war, sondern darüber hinaus auch Sitz des Amtes Hagenburg sowie einer Poststation. Hier befand sich auch ein fürstliches Schloß, das über einen Kanal mit dem Steinhuder Meer verbunden war und so als Ausgangsort für Fahrten über den See diente. Die regelmäßig stattfindenden Gerichtstage sowie die Behördenbesuche brachten einigen Verkehr in den Ort. Verbunden mit einem Angebot an Händlern und Krämerläden machte Hagenburg auf Besucher den Eindruck eines *Städtchens.*[12] Während für Altenhagen die Volkszählung von 1836 66,7 % der Hausbesitzer als Landwirte auswies, waren es in Hagenburg nur 25 %, dagegen gab es hier zahlreiche Gewerbetreibende und Beamte sowie 44,5 % Handwerker.[13]

Daß Hagenburg als Verkehrsort einiges Gewicht besaß, zeigt, daß in den späten 1830er Jahren zeitweise überlegt wurde, die Staatsbahnstrecke Hannover-Minden über den Flecken zu führen.[14] Und auch bei der ersten Initiative für einen Schienenweg zwischen Wunstorf und Bad Rehburg war zuerst Hagenburg als Station im Gespräch, während Steinhude nicht in die Streckenführung einbezogen worden war.

Für viele Steinhuder war der Fischfang bis zur Wende zum 20. Jahrhundert die Haupterwerbsquelle. *Seit alten Zeiten sind die Steinhuder im ausschließlichen Besitz der Fischereien und der Schiffahrt auf dem Meere,* schreibt J.G. Kohl 1863.[15] Über 30 Fischereipächter übten die Korbfischerei am Süd- und Westufer des Sees aus; zudem wurde durch einige Bootsgemeinschaften die Zugnetzfischerei betrieben. Allerdings gab es auch noch einen oder zwei Hagen-

13

burger Fischer, von denen einer als Hoffischer für die herrschaftliche Tafel fischte. Gefangen wurden Aale, Karpfen, Barsche, Weißfische und andere. Im Winter wurde auch unter dem Eis gefischt.[16] Laut Kohl wurde wie der Räucheraal auch die *ächte Steinhuder Chocolate* in die Ferne verschickt; sie genieße *ausgezeichneten Ruhmes*.[17] Die bedeutendste Erwerbsquelle für Steinhude aber war die Leineweberei; 1861 arbeitete rund ein Viertel der Gesamtbevölkerung als Weber. Neben vielen Hauswebereien entstand 1891 auch die mechanische Weberei der Gebrüder Bretthauer.[18] Noch das Adreßbuch für Schaumburg-Lippe von 1912 weist für Steinhude bei 1825 Einwohnern 155 Weber, vier Webermeister und drei Webereien aus, dazu noch vier Leinenhändler.

Über das Verkehrsaufkommen Steinhudes berichtete Bürgermeister Tatje 1881 im Rahmen beginnender Kleinbahn-Planungen an den Landrat in Stadthagen: *Was den Geschäftsverkehr in Steinhude, sowohl in Drell- u. Damastindustrien wie auch des Fischfangs anbetrifft, so ist jeden Tag eine Fahrt mit einem Zweigespann zum Bahnhofe Wunstorf erforderlich, ausserdem werden hier schon reichlich Kohlen verbraucht, was annähernd dasselbe Fuhrwerk beanspruchen würde. Hinsichtlich des Personenverkehrs glaube ich für Steinhude durchschnittlich jeden Tag 4 bis 5 Personen annehmen zu dürfen. Gr. Heidorn, Altenhagen und Hagenburg würden zusammen aber schwerlich mehr Verkehr wie Steinhude haben.*[19]

Für die Steinhuder war das Meer ein wichtiger Verkehrsweg, den sie mit ihren Kähnen befuhren. Diese Kähne waren schwere, aus abgelagertem Eichenholz stabil gebaute, acht bis neun Meter lange Schiffe mit starkem Steven, geringem Tiefgang und flachem Boden, damit sie an den seichten Moor- und Wiesenufern landen konnten. Sie besaßen zwei Segel, eines vorn am Steven, das andere, größere, mittschiffs, dort aber seitlich an der Bordwand angebracht. Die beiden aus Leinen gefertigten Segel wiesen zusammen eine Fläche von elf bis dreizehn Quadratmetern auf. Außer den Segeln diente zur Fortbewegung auf dem flachen Gewässer eine Holzstange zum Staken, etwa bei Flaute; gerudert wurden die „Torfkähne" nicht.[20] Mit diesen Kähnen beförderten die Steinhuder Torf, Heu oder Laas (Schilf als Grünfutter) und fuhren nach Mardorf, Hagenburg oder durch den Meerbach, den einzigen Abfluß des Steinhuder Meeres, sogar bis Rehburg zum dortigen Markt. Da nur sie schiffahrtsberechtigt waren, übernah-

Blick durch die Hagenburger Schloßstraße mit Heuwagen und Feldbahngleisen auf das Rathaus (Hermann Beckedorf, Steinhude).

men sie gegen Entgelt auch Heutransporte für die Rehburger oder Mardorfer und unterhielten auch eine Postverbindung zum Nordufer.

Ein Blick auf die Karte zeigt, daß die Wasserverbindung der kürzeste Weg zu den genannten Orten war und angesichts der z.T. schlechten Wegeverhältnisse auch die schnellste und bequemste. Wie wichtig der Wasserweg vor allem zum Nord- aber auch zu den anderen Ufern war, zeigte sich noch während des Zweiten Weltkriegs. Nachdem 1944 ein Verbot erlassen worden war, das Meer zu befahren, gab es dagegen mehrere Proteste der auf den Seeweg angewiesenen Anlieger.

Die Steinhuder Schiffer kannten das Meer „blind" – dies sogar in wörtlichem Sinne: Die Schiffer Camphausen und Heinrich Meuter fanden sich am Ende des 19. Jahrhunderts auch ohne ihr Augenlicht auf dem Meer zurecht. Die Mutter des letzteren schrieb in einer Eingabe an den Fürsten, ihr blinder Sohn sei so gut *im Rudern und mit der Stange zu schieben, so das ein Sehender seine Last hatte mitt zukommen, er weiß so gar mit der Stange auf dem Boden zu unterscheiden auf welcher Stelle er ist.*[21]

Im Winter bei vereistem Meer wurden Transporte auch mit dem Schlitten über das Eis unternommen. Sowohl solche Schlittenfahrten wie auch Kahntransporte waren jedoch nicht gefahrlos; immer wieder kam es vor, daß auch mit dem Meer vertraute Steinhuder ihm zum Opfer fielen. Im Mai 1892 meldete die Wunstorfer Zeitung, der Fischer Rintelmann sei von einer Fahrt übers Meer nicht zurückgekehrt; man habe seinen Kahn leer gefunden. Er hinterlasse eine Frau und *noch unversorgte Kinder.*[22] Manchmal geschah es, daß ein Schiffer beim Staken das Gleichgewicht verlor, etwa wenn die Stange brach, er ins Meer stürzte und ertrank.[23] Nicht selten war ein Unglück Folge eines plötzlichen Wetterumschwungs. Im Januar 1845 ertranken der Steinhuder Büßelberg und seine Schwester, eine verheiratete Bekedorf, nachdem sie in Schneeren Weißfische verkauft und trotz Warnungen bei offenbar angestiegenen Temperaturen den Rückweg über das Eis in Sturm und Regen angetreten hatten.[24] Auch Herbststürme konnten Schiffe zum Kentern bringen; ein solcher Fall, der zwei Ertrunkene zur Folge hatte, ereignete sich im Oktober 1813.[25]

Gefährlich war es insbesondere in den sogenannten „Deipen", einem Graben von bis zu vier Metern Tiefe, der das Meer von West nach Nordost durchzieht. Ende Oktober 1864 kenterte der Sergeant Beissner vom Wilhelmstein, der mit dem Kommandanten-Schiff nach Steinhude unterwegs war. Sein Vorgesetzter Major Pätz berichtete an das

Militär-Kommando in Bückeburg: *Da er aber nur durch s.g. Kreuzen nach Steinhude gelangen konnte, ist derselbe s.g. Deipen zu nahe gekommen und ist das Schiff beim Umlegen, indem Wellen hineinschlugen, untergegangen. Beissner, der sich an das Schiff geklammert hatte, konnte gerettet werden, jedoch ging eine alte Kanone, die als Ballast verwendet worden war, verloren.*[26]

Eine kritische Situation erlebte auch der Journalist Lindner 1882: Nach dem Besuch des Wilhelmsteins erwies sich in den berüchtigten Deipen die Vorsichtsmaßnahme seines Schiffers nur zu berechtigt, *ein halbes Dutzend zentnerschwere Steine als Ballast in das Boot zu laden.* Dort wälzte ein *kleiner Seesturm* Wellen heran, *deren sich selbst die Nordsee nicht hätte zu schämen brauchen. ... Gierig, eine die andere überhastend, mit wehender Schaummähne stürmen die dunklen Wogenreihen auf uns ein, als wolle jede einzelne in unsere Flanke springen, uns verderben.* Selbst der erfahrene Schiffer war bei einem solchen Wetter vernünftigerweise noch nicht in den Deipen gewesen und fürchtete das Vollschlagen des Bootes. Doch nach einer nassen halben Stunde war die Gefahr überstanden und die Seefahrer erreichten das angesteuerte Nordufer.[27]

Wer solchermaßen den Naturgewalten ausgesetzt ist, beobachtet diese aufmerksam. Es hieß, die *Fischer und andere Leute in der Steinhude* könnten *aus dem Meer das Wetter vorhersagen.*[28] Die Steinhuder waren den auf dem Meer vorherrschenden Westwinden besonders preisgegeben; in ihrer Wahrnehmung spielte das Wetter eine starke Rolle. Sehr breiten Raum nahm deswegen die Beschreibung des Wetters und daran anknüpfend der Ernte in der von den Bürgermeistern Bredthauer und Tatje geführten „Chronik des Fleckens Steinhude" ein. Waren die Winter streng, so waren *in Folge dessen die Steinkohlen sehr teuer,* etwa im Jahre 1890. Streng war auch der Winter 1879/80; damals fror das Meer schon am 14. November zu und *ging erst am 10. Februar 1880 wieder auf;* zwei Jahre später dagegen brachte der Winter *nur einige Male etwas gelinden Frost ohne Schnee, nur etwa 8 Tage war das Meer übergefroren.*

An der Nordseite des Meeres befand sich nur das Dörfchen Mardorf, das am Ende des 19. Jahrhunderts knapp 500 Einwohner zählte.[29] Die Mardorfer waren Bauern; vom See hatten sie kaum Vorteil. Sie durften das schaumburglippische Gewässer nicht befahren, durften Fisch nur mit den Händen, nicht aber mit Netzen oder Angeln aus seinen trüben Fluten ziehen. Wenn allerdings ein neuer Herrscher

Beladen eines Torfkahns im Moor
(Foto von Erich H. Sander, um 1925,
Stadtarchiv Wunstorf).

den hannoverschen Thron bestieg, demonstrierten seine Untertanen symbolisch ihren Anspruch auf das Meer und unternahmen unter den Augen der „feindlichen" schaumburg-lippischen Fischer einen Fischzug auf dem See.[30] Jedoch konnten die Schaumburg-Lipper trotz immer wieder ausbrechender Streitigkeiten mit ihren hannoverschen Nachbarn ihre Eigentumsansprüche am Steinhuder Meer erfolgreich behaupten, bis 1885 ein Grenzvertrag zwischen Schaumburg-Lippe und Preußen die Angelegenheit endgültig regelte.[31]

Konflikte gab es auch, wenn die Mardorfer ihre Kühe ins Schilf trieben, um sie dort weiden zu lassen – das „Laas", die süßen Schilfspitzen, schien den Kühen besonders zu schmecken und wurde auch von den Steinhudern mit Kähnen als Futter geholt. Die Steinhuder Fischer beschuldigten die Mardorfer mehrmals, deren Kühe hätten ihre Fischkörbe beschädigt. Wiederholt „beschlagnahmten" sie Mardorfer Vieh, das in ihrem Revier weidete, und gaben es erst nach Zahlung einer Entschädigung wieder heraus.[32] Immerhin zogen die Mardorfer Gewinn aus dem Vogelfang, dessen Beute sie über den „Vogeldamm" im Toten Moor nach Hannover brachten, und aus ihrem Anteil am Moor.

Tiefgreifende Veränderungen hätte allerdings die Realisierung von Plänen bewirkt, die eine Trockenlegung des Meeres vorsahen. Schon seit der Regierungszeit des Grafen Albrecht Wolfgang in der ersten Hälfte des 18. Jahrhunderts war eine Absenkung des Meeresspiegels oder gar eine Trockenlegung des Sees wiederholt erwogen worden, um neue Flächen für die Landwirtschaft zu gewinnen.[33] Seitens Schaumburg-Lippes war es vor allem Fürst Georg Wilhelm (Regierungszeit 1807-1860), der in einem solchen Unternehmen ökonomische Vorteile sah. Das Gutachten eines Ökonoms erwartete aufgrund des humusreichen Bodens *die reichsten Erndten bey leichter Bestellung ohne alle weitere Düngung* und stellte jährliche Pachtzinsen von 36.000 Reichstalern in Aussicht.[34] Solch ertragreiche Ländereien hätten den schaumburg-lippischen Norden jedoch zum Objekt begehrlicher Interessen gemacht. Aus Furcht vor Gebietsansprüchen seitens Hannovers stellte Georg Wilhelm 1850 daher weitere Planungen ein. Für manche Besucher blieb eine Trockenlegung des Meeres aber weiterhin vorstellbar; 1859 befürwortete Georg Landau ein solches Unterfangen. Der Wilhelmstein sei ein *theures Object*, da er jährlich 6.000 Taler an Reparaturen verschlinge: *Das steht freilich mit den Einkünften, welche das*

16

Meer gibt, in einem schlechten Verhältnisse. Welche herrliche Besitzung ließe sich dagegen durch ein Trockenlegen des Meeres schaffen, würde man die mit Kies bedeckte Hälfte auch nur mit Kiefern bepflanzen können. Daß dies ohne zu große Schwierigkeiten ausführbar ist, läßt sich nicht bezweifeln, denn das 160 Fuß über der Nordsee liegende Meer liegt noch 19 1/2 Fuß höher als die Leine. Es wäre eine Eroberung von hohem Werthe, und die Mittel dazu fehlen dem regierenden Fürsten nicht. Ich sollte meinen, das Capital, welches dazu erforderlich sein würde, könnte nicht besser angelegt werden.[35] Noch als der Fremdenverkehr immer stärker wurde, Anfang des 20. Jahrhunderts, boten ein Bergwerksbesitzer 1901 und ein Berliner „Civil-Ingenieur" 1910 die Trockenlegung des Meeres an; sie stießen jedoch auf kein Interesse mehr.[36]

Auf Besucher machten die Seeanwohner einen Eindruck von Eigenart und Abgeschiedenheit. So schrieb Röbbecke 1870, jeder Besucher fände ein Landschaftsbild, welches in beschränktem Rahmen manchen Reiz birgt und dem der Stempel stillen Friedens aufgedrückt ist, und ringsum eine Bevölkerung, die fern vom lauten Treiben der Welt ihre ländliche Einfachheit bewahrt hat.[37] August Freudenthal berichtete 1895, die Bevölkerung habe sich ausnehmend rein von fremden Elementen zu halten gewußt. Der Haupterwerbszweige Fischerei und Weberei wegen sei das Hereinheiraten Fremder früher niemals gelitten worden, erst seit 20 Jahren sei das anders geworden.[38]

Aber 1898, als moderne Verkehrsmittel die Region zu erschließen begannen, deutete der Geograph Wilhelm Halbfaß das Ende der alten Zeiten an: jedenfalls bilden die Bewohner beider Ufer einen von der verfeinernden Kultur der neueren Zeit bis jetzt noch wenig berührten Zweig des kräftigen niedersächsischen Volksstammes, der sich von der Ems bis an die Elbe überall da noch rein erhalten hat, wohin die modernen Verkehrsmittel noch nicht vorgedrungen sind. Inwieweit die anfangs erwähnte Kleinbahn hierin Wandel schaffen wird, bleibt freilich abzuwarten.[39] Bald nach 1900 sollte sich etwa das Steinhuder Platt stark verändern.[40] Dies war jedoch nur der sprachliche Ausdruck eines weitaus tiefgreifenderen Wandels unter dem Einfluß der Industrialisierung, die auch den Tourismus brachte.

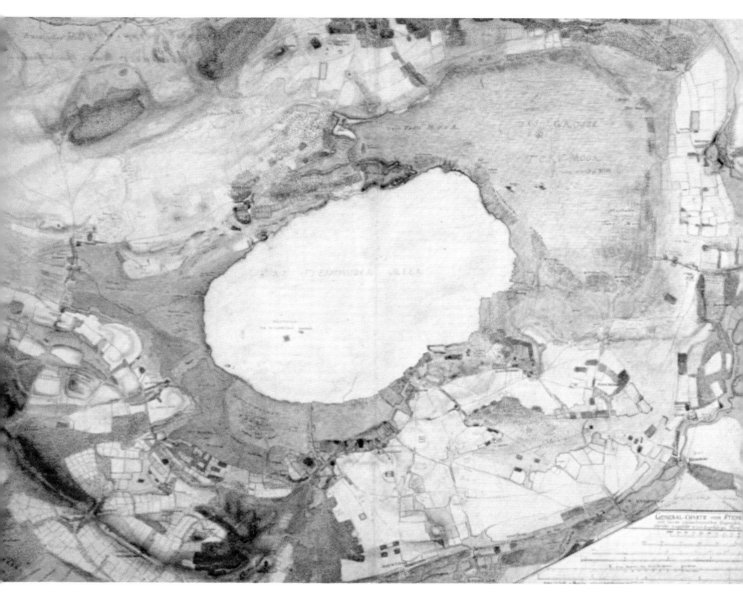

Erst infolge der Anlage von Wilhelmstein und Wilhelmsteiner Feld wurden genaue Karten des Steinhuder Meeres gezeichnet. Karte aus dem Jahre 1769 von Wilhelms Geographen und Ingenieur Jakob Chrysostomus Praetorius (StAB S1 A 1401).

Die Anfänge des Steinhuder-Meer-Fremdenverkehrs

Die Reise ist die Mutter der Erfahrung (Sprichwort)

Frühe Besucher

Tourismus zur Erholung oder zum Vergnügen der breiten Bevölkerung ist ein Produkt des Industriezeitalters. Doch hat die touristische Reise ihre Vorläufer: die Badereise, die weniger auf Erholung und Heilung als vielmehr auf Geselligkeit und Vergnügen zielte, und die Bildungsreise Gelehrter oder junger Adeliger auf ihrer „Grand Tour". Voraussetzung für diese Reisen aber waren ein gewisser Wohlstand und die notwendige Muße, kurz: Zeit und Geld. Diese Güter standen jedoch nur wenigen zur Verfügung.[1]

Der erste, der sich das Steinhuder Meer zum Vergnügen, als Ort von Landschafts- und Naturgenuß erkor, war niemand anderer als sein Eigentümer, der schaumburg-lippische Landesherr Graf Wilhelm (1724-1777). Auf einer heute verschwundenen Insel im Meer ließ er sich 1752 ein „Lusthäuschen" bauen, das ein flaches Aussichtsdach besaß und mit vier Sandsteinstatuen geschmückt war; auf dem See hielt sich der Graf ein *überaus artiges Lust-Schiff*.[2] Das Häuschen wurde jedoch nur wenige Jahre benutzt, da Wilhelm während des siebenjährigen Krieges zumeist abwesend war, und verfiel alsbald. Zudem wurde es von Mardorfer Bauern als Steinbruch und die Insel zur Kiesgewinnung genutzt.[3]

Erst durch ein ganz anders geartetes, ebenso kühn wie grotesk anmutendes Projekt Wilhelms wurde das Steinhuder Meer zum Reiseziel: durch die künstlich angelegten „Wilhelms-Insuln". Beim später so genannten „Wilhelmstein" handelte es sich ursprünglich um einen ganzen Komplex von im Steinhuder Meer aufgeschütteten Inseln, deren Anlage 1761, während des siebenjährigen Krieges, begonnen wurde. Bis 1765 war der Grund für eine darauf zu errichtende Festung durch mühsame Schiffs- und Schlittentransporte von Steinen, Bauschutt und anderem Material gelegt. Dies ging nicht ohne Konflikte mit den Meeresanwohnern ab, denen diese Lasten – gegen Entgelt! – auferlegt waren. Die Steinhuder Schiffer streikten einmal sogar und mußten zur Weiterarbeit gezwungen werden.

Der Flecken Steinhude mußte deshalb später 500 Reichstaler Geldbuße zahlen, die dann fünf Schulen im Amte Hagenburg zugute kamen.[4] In anderthalbjähriger Arbeit ist auf dem aufgeführten Grund dann bis zum 30. März 1767 die Festung erbaut worden; hierfür war im Großenheidorner Holz eigens eine Ziegelei in Betrieb genommen worden. Um das Hauptwerk dieser Festung gruppierten sich 16 Außenwerke (Bastionen, Ravelins und Courtinen). Ergänzt wurde das Festungswerk am Ufer durch das „Wilhelmsteiner Feld" bei Hagenburg mit Schanzen, Soldatenwohnungen und Gemüsegärten zur Selbstversorgung. Die solchermaßen „befestigte Landschaft" sollte einer von Graf Wilhelm durchaus erwarteten Annektierung Schaumburg-Lippes durch Hessen-Kassel vorbeugen, im Kriegsfall den schaumburg-lippischen Staatsschatz aufbewahren, vor allem aber den Vorstellungen des Grafen von einer zur Verteidigung eingerichteten Landschaft musterhaft Gestalt geben.

Die Festung beherbergte auch eine schon Ostern 1767 eröffnete und von Gelehrten wegen ihres Reglements bald gelobte Kriegsschule. Deren berühmtester Schüler war der spätere preußische Heeresreformer Scharnhorst, der im nahegelegenen Bordenau geboren und aufgewachsen war.[5] Zu Wilhelms Lebzeiten war eine starke Besatzung von 145 Mann auf der Insel stationiert. Angesichts solchen, die Kräfte des kleinen Ländchens bis zum Äußersten beanspruchenden Aufwandes für militärische Zwecke sollte der in schaumburg-lippischen Diensten stehende Herder einmal sagen: *Würde uns der liebe Gott nicht so überflüssig viel und gutes Brot wachsen lassen, so könnten wir von Soldaten und befestigten Inseln leben.*[6]

Durch die gräflichen Pläne und Kriegsanlagen gerieten das Meer und seine Anwohner stärker unter die Aufsicht des Landesherrn. Nun kamen auch die Vermesser und Kartenzeichner, eine Garnison und die ersten Besucher, die sich eine solche „Merkwürdigkeit" nicht entgehen lassen wollten. Der berühmteste unter ihnen, Friedrich II. von Preußen, der „Alte Fritz", übernachtete im Hagenburger Schloß, mochte allerdings keine Überfahrt zum Wilhelmstein unternehmen.[7]

Schon im Sommer 1767 wurde der erste Besuch auf der Insel vermerkt: Im später „Fremdenbuch" genannten „Verzeichnis derer Personen so auf der Festung Wilhelmstein gewesen".[8] Diese Bücher, in die Besucher in den ersten Jahrzehnten von einem schreibkundigen Soldaten der Garnison eingetragen wurden, bevor sie anfingen, sich selbst einzutragen, stellen die wichtigste Quelle für den Wilhelmstein-Tourismus dar. Bis zum Tode des Grafen Wilhelm, also in den ersten zehn Jahren nach Fertigstellung von Festung und Kriegsschule, blieb der Kreis der Besucher jedoch klein. Wilhelm selbst war vorsichtig darauf bedacht, sein Werk abzuschirmen und behielt sich persönlich die Erlaubnis von Besichtigungen vor.[9] Es verwundert also nicht, daß so manche Besucher in naher Beziehung zu Wilhelm standen.

Bei den ersten dokumentierten Gästen am 11. Juli 1767 handelte es sich sozusagen um einen Familienausflug von Angehörigen der hannoverschen Hof- und Militäraristokratie. An ihrer Spitze stand ein alter Bekannter des Grafen Wilhelm: der Generalleutnant von Wangenheim, der mit ihm gemeinsam in der Schlacht bei Minden am 1. August 1759 gestanden hatte. Begleitet wurde v. Wangenheim vom Generalmajor v. Wallmoden und dessen Frau Charlotte Christiane, einer Nichte v. Wangenheims. Der Generalmajor, später Reichsgraf von Wallmoden-Gimborn, war ein unehelicher Sohn des englischen Königs und hannoverschen Kurfürsten Georg II. und seit zwei Jahren Gesandter Englands und Hannovers beim Kaiser in Wien. Wallmoden sollte später noch einmal große Bedeutung in der Geschichte Schaumburg-Lippes erlangen. Auch sein Schwager, der Major Christoph August von Wangenheim, gehörte zu den ersten Gästen. Begleitet wurde der wangenheim-wallmodensche Familienverband von drei Offizieren, zwei Beamten und zwei weiteren Damen.[10]

Neugierig, die schaumburg-lippische Merkwürdigkeit zu betrachten, waren auch so manche berühmte Gelehrte. Nicht überraschend ist der zweimalige Besuch Herders (1773 und 1775), der als Superintendent und später Konsistorialrat in Wilhelms Diensten stand. Das erste Mal kam er als Begleiter des Franzosen Cacault, der mit einer Empfehlung des hannoverschen Hofarztes Zimmermann zu Herder gekommen war: Cacault sei ein philosophisch Reisender, der den Menschen in seinem Vaterlande besuche, zu diesem Zweck schon in Italien gewesen sei und noch England, Holland und die Schweiz bereisen werde. Seinen Lebensunterhalt verdiente Cacault als Professor an der Ecole Militaire in Paris – Grund genug für Herder, ihm den Wilhelmstein zu zeigen.[11]

Den „Leibmedicus" am hannoverschen Hof, den Schweizer Arzt und gegenaufklärerischen Popularphilosophen Johann Georg Zimmermann hatte Wilhelm schon einige Monate zuvor ans Krankenbett seiner Tochter gerufen, als dieser im August 1773 sein Gast war. *Am andern Morgen mußte ich mit ihm, in einem Kahn nach seiner Festung Wilhelmstein schiffen, die Er, nach Planen, die er mir zeigte, in dem Steinhudersee mitten ins Wasser gebaut hat, ohne daß er einen Fußbreit Erde da fand; Er führte das Ruder.* Dies schrieb Zimmermann, der sich stets gern der Nähe zu Fürsten rühmte, in seiner Schrift „Über die Einsamkeit", in der er auch Wilhelm als mißverstandenen Einsamen und eindrucksvoll Gebildeten schilderte. Auf der Insel habe er mit dem Grafen neben einem Pulvermagazin gestanden, das er unter seinem Schlafzimmer habe anlegen lassen. *Da würde ich in schwülen Sommernächten nicht gut schlafen, sagte ich; der Graf bewies mir, ich weiß nicht mehr wie, die größte Gefahr und keine Gefahr seyen Einerley.*[12]

Der Halberstädter Domsekretär und Rokoko-Dichter Johann Wilhelm Ludwig Gleim besichtigte im August 1775 den Wilhelmstein nach einer ihm von Zimmermann empfohlenen Kur in Bad Pyrmont und einem Besuch Herders und seiner Frau in Bückeburg. Er, der sich vor allem durch die „Kriegslieder eines preußischen Grenadiers im siebenjährigen Kriege" einen Namen gemacht hatte, schenkte der Bibliothek der Kriegsschule sein neuestes Werk „Halladat oder das Rote Buch". In einem Brief bedankte sich Graf Wilhelm bei Gleim dafür und kündigte an, daß er einige der Gedichte seinen Schülern zum Auswendiglernen aufgeben wolle.[13]

Auch einige Gäste, die gleich Wilhelm dem regierenden Adel angehörten, finden sich in den Besucherverzeichnissen, so der Prinz Carl von Hessen-Kassel und der Herzog von Gloucester am 25. Juli 1768 oder, entlarvt am 20. April 1773: *incognito unter dem Namen Baron von Stein der jüngere Prinz von Waldeck.*

Der Adel dominierte die Reihen der ersten Besucher noch deutlich: 37 Aristokraten im ersten Besuchsjahr standen 22 Bürgerliche gegenüber. Unter diesen 59 Gästen des Jahres 1767 waren allein 20 Militärs, davon fünf zumeist hannoversche Generale (von denen Generalmajor v. Wallmoden sogar ein zweites Mal kam). Zehn Besucher waren Beamte, unter den sonstigen finden sich auch zwei promovierte Akademiker.[14] Diese Besucherstruktur war auch in den folgenden Jahren durchaus typisch: Militärs - unter ihnen auch portugiesische und englische Offiziere - und Beamte, zu denen sich auch noch einige Gelehrte und Geistliche gesellten. Das Motiv dieser Besucher war ein

Interesse für die militärische Funktion und Ausstattung der Festung oder für die Kriegsschule. Generalleutnant Wangenheim mochte außer einer Reminiszenz an die Schlacht bei Minden seine künftige Stellung als Kommandant der Festung Hameln auf den Wilhelmstein geführt haben; auch sein Verwandter v. Wallmoden studierte auf seinen zahlreichen Reisen die Festungsbaukunst und wurde später ob seiner guten Kenntnisse gelobt.[15] Außer der Festung und der technische Leistung ihrer Errichtung mitten im See mochte manche Besucher das Observatorium interessiert haben; Herder schrieb nach seinem zweiten Besuch der Gräfin Maria Barbara, dies sei *ein schöner freier Saal, außer seinen Mathematischen Nutzbarkeiten für Lehrlinge, zur Überschauung des Werks u. der Gegend geeignet.*[16] Die Gräfin selbst hatte sich im Jahr zuvor acht Tage auf dem Wilhelmstein aufgehalten, wo ihr Graf Wilhelm den Lauf der Gestirne erklärt hatte. Danach fühlte sie sich *ärmer und dümmer* wie nie zuvor, als *kleiner Erdwurm* mit um so größerer Gottesfurcht.[17]

Schon zum Besucherkreis des Jahres 1767 zählten 21 Frauen, die freilich nur als Begleiterinnen ihrer Väter oder Ehemänner gekommen waren. Immerhin dürfte deswegen der Charakter dieser frühen Besuche nicht ganz streng fachlich gewesen sein, was auch ein Eintrag vom 17. April 1768 nahelegt: Oberamtmann Schulze brachte neben seiner Frau auch seine beiden Kinder mit. Man verband das Nützliche mit dem Angenehmen.

Andere wiederum betrachteten das künstliche Eiland offenbar als Skurrilität oder Kuriosum, wie etwa der Göttinger Physikprofessor, Aufklärer und geistvolle Spötter Lichtenberg. Dieser stattete zusammen mit dem hannoverschen Rektor Sextro dem Wilhelmstein am 1. September 1772 einen Besuch ab, bevor er nach Bad Rehburg, Stadthagen und Bückeburg weiterreiste. In zwei Briefen berichtete er anschließend kurz von diesem Besuch, ohne jedoch ein Wort über seine Motive oder Eindrücke zu verlieren – Militärisches interessierte den Gelehrten offenbar kaum. Immerhin notierte er die Dauer und eine vom offenbar starken Wind nicht getrübte Empfindung von der Bootsfahrt: *Auf der Hinreise war ich eine ganze Stunde zu Wasser, zurück aber nur eine halbe, eine sehr angenehme Tour.*[18] In einem Heft seiner „Sudelbücher" notierte er später allerdings einen seiner witzig-skurrilen Einfälle: Er stellte sich eine Münze vor, die auf der Vorderseite das Porträt des Grafen Wilhelm zeigen sollte, mit der die Bezeichnung „Meer" noch ironisch steigernden Umschrift: *Wilhelmus D.G. ... insularum Oceani Steinhudensis creator* (Schöpfer der Insel im Steinhuder Ozean). Auf der Rückseite dachte er sich die Abbildung eines Bauernjungen, der seine Notdurft in eine Pfütze verrichtete, drumherum dessen Ausspruch: *Eck macke ock Insuls.*[19]

Auch für andere Professoren und Studenten der Göttinger Universität – auf deren Lehrplan übrigens auch die „Kunst, seine Reisen wohl einzurichten" stand[20] – schien der Wilhelmstein eine Reise wert zu sein: Schon im Juni 1768 hatte Professor Heilecamps die Inselfestung besichtigt, im April 1775 kam der Philosophieprofessor Feder mit seiner Frau. Am 19. Oktober 1773 besichtigen drei Göttinger Studenten, Hase aus Hildesheim, Caspari und der spätere Kammerdirektor und Regierungsrat Spring aus Bückeburg den Wilhelmstein. Bei den beiden letzteren spielte sicherlich auch das Interesse für das Werk ihres Landesherrn eine Rolle, ebenso wie bei dem Postverwalter Engelke und dem Apotheker Schreier aus Hagenburg, die im Juli 1773 im Fremdenbuch verzeichnet wurden.

Unter den Besuchern fällt noch eine weitere Gruppe auf, deren Reisemotiv kein streng fachliches, sondern eher eines der Allgemeinbildung, vielleicht auch schon des Vergnügens am Reisen gewesen sein dürfte: die der Kaufleute und Händler. In den ersten Jahren waren es noch wenige – im Juni 1770 zwei Kaufleute aus Bremen, einer mit Frau; vier hannoversche Weinhändler Ende März 1774, ein Bielefelder Kaufmann gut zwei Wochen später, zwei Niederländer am 20. Juni 1777, von denen einer Direktor der Ostindischen Kompanie war. Diese Leute waren Pioniere einer Berufsgruppe, die bald einen wachsenden Anteil unter den frühen Touristen stellen sollte. Kaufleute verfügten über eine relative Souveränität bei ihrer Zeiteinteilung und konnten deshalb die Zeit für einen Ausflug oder eine kleine Reise aufbringen. Zudem erlaubte ihnen ein gewisser Wohlstand auch, die Kosten für eine solche Tour zu tragen, die sich wiederum lohnen konnte: Mit Geschäftspartnern konnten Abschlüsse eingefädelt werden, man lernte Wege- und Verkehrsverhältnisse und überhaupt Land und Leute kennen.

In den ersten 20 Jahren seit Bestehen des Wilhelmsteins verzeichnete dessen Fremdenbuch im Durchschnitt nur zwei bis drei Dutzend Besucher jährlich; die Zahl von 1767 wurde in diesem Zeitraum nicht wieder erreicht. In manchen Jahren kamen gar keine Besucher; 1770, 1771 und 1784 wurde die Zahl Zehn nicht überschritten. Nach Wilhelms Tod 1777 schienen die Besucherzahlen sogar noch zu sinken. Andere als die genannten Motive, etwa ein Interesse an landschaftlichen Reizen, sind nicht belegt, können aber auch nicht ausgeschlossen werden. Immerhin ließ der Generalmajor v. Wallmoden bei Hannover einen Landschaftspark im englischen Stil anlegen, den Vorläufer des heutigen Georgengartens.[21]

Ein Mythos entsteht: „Die unüberwindliche Festung"

Doch 1787 kam es zu Ereignissen, die dem Wilhelmstein eine erhöhte Aufmerksamkeit bescherten. Nach dem Tod von Wilhelms Nachfolger Philipp Ernst versuchte der Landgraf von Hessen-Kassel, zu dessen Herrschaftsbereich auch die Grafschaft Schaumburg gehörte, das als Lehen vergebene Schaumburg-Lippe einzuziehen. Das Territorium wurde von hessischen Truppen besetzt, hessische Militärs und Beamte übernahmen Regierung und Verwaltung. Nur den Wilhelmstein zu erobern, gelang den Hessen nicht. Dem alten, bereits dienstuntauglichen Festungskommandanten Major Rottmann, der zur Übergabe bereit war, stellte sich der Fähnrich Windt entgegen, offenbar beraten von Scharnhorst, seinem Freund aus gemeinsamer Kadettenzeit. Eine mehrwöchige Belagerung des vom hannoverschen Ufer aus versorgten Wilhelmsteins brachte den Hessen keinen Erfolg, bis sie durch kaiserliches Dekret vom 2. April 1787 zum Abbruch ihres Annexions-Versuchs gezwungen wurden.

Einer der ersten Wilhelmstein-Besucher bekam nun eine eminent wichtige Bedeutung für die kleine Grafschaft: Der Reichshofrat in Wien hatte im März beschlossen, Juliane, die Witwe Philipp Ernsts, solle einen Mitvormund für den kaum zweijährigen Georg Wilhelm vorschlagen. Dies wurde, nachdem der englische König Georg III. abgelehnt hatte, der Halbbruder des Königs, der nunmehrige Reichsgraf von Wallmoden-Gimborn. Dessen 20jährige Vormundschaft – ab 1799, nach Julianes Tod, als alleiniger Regent – erhielt Schaumburg-Lippes Selbständigkeit und endete 1807 mit der Übergabe wohlgeordneter wirtschaftlich-finanzieller Verhältnisse an den nun in den Fürstenstand erhobenen Georg Wilhelm.[22]

Der Wilhelmstein erlangte schlagartig einen Nimbus als uneinnehmbare Festung und zog nun größere Besuchermengen an. Schon am 12. April 1787, als der preußische Kriegsrat von Hüllesheim dem Major Rottmann die Nachricht von der kaiserlichen Entscheidung mitteilte, fügte er hinzu: *Ich freue mich herzlich auf den Zeitpunkt, wo ich die Ehre haben werde, Ew. Wohlgeboren Bekanntschaft, und zwar auf dem jetzt in der Geschichte epoque machenden Wilhelmstein zu erlangen.*[23]

Tatsächlich kam Hüllesheim zweieinhalb Monate später, und er behielt recht: Der Wilhelmstein erlangte nun Berühmtheit als unüberwindliche Festung. Noch im gleichen Jahr überstieg die Besucherzahl erstmals die Schwelle von 100 Personen: Genau 116 Leute kamen, um sich die Festung anzusehen, darunter 32 Offiziere, etwa ebensoviele Beamte, aber auch 22 Frauen. Eine von ihnen war die Frau Scharnhorsts, die mit ihm am 1. August die Stätte seiner militärischen Lehrjahre – zum wiederholten Male – aufsuchte. Auch die Fürstin Juliane selbst fand sich auf dem Wilhelmstein ein, zusammen mit ihrem Vater, dem Landgrafen zu Hessen-Philippstal und – einem Vertreter der soeben abgewehrten gegnerischen Macht Hessen-Kassel, dem Minister v. Malsberg.

Der Bückeburger Maler und Zeichenlehrer Wilhelm Strack und sein Vetter, der Kartograph und Kupferstecher Georg Heinrich Tischbein, verfertigten noch im gleichen Jahr einen Stich der „Wilhelms-Insuln", der bereits 1788 im „Journal von und für Deutschland" abgedruckt wurde und so eine große Verbreitung fand. Die Bildinschrift einer Variante des Stiches dokumentiert die Schaffung eines Mythos, der den Wilhelmstein und seinen Schöpfer populär machte: Ab 1791 sollte die Besucherzahl nie wieder unter die Schwelle von 100 Besuchern pro Jahr fallen, stattdessen stieg sie bald auf 300 und mehr.

Stich von Strack/Tischbein 1787. Eine Variante war zusätzlich beschriftet mit den Worten: *Starck durch das Element das ihn umgiebt, Stärcker durch seines GROSEN URHEBERS Geist, der entzückt über ihm schwebte, als er (1787) JULIANENS Rechte ruhmvoll behauptete.* Deutlich erkennbar die noch nicht zu einer einzigen Insel zusammengefaßte Anlage (Journal von und für Deutschland 1788, Niedersächsische Landesbibliothek Hannover).

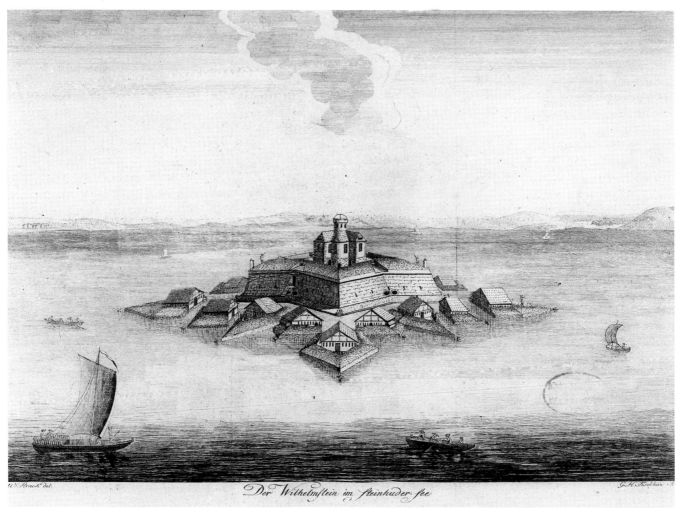

Der Wilhelmstein im steinhuder-see

23

Auch aus großer Ferne kamen Besucher, wenn sie in Deutschland auf Reisen waren. Am 30. Juni 1790 begleitete der *in zyprischen Diensten* stehende Leutnant v. Schlotheim den *Turkeimann* Abdallah Alexei Omar Tolkoweik und Ibrahim Pascha *von Ägypten* auf die Insel. Weitere Besucher waren etwa der spätere König von Hannover, Ernst August, zu dieser Zeit noch Herzog von Cumberland, und sein Vorgänger (als hannoverscher Vizekönig), der Herzog von Cambridge, am 31. Juli 1791; oder Prinz Christian Friedrich von Dänemark und Norwegen am 5. Juli 1803.

Erst 1803, als im Zuge der napoleonischen Eroberungen die Franzosen Nordwestdeutschland besetzten, fiel die Zahl der Besucher auf rund hundert, um sich in den folgenden Jahren aber wieder auf ein höheres Niveau einzupendeln. Auch die französischen Militärs ließen es sich nicht nehmen, den Wilhelmstein zu besichtigen, wobei sie ihre Einträge mit den Monatsnamen des französischen Revolutionskalenders datierten. Colonel Merlin vom 4. Husaren-Regiment, begleitet von seiner Frau und zwei weiteren Offizieren, war der erste von ihnen: Er kam am *3. Brumaire an 12 de la republica,* also am 25. Oktober 1803. Am 24. Januar 1804 landeten der Befehlshaber der französischen Okkupationsarmee, der General Mortier, *et Madame son epouse,* also seine Ehefrau, auf der Insel. Am 23. August 1808 besuchte auch der Bruder Napoleons, der als König von Westfalen eingesetzte Jerome Bonaparte, den Wilhelmstein. Mit einem Gefolge von 27 Personen war er aus Bad Nenndorf, wo er zur Kur weilte, gekommen.[24]

Die Eintragungen des Jahres 1810 weisen Bremen und Hannover als Hauptherkunftsorte der Besucher aus (26:22), es folgen Bückeburg, Hamburg und Stadthagen (9:8:7). Auch Gotha, Hildesheim, Göttingen, Kassel, Minden, Oldenburg und sogar Berlin und Paris sind als Heimatorte der Besucher vermerkt. Dazu naturgemäß zahlreiche aus der näheren Umgebung: Hagenburg, Poggenhagen, Idensen, Sachsenhagen, Rodenberg, Wunstorf und andere. Insgesamt waren es über 200 Besucher, von denen allerdings nicht jeder seinen Wohnort angab. Der „Einzugsbereich" war bereits recht groß und deutete schon die heutigen Herkunftsregionen des Steinhuder-Meer-Tourismus an.

Die Romantik: Wandlung der Besuchermotive

Zwar erfuhr der Wilhelmstein als Festung durch den erfolglosen hessischen Belagerungsversuch neugieriges Interesse und eine sich zum Mythos steigernde Anerkennung, doch wurde gleichzeitig seine ursprüngliche Funktion mehr und mehr aufgegeben, seine Besatzung drastisch auf 22 Mann reduziert.[25] Die Nachfolger Wilhelms erkannten, daß sich ein Kleinstaat wie Schaumburg-Lippe die Unterhaltung einer Armee von 1.500 Soldaten – ein Zehntel der Bevölkerung! – nicht leisten konnte. Durch den Truppenabzug wurden auf dem Wilhelmstein Räumlichkeiten frei, was die Möglichkeit einer neuen Nutzung eröffnete: als fluchtsicheres schaumburg-lippisches Staatsgefängnis. Ab 1793 wurden auf der Insel „Schwerverbrecher", aber auch wegen kleinerer Vergehen Verurteilte inhaftiert, die von einer Abteilung des Bückeburger Jäger-Bataillons bewacht wurden.[26] Justus v. Gruner, zeitweise Leiter der preußischen politischen Polizei, berichtete in der Schilderung seiner „Wallfahrt zur Ruhe und Hoffnung" 1802 von der *Miniaturfestung, die jetzt keinen anderen Nutzen hat, als Verwahrungsort für Verbrecher, vorzüglich Staatsgefangene abzugeben.*[27]

Auch äußerlich wurde der Charakter des Wilhelmsteins verändert. Zwischen 1811 und 1814 wurden durch Zuschüttung der Gräben die verschiedenen „Insuln" zu einer einzigen geschlossenen Insel vereinigt, eine Arbeit, die von den Häftlingen ausgeführt wurde.[28] Dadurch wurde ein Zustand beendet, dem neben mancherlei Umständlichkeiten auch große Gefahren innewohnten: Im Januar 1790 war der alte Festungskommandant Rottmann, offenbar bezecht, in einen der Gräben gestürzt und ertrunken.[29]

Nach der Verfüllung der Gräben wurde die Insel mit Obstbäumen und Gemüse bepflanzt – die Zwiebeln erlangten regionale Berühmtheit – und die einstmals starre Wehranlage bekam ein friedlicheres, geradezu liebliches Aussehen.

Die französischen Offiziere mischten zwar noch einmal ein starkes militärisches Element unter die Besucher, insgesamt verstärkte sich jedoch der bürgerlich-zivile Charakter des Publikums. An einem Sommertag, wenige Wochen nach der Schlacht bei Waterloo, die eine über zwanzigjährige Kriegszeit in Europa beendete, wollten auch die Besucher des Wilhelmsteins ihre Freude über den Frieden und das Ende der Feindseligkeiten im Fremdenbuch dokumentieren: *Den 14. July 1815 fanden sich hier in frohem freundschaftlichen Einständnis nachstehende aus allen Theilen*

Europas; es folgten die Namen von Damen und Herren aus Kassel, Lübeck, St. Petersburg, London und Bordeaux.[30]

Unter dem Einfluß der Romantik veränderte sich auch der Blick auf den Wilhelmstein und mit ihm die Motivation zu einer Fahrt dorthin. Über das Interesse für den Grafen Wilhelm und sein Werk, über den Mythos der „unüberwindlichen Festung" stellte sich eine Empfänglichkeit für die landschaftlichen Reize; auch das Gefallen an einer Bootspartie trat stärker in den Vordergrund.

Mit den Augen des frühen Romantikers sah schon 1792 der Rintelner Medizinprofessor und Nenndorfer Brunnenarzt Ludwig Philipp Schröter in seiner Beschreibung Bad Nenndorfs den Wilhelmstein. Vom den Kurgästen als Ausflugsziel *in einer romantisch schönen Gegend* empfohlenen Haus Bergleben – dem Refugium und Sterbehaus Graf Wilhelms – beschrieb er zunächst die *bezaubernden Aussichten* nach Süden über das Schaumburger Land und nach Westen in Richtung Minden, um sodann die noch in ursprünglichem Zustand befindliche Festungsinsel zu verklären. *Wendet man sich von dieser Aussicht rückwärts hin, so erblickt man den ganzen Steinhudersee mit seiner, wie ein Feenschloß hingeworfenen Wilhelmsinsel bis in die Gegend hinter Hannover.*[31]

Laut Arno Schmidt war das Steinhuder Meer auch das Vorbild für den „großen Landsee", an dessen Ufer die Wasserfrau „Undine" im gleichnamigen Kunstmärchen des romantischen Dichters Friedrich de la Motte Fouqué bei einem Fischerpaar lebte; Fouqué war von 1796 bis 1799 als junger Offizier in Röcke bei Bückeburg stationiert und hat in dieser Zeit mehrfach das Steinhuder Meer besucht.[32]

Ein Zeuge für den Interessewandel der Besucher ist der Hagenburger Amts-Chirurgus G.F. Most, der auch die Funktion des Garnisons-Chirurgen auf der Inselfestung ausübte. 1814 beobachtete er, daß sie im Sommer *von vielen Fremden, die Geschmack an den stillen Freuden der Natur und ihren Schönheiten* fänden, *besonders von den Brunnengästen zu Rehburg, Nenndorf, Eilsen u.s.w. frequentirt werde.* Diesen sei *die kleine Wasserfahrt dahin, das Sehenswürdige der Festung, und die schöne Aussicht in die umliegende Gegend vorzüglich interessant.*[33] Ernst Kratz berichtete von seiner „Kunstreise durch Norddeutschland" 1815: *Das Ganze ist jetzt eine Strafanstalt für Züchtlinge. Es hat seinen ordentlichen Kommandanten, welcher in Hagenburg, das ohngefähr an der Mitte des Sees liegt, wohnt und ein Lieutenant ist. Von ihm muß man die Erlaubnis haben es zu besuchen, und fährt dann in einer niedlichen Gondel von*

Möglicherweise die früheste Darstellung von Touristen am Steinhuder Meer: Sepiazeichnung eines Norddeutschland durchwandernden Engländers, um 1820 (Karl-Hermann Ristow, Wunstorf; Repro: Boedtger, Wunstorf).

Hagenburg dahin ab. Abgesehen davon, daß es militärisch nicht weiter brauchbar ist, so bildet es doch um den See herum mit seinen Gebäuden und Gärten überall einen hübschen Prospekt.[34]

Manche Besucher begannen nun, in das Fremdenbuch des Wilhelmsteins Gedichte oder andere Zusätze einzutragen und es als eine Art Poesiealbum anzusehen. Marie Meyer *vom Rehburger Brunnen* schrieb zusammen mit dem Nienburger Wilhelm Piest im August 1823 folgende Verse hinein: *Wer auf dem Schönen Meer/an Wilhelms Stein/der Schöpfung Pracht,/die Güte Gottes nicht bewundert,/Verdient es nicht ein Mensch zu seyn./Zu schnell enteilen uns die Schönen Stunden/doch sind Sie nicht auf immer uns entschwunden./Dies hohe Bild der Edlen Montosie/Vergißt ein fühlend Herze nie!*[35] Im Juli 1824 besuchte der Kaufmann Carl Christian Schmidt *mit dem größten Vergnügen diese so* herrliche Insel in einer so angenehmen Gesellschaft. Jedoch blieben solche den Namen hinzugefügten Kommentare oder poetischen Ergüsse vorerst selten.

Die romantische neue Sicht der menschlichen Beziehung zur Natur drückte sich auch in der Entdeckung des Wanderns als Fußreise zum Selbstzweck aus. Während vorher nur Fußreisen unternahm, wer dazu gezwungen war, begann im Gefolge von Rousseau das Wandern eine bürgerliche Kulturübung zu werden; statt die Natur durch das Fenster der womöglich gefederten Kutsche zu erfahren, sollte sie nun „auf Schusters Rappen" unmittelbar sinnlich wahrgenommen werden. Ein großes Vorbild war Seume, der 1802 seinen „Spaziergang nach Syrakus" unternahm, dabei allerdings alles andere als flanierend über 50 Tageskilometer bewältigte.[36] Bald besangen die romantischen Dichter wie Wilhelm Müller oder Joseph von Eichendorff

Romantische Verklärung spricht aus dieser Jagdszene vor dem märchenschloßartigen Wilhelmstein. Stahlstich von Johannes Poppel nach einer Zeichnung von Ludwig Rohbock, um 1845 (Historisches Museum Hannover, Repro: Gottschalk).

das Wandern in Liedern und Gedichten: „Das Wandern ist des Müllers Lust" oder „Der frohe Wandersmann" sind die bekanntesten. So verwundert es nicht, wenn schon früh auch zum Steinhuder Meer Wandertouren unternommen wurden. Bereits Justus v. Gruner erwanderte während seiner „Wallfahrt zur Ruhe und Hoffnung", deren Zweck Beobachtung und Selbsterfahrung war, zumindest die reizvolleren und ihm noch nicht bekannten Streckenabschnitte. Zu Fuß ging er auch von Bad Nenndorf ans Steinhuder Meer, um den Wilhelmstein zu besichtigen.[37]

Geldnot war auch nicht der Antrieb, der im Juli 1815 zwei Hannoveraner ihre Reise von Hannover nach Wunstorf, Wilhelmstein, Rehburg, Stadthagen, Eilsen, Obernkirchen und Nenndorf zu Fuß absolvieren ließ, denn unterwegs ließen sie es sich durchaus wohl ergehen: Sie ließen sich in den Schenken gut bewirten und übernachteten in den ersten Gasthäusern. Im April 1816 berichteten sie von ihrer Tour im „Hannoverschen Magazin". Angesprochen waren jene Leser, denen *ein Herz voll Gefühls für Naturschönheiten in ihrer Brust* schlug und die die *Vorzüge der näheren und entfernteren Umgebungen Hannovers* nur wenig kannten. In Bezug auf das Steinhuder Meer betraf dies sicher noch die meisten stadthannoverschen Leser des Magazins. Auch wenn schon einige Dutzend Hannoveraner jährlich den Wilhelmstein besichtigten, gehörte das Meer noch nicht zu den üblichen Ausflugszielen der Residenzstadtbewohner.

In Hagenburg angekommen, waren die beiden Fußgänger überwältigt vom Anblick des Meeres. Diesen genossen sie vom Balkon des Schlosses aus, das zu besichtigen sie jedem Reisenden anrieten, denn es sei *trefflich eingerichtet und obgleich einfach doch sehr geschmackvoll verziert.* Die Aussicht war einzigartig:

Man hat hier die ganze Fläche des Steinhuder Meeres mit der Festung Wilhelmstein, die benachbarten Gebirge und Rehburg vor sich, und zur Seite den freundlichen Garten mit seinem Lustgebüsch.

Nachdem sie vom Kommandanten mit *zuvorkommender Güte* die Erlaubnis zum Besuch der Festungsinsel bekommen hatten, ließen sie sich von einem Fischer dorthin bringen – was übrigens schon eine Abkehr von der alten Verfügung Wilhelms darstellte, wonach Fremde nur in herrschaftlichen Schiffen zur Insel gebracht werden durften.[38] Später sollte zwischen Fischern und fürstlichen Matrosen eine konfliktreiche Rivalität um das Fremdenfahren entstehen. Zur Vorbereitung auf die Fahrt beherzigten die beiden Wanderer eine auch dem Leser nahegelegte

Empfehlung: Wem die kalte Wasserluft schaden könne, der solle sich mit gutem Rum erwärmen. Dieser und die *Schönheit des Tages* ließen die beiden jedoch heiter und übermütig werden, sodaß sie das Boot fast zum Kentern brachten – was ihnen wiederum angesichts des an einigen Stellen *unabsehbar tiefen Gewässers* einen gehörigen Schrecken versetzte. Die „unabsehbare Tiefe" war übrigens nicht nur ein romantisches Motiv, sondern spiegelt auch den damaligen Kenntnisstand wieder; Most nannte eine durchschnittliche Tiefe von 10 bis 18 Fuß, Kratz behauptete eine Tiefe am Wilhelmstein von 14 bis 20 Fuß, also zwischen vier und knapp sieben Metern.

Vor der Insel angekommen, spielte sich das lange Zeit gepflegte Ritual ab: Eine *unerwartete Baßstimme* donnerte ein *furchtbares Wer da!* herab, und nachdem man freundliche Absichten kundgetan hatte, durften die beiden Hannoveraner *näher kommen* und das *wahrlich kolossulisch zu nennende Werk* besichtigen, das ein *ewiges Denkmal des großen Grafen Wilhelm* sei.

Später, nach einem Fußmarsch von einer Stunde von Hagenburg aus, gelangten sie auf eine Anhöhe, von der sie eine Aussicht hatten, die sie in romantischer Naturverklärung von einem *beseeligenden Gefühl* durchdringen ließ und in ein *religiöses Erstaunen* versetzte: *Hier sahen wir linker Hand ein Paar Dörfer im Thale ruhn und auf einer beträchtlichen Anhöhe weit über sie erhoben sich Bergkirchen; der Rehburgerbrunnen lag mahlerisch mit Waldung umhüllt gegen uns über, etwas rechts das Städtchen Rehburg wie am Steinhuder Meer gelehnt, und mehr rechts der große dunkelgrüne See mt der gelblich strahlenden Insel in seiner Mitte, hinter uns Hagenburg so eben hinter dem Gehölz hervorragend, und in weiter blauer Ferne Hannover.*

Sandige Wege, schmerzende Füße: Verkehrsverhältnisse

Zu Fuß unterwegs war auch der später berühmte Schweizer Schriftsteller Jeremias Gotthelf, damals noch unter seinem bürgerlichen Namen Albert Bitzius für ein Jahr Student an der Universität Göttingen. 1821 unternahm er eine Reise, die ihn unter anderem durch die schaumburg-lippische Seeprovinz führte. Nach einem Besuch Loccums und des Rehburger Brunnens, einem *der vielen Bäder dieser Gegend*, wanderten er und ein unterwegs dazugestoßener Begleiter nach Wunstorf weiter. Das Steinhuder Meer ließ er allerdings links liegen, für den Wilhelmstein interessierte er sich so wenig wie ein Aal für die Alpen: *Von da* gingen wir an dem schwarzen oder großen Meere vorbei, in dem eine Festung steht, von einem Fürsten von Hessen-Beutelburg erbaut, zu klein zum Ernst, zu groß zum Spaß.

Doch setzte bald immer reichlicher strömender Regen ein, und die Wandernden retteten sich in einem Dörfchen *dessen Name mir entfallen – wahrscheinlich Altenhagen – in eine Tenne, wo eben Flachs gebrochen wurde. ... Sobald wir eintraten, sprangen die Mädchen auf uns ein und wickelten uns um ein Knie einen Flachsstrick, der, wie wir nachher erfuhren, mit einem kleinen Trinkgeld zu lösen ist.* Mit den jungen Frauen schlossen die Studenten sogleich innige Bekanntschaft, die in ein spaßiges Heiratsversprechen mündete. Aber der nachlassende Regen mahnte zum Weitermarsch: *Nach zärtlichem Abschied stürzten wir uns wieder in den Kot.*

So schwärmerisch das Wandern von den Romantikern in ihrer Lyrik besungen wurde, in ihren Reisebeschreibungen finden sich auch die Zeugnisse von Mühsal und Beschwerlichkeiten der Fußreise, und insgeheim mochten auch sie vor allem der freundlichen Unterschlüpfe und erquickenden Rasten gedenken – sofern die Wirtshäuser ein der Kräftigung dienendes Angebot parat hatten. *Nach einer durch die schlechten Straßen mühevollen Meile* kamen Gotthelf und sein Begleiter *endlich nach Wunstorf, ein Nest, das auf den Namen eines Städtchens Anspruch macht.* Dort machten sie zum wiederholten Male die Erfahrung, daß man beim Reisen in Norddeutschland mit wenig Geld auskommen kann, *weil nichts zu haben sei: Im besten Wirtshause kehrten wir ein, das uns aber weder Fleisch noch Gemüse, nichts wie Pfannkuchen bieten konnte. Dies ist eine schlechte Erquickung, wenn man einen guten Marsch gemacht und kräftigen Hunger gekriegt. Dies macht das Fußreisen in ganz Norddeutschland so unangenehm, da man nirgends eine vernünftige Mahlzeit erhält.*

Die nächste Enttäuschung sollte bald folgen. Die müden Wanderer hatten keine Lust mehr, den Weg per pedes fortzusetzen. Aber zu dieser Zeit waren die beräderten Fortbewegungsmittel auf dem Lande noch dünn gesät. Der Wirt erklärte ihnen, Chaise oder Kutsche sei in der ganzen Stadt nur eine einzige, die aber nicht vermietet werde. Er konnte ihnen nur ein gewöhnliches Fuhrwerk beschaffen, und so setzten sie ihre Reise auf einem Leiterwagen mit Korb fort, der Art, *mit welcher bei ihm zu Haus,* so Gotthelf, *Torf befördert würde.* Nicht einmal ein Kissen für die harten Bänke ließ sich beschaffen: *Hier fahre niemand mit einem Kissen, auch seien nirgends welche zu haben,* belehrte man die Reisenden. Diese Erfahrung wiederum diente Gotthelf zu einer kleinen Betrachtung über die

Mentalität des Volkes, bei dem er sich aufhielt: *Das muß man den Deutschen lassen, sie haben ein hartes Fell und müssen gewöhnlich von andern aufmerksam gemacht werden, wenn es zu hart mitgenommen wird, oder wenn sie es schon fühlen, so sind sie zu träge oder beschränkt es weicher zu betten.*

Die anschließende Fahrt führte über Sandwege: *Heute jedoch hinderten sie uns am Fahren nicht, da sie das Gute haben, daß sie durch den Regen erst befahrbar werden.*[39]

War der Sand jedoch trocken, so erwies er sich als anstrengender Untergrund, vor allem für Wanderer. Dies mußten auch die beiden Hannoveraner erfahren, die 1815 den umgekehrten Weg, also von Wunstorf nach Hagenburg gingen. Dabei hatten sie *viel Sand zu durchwaden;* immerhin wurde ihnen die Zeit durch *die schöne Aussicht nach dem Deister* und ihre *frohe Laune* verkürzt. Aber auch eine Pflasterung war nicht der ideale Untergrund für Fußreisende, wie die beiden in Hagenburg merkten, *ein übelgebautes Flecken, dessen hockeriges Steinpflaster unseren ohnehin schon ziemlich mißhandelten Füßen schlecht bekam.* Kutschen rollten zwar auf einer gepflasterten Chaussee besser als auf jedem anderen Grund, aber Zwei- und Vierbeinern taten schnell die Knochen weh. Auf der Rückwanderung nach Hannover kamen die beiden sehr ermüdet in Bad Nenndorf an, *die harte Stein-Chaussee hatte viel dazu beigetragen.*[40]

Gut besohltes, festes Schuhwerk war das A und O einer Fußreise, auch angesichts dessen, daß das Straßen- und Wegenetz noch sehr weitmaschig war und nicht wenige Streckenabschnitte querfeldein zurückgelegt werden mußten. Von Wölpinghausen bis Wiedenbrügge hatten die beiden Hannoveraner *einen langen sehr feuchten Anger zu durchwandern; hier leisteten uns unsere dichten Stiefel, womit jeder Fußgänger sich wohl zu versorgen hat, die wichtigsten Dienste.*[41]

Fußreisen wurden zu jener Zeit als reine Männersache angesehen, wiewohl auch die arbeitenden und vagierenden (herumstreichenden) Frauen der unteren Stände oftmals zu langen Fußwegen gezwungen waren. Wenn aber in den Fremdenbüchern des Wilhelmsteins Reisegesellschaften mit Damen dokumentiert sind, so waren diese ausnahmslos mit Pferd und Wagen angereist. Hochgestellte Persönlichkeiten wie die genannten Prinzen, Herzöge oder Generale besaßen eigene Kutschen oder konnten über Armee-Fuhrwerke verfügen. Andere fuhren mit der Postkutsche, so etwa Lichtenberg, der auf seiner Reise von

Hannover nach Osnabrück Zwischenstation in Hagenburg einlegte, wo seit 1688 eine Poststation eingerichtet war. Über diese Station führte einer der wichtigsten Verkehrswege des nördlichen Deutschland, der Hannover, Braunschweig und Berlin mit Osnabrück, Aachen, Holland, Belgien und Frankreich verband.[42] Auf der Strecke zwischen Wunstorf und Bad Rehburg über Altenhagen und Hagenburg war die bereits im 19. Jahrhundert gut ausgebaute Straße die Vorläuferin der heutigen B 441.[43]

Lichtenberg mußte 1772 für die gesamte Strecke den Preis für 15 Meilen zahlen, obwohl es doch nur 14 Meilen gewesen seien, wie er sich hinterher beschwerte. (1 hannov. Meile = 9,323 km) Dies dürfte ihn zwei Reichstaler

und einige Gute Groschen gekostet haben, zuzüglich den Preis für ein Mietfuhrwerk, mit dem er einen Abstecher nach Stadthagen und Bückeburg unternahm. Selbst er, der noch mit der Kutsche reiste, fand *mit allem Respekt von des Grafen von Bückeburgs Staaten* das Land so klein, daß *man fast aus dem Hannöverischen ins Preußische schießen könnte*.[44]

Wollte man am Anfang des 19. Jahrhunderts in Hannover ein Fuhrwerk für einen ganzen Tag mieten, was für eine Tour ans Steinhuder Meer und eventuell zum Rehburger Brunnen nötig gewesen wäre, so hatte man dafür drei bis vier Taler zu zahlen. Die Versorgung der Pferde an einer Poststation kostete pro Pferd zwei Mariengroschen.[45]

Die Wilhelms-Insel im Steinhuder See. So zu sehen an der Abfahrt in Steinhude. Kolorierte Umriß-Radierung von Julius Salzenberg, Anfang 19. Jahrhundert (Historisches Museum Hannover, Repro: Gottschalk).

(1 Taler = 24 Gutegroschen à 12 Pfennig/36 Mariengroschen à 8 Pfennig).

Doch auch die Wagenfahrt hatte ihre Tücken. Die Straßen waren in Norddeutschland am Ende des 18. und zu Anfang des 19. Jahrhunderts zumeist in einem schlechten Zustand. Dies betraf auch die Gegend ums Steinhuder Meer. Ein Reisender, der nach einigen Tagen Aufenthalt in Bad Nenndorf nach Bad Rehburg weiterreiste, schrieb 1799, es gebe zwei Wege dorthin, von denen der kürzere mit zwei Meilen der schlechtere sei. *Ohne die beständige Furcht, den Wagen zu zerbrechen,* gebrauche man längere Zeit für diesen Weg als für den anderen, der zwar eine halbe Meile länger sei, aber über ununterbrochenen Rasen führe, so daß nach einem Pferdewechsel im Hagenburger Posthaus die *munteren Postknechte* bei schneller Fahrt den Rehburger Brunnen nach einer guten Stunde erreichen konnten.[46]

Polizeidirektor Gruner mußte auf seiner oben erwähnten Wallfahrt unliebsame Erfahrungen mit noch widrigeren Verkehrsbedingungen, vor allem aber mit einem offensichtlich übermüdeten Postillion machen. Die Strecke von Hagenburg nach Bremen war ihm zum Teil bereits bekannt, zum Teil erschien sie ihm reizlos, deshalb wollte er, statt zu wandern, lieber mit der Post fahren. Da er jedoch die Postkutsche in Hagenburg verpaßt hatte, ließ er sich, zu ungeduldig, um die nächste Kutsche abzuwarten, der Post hinterherfahren. Es war finster und regnete in Strömen, und da nur ein unbedeckter Leiterwagen zur Verfügung stand, wurde die Fahrt ziemlich ungemütlich. Ein vom Wagenmeister ausgeliehener alter Mantel schützte ihn nur notdürftig – bis Gruner im Graben landete: Der Postillion war eingeschlafen. Auch in Leese, wo er nach vier Stunden Fahrt eintraf, war nur ein offener Wagen vorhanden. Bis dieser für ihn bereit stand, mußte er eineinhalb Stunden, vor Nässe triefend, in der kalten Poststube warten. Ein schützender Mantel war nun nicht aufzutreiben, aber der Wagenmeister erklärte ihm, der Regen sei gesund.[47]

Beim Ausbau der Verkehrsverhältnisse schienen die schaumburg-lippischen Behörden beträchtliche Mengen Sand in den Mühlen zu haben. Noch im Januar 1873 drangen Ortsvorsteher Schwabe aus Großenheidorn und Bürgermeister Bredthauer aus Steinhude bei der Fürstlichen Rentkammer auf den Bau einer Amtstraße zwischen Großenheidorn, Steinhude und Altenhagen. Dieser Bau sei schon vor einigen Jahren in Angriff genommen worden,

um einen Weg mit Steinbahn durch diese Sandwüste herzurichten. Der Weiterbau sei aber wegen der Neuregelung der Wegebauverwaltung ausgesetzt worden.[48] Der erneute Vorstoß sollte endlich Erfolg haben: Die Fürstliche Regierung genehmigte die Chaussierung und sagte einen Zuschuß aus der Landeskasse von 50 % der Baukosten zu; innerhalb ihrer Orte mußten die beiden Gemeinden den Weg selbst bauen. Die Steinhuder erwarben dazu für den Unterbau die alte Altenhäger Kirche auf Abbruch für 275 Reichstaler (der Bau der neuen durch Conrad Wilhelm Hase begann 1875), und im Herbst 1874 konnten die Straßenbauarbeiten beginnen.[49]

Die Verbesserung der Verkehrsverhältnisse seit der Mitte des 19. Jahrhunderts wurde vor allem durch die Eisenbahn gefördert. Eine Belebung des Fremdenverkehrs zum Wilhelmstein infolge der Eröffnung der Eisenbahnstrecke Hannover-Minden über Wunstorf, Stadthagen und Bückeburg im Jahre 1847 läßt sich an der Zahl der Eintragungen ins Fremdenbuch nicht direkt nachweisen; erst ab 1868, zu Beginn der Gründerzeit, stiegen die Besucherzahlen deutlich.[50] Jedoch verschaffte diese Verbindung auch Wunstorf einen Eisenbahnanschluß und damit eine günstige Position im Steinhuder-Meer-Fremdenverkehr. Im Baedeker von 1883, also lange vor Eröffnung der Steinhuder Meerbahn, heißt es deshalb: *Wunstorf ist der Ausgangspunkt zum Besuch des Steinhuder Meeres.* Vom Wunstorfer Eisenbahnanschluß profitierten aber auch die Steinhuder Fischer, die den Fürstlichen Matrosen Konkurrenz machen wollten. Der Kommandant der Festung Wilhelmstein, Major Pätz, klagte 1859 über die Mißachtung des angeordneten Vorrechts der Matrosen durch die Steinhuder: *Statt diesem Befehle nachzukommen, vertheilten sich die Familien mehrer Fischer auf die verschiedenen Wege und nahmen so oft vor den Thoren Wunstorfs Fremde in Empfang, übertheuerten sie mit dem Fahrpreise auf das Gröbste, betranken sich und riefen auf diese Weise von allen Seiten Klagen hervor.*[51]

Eine Fahrt mit der Post von Wunstorf nach Hagenburg kostete zehn Silbergroschen, ebensoviel zurück, wie Sägelken 1862 berichtete.[52] (1 Taler = 30 Sgr. = 3 Mark). Von Wunstorf nach Hagenburg dauerte die Fahrt mit der Postkutsche etwa eine Stunde.[53] Die Wunstorfer Zeitung meldete im Mai 1891 *für die Dauer der Badesaison* sogar vier Personenposten täglich nach Bad Rehburg, eine vormittags um zehn, eine frühnachmittags um zwei, sowie zwei weitere am frühen Abend um sechs und um 7.25 Uhr. Als

Ölgemälde eines unbekannten Künstlers: Steinhuder Meer von Bad Rehburg aus, 1847 (Historisches Museum Hannover; Repro: Gottschalk).

Fahrtdauer wurden zwei Stunden und 25 Minuten angegeben, der Preis pro Person betrug inklusive 15 Kilo Gepäck 1,80 Mark – etwa das, was Tagelöhnern zu dieser Zeit gezahlt wurde. Wer besonders viel zu transportieren hatte, konnte außerdem noch einen Beiwagen bestellen.[54] Seit Jeremias Gotthelfs Zeiten hatte sich in Wunstorf einiges geändert, vor allem infolge des Eisenbahnanschlusses. So konnte man beim Bahnhofswirt, beim Hotel Ritter und bei zwei weiteren Stellen Gespanne mieten. Einspänner kosteten pro Tag sechs bis acht Mark, Zweispänner neun bis zwölf Mark, so Ludwig Puritz' Führer „Der Hannoversche Tourist". Diesem zufolge konnte man auch in Bad Rehburg bei den drei Hotelbesitzern Menke, Knoop und Walsen

einen Wagen bestellen. Freudenthal gab eine Dauer von einer Stunde für die Fahrt nach Altenhagen an; *dort verließen wir unserem Plan gemäß die nach Hagenburg und Bad Rehburg weiterführende Steinstraße und schlugen die Richtung nach Steinhude ein.* Die restliche Strecke nahm auf inzwischen *gutgebahnter Straße kaum eine halbe Stunde in Anspruch.*[55]

Wem das alles zu teuer war, der reiste weiterhin auf Schusters Rappen ans Steinhuder Meer. Puritz nannte als Zeit von der nördlichen Stadtgrenze Wunstorfs bis Hagenburg eine Stunde und zwanzig Minuten – mit Postkutsche oder Mietgespann war man also kaum schneller! Der Marsch

Heitere Schilderung eines Ausflugs zum Steinhuder Meer am 3. Juli 1864; kolorierte Bleistiftzeichnung des aus Rinteln stammenden Jagdmalers Christian Kröner (Schaumburgisches Heimatmuseum Eulenburg, Rinteln; Repro: Krekeler, Rinteln).

führte allerdings über eine *staubige Straße,* weshalb er als Rückweg die Strecke über Düdinghausen und Auhagen nach Lindhorst empfahl, das ebenfalls über eine Bahnstation verfügte. Vom Wunstorfer Bahnhof bis Steinhude rechnete Puritz die Zeit von eineinhalb Stunden.[56] Zwischen der Auestadt und Steinhude existierte ein „Communicationsweg" durch das Hoheholz; ab 1905 wurde ein Teilstück dieses Weges zwischen dem Flecken und dem Wald gepflastert.[57]

Ausflugsziel Bad Rehburger Kurgäste

Wie Jerome Bonaparte oder auch der Bremer Astronom Olbers, der sich vor allem für die Sternwarte auf dem Wilhelmstein interessiert haben dürfte, kamen nicht wenige Besucher aus den umliegenden Kurorten: aus Bad Nenndorf, Bad Eilsen, vor allem aber aus dem am nächsten gelegenen Bad Rehburg, wo Olbers jahrzehntelang Stammgast war.[58] Die beiden fußreisenden Hannoveraner stellten 1816 fest, *die mehrsten Badegäste* unternähmen *von Bad Rehburg aus oft kleine Wanderungen nach dem Wilhelmstein.*[59] Manche Badegäste machten offenbar auch schon Station in Steinhude. So empfahl 1797 der dortige Gastwirt und Schokoladehersteller Carl Christian Meineke *den Herrschaften, welche zur Sommerzeit, besonders vom Nenndorfer und Rehburger Gesundbrunnen, öfters Lustreisen nach dem Steinhuder Meere machen,* sein Haus, wo er sie nach Vorbestellung *mit warmem und kaltem Essen, auch Kaffee und Chokolade bewirthen werde.*[60]

Bad Rehburg war lange Zeit der bedeutendste Fremdenverkehrsort der Gegend um das Steinhuder Meer. Der seit 1690 belegte „Gesundbrunnen" zog bald den hannoverschen Hof an. Herzog Ernst August war bereits ab 1692 dort und zur Jagd im umgebenden Wald zu Gast. 1750 wurde das erste Brunnenhäuschen errichtet, in den folgenden Jahrzehnten größere Badeanlagen gebaut, die Bedeutung des Bades wuchs. Am 4. August 1793 etwa wurde der 712. Gast des Jahres gezählt, dazu kamen noch an *sonstigen Personen, Hausleuten und Armen* (es gab auch Armenbäder!) 1680 Menschen.[61] 1853 unterschied das „Cur- und Fremdenbuch" zwischen dem Aufenthalt zur Kur und dem des Vergnügens wegen – nur 394 von 1102 Gästen waren zur Kur anwesend.[62]

Die Brunnenhäuser und sonstigen Anlagen wurden ergänzt durch die Gestaltung der landschaftlichen Umgebung. 1771 ließ der königliche Gartenmeister Tatter eine doppelte Allee vom Bad in Richtung Wald anlegen, die auf einer Anhöhe endete, von der man das Steinhuder Meer betrachten konnte.[63] Den Ausblick auf das Meer lobte gut hundert Jahre später auch die Tochter des hannoverschen Hofgartenmeisters Christian Schaumburg, deren Vater um 1840 *durch das dichteste verwachsene Holz die schönsten Durchsichten* geschlagen und so *die Festungen im Steinhuder Meer fast von jedem Platze sichtbar gemacht hatte.*[64]

1816 bezeugten die beiden schon oben erwähnten Hannoveraner den Reiz der schönen Aussicht: *Oben auf dem Berge trafen wir einige Badegäste auf dem Rasen ruhend mit Büchern in der Hand an, sie hatten diesen Standpunkt wahrscheinlich gewählt, um ihren Geist durch die herrliche Aussicht noch mehr zu erheben, und unserer Meinung nach ist dieses einer der Vorzüge, welche dieses Bad, dessen heilsame Wirkung durch so viele Beweise anerkannt ist, noch beliebter machen muß.*[65]

Solchermaßen optisch auf den See und die Insel Wilhelmstein orientiert, zog es also viele Gäste des Bades zu einem Ausflug auf das künstliche Eiland. In P.F. Weddigens Magazin ist ein solcher „Sogeffekt" überliefert: Der Autor beschreibt den Blick auf den *Meilen langen und Stunden breiten, an vorzüglichen Ahlen, Barsen und anderen Fischarten reichen Steinhuder See* mit der *sehr kleinen, dabei fast unüberwindlichen Festung Wilhelmstein,* und spricht den Wunsch aus, am Aussichtspunkt *ein hübsches Häusgen zu besitzen.* Der daraufhin gefaßte Plan, zum Wilhelmstein zu fahren, scheiterte allerdings, da der zur Einholung der Erlaubnis geschickte Bote *vom Brunnen-Polizeymeister, oder dem etwas aehnliches* zurückgehalten wurde: *es ginge so geschwinde nicht mit dem Besehen des Wilhelmsteins und es seye morgen noch frueh genug dazu!* Der so Enttäuschte äußert die Vermutung, Reisende sollten länger in Rehburg aufgehalten werden, des Geldes wegen; er reiste daraufhin jedoch wütend nach Bad Nenndorf zurück.[66] Offenbar entwickelten die Bad Rehburger schon früh ein Gespür für die Konkurrenz durch Wilhelmstein und Steinhuder Meer!

Später wurden jedoch beide Ziele im Verbund angepriesen und aufgesucht. Schon 1862 rät Engelbert Sägelken, *Wer längere Zeit in Bad Rehburg verweilt, sollte es nicht versäumen, dem Steinhuder Meere und der Festung Wilhelmstein einen Besuch abzustatten.*[67]

Die Badegäste, die sich für einige Wochen zur Kur in Bad Rehburg aufhielten, fanden genügend Zeit nicht nur für Spaziergänge in den angrenzenden Wäldern oder zum Wilhelmsturm, der 1846 anstelle des Haus Bergleben errichtet wurde, sondern auch für einen Ausflug zum Steinhuder Meer. Bald war man dem täglich gebotenen Einerlei aus Konversation und Konzert überdrüssig, und schnell fand sich ein Herr, der sich durch die Organisierung eines Ausflugs zum Wilhelmstein den Titel *eines maitre de plaisir* erwerben konnte. Als solcher führte etwa ein Herr Schnelle aus Bevensen eine 26köpfige Reisegesellschaft im Juli 1873 an, diese von Damen und Herren aus Hamburg, Jever, Bremen, Nienburg, Minden, Hameln, Hannover, Rodewald und weiteren Orten bestand. Aus Hamburg und Bremen kamen die Bad Rehburger Badegäste, die im August 1878 folgendes Gedicht ins Fremdenbuch schrieben: *Von Rehburgs schönen Bergen/Kehrten ihrer sieben hier ein/Was wir bis jetzt gesehen aus der Ferne/ Ist dieser schöne Wilhelmstein. . . .* Den weiteren Versen ist zu entnehmen, daß die Gesellschaft sich an der Rosenpracht auf der Insel erfreute, aber auch, daß man sich die Zeit mit dem Kartenspiel „Schwarzer Peter" vertrieb.

Ausbau des Wilhelmsteins zum Besucherziel

Noch während der Zeit als Staatsgefängnis wurde der Wilhelmstein zum Ziel für Besucher weiter ausgebaut. Mehrere Gebäude auf der Insel wurden in den 1850er Jahren, inzwischen in einem erbarmungswürdigen Zustand, restauriert, nicht um die ursprüngliche militärische Funktion zu bewahren, sondern um sie *wenigstens der äußeren Form nach, nach der Idee des Erbauers erhalten* zu können.[68] Dahinter stand also ein Denkmalsgedanke und die Absicht, Besuchern etwas präsentieren zu können. Auch für die Bequemlichkeit der Besucher trug man Sorge: Im November 1856 bat der Festungskommandant von Korff um 12-18 neue *polierte eschene* Stühle und einige Tische für die herrschaftlichen Zimmer im Schloß Wilhelmstein, *da manchmal größere Gesellschaften die Festung besuchen*, und im Jahre 1858 um neue Gartenmöbel, *da die fraglichen Möbeln bei den häufigen Besuchen Fremder im Sommer dringend nötig sind*. Für die Erfrischung und Stärkung der Besucher wurde ebenfalls gesorgt. Ins Fremdenbuch schrieb 1859 ein Rintelner Gymnasiast in einem Gedicht die Verse: *Wir kneipten froh und wohlgemuth,/Das Bier that Wirkung, es war gut.* Und 1862 berichtete der Bremer Sägelken, daß *zu billig gestellten Preisen eine recht schmackhafte Tasse Kaffee sowie Bier, Butterbrod mit Wurst u. dgl.* bei den auf den Sternspitzen wohnenden Unteroffizieren erhältlich sei, die sich damit ihren Sold aufbesserten.

Aus der Modellkammer in Bückeburg wurden zwei Nachbildungen goldener Kanonen, die Graf Wilhelm einst

Diese Ansicht des Steinhuder Meeres vom Bad Rehburger Friedrichsplatz aus hielt Gartenmeister Schaumburg selbst fest (Historisches Museum Hannover; Repro: Gottschalk).

als Geschenk des Königs von Portugal mitgebracht hatte, auf die Insel geschafft. Weitere alte Waffen, Geräte und Rüstungen wurden in den Jahren 1868 bis 1873 zum Wilhelmstein befördert und so ein regelrechtes Kriegsmuseum eingerichtet. Das Äußere jedoch wurde ganz unkriegerisch herausgeputzt: "Rosenpracht" erfreute das Auge der Gäste, und 1872 überführte man zehn zahme Schwäne zur Insel und tupfte so ein Bild von Anmut und Frieden.[69]

1859 sahen die Militärbehörden sich genötigt, die Regelung einzuführen, vom Festungskommandanten ausgestellte Erlaubnisscheine an die Fischer auszugeben, dies aber nur, wenn der Matrose selbst behindert und die Besuchergesellschaft *anständig* war.[70] Diese Bedingung führt zu der Frage, ob die zum Wilhelmstein beförderten Gästegesellschaften denn auch wirklich „anständige" waren, und welcher Art die Gesellschaften überhaupt waren. Mit Ausnahme einiger Gruppen von Militärs kamen in den ersten Jahrzehnten fast ausschließlich kleine Gesellschaften auf die Insel: vor allem Familien, aber auch in einem Dienstverhältnis zueinander stehende, Zufallsgruppierungen aus den Badeorten, Besitz- und Bildungsbürger sowie Adelige und ihre zuweilen von weither angereisten Gäste; ein Ausnahmefall noch war eine Art früher Betriebsausflug von sieben Angehörigen der Mindener Glasfabrik Gernheim im Juli 1827.

Geringen Argwohn dürften Familienverbände geweckt haben; diese wurden vom Vater angeführt und kontrolliert, dem Nachwuchs konnte bei solchen Gelegenheiten das Betragen in der Öffentlichkeit beigebracht werden. Familien zählten von Anfang an zu den Wilhelmstein-Besuchern, wenn auch das Schwimmen noch nicht verbreitet war, die Tiefe des Sees weit überschätzt und deshalb eine Überfahrt als nicht ungefährlich angesehen wurde. Schon im Mai 1803 brachte ein Ehepaar *aus dem Braunschweigischen* seinen sechs Monate alten Säugling mit zur Inselfestung. Wenn, so wie am 19. September 1832, die fürstliche Familie zu Besuch kam, mußte sich die Wilhelmstein-Besatzung sogar selbst gemustert fühlen. An diesem Tag kamen Fürst Georg Wilhelm, Fürstin Ida Caroline Louise, Prinz Adolph, die Prinzessinnen Adelheid und Mathilde sowie sieben weitere Personen – unter ihnen der Hofmarschall, der Oberbefehlshaber des schaumburg-lippischen Militärs, Oberstleutnant Barckhausen und der Erzieher der Prinzessinnen, Emil Begemann.

Weitaus öfter als die fürstliche Familie kam und sicher zu den treuesten Wilhelmstein-Besuchern überhaupt zählte die Familie des Wunstorfer Apothekers, Oberbergkommissars und schaumburg-lippischen Hofrats Dr. August du Mesnil (1777-1852), deren Angehörige sich regelmäßig fast ein halbes Jahrhundert lang in den Fremdenbüchern des Festungseilands finden. Die du Mesnils kamen mit Wunstorfer Freunden und Bekannten, oft aber auch, wenn sie Besuch von Verwandten, Berufs- oder Studienkollegen hatten. Mit seiner Frau und zwei weiteren Familienmitgliedern kam der Hofrat – der sich auch als Botaniker einen Ruf erworben hatte und ein Liebhaber schöner Landschaften und reizvoller Aussichten war – schon im Mai 1829.[71] Zwei Jahre später fand sich das Ehepaar in Begleitung von fünf Familienmitgliedern auf dem Wilhelmstein ein, am ersten Pfingsttag 1832 kam der Sohn, Student der Pharmazie mit Fachkollegen und Kommilitonen. Im August 1846 stellte sich die Frau Hofrätin mit ihren Töchtern Friederike und Emilie auf der Insel ein, kurze Zeit später trug sie sich wieder ins Fremdenbuch ein, diesmal mit drei *Fräulein Töchtern* und dem *Inspector du Menil aus Magdeburg.* In den Fremdenbüchern finden sich zahlreiche weitere Beispiele, so am 16. September 1871 (sieben du Mesnil, zwei davon aus Wien, unter den Wunstorfern auch der Sohn und Nachfolger und die mittlerweile greise Frau Hofrätin) oder am 22. Juli 1873 Julie du Mesnil mit Antonie und Ida Krafft. Hier sind auch Familienfreundschaften nachvollziehbar, die ebenso auf der männlichen Seite gepflegt wurden, denn am 24.6.1878 trugen sich neben anderen auch der Apotheker du Mesnil und der Kreisphysikus Krafft ins Fremdenbuch ein.

Gustav Wolff nebst Frau und zwei kleinen Wölfen bezeugt ein Eintrag vom 26. Juli 1873 den Besuch einer typischen Kleinfamilie aus der Stadt. Dagegen kamen am 8. Oktober 1893 noch als traditionelle Großfamilie die Haakes aus Altenhagen/Hagenburg, aus der auch der Hagenburger Bürgermeister Dietrich Haake stammte. Die Haakes unternahmen öfters eine Fahrt auf die Festungsinsel. Der Besuch im Oktober 1893 mit zwölf Familienangehörigen war möglicherweise zum Teil dienstlich motiviert, denn kurze Zeit später erstattete der Bürgermeister Bericht an den Landrat in Stadthagen über das zu erwartende Güter- und Personen-Verkehrsaufkommen der in Planung befindlichen Steinhuder Meerbahn.[72]

Schon das Beispiel der Familie du Mesnil zeigte, das Frauen nicht mehr nur als Begleiterinnen von Männern einen Ausflug unternahmen, sondern auch als selbständig Reisende auftraten. Bei Abwesenheit oder nach dem Tod des Mannes übernahm die Mutter die Rolle des Familienoberhauptes. Am 26. Juli 1873 schrieb sich Clara Wolfenstein *mit ihren Lieben aus Berlin* ins Gästebuch ein und zeigte sich so als Anführerin ihres Familienverbandes, der z.Zt. in Bad Nenndorf weilte.

Der Ausflug „mit Kind und Kegel" wurde schließlich zu einem wesentlichen Bestandteil des sonntäglichen Familienlebens im Bürgertum des 19. Jahrhunderts. Der Familienausflug erfüllte wichtige Erziehungs- und Bildungsfunktionen; den Kindern konnte die Natur erklärt, und mit Wander- und Heimatliedern sollten patriotische Gefühle geweckt werden.[73]

Attraktion Gefängnisinsel: Tourismus und Strafvollzug

Bei Führungen durch das Schloß Wilhelmstein wurden den Gästen auch die dort inhaftierten Gefangenen gezeigt, wie Sägelken 1862 berichtet,[74] – eine Attraktion besonderer Art. Jedoch harmonierte diese Doppelfunktion der Inselfestung als Ziel für Besucher und als Gefängnis nicht immer im Sinne der Obrigkeit, vielmehr konnte sie unbeabsichtigte Folgen haben: Als im Jahre 1832 der hessische Kurprinz mit Salutschüssen empfangen wurde, gelang es

einem Häftling, mithilfe einer Bohle unbemerkt zu entkommen. Am Ufer angekommen, wurde er allerdings von Fischern oder Bauern aufgegriffen und auf die Festung zurückgebracht.[75] 1850 konnte ein Militärhäftling einem Besucher ein Schreiben an Fürst Georg Wilhelm zustecken, in dem er sich über die gesundheitsschädliche Unterbringung in den feuchten Kasematten beschwerte. Eine daraufhin eingeleitete Untersuchung erbrachte, daß der Kassiber bei der Post in Wunstorf aufgegeben worden war, von einem Touristen, der nicht ermittelt werden konnte. Der Vorfall hatte die Einquartierung der Gefangenen in die ungenutzten Offiziersstuben zur Folge.[76]

Die Besucher konnten also den Interessen der Häftlinge dienlich sein; sie waren womöglich für manchen „armen Sünder" Hoffnungsträger und brachten zumindest Abwechslung in den eintönigen Insel- und Gefängnisalltag, stellten sie doch eine Verbindung zur Außenwelt für die „isolierten" Sträflinge dar. Umgekehrt boten die Insel-Häftlinge den Touristen schaurig-romantische Anreize; Assoziationen zu Alexandre Dumas' Roman „Der Graf von Monte Christo" lagen nahe, der sich in Deutschland einer großen Beliebtheit erfreute. Tatsächlich findet sich im Fremdenbuch – nach der 1867 erfolgten Schließung des Gefängnisses – ein Eintrag von Mitte Mai 1869: *Graf von*

Schneidige Offiziere kamen auch zu Pferd ans Steinhuder Meer.
Skizze aus dem Fremdenbuch vom 16. August 1892
(StAB, Fürstliches Hausarchiv).

Montechristo, Polytechniker. Der Witzbold war offenbar Student an der Polytechnischen Schule in Hannover, ebenso wie mindestens 15 weitere, die sich mit ihm ins Gästebuch eingeschrieben haben.

Ein weiterer berühmter, nicht fiktiver, sondern realer Insel-Gefangener des 19. Jahrhunderts war der nach Elba, später St. Helena verbannte Napoleon. Sein Neffe, Louis Bonaparte, französischer Kaiser von 1852 bis 1870, wurde im Deutsch-Französischen Krieg bei der Kapitulation der französischen Hauptarmee bei Sedan gefangengenommen und anschließend auf der Wilhelmshöhe in Kassel interniert. Von ihm fertigte ein Besucher am 13. Juli 1871 ein gut gelungenes Bleistiftportrait im Fremdenbuch, dazu den Reim: *Wer kraucht da auf dem See herum?/Ich glaub es ist Napolium/Wie kommt der auf den Wilhelmstein/ Der muß wohl hergeschwommen sein!* Hier verbanden sich die Schauer-Romantik der ehemaligen Gefängnisinsel mit aktueller Politik und Siegesstolz.

Romantisierung der Gefängnisfunktion spricht auch aus einer Ausflugsschilderung eines Winterwanderers kurz vor dem Ersten Weltkrieg. *Mit behaglichem Humor* erzähle man sich *noch heute von dem letzten Gefangenen, einem Forstfrevler, der die nächtliche Stille zu Fahrten über den See in die nahe Heimat benutzte und sich des Morgens wieder an die Kette legte, jedenfalls ein ehrenvolles Zeugnis für - - - die lippische Staatsverpflegung.* Auf jeden Fall ein Beleg für die verklärte Phantasie des äußerste Freizügigkeit wie Behaglichkeit genießenden Touristen![77]

Als 1867 das schaumburg-lippische Militär aufgelöst und die Gefängnis-Funktion des Wilhelmsteins aufgehoben

Portrait Napoleons III. im Fremdenbuch des Wilhelmsteins (StAB, Fürstliches Hausarchiv).

wurde, blieb nur noch die Rolle der Insel als Touristen-Attraktion übrig – aber diese wuchs sich nun zur Hauptrolle in ihrer Geschichte aus, zumal Reisen und Fremdenverkehr im Zuge der Industrialisierung immer populärer und zum Wirtschaftsfaktor wurden.

Die Auswirkungen der Industrialisierung

Lange Zeit hatten nur Aristokraten und wohlhabende Bürger die für Landaufenthalte oder Reisen nötige Muße und die erforderlichen Finanzmittel. Den Handwerkern und Arbeitern, Dienstmädchen oder Waschfrauen fehlten Zeit und Geld, Ausflüge zu unternehmen. Immerhin waren Spaziergänge oder eine Ruhepause im städtischen oder stadtnahen Grün möglich. Die Gartenordnung für die barocken Herrenhäuser Gärten aus dem Jahre 1777 kam dem entgegen: *Jedermann ist erlaubt sich im königl. garten eine veränderung zu machen.* Allerdings war es geboten, *sich der bäncke bei der Fontaine nur als dann zu bedienen, wenn solche für standes personen oder vornehmen fremde nicht nöthig fallen.*[1] Ausruhen und müßiges Verweilen im Grünen blieb zuerst den Privilegierten vorbehalten.

Die in Deutschland ab Mitte des 19. Jahrhunderts einsetzende Industrielle Revolution führte aber zu weitreichenden gesellschaftlichen Veränderungen. War Deutschland zuvor ein Agrarland, in dem noch 1871 64 % der Bevölkerung auf dem Lande lebten, so war es zu Beginn des 20. Jahrhunderts in einen Industriestaat verwandelt, in dem 1910 60 % der Bevölkerung in Städten wohnten.[2] Bauernbefreiung, Agrarreformen und das wachsende Arbeitsplatzangebot in den sich industrialisierenden Städten hatten umfangreiche Wanderungsbewegungen ausgelöst. Viele Menschen zog es vom Land, wo insbesondere Kleinbauern und Landarbeiter infolge von Gemeinheitsteilungen und rationellerer Bearbeitung der Ackerflächen kein Auskommen mehr fanden, in die am Rande der Städte aus dem Boden schießenden Fabriken.

Auch Hannover, das aufgrund seiner geographischen Lage zum Verkehrsknotenpunkt wurde, erlebte seit den frühen sechziger Jahren eine schwunghafte Entwicklung. Die Bevölkerung der Stadt stieg von 60.120 im Jahre 1861 auf 313.400 Menschen im Jahre 1912. Im Nachbarort Linden kletterten die Einwohnerzahlen von 10.497 im Jahre

Foto von Hannovers Nachbarstadt Linden 1903: Rauchende Schlote dominieren das Bild (Historisches Museum Hannover; Repro: Hoerner, Hannover).

1864 auf 86.500 im Jahre 1913.[3] Die Zuwanderungsgewinne waren in Hannover so stark, daß 1905 nur ein Viertel der erwachsenen Einwohner Hannovers in der Stadt geboren waren. Die rasante Entwicklung äußerte sich in einem Wandel der Sozialstruktur, die vor allem durch den Anstieg der Industriearbeiterschaft gekennzeichnet war (bis 1866 war Hannover vom Mittelstand, von Beamten und Militärs geprägt). Daß Hannover und mehr noch Linden zu Industriestädten geworden waren, zeigt die sektorale Verteilung der Erwerbstätigen: Um die Jahrhundertwende bewegte sich der Anteil der Industriearbeiterschaft in Hannover um 37 %, in Linden war es sogar das Doppelte: 76,9 % im Jahr 1895.[4]

Auch das Erscheinungsbild der Stadt wandelte sich. Der hannoversche Philosoph, Psychologe und Bildungsreformer Theodor Lessing beschreibt 1925 diese Veränderung folgendermaßen: *Wenige europäische Städte haben zwischen 1850 und 1900 so völlig ihr Antlitz verändert. Bis 1866 war Hannover die weltfern-vornehme Residenz der alten englischen Welfenkönige. . . . Aber in der Zeit nach dem siegreichen Kriege mit Frankreich zwischen 1870 und 1873, in der sogenannten Gründerzeit, hielt die Industrie machtvoll Einzug, so daß die kleinen lieblichen Dörfer der Umgebung, Hainholz, Döhren, Limmer, List bald zu rußigen Fabrikvororten sich wandelten.*[5] An anderer Stelle nennt Lessing seine Heimatstadt *eine lärmerfüllte, von geschäftigen Ameisen wimmelnde Anhäufung profaner Häuser voller Händlertum, Beamtengeist und der Notdurft harter Arbeit, unjung und die fahlste unserer Städte.*[6]

Mit dem nahezu explosionsartigen Wachstum waren die Städte lange Zeit überfordert, Es fehlte an Wohnungen, Straßen, Ver- und Entsorgungsstrukturen. Die hygienischen Verhältnisse waren sowohl in der hannoverschen Altstadt wie auch in den Industrie- und Arbeitervierteln katastrophal. Nachdem die Stadt 1859 schon von der Cholera heimgesucht worden war, folgten in den 70er Jahren eine Ruhr-, eine Blattern- und eine Trichinenepidemie, an denen in Linden 36 Menschen starben und dort sowie in Hannover 400 erkrankten.[7] In Linden gab es erst ab 1885, dem Jahr der Stadterhebung, eine tägliche Müllabfuhr, eine Kanalisation wurde zwar im gleichen Jahr geplant, aber erst 1906 begonnen und 1917 fertiggestellt.[8] Verstärkt seit den achtziger Jahren wurde über die „Rauch- und Rußplage" diskutiert. 1886 wurde festgestellt, daß die Luftverschmutzung die Grenze des Erträglichen erreicht habe und jede weitere Belastung Schäden für Menschen, Pflanzen und Tiere verursachen würde.[9] Der Architekten-

und Ingenieurverein Hannover klagte, *Die Gefahr, unsere Städte des Reizes grüner Pflanzen beraubt zu sehen, ist keine so fern liegende mehr.* (Zumal innerstädtisches Grün durch die umfangreiche Bautätigkeit mehr und mehr verschwunden war!) Als Ursachen wurden die private und industrielle Kohlefeuerung benannt.[10] Bei einem Ortstermin des hannoverschen Magistrats zur Besichtigung von Gartenanlagen in der Glocksee konnten alle Schadensstufen beobachtet werden: Gelbe Blattspitzen, welke Blätter, völlig entlaubte Bäume, verkrüppelte und ungenießbare Früchte.[11] Aus dem einst die Leibeigenen und Hörigen des Mittelalters in die Stadt lockenden Rechtstitel „Stadtluft macht frei" war die bittere Erkenntnis „Stadtluft macht krank" geworden. Immerhin bewirkte die zunehmend industriefeindlich geführte Diskussion, daß einige Betriebe aus dichtbewohnten Gebieten an den Stadtrand oder in Vororte verlegt wurden, z.B. wanderte schon 1889/90 die Firma Körting vom Standort beim hannoverschen Hauptbahnhof an den Rand Lindens oder die Chemiefabrik de Häen von der List nach Seelze.[12]

Verkehr, Lärm und Streß ergänzten die ungesunden Fabrik-Emissionen. Schon 1878, noch unter dem Einfluß der Gründerjahre, hatte der Pastor Wilhelm Rothert in seiner Schrift „Die innere Mission in Hannover" den Wandel der Lebensweise unter großstädtisch-industriellen Verhältnissen beschrieben: *Seit die Maschine da ist mit ihrer Dampfkraft, Eisenbahnen und Telegraphen den Verkehr so unendlich beschleunigt haben, ist auch das ganze Leben beschleunigt. Immer größer werden die Forderungen, die der Kampf ums Dasein an alle stellt, immer straffer die Arbeit; Hast und Unruhe, Jagen und Eilen überall. Dabei muß unser Volk leiblich und geistig, physisch und moralisch zugrunde gehen, wenn nicht die Ruhe des Sonntags ein heilsames Gegengewicht bildet.*[13]

Die rasante Veränderung ihrer städtischen Umwelt, der Wechsel von der ländlich-agrarisch geprägten Kultur zur sich industrialisierenden Großstadt ließ die Menschen nicht unbeeinflußt. Nicht nur die physische Gesundheit, auch das psychische Befinden reagierte auf die neuen Phänomene, Gefühle von Unsicherheit und Identitätsverlustes entstanden, Nervosität breitete sich aus.

Deutlich macht dies Hermann Löns' Artikel „Jagd und Politik": *Noch niemals gab es eine Zeit, in der das Leben so verwickelt und infolgedessen so anstrengend war wie heute; selbst auf das Land dringt schon die Nervosität, die Krankheit der Zeit, denn Eisenbahn, Telegraph und Telephon und*

Tagespresse tragen Hast und Unrast in Handel und Wandel, Klassenkampf und Parteigetriebe bis in den stillsten Winkel, erfüllen das ganze Volk mit einer nervösen Erwerbssucht, einem ungesunden Genußfieber, einer krankhaften Sucht nach Veränderung, einer Überschätzung der geistigen und Geringschätzung der körperlichen Tätigkeit.[14]

In der Zeit um die Jahrhundertwende hielten es viele Menschen für eine erwiesene Tatsache, in einem „nervösen Zeitalter" zu leben, „Neurasthenie" (Nervenschwäche, 1878 von dem amerikanischen Neurologen G.M. Beard erstmals beschrieben) galt als das verbreitetste Leiden der Zeit. Die Erfahrung des Lebens als „Kampf ums Dasein" kennzeichnete die Leidensgeschichte zahlreicher Neurastheniker. Als besonders neurasthenieanfällig galten die

Vertreter der modernene Berufe: Eisenbahner, Schriftsetzer und Telefonistinnen. Der Historiker Joachim Radkau ist der Meinung, die klassische Neurasthenielehre, die auf Erholung durch Ruhe setze, habe in Deutschland zu großzügigeren Urlaubsregelungen geführt als in den meisten anderen Ländern und dazu, daß besonders in deutschen Urlaubsorten das Ideal der Ruhe gepflegt werde.[15] Und angesichts des Steinhuder Meeres pries Hermann Löns *Wasser, weithe Fluth, Segel und Möven* als geeignet, die *Nerven still zu machen*.[16]

In diesem Zusammenhang ist auch der hannoversche „Anti-Lärm-Verein" zu sehen, der 1908 von Theodor Lessing gegründet wurde. Der Verein stritt auch gegen die Automobilklubs, weswegen ihm von einem gegnerischen

Linden 1915: Der Westwind trägt die Abgase der Industrie zumeist nach Hannover (Historisches Museum Hannover; Repro: Hoerner, Hannover).

Blatt, der „Automobilwelt", der Vorwurf gemacht wurde, eine *Tyrannei der Nervösen* errichten zu wollen.[17] In seiner „Kampfschrift gegen die Geräusche des modernen Lebens" mit dem Obertitel „Der Lärm" veranschaulicht Theodor Lessing, wie der unablässige Geräuschstrom der Stadt zum Anlaß wird, dieser den Rücken zu kehren: *Hämmer dröhnen, Maschinen rasseln,* Wagen und Karren *rollen früh vor Tag am Hause vorüber. Tausend hungrige Menschen, rücksichtslos gierig nach Macht, Erfolg, Befriedigung ihrer Eitelkeit oder roher Instinkte, feilschen und schreien, schreien und streiten vor unseren Ohren und erfüllen alle Gassen der Städte mit dem Interesse ihrer Händel und ihres Erwerbs.* Telefonläuten, Automobilhupen, Bahnrasseln drangen peinigend in den Körper, *quer über unser schmerzendes Haupt, quer durch unsere besten Gedanken.* Auch der Mangel an gesundem, tiefem Schlaf zerrütte die Nerven. *Ich fliehe aufs Land,* kann da nur noch die Konsequenz lauten.[18]

Zivilisationskritische, oppositionelle und antimoderne Bewegungen

Theodor Lessings Anti-Lärm-Verein ist der Lebensreformbewegung zuzurechnen, die – ihrerseits sehr zersplittert und vielfältig – dem breiten Spektrum zivilisationskritischer und antimoderner Bewegungen um 1900 angehörte.[19] Als Reaktion auf die am eigenen Leibe spürbaren Veränderungen von Gesellschaftsgefüge, Stadtklima und Landschaftsbild, auf die „Abkehr von der natürlichen Lebensweise", waren diese Bewegungen wie Pilze aus dem Boden geschossen. Vor allem vom Bildungsbürgertum getragen, hatten die verschiedenen Bestandteile dieser Bewegungen die unterschiedlichsten Ideen. Gemeinsam war jedoch vielen, ihre großstadt- und industriekritische Abwehrhaltung in einer Hinwendung zu Natur und Landleben auszudrücken. Die Reformbewegung setzte sich aus Vegetariern, Anhängern der Nacktkultur, Alkoholgegnern, Naturheilfreunden, Anti-Lärm-Vereinen, Bodenreformverfechtern und anderen zusammen. Anders als die Sozialisten versuchten die Lebensreformer ihre Ziele nicht durch eine gesellschaftliche Revolution zu erreichen, sondern durch individuelle Maßnahmen.[20] So schrieb ein Dr. med. Kapp in der Zeitschrift „Die Schönheit": *Die blassen Gesichtchen, mageren und welken Arme vieler Tausende armer Stadtkinder geben ein trauriges Zeugnis von den Folgen einer in schlecht gelüfteten, engen und dumpfigen Stuben verbrachten Kindheit.* (Folgt Beschreibung der Rachitis) *... Ein Landaufenthalt ist der beste Ausgleich aller Einseitig-*keiten des Stadtlebens und außerdem ein erzieherischer Faktor von nicht zu unterschätzender Bedeutung. ... Hier in Gottes freier Natur entwickelt sich am besten auch die Schönheit der Seele.[21]

Die Heimatbewegung dagegen hatte sich den Schutz von Natur und Kulturdenkmälern auf ihre Fahnen geschrie-

Anzeige aus Pharus-Wanderkarte Hannover und Umgebung nebst Lüneburger Heide, Hannover o.J., ca. 1913.

ben – August Freudenthal und Hermann Löns waren zwei herausragende Vertreter. Die bürgerliche Jugend wiederum engagierte sich im „Wandervogel", der eine eigenständige Jugendkultur gegenüber der der Elterngeneration zu etablieren versuchte. Zentrale Aktivität war das Gruppenwandern mit Gitarre und Schlafsack, Übernachten in Zelt oder Scheune und gemeinsames „Abkochen" über dem Lagerfeuer. In der Praxis waren die Grenzen zwischen all diesen Bewegungen und Kulturen fließend.

Ihr proletarisches Gegenstück, der 1895 in Wien gegründete „Touristenverein Die Naturfreunde" verschrieb sich allerdings dem „sozialen Wandern" – was z.B. bedeutete, sich für die Lage der arbeitenden Bevölkerung in den durchwanderten Gebieten zu interessieren. Aus dem Studieren der sozialen Verhältnisse sollte der *Wille zur Umgestaltung* hervorgehen.[22] Eine hannoversche Ortsgruppe wurde 1911 gegründet[23] – und schon im nächsten Jahr unternahm sie eine Tour ans Steinhuder Meer.

Der Drang ins Grüne ist bei diesen Bewegungen der Lebensreformer und Naturfreunde nicht eine bloße Flucht vor dem Alltag, aus der Stadt und aus abstumpfenden und bedrückenden Verhältnissen, sondern Teil des versuchten Aufbruchs – oder, wie bei der Heimatbewegung, eine Rückwendung – in eine „bessere Welt". Demgegenüber ist bei den zahlreichen Wander-, Touristen- Radfahr- und ähnlichen Vereinen, die bald ins Kraut schossen, und bei den ihnen nachfolgenden Individualtouristen ein Motiv zur Veränderung der Lebens- oder Gesellschaftsverhältnisse kaum erkennbar.

Zeit gewinnen, Raum überwinden

Während der Adel über ausreichende Muße für die Jagd, für Feste, für Kur und Reise verfügte, mußten sich das Bürgertum und mehr noch die Arbeiterschaft freie Zeit erst erkämpfen. So entwickelten Hamburger Kaufleute seit dem 18. Jahrhundert aus dem Freiheitsstreben der Aufklärung den Drang zur Freizeit und rangen diese ihrer Tagesstruktur ab.[24] Umfassende soziale Bedeutung bekam die Freizeit aber erst infolge der Industrialisierung seit der zweiten Hälfte des 19. Jahrhunderts, als für Arbeiter und Handwerker nennenswerte Arbeitszeitverkürzungen erreicht wurden. Hamburger Arbeitern wurde in den 1890er Jahren erstmals Betriebsausflüge (zu Bildungszwecken) gewährt und verdienten Arbeitern einige Tage Urlaub im Jahr zugestanden.[25]

Zentrale Bedeutung erlangte der Kampf um die Durchsetzung des arbeitsfreien Sonntags. Um die Mitte des letzten Jahrhunderts war für die Industriearbeiter bei einer 90-Stunden-Woche Sonntagsarbeit die Regel.[26] Demgegenüber propagierte der Frühsozialist Paul Lafargue das „Recht auf Faulheit", und das Wort, man solle nicht leben, um zu arbeiten, sondern arbeiten, um zu leben, prägte 1890 der Sozialdemokrat Wilhelm Liebknecht. Seine Partei kämpfte seit den 1870er und 1880er Jahren im Reichstag um eine gesetzliche Festlegung der allgemeinen Sonntagsruhe.[27] Aus anderen Motiven bekamen sie dabei Unterstützung von der Kirche, die im Zuge der Inneren Mission den Kampf gegen die *Sonntagsentheiligung* aufnahm. Diese sei eine *Schädigung des Menschlichen*, so Pastor Rothert, *denn ohne den Sonntag hört die Pflege dessen auf, was auch zum Menschenleben gehört, des Familienlebens, der Geselligkeit, der Freude an der Natur und den Gaben der Kunst, die auch von Gott gegeben sind.*[28] Der Sonntag sollte also auch der Erholung dienen, aber auch das „Streben zu Höherem" ermöglichen und vor allem für den Gottesdienst nicht verlorengehen. Dem Freizeitgedanken größere Verbreitung verschafften auch Publikationen und Kongresse der „Zentralstelle der Arbeiterwohlfahrtseinrichtungen." So enthielt eine Schrift von 1883 Gedanken über „Die zweckmäßige Neuordnung der Sonntags- und Freizeit". Initiativen gingen auch von manchen Berufsgruppen aus, so z.B. von Nienburger Kaufleuten. Diese gaben im April 1891 gemeinsam bekannt, daß sonntags ihre Läden nun bereits um 13 Uhr geschlossen würden, um *für sich selbst und ihre Handlungsgehülfen die durchaus nothwendige Ruhezeit zu gewinnen*, denn der Sonntag sei *doch auch ein Tag leiblicher Ruhe und Erquickung, welche auch für diejenigen nöthig ist, die tagaus, tagein hinter dem Tresen stehen müssen.* Das Publikum werde sich daran gewöhnen, für seine Bedürfnisse schon am Sonnabend zu sorgen.[29]

Die jahrzehntelangen Bestrebungen vor allem der Arbeiterbewegung und der Kirche trugen schließlich Früchte: Der Paragraph 105 der Reichsgewerbeordnung vom 1. Juni 1891 schränkte Sonntagsarbeit weitgehend durch die Bestimmung ein, daß Arbeiter dazu nicht verpflichtet werden dürfen.[30] Gezieltes sozialreformerisches Wirken sollte auch ein „Überhandnehmen der Unzufriedenheit und der Umsturzgedanken in den arbeitenden Klassen" verhindern.[31] Kulturelle und pädagogische Institutionen versuchten, die Entfaltung des Erholungsbedürfnisses in bestimmte Richtungen zu lenken, und 1892 veranstaltete die Zentralstelle einen ersten Freizeitkongreß, auf dem u.a. das Thema „Die Erholung der Arbeiter außer dem Hause" diskutiert wurde. Statt der üblichen Kneipe sollte neben anderem auch die „Freude an der Natur" gepflegt werden.

Innerhalb des wöchentlichen Arbeitsablaufs war nun ein Freiraum geschaffen, in dem die Wiederherstellung der Arbeitskraft, die Erholung Platz hatte. Die traditionellen Orte, an denen die Hannoveraner spazierengingen, reichten offenbar dazu nicht mehr aus: Zwar besaß Hannover in der Eilenriede einen unvergleichlich großen Stadtwald, doch konnte mithilfe neuer Verkehrsmittel auch die Umgebung Hannovers den Erholungsbedürftigen erschlossen werden.

Die größte Bedeutung hatten dabei um 1900 die Eisen- und Straßenbahnen. Hermann Löns propagierte bald die Vorteile der Straßenbahnen für die *Volksgesundheit:* Sie biete dem Großstädter *die Möglichkeit, jederzeit und für wenig Geld eine gesunde Abwechslung in sein Dasein dadurch zu bringen, daß er die Enge der Straße mit der Weite der Flur, den Lärm der Stadt mit der Stille des Waldes,* *die Unruhe des Berufslebens mit dem Frieden der Heide, die Kleinlichkeiten des Alltags mit der Größe der Bergnatur vertauscht. Leider werde jedoch der Vorteil, nach jeder Richtung hin schnell und billig die Stadt hinter uns zu legen und uns der Natur nahe bringen* zu können, von den Hannoveranern *noch zu wenig gewürdigt.*[32] Die Hannoversche Straßenbahnen AG besaß um die Jahrhundertwende mit einer Gesamtgleislänge von 292 km das größte Überlandstraßennetz in Deutschland.[33] Zwar hatten diese Überlandlinien auch eine bedeutende Gütertransportfunktion, aber vor allem die am 1. Oktober 1899 endgültig fertiggestellte Linie nach Barsinghausen hatte eine große Bedeutung als „Deisterbahn" für den Naherholungsverkehr. Eine Teilstrecke dieser Linie 10 wurde am 22. Mai 1898 mit einer Abzweigung zum Gehrdener Berg eröffnet. An dem auf diesem errichteten „Berggasthaus Niedersachsen" war die „Hannoversche Straßenbahn-AG" beteiligt – die Verkehrsunternehmen verbanden nicht nur zwei Orte miteinander, sondern schafften selbst Ziele.[34]

Der Wilhelmstein als Touristenattraktion

Abgeworfen Kummer und Sorgen/In Wilhelmstein ist man geborgen/Nach des Daseins Müh' und Hast/Findet man hier Ruhe + Rast (zwei Herren, 2.6.1897 im Fremdenbuch).

Der stetige Anstieg der Besucherzahlen auf dem Wilhelmstein in den Jahrzehnten ab 1868 ist zunächst nicht mit wesentlichen Verkehrsverbesserungen verknüpft: Die Eisenbahnlinie Hannover-Minden existierte bereits seit zwei Jahrzehnten, während bis zur Eröffnung der Steinhuder Meerbahn noch viele Jahre vergehen sollten. Nicht in erster Linie die Verkehrsbedingungen brachte die Entwicklung des Fremdenverkehrs zum Gewerbe hervor, sondern der wirtschaftliche Boom der sogenannten Gründerjahre zwischen 1867 und 1873 und der folgenden Hochindustrialisierung. Von den in dieser Zeit steigenden Einkommen war ein wachsender Anteil frei verfügbar für Freizeitgestaltung und Ausflugsunternehmungen.

Genauer Aufschluß über die zahlenmäßige Entwicklung des Besucherandrangs auf dem Wilhelmstein ist erst ab 1874 zu erlangen. In diesem Jahr erging vom Hofmarschallamt in Bückeburg eine Verfügung an den Inselverwalter Feldwebel a.D. Manns, eine Kasse einzurichten, in die die Tagelöhner bzw. „Hilfsmatrosen" ihre Einnahmen abgeben mußten, wovon sie wiederum ihren 1,50 Mark, zuweilen auch 2 Mark betragenden Tagelohn ausgezahlt bekommen sollten, aber auch die Fürstlichen Matrosen von jeder Fahrt 50 Pfennig abzuführen hatten. Die Kasse wurde deshalb „50-Pfennig-Kasse" genannt. Am 15. Oktober jeden Jahres sei die Kasse zu schließen und die Abrechnung dem Hofmarschallamt vorzulegen. Am 1. November sollte dann die Verteilung des Inhalts der Kasse *nach der Kopfzahl zu gleichen Theilen unter den Feldwebel Manns und den in Hagenburg und Wilhelmstein stationierten Matrosen* stattfinden. Vorausgegangen war eine Anfrage der Matrosen Wenzel und Bothe, ob sie zum Fremdenfahren berechtigt seien; offenbar wollten sie Touristen privat befördern, was das Hofmarschallamt nicht vollkommen freistellen wollte, aber wahrscheinlich mit Rücksicht auf die schmalen Gehälter der Matrosen in der beschriebenen Weise regelte.[1]

Die Fahrpreise waren wie folgt festgelegt: Eine Fahrt bis sechs Personen kostete drei Mark, für jede weitere Person

Die Fürstlichen Matrosen, ca. 1910. In der Mitte sitzt der Hagenburger Obermatrose Bothe, bereits seit 1867 im Matrosendienst. Ihm zur Linken Büsselberg, zur Rechten Meuter. Oben die beiden Hagenburger Rust (links) und Ohlhage (Hermann Beckedorf, Steinhude).

50 Pfennig. Schüler oder Soldaten vom Feldwebel abwärts zahlten bis acht Personen zwei Mark und für jede weitere Person 25 Pfennig. Den stattlichen Rest der Einnahmen von mindestens 1,50 Mark, zumeist aber mindestens 2,50 Mark oder mehr konnten die Matrosen für sich behalten und sich also durch die Fremdenbeförderung ihr Gehalt aufbessern. Darüberhinaus wurde der Inselverwalter Manns als Vorgesetzter der Fürstlichen Matrosen an deren Beförderungs-Einnahmen beteiligt; dieser hielt auch Erfrischungen für die Besucher bereit. Die Kasse war offenbar notwendig geworden, nachdem es in den Gründerjahren einen deutlichen Anstieg der Besucherzahlen auf etwa 1.000 pro Jahr gegeben hatte.

Wie entwickelten sich nun die Beförderungszahlen? Leider wurde zunächst nur die Zahl der Fahrten in den Abrechnungen aufgeführt und nicht die Fahrgastzahlen (auf die es auch nicht ankam, da in die Kasse pauschal 50 Pfennig pro Fahrt zu zahlen waren). Erst für das Abrechnungsjahr 1877/78 liegen Passagierzahlen vor. Danach fuhren die Fürstlichen Matrosen und ihre Tagelöhner von Hagenburg aus 1.356 Personen zum Wilhelmstein. Der Matrose Wilhelm Meuter, der von Steinhude aus mit eigenem Boot fuhr und deshalb nicht in die Kasse einzahlte, seinerseits aber auch „Gehülfsmatrosen" beschäftigte, beförderte mit diesen zusammen 395 Menschen auf die Insel.[2] In den folgenden Jahren weisen die Beförderungszahlen eine stetige Aufwärtsentwicklung auf.[3] 1885/86 beförderten allein Meuter und seine Hilfsmatrosen 1.475 Personen zum Wilhelmstein. Im folgenden Jahr landeten fast 4.700 Besucher auf der Insel, und die Saison 1892/93 brachte sogar ein Spitzenergebnis von über 8.000 Besuchern. Danach sanken die Zahlen zwar wieder etwas, pendeln sich aber bei gut 7.000 pro Jahr ein.[4]

Nun fand das Steinhuder Meer auch in den renommierten Reiseführern als Reiseziel Erwähnung. Der Baedeker von 1883 widmete ihm und seiner Insel eine höhere Aufmerksamkeit als die ältere Ausgabe von 1872. Damals wurde der See nur auf der Vorbeifahrt mit der Bahn in Richtung Bremen beiläufig wahrgenommen: *Vor Neustadt glänzt fern westl. ein langer Wasserstreifen, das Steinhuder Meer...;* kurz wurden Graf Wilhelm, der Wilhelmstein und Scharnhorst genannt. Auch Bad Rehburg wurde nur aus der Ferne als *freundl. Bad- und Molkencurort* erwähnt. Als touristisch unattraktiv wird die später gepriesene Landschaft nördlich des Steinhuder Meeres empfunden: *Der ganze Landstrich, welchen die Bahn bis Bremen durchschneidet, bietet nichts: dürftiges Ackerland, Heide und Moor, Sand.*[5] Jetzt, 1883, werden im Baedeker die Reisenden durch Hinweise auf Verkehrsanbindungen, Preise und Erfrischungsmöglichkeiten zum Wilhelmstein geführt, von dem es heißt: *Die Festung wird sorgfältig unterhalten und besitzt eine sehenswerte Sammlung von Geschützen und Waffen.* Als Abfahrtort der Fürstlichen Matrosen wird Hagenburg genannt, Steinhude findet keine Erwähnung. Auch die Postverbindung nach Bad Rehburg, das *jährlich von 800 Kurgästen* besucht werde, und Kloster Loccum werden aufgeführt.[6]

> *Frage ergebenst an, ob am Donnerstag, den 2. August der Wilhelmstein besucht werden darf. Bejahendenfalls bitte ich gegen 12 Uhr mittags einen Kahn für etwa 10 Personen bereit zu halten. Einer gefl. Rückantwort auf angebogener Karte entgegensehend, zeichnet hochachtend Dörge, Sparkassen-Rendant. (1894)*[7]

Umfassender unterrichtete naheliegenderweise der „Hannoversche Tourist" über das Steinhuder Meer. Nicht nur die Postkutschenverbindungen und -preise und Mietfuhrwerks-Angebote werden genannt, sondern auch der Fußweg nach Hagenburg und die dortigen Gasthäuser (Deutsches Haus, Hotel Wilhelmstein) sowie das 1871-1873 restaurierte Fürstliche Schloß. Empfohlen wird auch, sich die schwimmenden Wiesen von den Schiffern zeigen zu lassen. Diesen, nämlich Wenzel oder Bothe in Hagenburg oder Meuter in Steinhude, solle man, zwecks sicherer Beförderung, *von der Zeit des Eintreffens und der Zahl der Reisenden Nachricht geben,* auch davon, ob man die Rückfahrt vom Wilhelmstein nach Hagenburg oder nach Steinhude unternehmen wolle.

Ausführlich wird im „Hannoverschen Touristen" auch die Waffen- und Modellsammlung der Festung beschrieben, in der sich auch zwei der sechs goldenen Kanonen befänden, die Graf Wilhelm einst vom König von Portugal geschenkt bekam. Jede solle *einen Wert von 24.000 M haben,* heißt es verlockend.

Durch solche Angaben in Wanderführern, vielleicht auch durch Erzählungen von Besuchern, wurden möglicherweise die Diebe angelockt, die in der Nacht vom 31. Oktober zum 1. November 1881 vier Kanonen raubten. Sie waren mit einem Kahn von Hagenburg zum Wilhelmstein gefahren, hatten sich durchs Fenster Zugang zur Waffenkammer verschafft und die Kanonen aufs Boot geladen. Zwei der Kanonen wurden bereits am nächsten Morgen am Hagenburger Ufer wiedergefunden, da die Diebe nachts während der Wachablösung im Hagenburger Kanal beobachtet, aber nicht gestellt worden waren, denn sie wurden zunächst für Hagenburger Jungen gehalten. Feldwebel a.D. Manns, der gleich am 1. November telegraphisch den Raub während der *verwichenen Nacht* nach Bückeburg gemeldet hatte, berichtete dem untersuchenden Hauptmann Bolte, daß mehrere Wochen vorher *verschiedene nicht unverdächtig erscheinende Männer auf Wilhelmstein zum Ansehen der Merkwürdigkeiten gewesen sind, darunter namentlich 2, welche angetrunken gewesen und nach ihrem Äußeren zu schließen, Fabrikschlosser oder Maschinenarbeiter aus Hannover gewesen sind.* Die Ausführung des Diebstahls durch wahrscheinlich drei oder vier Diebe zeuge *von eminenter Kühnheit* und setze genaue *Localkenntnis* voraus. In letzter Zeit seien vor allem in Wunstorf mehrere ähnlich ausgeführte Diebstähle geschehen, was auf eine wohlorganisierte Diebsbande aus Hannover schließen lasse. Die Diebe wurden freilich nie ausfindig gemacht. Die beiden übrigen Kanonen wurden im Oktober

1882 auf dem Benther Berg von Kindern unter Laub verborgen entdeckt – offenbar hatten die Diebe gemerkt, daß die Kanonen nur vergoldete Nachbildungen der einstmaligen goldenen Geschütze waren, die nur geringen Wert hatten. Die Originale waren bereits unter Graf Wilhelms

Nachfolger Philipp Ernst verkauft worden. Der Diebstahl und das Wiederauffinden der Kanonen, wofür insgesamt 300 Mark Belohnung gezahlt wurden, wurde laut Fürstlichem Staatsanwalt Deppe *in allen Localblättern* besprochen – dem Fremdenverkehr zum Wilhelmstein mag es förderlich gewesen sein.[8]

Das Fremdenbuch als Poesiealbum und Mitteilungsorgan

Aufschluß über die Wilhelmstein-Ausflügler und ihre Motive oder Eindrücke, über die Reisegesellschaften, mit denen sie kamen, über ihr Tun und Treiben auf der Insel vermittelt das dort geführte Fremdenbuch, das seine anfänglich registrierende Funktion längst eingebüßt hat. Nun wird es von den immer auskunftsfreudigeren Touristen mehr und mehr als Mittel der Selbstdarstellung und als Medium zur Kommunikation erobert. Die Besucher übermitteln einander Nachrichten, teilen dem Leser Weisheiten mit, schmähen oder necken einander, berichten über die Überfahrt, schildern ihre Eindrücke und Empfindungen oder nennen die verzehrten Speisen und Getränke. Für die Tourismusforschung – aber auch andere Disziplinen – stellen die Fremdenbücher deshalb eine wichtige Quelle dar. Im folgenden soll anhand von Beispielen aus den Fremdenbüchern die Sonntagsausflugskultur auf dem Wilhelmstein veranschaulicht werden.

Wenn auch in den fürstlichen Segelschiffen oder den Torfkähnen der Steinhuder Schiffer kaum Gefahr bestand, die Deipen nicht auf der Route lagen und bei stürmischem Wetter in der Regel keine Besucher kamen, so war die Überfahrt zur Insel doch nicht selten von einer Mischung aus Seefahrerromantik und Unbehagen gekennzeichnet. Immerhin konnte die große Mehrheit der Bevölkerung im 19. Jahrhundert nicht schwimmen.[9] Schon am 27. August 1838 blieben *zwei Ungenannte ... aus Angst am Ufer sitzen, weil das Meer ein wenig unruhig und es etwas windig war.* Auch ein Mitglied einer Bad Rehburger Kurgesellschaft traute im Juli 1873 offenbar den nautischen Fähigkeiten der Fürstlichen Matrosen oder der Seetüchtigkeit ihres „Schiffes" nicht – was von den übrigen mit einiger Häme im Fremdenbuch vermerkt wurde: *A. Leyn, genannt Menelaus d. Gute blieb in Hagenburg/O sancta Simplicitas* (O heilige Einfalt).

Sehr plötzlich zogen allerdings manchmal Unwetter herauf und überraschten die Ausflügler auf dem Wasser:

Von August Meyer 1889 gestaltete erste Seite eines neuen Fremdenbuches mit der Aufforderung zu mitteilungsfreudigen Einträgen. Meyer betont eine starke Beanspruchung des Besuchers durch die Überfahrt (StAB, Fürstliches Hausarchiv).

Zu Pfingsten 1870 vermerkten drei Herren und drei *Fräulein* aus Bad Rehburg *unterwegs ein Gewitter auf dem Meere;* ein anderer Besucher kommentierte *und nicht untergegangen?* Lag es auch an einem Unbehagen der Ausflügler oder gar offener Furcht, wenn öfters bei der Überfahrt gesungen wurde, so wie es eine Gesellschaft am 3. April 1892 bekundete: *Eine lustige Partie mit Gesang?* Die Reiselaune ließen sich die Touristinnen und Touristen jedenfalls durch eine ungemütliche Überfahrt nicht unbedingt verderben. Zwei Frauen aus Kassel reimten jedenfalls am 28. Mai 1894 ins Fremdenbuch: *Auf stürmischer Welle, im schwankenden Kahn/durchnäßt und durchfroren, so langten wir an,/Wir lachen der Wellen, wir spotten dem Wind,/Im freundlichen Stübchen erwärmt man geschwind!*

Gustav Bohlemeier z.B. pries im Oktober 1879 die *Lampen- und Metallwarenfabrik W. Noll* in Minden mithilfe der Zeichnung einer Lampe an. Ein Besucher warb gar nicht fromm am Himmelfahrtstag 1890 für seine *Margarinefabrik & Dampfmolkerei/Markenbutter en gros.* Die Grenzen zwischen Firmen- oder Produktwerbung und Berufsstolz waren allerdings fließend. Auf der Welle des Fortschritts schwamm am 3. September 1890 *H. Kaufmann, Pharmaceut und Bazillenzüchter (Reincultur nach Koch)* – 1882 hatte Robert Koch, der Begründer der modernen Bakteriologie, den Tuberkulose-Erreger identifiziert. Nüchtern mit einem Stempel markierte dagegen *Ewald Porcher Gold- und Silberwaren en gros Hannover* seine Anwesenheit auf der Insel. Darunter warnte jedoch ein Konkurrent oder unzufriedener Kunde *Großer Betrüger und Nehmt Euch in Acht!!!!* – wenn es nicht der Schabernack eines Reisegenossen war (Juli 1886). Die geschäftüchtigen oder berufsstolzen Gäste sahen sich öfters den hämischen Kommentaren anderer Besucher ausgesetzt. So mußte sich der Maler A. Blume, der seinen Namenszug durch das gezeichnete Berufssymbol einer Palette ergänzt hatte, als *Schmierer* beschimpfen lassen.

Aus dem Fremdenbuch (StAB, Fürstliches Hausarchiv).

Das Fremdenbuch als Anzeigenblatt (StAB, Fürstliches Hausarchiv).

Der Gründerzeit-Boom brachte bald vermehrt Leute wie den Gummiwaren-Fabrikanten aus Berlin und seine Frau (25.9.1866), den Likörfabrikanten (Pfingsten 1870), den stolzen *Mühlenbesitzer* ebenfalls Pfingsten 1870 oder den sicher noch stolzeren *Dampfpflugbesitzer* Fritz Mehring mit seiner Frau aus Gröningen bei Halberstadt wenige Tage später (21.6.1870) auf den Wilhelmstein. Solche Besucher nutzten das Papier des Fremdenbuchs zuweilen zur Reklame für ihre Produkte; offenbar waren sie in Gedanken schon wieder in der Alltagswelt - oder ihr gar nicht erst entronnen. Aus ihren Einträgen spricht aber auch bürgerliches Selbstbewußtsein.

Schul- und Vereinsausflüge

Noch bevor der Gründerzeitboom die Ausflügler-Zahlen steigen und auch die Größe der einzelnen Reisegesellschaften wachsen ließ, fanden die ersten Schulausflüge ans Steinhuder Meer statt. Schon am 3. Juli 1863 kam die Tertia des Gymnasiums Bückeburg mit 24 Teilnehmern, am 21. August 1864 folgten 13 Unter-Sekundaner des hannoverschen Lyceums. Schulausflüge gehörten bald zum Alltag des Wilhelmsteins - im engen Wortsinne, denn die Schulen unternahmen ihre Ausflüge in der Regel an Schultagen. Die Exkursionen dienten der heimatkundlichen Unterrichtung der Schüler, auf der Festungsinsel der historischen, sonst am Meer auch der naturkundlichen Wissensvermehrung. Dabei handelte es sich im 19. Jahrhundert fast ausschließlich um Gymnasien, von denen solche Touren ausgingen. Realschulen gab es vorerst wenige, für den biederen Volksschulunterricht kamen solche Ausflüge nicht in Betracht. Nach der Jahrhundertwende unternahmen auch zahlreiche Mädchen-Pensionate Ausflüge zum Wilhelmstein, oftmals jährlich wiederkehrend. Für Schulausflüge oder andere große Gruppen stand ab 1884 das Transportboot Adolph Georg bereit, mit dem rund 100 Schüler befördert werden konnten; und solche Größenordnungen kamen durchaus vor, wie folgender Fremdenbuch-Eintrag belegt: *Bei starkem Winde mit 70 Schülern den Wilhelmstein besucht am 7. Juli 1892.*[10]

Dabei zeigten sich die Oberschüler wie auch ihre Lehrer als durchaus trinkfreudig und vergnüglich. Beliebt war eine Wilhelmstein-Tour auch bei den Präparanden und Seminaristen der Wunstorfer Lehrer-Ausbildungsanstalt: *Wir sitzen hier und trinken Bier* dichtete eine Gruppe der angehenden Lehrer am 6. August 1893 nicht sehr originell. Für Wunstorfer Schulen gehörte ein Ausflug ans Steinhuder Meer bald zum Standardprogramm, und insbe-

sondere der Scharnhorstschule war es geradezu eine Verpflichtung, die einstige Ausbildungsstätte ihres Namensgebers zu besichtigen. Im Januar 1914 bat Schloßaufseher Büsselberg um 36 neue Gartenstühle für den Wilhelmstein, da es dort nur noch 109 heile gäbe und der Rest defekt sei; einen Mangel an Sitzgelegenheiten gäbe es vor allem an den Wochentagen *wenn die vielen Schulen kommen.*[11]

Außer in Familienverbänden, Schulklassen, militärischen Einheiten oder spontan gebildeten Reisegruppen aus den Badeorten kamen die Wilhelmstein-Besucher vor allem im letzten Drittel des 19. Jahrhunderts als Teilnehmer von Vereinsausflügen. Das 19. Jahrhundert war in Deutschland auch das Zeitalter der Vereine. Zu einer ersten Welle von Vereinsgründungen war es schon in den beiden Jahrzehnten vor der Reichsgründung gekommen; in der Kaiserzeit entwickelte sich die Vereinskultur dann zu voller Blüte. Um das Vereinsleben und die Geselligkeit zu fördern, waren Ausflüge und Wanderungen sehr beliebt, und bald wurden Vereine gegründet, die sich ebendies auf ihre Fahnen schrieben und Touren oder Reisen zum Vereinszweck erhoben.

Viele der Vereine waren Turnvereine, die eine „Turnfahrt", also eine Fußwanderung, ans Steinhuder Meer

Schulausflug im Auswanderer: Sekunda (= 9. Klasse) des Wunstorfer Hölty-Gymnasiums August 1929 (Hildegard Palat, Wunstorf).

unternahmen. Vorreiter dieser Ausflugsgemeinschaften waren die offenbar noch von vormärzlichem Geist beseelten *Turner aus Lemgo, Gymnasiasten und Sänger,* die im Juli 1847 die Insel besichtigten – unter ihnen auch drei Lehrer. Der Eintrag bedeutete durchaus ein unverblümtes politisches Bekenntnis, wurden Turner vor und nach der Revolution von 1848 doch als Demokraten, Radikale oder Verfechter des Gedankens der deutschen Einheit beargwöhnt und verfolgt.[12] Mitte Juni 1850 fanden sich elf Turner aus Hannover auf dem Wilhelmstein, und im Folgejahr, ebenfalls im Juni, kamen wieder hannoversche Turner, diesmal zwölf. Der „Turn-Klubb" war häufiger zu Gast auf dem Wilhelmstein: So dichtete die VI. oder „Seydel-Riege" (nach dem Riegenführer), die mit 16 Mann am 4. September 1910 angereist war: *Durch Sturm und Wetter über Land und Meer/Zog die Riege zum Wilhelmstein daher./Froh war die Fahrt und fröhlich das Lied./Schwer war das Herz, als man von dannen schied./Wir sahen von Deutschland ein herrliches Theil;/Dir liebliches Eiland, gilt unser „Gut Heil!".*

In diese Kategorie der Vereine gehört auch der Ausflug des Hannoverschen Ruderclubs mit neun Personen am 26. Juni 1881 oder die Tour dreier Mitglieder des gleichen Vereins, der sich inzwischen allerdings in „Ruderverein Triton von 1885" umbenannt hatte, am 28. Februar 1897. Einer von ihnen Carl Thiele, der hier möglicherweise wichtige Eindrücke sammelte: Thiele war einer der Wegbereiter des hannoverschen Maschsees.[13] Zumindest dürften die Wassersportler, deren Sport in den 1880er Jahren in Deutschland wie in Hannover seine Geburtsphase erlebte, ein mögliches Revier erkundet haben.

Manchmal fand eine solche Turnfahrt auch aus einem besonderen Anlaß statt, z.B. die des traditionsbewußten Nienburger Männer-Turnvereins mit 20 Teilnehmern am 11. August 1878 *zur Feier des Hundertjährigen Geburtstages des Begründers der Turnkunst F. L. Jahn.* Ein brisantes Jubiläum war es, das eine Gruppe von Turnern aus Neustadt und Burgdorf im Jahre 1889 auf den Wilhelmstein führte. Diese hatten am „7. Gauturnfest" in Neustadt a. Rbge. teilgenommen und anschließend die Tour zur Besichtigung der Festungsinsel unternommen. Ihren Eintrag ergänzten sie durch das Turner-Motto „Frisch, Fromm, Fröhlich, Frei". Das Datum des Turnfestes und des anschließenden Ausfluges war der 14. Juli – der hundertste Jahrestag des Sturms auf die Bastille, des Beginns der Französischen Revolution! Offenbar handelte es sich bei diesen Turnern um solche, die noch einen Sinn für ihre freiheitlich-demokratische Tradition hatten, mit der sie im

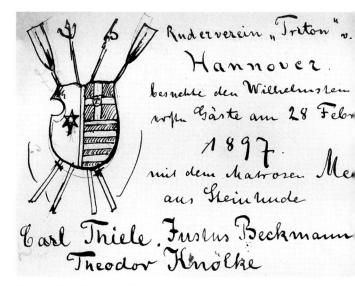

Aus dem Fremdenbuch (StAB, Fürstliches Hausarchiv).

nationalistisch-antirepublikanischen Kaiserreich zunehmend auf Konfrontationskurs gerieten – auch mit der Mehrheit der Turnerschaft.[14]

Auch den für ihre Geselligkeit bekannten Kegelvereinen war die Insel im Steinhuder Meer ein beliebtes Ausflugsziel, so für den Kegel-Klub „Knibus" aus Minden am 15. Mai 1878 oder den „Kanonenkugelkegelklub Minden" am 6. Juni 1886. Noch vor Minden war freilich Hannover das regionale Mekka der Kegler. Ein Dutzend hannoversche „Kegelbrüder" tourten am 6. September 1891 zur Insel: *Hannovers Kegelbrüder sind/stets voller Lust und Freuden/Wer kegelt, das weiß jedes Kind,/Kann keinen Trübsinn leiden/Hannovers Kegler grüßen Dich/Du Wilhelmstein im Meere/Doch daß hier keine Bahnen nich/Bedauern wir recht sehre.* Dabei war auch Oscar Müller, der in dieser titelsüchtigen Zeit noch immer davon zehrte, *Vors. des Kegel-Ausschusses des V. Deutschen Bundes-Kegelfestes zu Hannover 1891* gewesen zu sein, obwohl das Bundesfest bereits drei Monate vorher, im Juni 1891 stattgefunden hatte.[15]

Für Studien zur Vereinsgeschichte des 19. Jahrhunderts bietet das Fremdenbuch reichlich Material. Eingetragen haben sich z.B. auch die Kegelgesellschaft Mondenschein (30.6.1891), der „Eisbeinclub Hannover" (Mai 1889), der Lindener „Rauchclub Blitz" (Juni 1903), die zwölf Mitglieder aus Hannover und Wunstorf des „Clubs Brüderschaft" am 4. August 1889, die Touristenverbindung „Solide" am 7. Juni 1885, der Touristenklub „Flage" am 30. Mai 1889, am 27. Juli 1903 der Verein Hannoverscher Kellner, der

„Deutsche Sänger-Klub", anwesend am 28. Juli 1878, oder 16 Mitglieder der „Liedertafel Teutonia" (1.8.1886). Genauso wie bei diesen Vereinigungen darf auch beim „Männer- und gemischten Chor" „Orpheus" (15.5.1890) oder beim Gesangsverein Fidelio„ (2.8.1885) davon ausgegangen werden, daß bei der Überfahrt und beim Aufenthalt auf der Insel ausgiebig gesungen wurde, wie es in der Frühzeit des Tourismus sehr beliebt war und erst in der durch starke Individualisierung gekennzeichneten zweiten Hälfte unseres Jahrhunderts geschwunden ist. B. Wolff aus Aurich, der sich damals in Neustadt a. Rbge. aufhielt, dichtete etwa im Juni 1878: *Wenn die Wasser stille rauschen,/ Ists so wohlig auf dem See,/Und die Fische selber lauschen/ Unsrer Lieder auf dem See.*

Das in der Zeit der Hochindustrialisierung immer häufiger auftretende Bedürfnisses nach Ablenkung und Freizeitgestaltung, nach Aufenthalt in frischer Luft und im Grünen drückte sich auch in zahlreichen Wander- und Touristenvereinen aus. Am 20. Juli 1884 wie auch am 8. August 1886 kamen z.B. Mitglieder des Touristen-Vereins Hannover auf den Wilhelmstein. Offenbar war es noch eine reine Männer-Angelegenheit, in solchen organisierten Gemeinschaften die *Ziele der Touristik*[16] zu verfolgen bzw. anzusteuern. Zum hannoverschen Touristenverein gehörten im Februar 1889 bei 96 Mitgliedern nur drei Frauen. Fast die halbe Mitgliedschaft bestand aus Kaufleuten und Fabrikanten, unter den sonstigen Vereinsangehörigen fanden sich vor allem Beamte und gehobene Angestellte, auch Architekten und Ingenieure, einige Künstler und Fotografen, nur drei Handwerker und kein Arbeiter.

Als jedoch am 1. August 1897 die Zahlstelle Linden des Verbands der Bau-, Erd- und gewerblichen Hilfsarbeiter Deutschlands einen Besuch auf dem Wilhelmstein unternehmen wollte, erweckte dies sogleich Argwohn. Arbeiter, deren Anblick an die Klassenkonflikte im wilhelminischen Deutschland erinnerte, störten die vergangenheitsorientierte Idylle und die alltagsvergessene Geselligkeit der bürgerlichen und kleinbürgerlichen Besucher des Wilhelmsteins. Ihnen traute man zu, Frieden und Fröhlichkeit auf der Insel zu vertreiben; außerdem war noch der Diebstahl der „goldenen Kanonen" in Erinnerung, bei dem ja auch hannoversche Arbeiter als Täter vermutet worden waren. Zwar wurde den Bau- und Erdarbeitern der Besuch der Insel gewährt, gleichzeitig empfahl Hofmarschall Ulmenstein dem Landrat jedoch, einen Gendarmen auf den Wilhelmstein zu beordern, weil Feldwebel a.D. Manns kein Staatsbeamter sei und keine *öffentliche Autorität* habe.[17]

Als neun Jahre später die Liedertafel des hannoverschen Arbeitervereins mit 40 Teilnehmern einen Ausflug zum Wilhelmstein plante, sahen die fürstlichen Beamten keine Probleme mehr. Daran, daß auch einmal ein Arbeiterverein einen Ausflug unternahm und sich dabei gesittet benahm, war man inzwischen gewöhnt; insbesondere eine Liedertafel ließ offenbar nichts Böses ahnen.[18]

1885 angefertigte Zeichnung eines Besuchers im Fremdenbuch; Blick offenbar vom Wilhelmstein, der von der *reitenden Seewehr* bewacht wird, in Richtung Altenhagen auf die zehn Jahre zuvor durch Conrad Wilhelm Hase erbaute Kirche (StAB, Fürstliches Hausarchiv).

Politische Bekenntnisse

Manche Besucher nutzten das Fremdenbuch für lokalpatriotische Beiträge: Zwei Bückeburger verkündeten am 14. Juli 1862: *Die Festung Wilhelmstein soll lang noch Bükkeburgisch sein* – ein Wunsch, der gewissermaßen noch bis heute erfüllt ist, befindet sich die Festungsinsel doch immer noch im Eigentum des Hauses Schaumburg-Lippe. Jahrzehnte später genügte der kleinstaatliche Lokalpatriotismus nicht mehr. Das Gedicht einer Magdeburg/Steinhuder Familiengesellschaft erweiterte ihn im Juli 1908 kaisertreu-national in der feierlichen Erklärung: *So klar als wie ein Spiegel/Ist das Meer heut so rein, drinnen liegt ein Hügel/die Festung Wilhelmstein./Graf Wilhelm hat sie erbaut,/hat sie geziert so fein/Wie wir sie heut geschauet/die Festung Wilhelmstein.-/Im weiten Völkermeere/Ist auch ein Wilhelmstein-/Zu Deutschlands Ruhm und Ehre,/Soll's Kaiser Wilhelm sein.*

Selten äußerten sich die Besucher dagegen zum aktuellen politischen Geschehen. Zwar finden sich Bezüge zum Deutsch-Dänischen Krieg 1864, so die Verse über den Namen zweier dänischer Offiziere: *O Dänemark, o Dänemark/Wie grün sind deine Blätter/Du grünst nicht nur zur Sommerzeit/Du grünest auch im Winter*, und daneben den Eintrag kurhessischer Jäger: *- doch mit des Geschickes Mächten ist kein ewiges Band zu flechten*; aber keine zum Deutschen Krieg 1866, nur wenige zum Deutsch-Französischen Krieg 1870/71, keine zur Reichsgründung. Stattdessen gaben sie politisch-weltanschauliche Bekenntnisse ab, etwa die Radfahrer aus Anderten, die sich undatiert zwischen dem 30. Juni und dem 2. Juli 1894 im Fremdenbuch als *Antisemiten* oder *Heide* bezeichneten oder dem „Bund der Landwirte" angehörten. Anfang 5./6. Mai 1878 stellte ein Besucher aus der Dominikanischen Republik die Begriffe *Deos. Patria. Libertad* (Gott. Vaterland. Freiheit) seinem Namen voran: *Senor Don José Octaviano Roman, gran patriota.*

Aus aller Herren Länder

Touristen aus dem Ausland, sogar aus Übersee angereiste, fallen neben den Besuchern aus dem Haupt-Einzugsgebiet zwischen Hannover, Bremen, Minden und Hildesheim immer wieder auf. Im August 1910 z.B. kamen „Fremde" aus Schweden (1), Ungarn (2, davon 1 aus Budapest), Paris (3, davon 2 mit deutschen Namen), Slowenien (2 namens Wippermann), den Niederlanden (3 aus Delft, Amsterdam und Scheveningen), Kreta (2), Paris (1), USA (1 aus Gallipolis/Ohio), Irland (2) und London (2). Fraglos machten sie sich nicht wegen des Wilhelmsteins auf die lange, beschwerliche und teure Reise. Sie besuchten Freunde oder Familienangehörige in Nord- oder Westdeutschland, von denen sie dann zu einem Ausflug ans Steinhuder Meer mitgenommen wurden. Manche von ihnen waren Ausgewanderte, die es in ihrer neuen Heimat zu einigem Wohlstand gebracht hatten und sich es nun leisten konnten, ihrem Geburtsland einen Besuch abzustatten. So kamen schon am 12. August 1842 Ida und Mathilda Bastian aus Kuba, die zusammen mit Frau und „Fräulein" Bastian aus Bremen gekommen waren. Ausgewandert waren wohl ebenso zwei Herren, die am 4. August 1880 folgenden Eintrag hinterließen: *Dr med Wilhelm Thies, Philadelphia U.S.A. and father Theodor Thies – Farewell Wilhelmstein/ Shall we ever see you again?*

Aus dem Fremdenbuch, 1910 (StAB, Fürstliches Hausarchiv).

Das Treiben auf dem Wilhelmstein

Der Grund für einen Wilhelmstein-Besuch ergab sich des öfteren aus einem Familien- oder Freundestreffen, z.B. bei einer Geburtstags- oder sonstigen Feier. So fand laut Fremdenbuch am 12. Juli 1870 *Theos Geburtstagsfeier* mit fünf Teilnehmern aus Hannover statt. Eine andere Geburtstagsgesellschaft aus Hagenburg, bestehend aus acht Personen, besuchte am 12. Juli 1892 die Insel. Auch Feiern von Landesvätern oder Staatsoberhäuptern wurden zum Anlaß von privaten Feiern gemacht: Am 1. August 1861 begingen sieben Leute aus Landesbergen, Rehburg und den USA *die Geburtstagsfeier Sr. Durchlaucht;* auf der selben Fremdenbuchseite heißt es *Hoch hebt sich das Herz/ Von Jubel und Freude/Es feiert der Fürst/Ja Geburtstag heute/Du Schaumburger Volk/Halt treu bei ihm aus/Ja Kampf und Strauß!/Am 1. August 1861 E. Stahlhut.* Im Juni 1879 machten acht Personen *zur Nachfeier der Jubelhochzeit s. Majestät des Kaisers und Königs von Preußen,* also der goldenen Hochzeit des Kaiserpaares, eine „Tour" zum Wilhelmstein, unter den acht Teilnehmern war auch einer aus Michigan/USA.

Ein Anlaß zum Feiern fand sich offenbar leicht – aber über einen Salon, ein ausreichend großes Wohnzimmer oder einen Garten verfügten aber nur Wenige, so daß sich der Ausweg anbot, Feste in Ausflugsorte bzw. -gaststätten zu verlegen. Einen bedeutenden Feiertag des Kaiserreichs dokumentiert der folgende Eintrag: *Am Sedantage 1910 haben die Unterzeichneten einige gemütliche Stunden auf dieser denkwürdigen Festung verlebt,* auf die drei Unterschriften folgt: *Der Fürst von Schaumburg-Lippe Hoch, Hoch, Hoch.*

Einige Besucher schmiedeten Verse, die die touristischen Bedürfnisse nach Ruhe und Erholung, nach Flucht aus dem Alltag, nach Harmonie mit der Natur oder nach der Rückkehr ins Paradies zum Ausdruck bringen. Solche Gedichte gehören noch zu den ambitioniertesten Einträgen im Fremdenbuch. Ein Mann oder eine Frau aus Hannover schrieb am 15. August 1880: *Wie die Wellen langsam ziehen/Glänzen hell im Sonnenschein,/Ach, mit ihnen möcht ich fliehen/Weit in alle Welt hinein. . .* Ein Buchdrucker aus Osterwieck/Harz, dichtete am 6. August 1912: *Du Eiland im Spiele der Wellen, Mit allem was Herzens Begehr, Wie machst du die Brust uns doch schwellen, Du Insel im Steinhuder Meer! Ein Blumenidyll voller Schöne/Im Rauschen der Lüfte so rein/ Und dankbar mein Liedlein ertöne/Im Eden von Wilhelmstein!!!*

Den meisten Besuchern schienen leibliche Genüsse allerdings wichtiger zu sein als Ruhe, Gemüt und Poesie. Die Einträge im Fremdenbuch, die von der Stärkung oder Erquickung der Gäste berichten, sind so zahlreich, daß sich der Eindruck aufdrängt, es hier mit dem wichtigsten Zeitvertreib zu tun zu haben.

Nach der Schließung des Gefängnisses und dem Abzug der Unteroffiziere war die Bewirtung der Gäste auf den Inselverwalter übergegangen: Laut Baedeker 1889 gab es *Erfrischungen beim Castellan.* Dieser, also Inselverwalter Manns, mußte in der kalten Jahreszeit bzw. nach einer kühlen oder gar feuchten Überfahrt jedoch eher Getränke zum Aufwärmen bereithalten. Ein Cognac schien dazu ein beliebtes Getränk gewesen zu sein. Am 16. April 1893 lobt ein Einträger *Fidele Gemütlichkeit in der Klause des Herrn Feldwebels a.D. Manns. Bier und Cognac zu empfehlen.* Zum Aufwärmen hielt Manns aber noch andere Getränke bereit. So dichteten im November einige aus Hannover gekommene Bildhauer, die aus Hamburg, Köln, Berlin, Schlesien und der Schweiz stammten: *Fünf muntere Burschen saßen gemütlich bei einem Punsch/Und hatten sie zusammen/noch einen stillen Wunsch/Daß sie allhier könnt bleiben/So lang' es ihnen gefällt/Um weiter dann zu segeln/In Gottes schöne Welt. . . .*

Daß sie Bier tranken, bemerkten zahlreiche Einträger: Bier wurde im Kaiserreich immer beliebter. Viele große Aktienbrauereien wurden gegründet, die zumeist nach süddeutscher Brauweise Bier zum preiswerten Massenprodukt machten. Um 1900 war der deutsche Bierdurst bereits so groß, daß der Durchschnitts-Pro-Kopf-Verbrauch auf 120 Liter im Jahr angewachsen war und nur noch hinter dem der Briten und der Belgier zurückstand.[19] Den vielen Biertrinkern auf dem Wilhelmstein machte es offenbar zu schaffen, für das Fremdenbuch die Feder zu schwingen: *Den Pegasus zu reiten/ist sonst wohl mein Plaisir/Doch heut' werd' ich's vermeiden/ich lobe nur das Bier!* Durch die beliebte bayrische Brauart hatte auch das einheimische Steinhuder Bier Konkurrenz bekommen. Rintelner Studenten schrieben am 11. Juli 1879: *Unsere vier/sitzen wir/ gemütlich hier/beim bairisch Bier.*

Vor allem Männer zeigten sich als trinkfreudig und prahlten mit dem konsumierten Alkohol. Große Phantasie oder poetische Begabung ist bei ihren Einträgen ins Fremdenbuch nicht erkennbar, dagegen werden oft bekannte Trinkreime repetiert, wie *Von der Wiege bis zur Bahre/ist der Suff das einzig Wahre!,* die im Juli 1886 von einer übermütigen Truppe der Nachwelt hinterlassen wurden. Mehrmals findet sich der im 19. Jahrhundert beliebte, Luther zugeschriebene, dort aber nicht belegte Spruch *Wer nicht liebt Wein, Weib und Gesang, der bleibt ein Narr sein Leben lang* im Fremdenbuch, so am 3. September 1871, eingeschrieben von fünf Leuten aus Hannover und ihrem Gast aus New York. Eine asketische Parodie lieferte 1886 Oskar Scheiblich aus Hannover: *Wer nicht liebt Wein, Weib und Gesang/Der spart sein Geld sein Leben lang.*

Frauen oder Familien vermerkten oft, daß sie Kaffee oder Schokolade genossen. Regelmäßig lobten etwa die Mädchen des hannoverschen Pensionats Leib – vor dem ersten Weltkrieg jährlich zu Gast auf dem Wilhelmstein – wie *prächtig* die Schokolade schmeckte. Sieben junge Damen des Bad Rehburger Pensionats Hockemeyer versicherten am 21. April 1911: *Wir sitzen hier in frohem Kreise/ Jedoch beim Kaffee, nicht beim Bier/Amüsieren uns auf unsere Weise/Ach wären wir bald mal wieder hier.* Die sieben kamen übrigens aus den verschiedensten Gegenden Deutschlands, aus der Lüneburger Heide, aus Marburg an der Lahn, aus Gelsenkirchen, aus Dorstfeld bei Dortmund, aus Potsdam und aus Kolberg an der Ostsee. Aber auch weibliche Gäste tranken Alkohol; allmählich lockerte sich das enge gesellschaftliche Korsett, in das die Frauen gezwängt waren. *1. Wir drei Mädchen saßen/auf dem Wilhelmstein und aßen/Das Wetter war so wunderschön/drum wollten wir spazieren gehen/2. Wir machten bei schönem Wetter hier/Und tranken ein schönes Glas Steinhuder Bier/3. Bei einer Flasche Wein/Schlummerten wir ein,/Und träumten von dem Wilhelmstein* schrieben am *3. Ostertag 1884* drei Frauen aus Wunstorf und Freden. Solche Verse, noch dazu von weiblichen Gästen, konnten nicht ohne Randbemerkung bleiben: *Ihr müßt aber nett bezecht gewesen sein* kommentierte ein Besucher, der sicher bedauerte, nicht dabei gewesen zu sein.

Speisen wurden offenbar auch mitgebracht, so ließ sich Geld sparen, und außerdem war das Angebot auf der Insel nicht sehr vielfältig: *Zwei Jünglinge aus Bayern/bei Wein, Mettwurst und Eiern/Hier Ostersonntag feiern …* (Eintrag vom 14.4.1895).

Dermaßen gestärkt, aber von Müdigkeit übermannt, mochte so manche Besucher die Lust auf ein Nickerchen auf dem besonnten Rasen des Wilhelmsteins überkommen. Anders als heute wurde dies jedoch nicht geduldet, wie dem Eintrag eines hannoverschen Hausmeisters mit *zahlreicher Gesellschaft* im Juli 1901 beklagte: *O du lieber Schloßverwalter/In's grüne Gras zu lagern ließt Du uns verbieten.* Auch das Baden war den Wilhelmstein-Besuchern verwehrt, wenngleich es der oben erwähnten übermütigen

Zeichnung früher Segler im Fremdenbuch, Palmsonntag, 8. April 1906 (StAB, Fürstliches Hausarchiv).

Truppe von 1886 gelungen zu sein scheint, den gestrengen Augen des Feldwebels a.D. Manns zu entgehen, traut man folgendem Eintrag: *Harry der Bayer mit Gefolge, badete am 23. Juli 1886 am Nordstrande der Festung!*

Zum Schmausen und Trinken fielen nicht wenigen Wilhelmstein-Besuchern, vor allem den männlichen, noch andere Genüsse ein. Die aufs körperliche Wohlergehen fixierte Lebensweisheit eines Gastes, der nur seine Initialen hinterließ, lautete im August 1909: *Ein guter Trank, ein guter Bissen/Ein fröhlich Herz, ein gut Gewissen/Ein weiches Bett, ein schönes Weib/Erfreut dem Mann das Herz im Leib.*

Damit wären wir bei einem weiteren Ausflugsmotiv der Wilhelmstein-Touristen angelangt. Das Sinnen Vieler drehte sich offenkundig um sexuelle Triebe und ums andere Geschlecht. Auf den Sonntag als den einzigen arbeitsfreien Tag konzentrierten sich Flirt und Partnersuche im besonderen Maße – immerhin war die damalige Gesellschaft durch eine Geschlechtertrennung gekennzeichnet, die viel strikter war als heute: Jungen und Mädchen besuchten verschiedene Schulen, die Arbeitswelten von Männern und Frauen berührten sich kaum – wobei die bürgerliche Frau überhaupt nicht berufstätig war. Am Arbeitsplatz begegneten sich die Geschlechter am ehesten auf dem Lande oder in bestimmten Industriezweigen, wobei nicht betriebsbedingte Annäherungen allerdings streng geahndet wurden. Aber bis auf Ausnahmen gehörten Landarbeiter, Kleinbauern oder Fabrikarbeiter zu dieser Zeit noch nicht zu den Besuchern des Wilhelmsteins. Außer bei Feierabend-Spaziergängen oder Festen bot sich auch bei Ausflügen die Gelegenheit zur Kontaktaufnahme und zum Flirt, zum „Poussieren".

Mit einem Sonntagsausflug verbanden sich daher für viele Menschen vor allem aus dem Kleinbürgertum nicht geringe einschlägige Hoffnungen, die jedoch auch leicht enttäuscht wurden. Nicht zufrieden mit dem „Angebot" an passenden Vertreterinnen der Weiblichkeit war ein Chemiestudent und Reservefeldwebel, der am 2. Pfingsttag 1890 den wortverbiegenden Reim: *Alte Mauern, alte Wälle/ alte Kanonen von altem Kaleiber(!)/Alte Bäume – /aber auch leider nur alte Weiber* ins Fremdenbuch schrieb. Doch selbst bei solchen Reinfällen mußte ein Besuch der Festungsinsel in partnersuchender Absicht noch nicht umsonst gewesen sein, bot doch das mittlerweile von den Touristen völlig angeeignete und für die beliebigsten Interessen genutzte Fremdenbuch auch die Möglichkeit einer kostenlosen Kontaktanzeige: *August Gans/Glasermeister aus Hannover/Packhofstr. 32b/Katzenburg ist noch zu haben/deshalb die genaue Adresse/Offerte & Photographie einsenden*, heißt es dort Ende Juni/Anfang Juli 1882.

Aber auch auf dem Feld des Eros war die Initiative nicht mehr allein den Männern überlassen, auch hier begannen am Ende des 19. Jahrhunderts Mädchen und Frauen, freimütiger zu werden und zu zeigen, daß die alten, Bescheidenheit und Passivität gebietenden Verhaltensregeln ihre Macht über sie verloren. Drei Frauen, von denen eine sich als *Heidschnucke* aus der Lüneburger Heide und eine als *lustige Holländerin* bezeichneten, bekannten: *Von Hannover sind wir her geschwommen,/Und nach dem Wilhelmstein gekommen,/Wir sitzen hier unter den Linden,/Und warten, bis wir den Rechten finden./Drei niedliche Mädchen aus Hannover, den 9. July 1884.* Prompt kam der Randkommentar: *Selbige werden gebeten, sich vorzustellen Hans St.* Das Geschäker und Geplänkel fand auch auf den Seiten des Fremdenbuches statt, auch dann, wenn sich die Beteiligten nicht begegneten: *Zwei Mägdlein vom Strande der Leine und Weser/Empfehlen sich freundlich dem kommenden Leser!*, heißt es 1897, und einige Seiten weiter, mit Bezug auf den obigen Eintrag (*s. S. 6 oben*): *Vier Herren empfehlen ihr Herz und die Hand/Den schönen Mädchen vom Leinestrand* (7./8. Juni 1897). Dabei wurde das Fremdenbuch auch zum Austausch von Lebenserfahrung genutzt, die bekanntermaßen in Liebesdingen von Tragik gezeichnet ist: *Es brennt keine glühende Kohle so heiß, als heimliche Liebe, von der niemand was weiß!* (6. Juni 1882), ein anderer Gast bestätigte wissend: *das stimmt auffallend.*

Paare, die sich bereits gefunden hatten, gaben ihr Verliebtsein gern bekannt, so Wilhelm Schröder und seine Frau aus Hannover am 16. August 1910: *Auf der Feste Wilhelmstein/sassen wir einmal zu zwein/Dachten und Poetisierten/Doch uns fiel nichts besseres ein:/Als kräftig zu poussieren,/Auf der Feste Wilhelmstein.*

Offenbar ein späteres Stadium und ein abgekühltes Verhältnis – oder nur die wilhelminische Form des Neckens? – spricht aus dem Eintrag eines Hannoveraners vom 29. September 1903, der hinter seinem Namenszug auch die Anwesenheit seiner Frau bekundete, durch den Zusatz vor ihrem Namen: *nebst Kneifzange.*

Zumindest wundert es nicht, wenn nur wenig später drei Frauen namens Helmine, Emmy und Margarethe feststellten: *Wem Gott will rechte Gunst erweisen/den läßt er ohne Männer reisen.*

Dies geschah am Anfang des 20. Jahrhunderts schon öfter, und in den Jahren vor dem ersten Weltkrieg kam es vereinzelt vor, daß auch forsche Frauen unter Angabe ihrer Adresse um Ansichtskarten baten, wie z.B. Bertha Möller aus Hannover 1910. Noch gewagter bzw. eindeutiger war die gleiche Aufforderung durch die Bremerin Hertha Hagen im Jahre 1914 durch das hinzugesetzte Zitat aus Goethes „Wilhelm Meisters Lehrjahre": *Nur wer die Sehnsucht kennt, weiß, was ich leide*, zusammen mit der Zeichnung eines von zwei Pfeilen durchbohrten Herzens – auch dies geradezu eine „Kontaktanzeige".

Trotzdem blieb das Fremdenbuch bis zum Schluß, wenn auch in abnehmendem Maße, von Männern und ihrem Geltungsbedürfnis dominiert, das sich zuweilen in halbseitigen Namenszügen äußerte. Künftige Welt-Machthaber konnten sich für ihren „Kaiser-Wilhelm" eben nicht mit einer Zeile begnügen. Der Anteil der eingetragenen Frauen war aber in den letzten beiden Jahrzehnten vor dem Ersten Weltkrieg etwa gleich dem der Männer.

Steinhude holt auf

Im letzten Viertel des Jahrhunderts ließen sich immer mehr Touristen von Steinhude aus übersetzen, wodurch Hagenburg mächtige Konkurrenz bekam. Schon Landau hatte den Flecken 1859 als *malerisch* gelobt.[20] Für J.G. Kohl war Steinhude, *das einzige Dorf, das sich in dem Wasserspiegel beschaut*, der *Hauptort des Meeres*, und sogar schon der *vornehmste Seeort der Bückeburger.*[21] Steinhude war auch näher an Wunstorf mit seinem Staatsbahnhof gelegen als Hagenburg. Für die Touristen, die nicht von Bad Rehburg kamen, war es am günstigsten, mit der Bahn nach Wunstorf zu reisen und dort entweder einen Pferde-Omnibus zu nehmen (wenn man nicht die Post bis Hagenburg bestieg bzw. in Altenhagen ausstieg) oder eine Wanderung durch das Hoheholz nach Steinhude zu unternehmen.

Von der Beliebtheit des Matrosen Meuter, aber auch von Steinhudes allmählichem Aufstieg als Abfahr- und damit Fremdenverkehrsort zeugt etwa folgender Eintrag ins Fremdenbuch des Wilhelmsteins vom 20. Juli 1879: *Familie Bothmer und Schneidewind/die fuhren über das Meer geschwind/Mit dem Matrosen Meuter/Wie der Admiral de Ruyter/Sie kamen von Steinhude/Wo sie tranken Chocolade die gute,/Und sahen mit Pauken und Trompeten/die Schützen zum Feste antreten.* Der Steinhuder Matrose begleitete die beiden Familien auch bei ihrem Rundgang auf der Insel, wie sein Namenszug neben denen der Familien belegt. Da zu dieser Zeit noch relativ wenige Touristen auf die Insel kamen, könnte dies öfter der Fall gewesen sein. Führungen wurden aber sonst von Inselverwalter Manns vorgenommen.

Bereits in diese Zeit sind wohl auch die Anfänge des Aal-Verkaufs an Touristen – später ein Markenzeichen für Steinhude – zu datieren. So schrieben am 2. August 1889 eine Frau und drei Männer aus Hannver, Leipzig und Rio de Janeiro ins Fremdenbuch: *Vom Steinhuder Strande/Segelten wir nach Wilhelmseilande/Unterwegs trafen wir den Fischer Johann/Der im Fischfange hatte heute besonders wohlgetan/Und segelte heimwärts mit Fischen und Aalen/Zwei der Letzteren kaufte Fränzchen zum Mittagsmale.*

Mehrere hunderttausend Leser erreichte wahrscheinlich der Artikel der Familienzeitschrift „Daheim" 1882. F. Lindner hatte von der Zeitschrift den Auftrag erhalten, *den See mit Stift und Feder zu schildern.* Bevor er von einer stürmischen Bootsfahrt über das Meer erzählt, beschreibt er das *behaglichen Wohlstand* verratende Steinhude, dessen Seeseiten-Anblick ihn *nicht weniger fesselt* als der *hellschimmernde See: Eine Idylle reiht sich hier an die andere, eine malerischer als die andere: die Fischerhäuser und Höfe mit den bemoosten Dächern und dem dunklen Fachwerk liegen dicht nebeneinander, zu jedem gehört ein kleiner Hafen; er sieht Kähne, Bäume, Netze, Segel, Masten und sonst noch verschiedenes Gerümpel – kurz Bilder, fertig für den Pinsel.*[22] Das Interesse an Steinhude und dem Steinhuder Meer dürfte der Artikel beträchtlich gesteigert haben.

Daß Steinhude bereits vor der Eröffnung der Steinhuder Meerbahn als Abfahrort zum Wilhelmstein immer beliebter wurde, belegen die Verzeichnisse der Fremdenfahrten: Jahr für Jahr verkürzte sich der Abstand zum traditionellen Abfahrort Hagenburg, bis in der Saison 1896/97 fast ein Gleichstand erreicht wurde.[23]

Außer am Wilhelmstein-Geschäft versuchten die Steinhuder auch, auf andere Weise am sich verstärkenden Fremdenverkehr teilzuhaben. Naheliegend war es, Bootspartien auf dem See anzubieten bzw. Boote zum Rudern oder Segeln zu vermieten. Der Ratskellerwirt Hansing, der seit 1869 ein kleines Badehaus hinter dem Ratskeller betrieb,

Aus dem Fremdenbuch, 1889 (StAB, Fürstliches Hausarchiv).

Ein fürstliches Boot erreicht Steinhude. Im Hintergrund ragt das Ratskeller-Badehaus aus den Bäumen hervor (Hermann Beckedorf, Steinhude).

Gruss vom Wilhelmstein (Steinhuder Meer).

beantragte am 6. Mai 1870 eine *kleine Gondel* anschaffen zu dürfen. *Schon verschiedene Male sei von auswärtigem wie einheimischem Publikum der Wunsch* zu einer *kleinen Spazierfahrt* nach der Badekur geäußert worden, *welches aber stets an der Einrichtung der Steinhuder Fischerkähne scheiterte.* Da indes Störungen der Korbfischerei befürchtet wurden, lehnte die Fürstliche Rentkammer das Gesuch ab.[24] Bei bedürftigeren Antragstellern, wie dem *blinden Invaliden* Camphausen, überwog jedoch ein fürsorglicher Gedanke: Diesem wurde 1885 das Fahren mit einer Gondel erlaubt, ebenso das Anlegen am Wilhelmstein.[25] Auch der Seiler Heinrich Meuter verschaffte sich einen Nebenverdienst im Fremdenverkehr; er hatte sich ein kleines Ruder- und Segelboot gekauft, das er an Fremde vermietete oder mit dem er selbst Fremde fuhr. Um das Boot abzubezahlen, benötigte er allerdings Jahre.

1886 kam es dann zu einem langjährigen Rechtsstreit um das Befahren des Meeres zwischen Steinhuder Schiffern einerseits und der Fürstlichen Hofkammer andererseits. Im Zuge des wachsenden Fremdenandrangs kam es immer öfter vor, daß Fahrten auf dem See außerhalb der traditionellen Zwecke wie Fischen, Heu oder Torfholen stattfanden; und immer weniger fragten die Steinhuder die Hofkammer um Erlaubnis zum Fremdenfahren. Der Konflikt brach aus nach einer Anzeige des Oberförsters Kähler gegen den Kaufmann Wilhelm Bretthauer, die Bürger (= Hausbesitzer) Meuter, Tatje, Rusche und die Einlieger (= Mieter) Pape und Rintelmann, die sämtlich keine Fischereipächter waren, aber

mit Kähnen das Meer befahren hatten. Sie verteidigten sich: *Seit Menschengedenken haben die Einwohner von Steinhude das Recht gehabt, auf dem Steinhuder Meere zu fahren ... mit eigenen oder geliehenen Schiffen, theilweise für Lohn, theilweise zu eigenem Bedarf, wie auch zum Vergnügen ... ohne Pächter einer Fischerei oder Lehnsträger zu sein.* Die gesamte Gemeinde trete für diese Rechte ein, da für Heu-, Holz- und Torffuhren manchmal nur der Wasserweg zur Verfügung stünde. Ihrer Ansicht nach war das Meer *ein öffentliches Gewässer, dessen Gemeingebrauch jedermann zustehe.* Zwar wurden seitens der Steinhuder zur Begründung ihrer Position auch Freizeit-Nutzungen des Meeres erwähnt (*im Sommer zum Baden, im Winter auf dem Eis*) aber der Fremdenverkehr wurde zunächst noch nicht ausdrücklich ins Spiel gebracht. Vor dem Hintergrund des wachsenden Tourismus war das Urteil des Fürstlich Schaumburg-Lippischen Landgerichts vom April 1891 jedoch ein harter Schlag für die Steinhuder. Das Gericht urteilte, die Beklagten – die Gemeinde Steinhude war ihnen als *Nebenintervenientin* beigetreten – hätten nicht das Recht, auf *dem See Schiffe aufzustellen und den See damit zu befahren.* In den Urteilsgründen hieß es, daß *die Schiffahrtsausübung von Alters her Hand in Hand mit der herrschaftlichen Fischerei ging* und *alle den Steinhuder Nichtpächtern gewährten Befugnisse ... jederzeit wieder entziehbare Vergünstigungen* seien. Die Steinhuder gingen daraufhin in die Berufung, der Rechtsstreit zog sich noch jahrelang hin, währenddessen das Befahren des Sees zu Konflikten führen konnte.

Die Berufung beim „Großherzoglich Oldenburgisch und Fürstlich Schaumburg-Lippischen Oberlandesgericht" in Oldenburg scheiterte jedoch ebenso wie schließlich die Revision beim Reichsgericht in Leipzig, das am 25. Oktober 1898 einen Schlußpunkt setzte.[26] In einem Abkommen vom März 1900 mit der Hofkammer erklärten die Steinhuder Vertreter – sicherlich zerknirscht – schließlich, daß die Gemeinde auf jedes Recht am Steinhuder Meer verzichte und das volle, uneingeschränkte Eigenthum des Fürstlichen Domaniums am Meer anerkenne.[27] Fortan sahen sich die Schiffer gezwungen, bei der Hofkammer in Bückeburg um die Erlaubnis zum Befahren des Steinhuder Meeres nachzusuchen.[28] An der günstigen Ausgangslage Steinhudes für den Fremdenverkehr änderte das allerdings nichts.

Die zunehmende Attraktivität Steinhudes als Abfahrort zum Wilhelmstein zeigt diese Graphik. Nach Eröffnung der Steinhuder Meerbahn 1898 fällt Hagenburg zusehends zurück (Graphik: Hardy Krampertz).

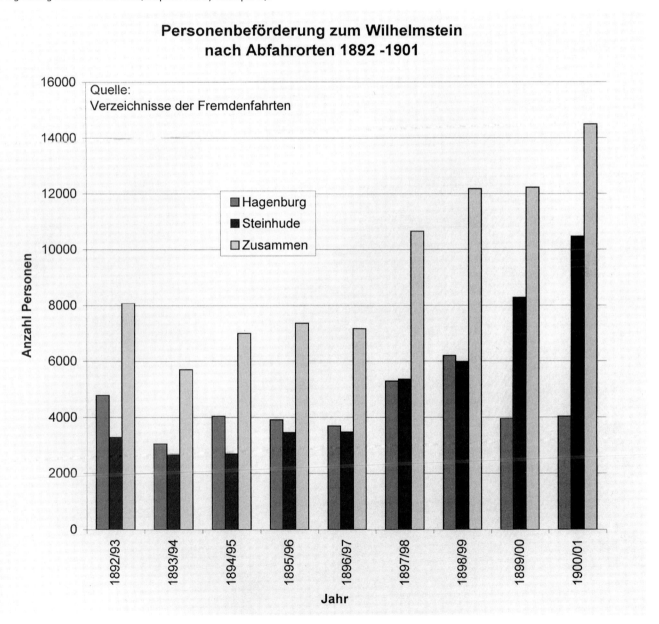

Personenbeförderung zum Wilhelmstein nach Abfahrorten 1892 -1901

Personenbeförderung zum Wilhelmstein 1874-1911

1. Beförderung durch

Jahr	Fürstliche Schiffe Fahrten/Personen		Eigene Schiffe Fahrten/Personen		Zusammen Personen
1874	181				
74/75	225				
75/76	217				
76/77	164				
77/78	177	1356		395	1751
78/79	244				
79/80	268				
80/81	218				
81/82	265				
82/83	250				
83/84	333				
84/85	281				
85/86	321		206	1475	
86/87	325	2805	234	1888	4693
87/88	303	2547		1841	4388
88/89	359	3289		1515	4804
89/90	372	3680	180	1435	5115
90/91	391	3421	177	1378	4799
91/92	395	3472	181	1502	4974
92/93	512	5774	250	2282	8056
93/94	416	3872	229	1820	5692
94/95	526	5157	242	1965	7122
95/96	495	5220	239	2147	7367
96/97	506	4860	277	2422	7282
97/98	625	6796	395	3862	10658
98/99	655	8032	417	4140	12172
99/00	607	6769		5472	12241
1900/01	730	9211	501	5274	14485
01/02	629	6123			
02/03	750	8577			
03/04	914	10463			
04/05	860	11970			
05/06	947	12508			
06/07	975	12693			
07/08	899	10706			
08/09	854	11938	945	14332	26270
09/10	915	10415	1073	14033	24448
10/11	1133	15692	1405	18758	34450
Motorboot 1908/09	5853				32123
" 1909/10	4308				28756

2. Abfahrorte 1892-1901

Jahr	Hagenburg	Steinhude	Zusammen*
1892/93	4777	3279	8056
1893/94	3047	2645	5692
1894/95	4035	2693	6998
1895/96	3911	3451	7362
1896/97	3690	3474	7164
1897/98	5285	5353	10638
1898/99	6193	5979	12172
1899/00	3947	8273	12220
1900/01	4029	10456	14485

* Differenzen zu den Summen aus Übersicht 1. ergeben sich aus Abfahrten von Mardorf bzw. vom Weißen Berg

Quellen: Verzeichnisse der Fremdenfahrten in StAB K2 S 252, 252a, 252b, 252c und F2 2169, 2170, eigene Auszählungen und Berechnungen

Thema: Mit dem Fahrrad ans Steinhuder Meer

Das Individual-Verkehrsmittel des Industriezeitalters war noch vor dem Automobil das Fahrrad: *Es ist ein eigenartiges Zusammentreffen, das am Schlusse unseres denkwürdigen Jahrhunderts das unaufhaltsame, kraftverzehrende und kraftgebärende Hasten, Jagen, Treiben und Rennen aller Berufs- und Gesellschaftsklassen eine ebenso charakteristische Versinnbildlichung erfahren hat durch ein modernes Verkehrsmittel, durch das Fahrrad, das dem Menschen in diesem Kampfe mit Raum und Zeit sogar noch zu Hilfe kommt, seine Geschwindigkeit vervielfacht, und, seinem alleinigen Willen unterthan, von seiner eigenen Kraft getrieben, unabhängig von allen anderen Beförderungsmitteln, ja schneller als die meisten derselben, die grössten Strecken mit ihm sausend durchmisst.*[1]

Tatsächlich legten die Fahrradpioniere auf ihren unbequemen „Knochenschüttlern" enorme Strecken zurück, und der Engländer Thomas Stevens fuhr 1885 sogar mit einem Hochrad um die Welt, wenn auch nicht so „sausend", wie es später das Niederrad ermöglichte. Schon sehr früh hinterließ ein weitgefahrener Hochradfahrer einen Eintrag im Fremdenbuch des Wilhelmsteins: William Hurst aus Stafford/England, *Veloziepedist. From London, den 20. Mai 1872.* Radfahren war zu dieser Zeit allderdings noch ein exclusiver Sport, so daß weitere Hinweise spärlich bleiben.

Bewunderung löste am 9. Januar 1887 ein Tandem der englischen Firma Rudge aus, das C. Runge zusammen mit einem Partner übers Eis gefahren hatte. Eine Skizze im Fremdenbuch zeigt ein „Tricycle", mit zwei parallel montierten großen Rädern, einem kleinen Vorderrad sowie zwei Sätteln und zwei Tretkurbeln. Runge wollte ein historisches Ereignis festhalten, als er *122 Jahre nach Erbauung dieser Festung das erste Fuhrwerk* dieser Art im Fremdenbuch dokumentierte. Ein solches Ereignis rief nach „Beglaubigung", die zwei Männer leisteten, von denen sich einer als Mitglied des Vereins akademischer Radfahrer Hannover zu erkennen gab. Einige Tage später kam er selbst mit einem Tandem der Firma Singer übers Eis zum Wilhelmstein. An diesem Tag war es bitterkalt: *Axel Hardt mit erfrorenem Finger -12°* schrieb er an den Rand neben die Zeichnung seines Gefährts. Diese zeigt einen anderen Bautyp: Die beiden großen Räder waren vorn, das kleine hinten. Begleitet wurde Hardt von sechs weiteren Leuten, sicherlich ebenfalls per Rad.

Daß Radtouren sich immer mehr zu einer beliebten Freizeitbeschäftigung entwickelten, belegen auch weitere Einträge im Fremdenbuch des Wilhelmsteins. Am 30. Mai 1889 unternahmen Mitglieder der beiden hannoverschen Radfahrer-Clubs „Germania" und „Viktoria" einen Ausflug ans Meer und auf die Insel; zwei Wochen später kam Alfredo Gildemeister, *Radfahrer aus Bremen,* zusammen mit zwei weiteren Herren. Im Juni 1891 hinterließen zwei

Stolz war der „Hannoversche Bicycle-Club" über seine „Eispartie" zum Wilhelmstein am 22. November 1885 (StAB, Fürstliches Hausarchiv).

Club-Tour am 22. Nov. 85. Eis-Partie.

HANNOV. BICYCLE

ALL = CLUB. =HEIL.

Fahrrad-Geschichte im Wilhelmstein-Fremdenbuch: Zwei Männer fuhren am 9. Januar 1887 mit einem Rudge-Tandem (Tricycle) übers Eis (StAB, Fürstliches Hausarchiv).

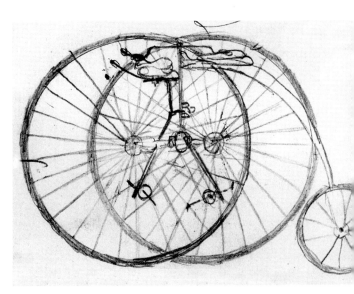

Wenige Tage später: Bei -12° wurde dieses Singer-Tandem übers Eis gefahren (StAB, Fürstliches Hausarchiv).

Männer aus Minden die Zeichnung eines Niederrades im Fremdenbuch und bezeugten so den Übergang zur noch heute gültigen Form des Fahrrades, die sich zu dieser Zeit durchsetzte. Trotzdem blieben Hochräder noch einige Jahre in Gebrauch, und so ist es ungewiß, ob die Mitglieder der Radfahrergesellschaft „Vorwärts" aus Hannover am 30. August 1891 mit einem Hoch- oder einem Niederrad ans Meer kamen.[2]

Das sogenannte Sicherheits- oder Niederrad hatte seit Mitte der 1880er Jahre seine noch heute gültige Gestalt angenommen. Technische Neuerungen wie stabilere Rahmen, die Luftbereifung oder das Kugellager ermöglichten diese Entwicklung, die das Fahrrad in bürgerlichen Kreisen immer beliebter machte. Bereits 1887 sah sich die hannoversche Polizeidirektion genötigt, in den Fahrradverkehr regelnd einzugreifen. So durfte nicht schneller als *im kurzen Trabe eines Wagens,* auf Straßen, Wegen oder Plätzen nicht zum bloßen Üben oder zur Belustigung gefahren werden.[3] Drei Jahre später hatte die Fahrrad-Nutzung so zugenommen, daß auch auf höherer Verwaltungsebene ein Regelungsbedarf festgestellt wurde. Der Oberpräsident der Provinz Hannover erließ am 12. Mai 1891 eine *Polizei-Verordnung, betreffend das Fahren mit Velozipeden.*[4] Daß den älteren Fortbewegungsmitteln noch der Vorrang vor dem Fahrrad eingeräumt wurde, belegt § 4: *Entgegenkommenden Fuhrwerken, Reitern und Fußgängern haben Radfahrer auszuweichen; auch haben dieselben abzusteigen, wenn ein Thier scheu oder unruhig wird.*

Wer konnte sich Fahrräder leisten? In der Wunstorfer Zeitung (WZ) annoncierte W. Dehnhard im Sommer 1891

Fahrräder englischen und deutschen Fabrikats *schon von 235 Mark an* – immerhin der halbe Jahresverdienst eines Arbeiters. Aus Zeitungsmeldungen über Fahrraddiebstähle gehen die Besitzer hervor: Laut WZ vom 7. Juni 1896 wurde dem hannoverschen Kaufmann N. ein Rad, Marke Opel-Victoria-Blitz, ohne Bremse und Schutzblech, im Wert von 225 Mark geraubt. Am 6. September 1895 meldete die WZ, daß dem Kellermeister E. in Hannover ein Rad gestohlen wurde. Den Buchhalter der Wunstorfer Zementfabrik ereilte das gleiche Schicksal wenige Tage später.[5]

Doch ab 1896 steigerte sich die Fahrrad-Konjunktur zu einem Boom; in Deutschland wurden 200.000 Räder hergestellt.[6] Im gleichen Jahr erging eine für Radfahrer wichtige Entscheidung des Reichsversicherungsamtes. Das Fahrrad sei nicht mehr als Gegenstand des Sports, sondern als Verkehrsmittel anzusehen, da es weit verbreitet sei und für manche Gewerbetreibende erhebliche Bedeutung habe; diese hätten im Falle eines Unfalles einen Rentenanspruch.[7] Allmählich stiegen auch die Chancen für Arbeiter, ein Fahrrad zu erwerben. Ein Düsseldorfer Fabrikant entwickelte z.B. eine Art „Leasing-Modell", wonach die Kaufsumme für von ihm vermittelte Fahrräder in kleinen Raten vom Lohn abgezogen wurde. Da viele Räder bestellt wurden, konnte der Preis niedrig gehalten werden. Die Arbeiter, die infolge der hohen Wohnungsmieten am Stadtrand oder in Vororten wohnten, benötigten mit Rad für ihren Weg von und zur Fabrik erheblich weniger Zeit.[8] Noch vor der Jahrhundertwende überschwemmten amerikanische Fahrräder zu einem Preis von unter hundert Mark den deutschen Markt.[9]

Am Ende des 19. Jahrhunderts konnte Hannover schließlich 59 Fahrradfabriken und -handlungen vorweisen, dazu nicht weniger als 27 Fahrrad-Vereine.[10] Die Verbreitung des Radfahrens zeigt das Aufkommen zahlreicher Radfahr-Vereine auch auf dem Lande. 1896 wurde in Wunstorf ein Radfahrer-Club gegründet, dessen Tagesordnung für die kommende Generalversammlung am 28. Mai unter anderem eine *Tourenbesprechung* vorsah.[11] 1904 wurde in Steinhude, 1905 in Hagenburg und 1907 in Großenheidorn ein Radfahr-Verein gegründet, letzterer nannte sich „Wanderlust".[12] Behrens' „Deutsches Haus" in Hagenburg war *Bundeshotel* des Deutschen Radfahrerbundes (DRB).[13] Radwanderer konnten hier nicht nur ausspannen, sondern fanden auch das für etwaige Reparaturen notwendige Werkzeug.

Doch legten auch die Radfahrer ihre Rast gern direkt auf dem Wilhelmstein ein. Unter den Namenszügen dreier Mindener vom 14. Juni 1893 heißt es im Fremdenbuch: *Obige drei Radfahrer aus Minden waren schlapp geworden und sind herübergefahren um sich an der großartigen Seeluft, verschiedenen Schnäpsen, Bieren und Butterbroten wieder zu erholen, was ihnen dann auch anscheinend gelungen ist.*

Zwar gaben die Besucher im Fremdenbuch nur äußerst selten darüber Auskunft, mit welchem Verkehrsmittel sie angereist waren, aber gerade die Radfahrer schienen am ehesten dazu bereit; sie zeigten sich „als Kapitäne" ihres Fortbewegungsmittels und demonstrierten ihren Stolz, den meisten ihrer Zeitgenossen ein Stück voraus zu sein – zumindest verkehrstechnisch. Technischer Fortschritt ist jedoch nicht gleichbedeutend mit menschlichem Fortschritt, wie das bereits genannte Beispiel der antisemitischen Radfahrer aus Anderten zeigt.

Das Tourenfahren ist der edelste Zweig des Radfahrsports, verkündete das zum Radfahrkongreß 1097 in München erschiene Handbuch „Der Radfahrsport in Bild und Wort".[14] Beachtlich war das Tagespensum, das der Radreisende zu leisten imstande sei, *ohne Anstrengung* 120 Kilometer, *unter günstigen Umständen noch viel mehr.*[15] Ein solches Pensum bewältigten laut Wilhelmstein-Fremdenbuch drei Hildesheimer am 11. August 1910: *Auf eine fröhliche Radtour von Hildesheim bis hier über Weetzen Wennigsen Barsinghausen Bad Nenndorf Haste.* Das waren immerhin rund 60 km mit nicht wenigen Steigungen, und die Rückfahrt war nicht kürzer.

Den Übergang zum heute noch gebräuchlichen Niederrad dokumentiert diese Zeichnung im Fremdenbuch vom Juni 1891 (StAB, Fürstliches Hausarchiv).

Im Vergleich zu anderen Verkehrsmitteln pries das Handbuch deutlich die Vorzüge des Fahrrades als Individualverkehrsmittel: Zwar beherrsche die Eisenbahn die Welt, die die schnellste, demokratischste, in manchen Fällen auch billigste Reisegelegenheit sei, doch mache sie *den Menschen zum Gepäck, das sozusagen willenlos befördert wird; sie erschlafft, statt anzuregen und gestattet, trotz Aussichtswagen, nur einen unvollkommenen, weil unerbittlich rasch vorbeihuschenden Eindruck von den Schönheiten der Natur. Von Unbequemlichkeiten, die mit dem Eisenbahnreisen verbunden sind, von Gesellschaft, Platzenge, vom Studium von Fahrten-Plänen und Anschlüssen u.s.w. hier gar nicht zu reden.*[16]

Dagegen komme die Radreise an Selbständigkeit, an körperlichem und geistigem Gewinn *dem Ideal von Reiseart am nächsten.* Der Radreisende habe *die Möglichkeit, das höchste Mass von seiner Reise zu ernten,* er werde *staunen über die Unsummen dessen, was sich durch direkte Berührung von Land und Leuten lernen lässt.*

Kein Wunder also, wenn trotz des Betriebs der Steinhuder Meerbahn ab 1898 das Fahrrad ein beliebtes Fortbewegungsmittel der Steinhuder-Meer-Touristen blieb. Schon die Eröffnungsfahrt begleiteten zahlreiche Radfahrer, wie

Hermann Löns beobachtete.[17] Einmal angeschafft, verursachte es keine Betriebskosten mehr, abgesehen von Reparaturen. So konnten Ausflügen oder Reisen ohne Fahrtkosten unternommen werden.

Kriterium für die Verkehrsmittelwahl war aber auch die eigene Bewegungsfreudigkeit. Die Clique der hannoverschen Professorentochter Katharina Eleonore Behrend teilte sich in Bequeme und Sportliche, also in Bahnfahrer und Radfahrer: *Dann gings im Galopp zum Bahnhof. Unsere 3 Genossen stiegen ein & Friedel, Walter & ich schwangen uns auf die Stahlrosse & vorwärts gings in schneller Fahrt.*

Vom Steinhuder-Meer-Tourismus profitierten auch Gaststätten in der weiteren Umgebung des Meeres, die Wanderern und Radfahrern als Raststätten dienen konnten. Anzeige aus dem 1914 erschienenen „Illustrierten Führer Bad Rehburg/Steinhuder Meer und Umgebung" (Stadtarchiv Wunstorf).

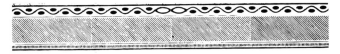

Klein Heidorn
Haltestelle der Steinhuder Meer-Bahn
Landstrasse Wunstorf-Steinhude.

Bahnhofs - Wirtschaft
von
Heinr. Ostermeyer
Gute Restauration.

Radfahrern  bestens

und   zu

Touristen   empfehlen.

Gute Speisen und Getränke.
Mässige Preise.

Sausend bergab durch den herrlichen Wald. Als wir gegen Wunstorf fuhren, stand über dem Wald herrliches Abendrot. In Wunstorf begrüssten wir noch einmal die Genossen am Bahnhof, dann radelten wir durch den sonnigen Abend nach Haus.[18] Eine beachtliche Leistung spricht aus dem Eintrag eines Schülers ins Fremdenbuch vom 18. Juli 1906: *Gestern machte ich meine erste Radtour von Stöcken über Wunstorf nach Rehburg. Claus Meyer, 1906. Ich bin neun Jahre alt und in Sexta.* Teilnehmer einer Bundeswanderfahrt des DRB, die aus verschiedenen Orten Ostdeutschlands kamen (Hoyerswerda, Potsdam, Tempelhof, Calbe, Swinemünde, Thun, einer aus Buenos Aires), verewigten sich im Mai 1911 im Fremdenbuch.[19]

Nach dem Ersten Weltkrieg war das Fahrrad zum Individual-Verkehrsmittel der breiten Massen geworden. Der deutsche Arbeiter-Radfahrerbund „Solidarität" zählte 1923 350.000 Mitglieder und war der größte Radfahrerbund der Welt. Neben dem sich mehr und mehr verbreitenden Auto, dem Individualverkehrsmittel, das bald die Träume Vieler erfüllte und dem schließlich die Zukunft gehören sollte, verblaßte nun der Stern des Fahrrades. Der Autor einer Ausflugsschilderung im Hannoverschen Anzeiger nannte seines und seiner Frau Fahrräder *Maschinen für Minderbemittelte:* ...*Das Steinhuder Meer war unser erstes Wochenendziel. Viel kosten sollte es nicht; wir wollten es wie Schulzes oder Müllers machen, die mit ihren Tretmühlen ihre Wochenendfahrten unternahmen. Also Benzin und sonstige Betriebsstoffe wurden gespart. ... Nachdem wir unsere Adlermaschinen zur Aufbewahrung gegeben hatten, segelten wir bald auf hohen Breiten und erreichten unser Ziel, den ‚weißen Berg'. Die Heimfahrt wurde schließlich von einem „Platten" und einem Sturz vermiest, und so endete der Artikel: Meine Frau humpelt noch und von den übrigen Unkosten reden wir nicht.*[20] Wie aus dem Text hervorgeht, war in Steinhude für Radfahrer gesorgt; eine Fahrradannahmestelle war auch beim 1927 gebauten Strandbad Großenheidorn eingerichtet.

Infolge der Weltwirtschaftskrise ab Oktober 1929 erlebte die alte „Tretmühle" wieder einen Prestigegewinn, wie einem Bericht der Wunstorfer Zeitung vom 13. Juni 1932 über den gewaltigen Verkehr zum Steinhuder Meer am Vortag zu entnehmen ist: *Besonders zahlreich war das Fahrrad vertreten, das als billiges Transportmittel in der schweren Zeit wieder erhöhter Beliebtheit sich erfreut.*

Da das Fahrrad weiterhin ein wichtiges Verkehrsmittel der Steinhuder-Meer-Besucher blieb, wurde ab Anfang der dreißiger Jahre über einen Radweg von Hannover zum

Steinhuder Meer diskutiert. In den großen Städten und in deren Einzugsbereich war der motorisierte Verkehr bereits so stark, daß Radfahren kein Vergnügen mehr, dafür aber mit Risiken behaftet war. Der NS-Reichsverkehrsminister empfahl den Landesregierungen per Rundschreiben vom 14. September 1933 neben der Förderung von Wanderwegen auch die von Radwegen. Dabei verwies er darauf, daß einige Kommunalverwaltungen durch Zuschüsse an Vereine und Verbände den Bau von Radwegen *abseits der Straße* angeregt hätten.[21] Bald wurde eine „Reichsgemeinschaft Radfahrwegebau e.V." gegründet, die im November 1937 die Wanderausstellung „Deutschland braucht Radwege" auch in Hannover zeigte.[22]

Nachdem einige hannoversche Zeitungen einen Radweg zum Steinhuder Meer propagiert hatten, diskutierte der Verkehrsverein Steinhuder Meer – Rehburger Berge auf seiner Hauptversammlung am 8. Februar 1933 über verschiedene Wegeführungen.[23] Die gewünschte *nach jeder Richtung hin einwandfreie Wegeführung* war jedoch aufgrund der unterschiedlichen Interessen der Beteiligten nicht leicht zu finden; die Diskussion zog sich deshalb über Jahre hin. Im Jahre 1938 schienen die Pläne für einen Radweg Hannover-Steinhuder Meer konkrete Formen anzunehmen und sogar vor der Realisierung zu stehen. Der Landrat des Kreises Neustadt a. Rbge. schrieb seinem Stadthäger Kollegen, die Regierung sei bemüht, den Plan zu verwirklichen. Das Projekt sei vom Landesbauamt aufgestellt worden, die Kosten auf 570.000 Mark kalkuliert, wobei auf Schaumburg-Lippe ein Anteil von 90.000 Mark entfalle. Ein Reichszuschuß sei zu erwarten, wenn die Ausführung noch in diesem Jahr erfolge.

Bei der Linienführung wurden zwei Varianten geprüft. Schaumburg-Lippe bevorzugte eine südliche, kürzere Variante über die Garbsener Schweiz, Schloß Ricklingen, Bordenau und Poggenhagen, die aber laut Kreisausschuß Neustadt a.Rbge. wegen der höheren Kosten nicht zu verwirklichen sei. Dagegen bestünde bei der nördlichen Trasse die Chance auf Verwirklichung, da vom Oberpräsidenten die Anlegung eines Radweges nach Neustadt neben der Reichsstraße geplant sei. Dieser Radweg war jedoch aus schaumburg-lippischer Sicht ein Umweg.[24] Die vom Landesbauamt in Bückeburg bevorzugte Linie lehne sich an vorhandene Feld- und Fußwege an und habe folgende Vorteile, hieß es:

1. führe sie unmittelbar am Meerestrande entlang und biete dem Befahrer erheblich schönere und abwechslungsreichere Landschaftsbilder (Schilfgürtel, Wochenendkolonien),

2. würden die Strandbäder Großenheidorn und Steinhude unmittelbar berührt,

3. würden auch die Großenheidorner Wochenendkolonien „Insel Sonneck" und die „Flügelkolonie" vom Radfahrweg berührt,

4. sei sie auch günstiger für den Verkehr zum Weißen Berg und zur dort geplanten nationalsozialistischen Erziehungsanstalt, wohin ein *nicht geringer Verkehr* zu erwarten sei, und

5. sei es zweckmäßig, den Weg nach Hagenburg weiterzuführen, um die berühmten schwimmenden Wiesen und das Hagenburger Schloß *weiteren Volkskreisen* zu erschließen und einer Verlagerung des Verkehrs zur Moorhütte zum Nachteil Steinhudes und Großenheidorns entgegenzuwirken.[25]

An diesen Differenzen über die Linienführung, aber auch an mangelnden Finanzen des Kreises Stadthagen und der Gemeinden Steinhude und Großenheidorn scheiterte das Vorhaben 1938. Im Zuge der Kriegsvorbereitungen getroffene Finanzmaßnahmen des Reiches sorgten im nächsten Jahr dafür, daß auch von Reichsseite keine Mittel zur Verfügung standen.[26]

Noch zwanzig Jahre später, Anfang August 1958, klagte die HAZ: *Da gibt es zum Beispiel das Projekt eines Radweges, auf dem man quer durch die schönsten Ecken der sanften Sonntagslandschaft zwischen Hannover und dem Meer von der Stadtgrenze bis ans Ufer radeln könnte. Mehr als wohlwollendes Interesse hat der Radwegplan bisher jedoch anscheinend nicht gefunden.* Die Realisierung der Planungen wurde durch die sich entwickelnde Massenmotorisierung weiter verzögert; Radfahren geriet aus der Mode, wie eine Untersuchung 1974 zeigte: Nur ein Prozent der Besucher kamen mit dem Fahrrad![27]

Als Folge eines gestiegenen Umweltbewußtseins hat das Fahrrad heute wieder einen größeren Stellenwert als 1974, zumal ein Radweg von Hannover ans Steinhuder Meer inzwischen realisiert ist. Eine Radtour ums Steinhuder Meer gehört heute zu den beliebten Aktivitäten und wird begünstigt durch die inzwischen dafür hergestellte Infrastruktur in Gestalt des Rundwanderweges. An schönen Wochenendtagen radeln bis zu zweieinhalbtausend Menschen um den See – zuviel, meinen Naturschützer, weswegen eine Verlegung des Heudamm-Streckenabschnitts vom Meerbruch nach Westen diskutiert wird.[28] Eine Broschüre des Großraums empfiehlt mehrere Touren. Zudem gibt es heute einen Radfernweg Hannover-Steinhuder

Meer-Dümmer, der 137 km lang ist; auf dem erstem Abschnitt führt der Weg an der Leine bzw. der Eisenbahn entlang über Herrenhausen, Marienwerder, Letter, Garbsen, Lohnde-Wunstorf übers Hohe Holz nach Steinhude. Von dort sind zwei Varianten möglich: Übersetzen zum Weißen Berg und über Mardorf, Winzlar und Bad Rehburg, oder – dabei die z.T. als Radweg ausgebaute alte Stein-huder Meerbahn-Trasse nutzend! – von Steinhude aus weiter nach Hagenburg, über Schmalenbruch-Windhorn, Wiedenbrügge, Wölpinghausen, am Wilhelmsturm vorbei nach Münchehagen, wo die beiden Trassen-Varianten zusammentreffen. Dann Loccum, Weserschleife Schlüssel-burg, südlich von Uchte, nördlich des Großen Moores, Ströhen, Wagenfeld, Brockum, Lemförde, Dümmer.[29]

Fahrrad-Mitnahme durch die Stein-huder Meerbahn, etwa 1950; z.T. wurden dazu auch eigene Güterwa-gen bereitgestellt (Ursula Lödding, Wunstorf).

Die Steinhuder Meerbahn und ihre Folgen

Gründung und Blüte der Bahn

Enorm erleichtert wurde die Anreise ans Steinhuder Meer durch die 1898 eröffnete Steinhuder Meerbahn[1] (StMB), die für Jahrzehnte das wichtigste Verkehrsmittel der Steinhuder-Meer-Touristen darstellen sollte. Angesichts dessen mutet es befremdlich an, daß in die Planungen für die Bahn der sich allmählich steigernde Tourismus zum Steinhuder Meer und auch nach Bad Rehburg kaum Eingang fand – und das, obwohl die früheste Initiative zum Bahnbau ein fremdenverkehrliches Motiv hatte. Der Vorstoß des Berliner Bankhauses Mamroth im Jahre 1872 zur Errichtung eines Schienenweges zwischen Wunstorf und Bad Rehburg verlief jedoch im Sande.[2] In der Folgezeit galt es vor allem, die Infrastruktur für die produzierende Wirtschaft zu verbessern. Dies war im später von der Steinhuder Meerbahn durchfahrenen Gebiet in erster Linie die Landwirtschaft, ergänzt um einige verarbeitende Betriebe. Die Zahlen der zum Wilhelmstein beförderten Touristen waren den Steinhuder Meerbahn-Planern sicher nicht bekannt und wurden weitaus geringer eingeschätzt, als sie tatsächlich waren. Noch weniger wurde die Dynamik vorhergesehen, die sich infolge der Eröffnung der Bahn im Jahre 1898 auf dem Gebiet des Fremdenverkehrs entfalten sollte.

Die 1872 in Aussicht genommene Trasse führte über Hagenburg und ließ Steinhude und Großenheidorn links bzw. rechts liegen. Doch schalteten sich die Steinhuder 1873 in die Diskussion ein und wollten gleich ein Darlehen für die Beteiligung am Bahnbau aufnehmen. Die Regierung behielt sich jedoch die Genehmigung vor, bis die Konzession erteilt, die Bahntrasse festgelegt und die Lage der Haltestellen bestimmt sei. Als das Projekt dann 1881 wieder aufgenommen wurde, wurden die Steinhuder beteiligt. Vertreter Steinhudes, Großenheidorns, Hagenburgs und Altenhagens saßen in einem in Bad Rehburg ansässigen *Comité für die Erbauung einer Eisenbahn von Wunstorf nach Stolzenau*, wo die Bahn Anschluß an den Weserschiffsverkehr haben würde. Das Komitee machte sich Gedanken über die Streckenführung und das zu erwartende Verkehrsaufkommen.[3]

1891 wurde eine Planungsvariante in der Wunstorfer Zeitung bekanntgegeben. Das von dem Baurat Hostmann entwickelte Projekt sah – hochmodern! – eine *Schmalspurbahn mit elektrischem Betriebe von Wunstorf nach Stadt Rehburg nebst Zweigbahnen von Altenhagen nach Steinhude und von Winzlar nach Bad Rehburg* vor. Es wurde allerdings nur ein *kleinerer Verkehr nach Steinhude* angenommen, und insgesamt wurde die Personenbeförderung, selbst angesichts der beabsichtigten *vorsichtigen Schätzung* sehr niedrig angesetzt. Nur drei Fahrten im Jahr pro Kopf der *in Frage kommenden Bevölkerung* von 16.000 Personen kalkulierte Hostmann, dazu noch Sommer- und Badeverkehr, für den zusätzliche Züge eingesetzt werden sollten. Von den veranschlagten 57.000 Mark Einnahmen aus der Personenbeförderung entfielen 15.000 Mark auf die Sommer- und Kurtouristen – immerhin ein gutes Viertel, wozu noch ein *verhältnismäßig hoher Beitrag* aus der Gepäckbeförderung der Kurgäste erwartet wurde. Die gering kalkulierte Personenbeförderung erforderte auch keine großen Transportkapazitäten der Züge: Die projektierten Motorwagen mit einem Anhänger vermochten nur 60 Personen zu befördern – dem späteren tatsächlichen Aufkommen an Passagieren wären die elektrisch betriebenen Züge nicht im entferntesten gewachsen gewesen.[4]

Besser unterrichtet über die jährlichen Besuchermengen zum Wilhelmstein war der Hagenburger Bürgermeister Haake, der am 1. November 1893 an den Landrat in Stadthagen Bericht über das zu erwartende Verkehrsaufkommen der geplanten Kleinbahn erstattete. Beim Personenverkehr kalkulierte er für Altenhagen 550 und für Hagenburg 1.100 zu Befördernde; bei Hagenburg also offenbar drei Personen am Tag. Dazu setzte Haake, der erst einige Wochen vorher mit seiner Familie auf der Festungsinsel gewesen war, aber noch 3.500 Personen, *welche den Wilhelmstein besuchen* an – wobei er jedoch noch nicht die aktuellen Besucherzahlen kannte: Im Beförderungszeitraum 1892/93 waren über 8.000 Menschen auf dem Wilhelmstein gewesen, fast 4.800 von Hagenburg abgefahren. Sein Hinweis blieb aber eine Ausnahme.[5]

Interessanterweise spielte der Fremdenverkehr auch im Erläuterungsbericht des Vorstands der im Oktober 1896 gegründeten Aktiengesellschaft keine Rolle, obwohl mit dem Leinenfabrikanten F.W. Bretthauer ein Steinhuder im Vorstand war, der den seit Jahren steigenden Tourismus aus erster Hand kennen mußte. In diesem Bericht vom 2. Januar 1897 wurden verschiedene Berechnungen über das zu erwartende Güter- und Personenverkehrsaufkommen angestellt. Als Transportgüter wurden vor allem Vieh, landwirtschaftliche Produkte und Marktwaren *mit welchen namentlich von Loccum ab nach Hannover ein sehr lebhafter Handel betrieben wird*, genannt, außerdem Holz, Ziegel- und Natursteine, Torf, Mergel und die Erzeugnisse von Brennereien, Molkereien, der Steinhuder Webereien und der Wunstorfer Fabriken. Zwar wurde neben lokalem Personenverkehr zuletzt auch ein *lebhafter Bade- und Touristenverkehr nach dem Steinhuder Meere, Rehburger Brunnen und Kloster Loccum, namentlich im Sommer* erwähnt, doch bei der Kalkulation des zu erwartenden Personenverkehrs schlug dieser nicht zu Buche. Die Berichterstatter legten ein 260 Quadratkilometer großes Einzugsgebiet zugrunde (52 km Streckenlänge, 5 km in die Breite), in dem sich 34 Ortschaften mit rund 27.500 Einwohnern befänden. Da aber Wunstorf schon *beste Bahnverbindung* habe, eine Reihe von Ortschaften nicht berührt werde und die in der Nähe der Verkehrsmittelpunkte Wunstorf, Rehburg und Stolzenau liegenden Ortschaften den direkten Landverkehr vorzögen, sollten nur zwei Drittel, also 18.000 Einwohner, *in Anrechnung gebracht werden.* Unter der Annahme, daß diese *Verkehrspersonen* durchschnittlich 20 km der Gesamtstrecke befahren würden, und zwar viermal im Jahr hin und zurück, wurden 2.880.000 Personenkilometer (Pkm) errechnet. Bei niedrig angesetzten drei Pfennig pro Pkm folgerte man eine Jahres-Gesamteinnahme aus dem Personenverkehr von 86.000 Mark.[6]

Demgegenüber sahen frühe Touristen und Großstadtbewohner wie Hermann Löns durchaus die Sogwirkungen der Kleinbahn voraus. Nach einem Besuch Loccums, wo der Bad Rehburger Lungenarzt Dr. Lehrecke gerade ein Kurhaus erbauen ließ, prophezeite er: *Kloster Loccum wird – besonders wenn erst die Steinhuder-Meer-Bahn es dem Verkehre näher bringt – bald ein gesuchter Kurort sein.*[7]

Lehrecke hatte in Bad Rehburg bereits ein neues Sanatorium bauen lassen und ebenso noch im Jahre 1898 das Matteschlösschen in Wölpinghausen.[8] Da Bad Rehburg in den letzten Jahren einen Besucherrückgang erlebt hatte, wurde vor allem hier, am ältesten Fremdenverkehrsort der Region, ein touristischer Aufschwung durch den Betrieb der Bahn erhofft.

Die den Tourismus forcierende Wirkung von Eisenbahnanschlüssen wäre an anderen Seen zu dieser Zeit durchaus zu beobachten gewesen. Der Bankier und Aufsichtsrats-

Ein Ausflugsort als „Hochaltar": Das 1898 erbaute Matteschlößchen. Tatsächlich bekam der Kirchgang große Konkurrenz durch den Sonntags-Ausflug; der Blick auf „Naturparadiese" und deren Eroberung ersetzte den Gottesdienst (Hildegard Palat, Wunstorf).

vorsitzende der Berlin-Magdeburger Eisenbahngesellschaft Wilhelm Conrad erwarb zwischen 1863 und 1900 insgesamt 600 ha Land an den Ufern des Wannsees bei Berlin, das er parzellierte und zum Verkauf anbot. Nach Fertigstellung der von ihm angeregten Wannseebahn 1874 siedelten sich zahlreiche vermögende Berliner hier an und ließen sich prächtige Villen bauen, so Arnold Siemens, Ferdinand Sauerbruch, Anton v. Werner oder Max Liebermann. Am Seeufer entstanden außerdem zahlreiche Clubhäuser und Bootsanleger von Segel- und Rudervereinen.[9]

Am Zwischenahner Meer hatte man schon beim Straßenbau zwischen Oldenburg und Westerstede 1837 bis

1843 die Erfahrung einer erheblichen Steigerung des Fremdenverkehrs gemacht. Als die Eisenbahn 1869 eröffnet wurde, nahm der Andrang so stark zu, daß von Bremen und Oldenburg an Sonntagen zusätzliche Züge eingesetzt werden mußten. 1874 wurden auf der Station Zwischenahn 80.881 Fahrgäste gezählt – angesichts der Größe des Ortes, die etwa mit Hagenburg vergleichbar war, eine gewaltige Zahl. Auch für die weitere Infrastruktur hatte der Bahnanschluß Folgen: 1874 eröffnete eine Aktiengesellschaft wegen des Mangels an Unterkünften ein Kur- und Badehaus, das später zu einem Sanatorium umgewandelt wurde. In Dreibergen am Nordufer wurde 1875 ein Dampfer mit 60 Plätzen in Dienst gestellt, dem 1887 und 1894 zwei weitere folgen sollten.

Auch am Dümmer ist ab 1886, als in Lembruch am Ostufer ein Bahnhof eröffnet wurde, ein sprunghafter Anstieg des Ausflugsverkehrs zu beobachten.[10]

In Hagenburg war das Interesse an Aktienzeichnungen für die Steinhuder Meerbahn sehr verhalten; offenbar wünschte die Hagenburger – durchaus weitsichtig – die Streckenführung über Steinhude. Die Schaumburg-Lippische Landeszeitung berichtete kurz nach Weihnachten 1895 aus dem Flecken: *Hier sind leider nicht viele Zeichnungen vorgekommen, das hat wohl darin seinen Grund, daß die Bahn nicht die gerade Linie von Wunstorf nach hier wählt, sondern den Umweg über Steinhude und Heidorn. Andernfalls würden hier sicher mehr Aktien von Privatleuten übernommen sein. Steinhude, der Industrieort, glänzt durch die Summe der Zeichnungen vor allen anderen Orten.*[11]

Wertet man die Aktienzeichnungen als Fähigkeit, in die wirtschaftliche Zukunft zu blicken, so kann man beiden schaumburg-lippischen Flecken ein Lob aussprechen: Steinhude zeichnete Aktien im Gegenwert von 50.000 Mark, dazu kamen noch 19.000 Mark von Steinhuder Privatleuten. Dagegen zeichnete die Gemeinde Hagenburg nur 30.000 Mark, und das Privatengagement mit 1.000 Mark vom Bürgermeister und Brennereibesitzer Haake lag noch unter dem von Großenheidorn (insgesamt 3.000 M. von Privaten), Schmalenbruch (1.500 M.) und Wölpinghausen (2.300 M.)![12] In Steinhude waren es vor allem die Fabrikanten, die für die Steinhuder Meerbahn in ihr Geldsäckel griffen, jedoch auch einige Gastwirte (Branning vom Hotel zur Post, Schweer vom Schaumburger Hof; in Großenheidorn Küker) sowie der Brauereibesitzer Rößler. Die Fabrikanten beteiligten sich später ebenfalls am Fremdenverkehr, hatten zunächst aber das Absatzinteresse für ihre Leinen- oder Lederwaren im Auge.

Auch seitens der schaumburg-lippischen Regierung wurde der Bahnbau nicht gerade forciert.[13] Am 12. Okto-

Bis 1906 fuhr die Steinhuder Meerbahn mitten durch die Stadt Wunstorf. Bahngleis an der Einmündung der Nord- in die Lange Straße (Bernd Silbermann, Wunstorf-Luthe; Repro: Hoerner, Hannover).

ber 1895 schrieb der Fürstliche Minister v. Wegnern an den Stadthagener Landrat Ballerstedt, man erwarte keine finanziellen Vorteile vom Bahnbau, befürchte jedoch, daß die Erträge der domanialen Forsten unter der Konkurrenz der westfälischen Forsten und anderer waldreicher Gebiete – deren Holz dann leichter in die Seeprovinz und die angrenzenden Gebiete transportiert werden konnte – leiden würden. Aus *landesväterlicher Fürsorge* genehmigte der Fürst jedoch die Zeichnung von Aktien, *um ein Unternehmen zu fördern, von dem ein Theil des Landes eine gedeihliche Entwicklung seiner Verkehrs- und Erwerbsverhältnisse erwartet* – die Seeprovinz war nicht der reichste Landesteil, die dort stark betriebene Weberei ohne Zukunftsperspektive.[14]

Unter dem Druck der preußischen Seite, wobei sich vor allem der Neustädter Landrat v. Woyna hervortat, wurde das Kleinbahn-Projekt jedoch energisch vorangetrieben.[15] Am 21. Mai 1898 wurde die Steinhuder Meerbahn schließlich feierlich eröffnet, genauer gesagt die erste Etappe bis Bad Rehburg; am 29. Oktober 1898 wurde die Verbindung nach Stadt Rehburg hergestellt, die weiteren Teilstrecken folgten nach und nach, bis am 2. Mai 1899 die Gesamtstrecke bis Uchte für den Verkehr freigegeben wurde. Immerhin sind die drei wichtigsten Fremdenverkehrsorte der Region, Steinhude, Hagenburg und Bad Rehburg, schon vom Eröffnungstag an an die Strecke angeschlossen. Die bei der Einweihung anwesenden Zeitungsreporter registrierten sogleich die touristische Attraktivität der neuen Kleinbahn und der von ihr durchfahrenen Strecke, die als Aufeinanderfolge von Augenweiden beschrieben wurde: *Schon von Klein-Heidorn an sieht man die Spiegelfläche des Steinhuder Meeres sich vor dem dunklen Fichtenwald bei Mardorf abheben. Je mehr man sich Steinhude durch das Feld nähert, um so deutlicher treten die Umrisse des Meeres und der Insel Wilhelmstein hervor.* Im Fischer- und Weberflecken beobachtet der Autor: *Hunderte von Menschen, Erwachsene und Kinder begrüßten die für Steinhude ja doppelt ersehnte Bahneröffnung.* Auf dem Wege nach Altenhagen heißt es weiter: *Rechts sehen wir über die moorigen Wiesen auf das Steinhuder Meer und dahinter die Rehburger Berge und Wälder.* Die landschaftlich *schönste Partie der Strecke* begann jedoch laut Landeszeitung *gleich hinter Hagenburg: Nachdem das in saftigstem Grün prangende Hagenburger Holz passiert ist, sieht man zur Rechten stets das Meer, zur Linken über wohlbestellte Fluren den schön bewaldeten Atje- und Düdinghäuser Berg und danach den Bergkirchener Höhenrücken mit dem malerisch gelege-* nen Bergdorf Bergkirchen. Wie Felder eines Zeichenbrettes ziehen, scharf nach Art der Bestellung abgegrenzt, die Ackerstücke den Berg hinan bis an die blühenden Obstgärten, an das stille Kirchlein auf dem Berge und an die fröhlich im Wind sich drehenden beiden Windmühlen, ein entzückendes Kulturidyll.[16] Lokalpatriotische Begeisterung ließ diese Beschreibung wie lockende Tourismuswerbung klingen.

Auch Hermann Löns war unter den Berichterstattern, der in ihrem gemächlichen Tempo Vorteile erkannte: *Klingelbahn = Klüngelbahn, sagt man. Na ja, ein bisschen langsamer, als ein Personenzug, fährt sie ja, aber nur aus höflicher Rücksichtnahme auf die p.t. Passagiere, damit diese sich hübsch die Gegend besehen können. Mir dreimal so lieb, als wenn man, und wenn auch in noch so lustiger Gesellschaft, im altmodischen Koupee sitzen muß, aufeinandergepackt, wie Zigarren in der Kiste.* Größeren Komfort als die *altmodische Droschke* versprach ihm auch der Blick in den Waggon: *Und innen – das ist ja reizend, wie eine gute Stube! Hellgelbe, bequeme Bänke, auf denen es sich sehr bequem sitzt, und Fenster, wahre Schaufensterscheiben, andere Dinger, wie die schmalen Guckscheiben der Eisenbahn, die D-Züge ausgenommen.*[17]

Das Eisenbahnfahren waren die Steinhuder Meerbahn-Fahrgäste längst gewöhnt. Die Geschwindigkeit der Kleinbahn von 30 Km/h außerhalb und 15 Km/h innerhalb der Ortschaften empfanden sie als gemächlich; wahrscheinlich kam das Tempo ihren Bedürfnissen entgegen: Mithilfe der Kleinbahn konnte das Steinhuder Meer schneller als je zuvor erreicht werden. Bis Steinhude benötigte sie 26 Minuten, bis Hagenburg 36 Minuten.[18] Gleichzeitig ermöglichte die im Vergleich zur Staatsbahn geringe Geschwindigkeit ein intensives Erlebnis der durchfahrenen Landschaft. Wie anders eine Fahrt mit der Kleinbahn empfunden wurde als eine mit dem Eilzug nach Hannover, drückt sich auch aus in einer Ausflugsschilderung der Hannoveranerin Katharina Behrend. Eine Rückreise von Steinhude nach Hannover schildert sie so: *Dann kam die Fahrt auf dem Perron des Bimmelbähnchens durch die stillen dunkelnden Lande. Wir standen so froh und freundschaftlich beisammen, schmiedeten Zukunftspläne & freuten uns. Herrlich sahen die weiten schönen Linien der Ebene aus. In Wunstorf schrieben wir Ansichtskarten an die Weltkollegen & brausten dann durch die dunkle Nacht nach Haus.*[19] – Die Attraktivität des Steinhuder Meeres wurde durch das neue Verkehrsmittel noch gesteigert!

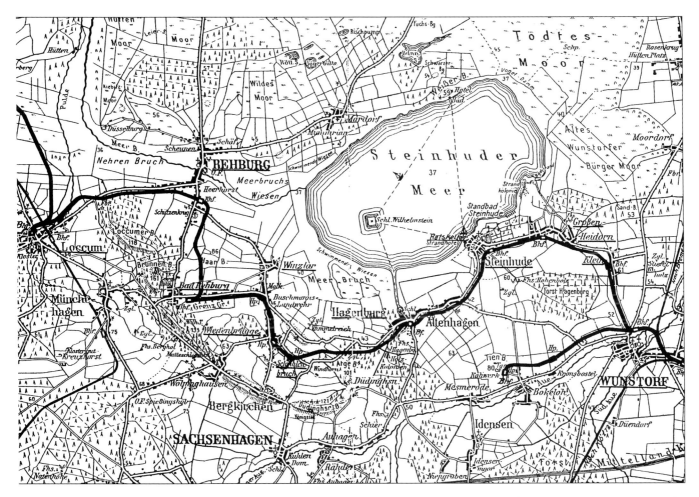

Steinhuder Meerbahn-Strecke bis Loccum und Umgebung des Steinhuder Meeres, Karte von etwa 1927 (Aus dem Führer durch das von der Steinhuder Meerbahn durchfahrene Gebiet, StAB).

Zwar war die Fahrt mit der Kleinbahn billiger als mit der Postkutsche oder einem Mietsfuhrwerk, dennoch konnte sich nicht jeder dieses Vergnügen leisten. Eine Rückfahrkarte Wunstorf-Steinhude II. Klasse kostete 80 Pfennig, III. Klasse 55 Pfennig; die Rückfahrkarte Wunstorf-Hagenburg II. Klasse 1,15 Mark, III. Klasse 80 Pfennig. Um Geld zu sparen, ließ sich eine Fahrt mit der Steinhuder Meerbahn vermeiden, doch waren dazu zuweilen Organisationstalent und Bittbriefe erforderlich. Dies z.B. dann, wenn im Rahmen der kirchlichen Jugendpflege ein Ausflug mit *Jungens* aus dem Arbeiterstande geplant war, wie 1906 durch den Brackweder Pastor Decius. Dieser arrangierte für rund 40 Mitglieder des dortigen evangelischen Jünglingsvereins eine Tour zum Steinhuder Meer. Hofmarschall Freiherr v. Ulmenstein erhielt von ihm eine Mitteilung über das Vorhaben: *Aufgrund einer genaueren Karte habe ich gefunden, daß die Chaussee Lindhorst-Hagenburg 12 km mißt; wenn es nun bei Auhagen einen abkürzenden Fußweg giebt, dann läßt sich die ganze Strecke bequem in 2 Stunden zurücklegen. Ich möchte daher darum bitten, daß die Schiffe um 10 Uhr für uns zur Abfahrt bereit sind. Wir müssen mit unserer Zeit haushalten, weil wir noch Kloster Loccum besichtigen und um 1/2 6 Uhr von Loccum mit Leiterwagen nach Stadthagen zurückfahren wollen. Den Weg von Hagenburg über Rehburg nach Loccum machen wir zu Fuß.* Nur so oder unter Zugriff auf eine Arbeitervereinskasse war Arbeitern ein Ausflug zum Steinhuder Meer möglich, der mit Bahnfahrkarten, der Überfahrt zum Wilhelmstein und Erfrischungen dort leicht zwei Tagesverdienste hätte kosten können.

Stolz posierende Steinhuder Meerbahn-Eisenbahner vor der Lokomotive „Stolzenau" (Steinhuder Meerbahn-Archiv, Wunstorf).

Postkartenwürdig war bald auch der Steinhuder Bahnhof der Steinhuder Meerbahn (Hermann Beckedorf, Steinhude).

Bereits im ersten Geschäftsjahr zählte die Betriebsleitung der Steinhuder Meerbahn 25.620 Fahrgäste nach Steinhude, 14.749 nach Hagenburg und 21.731 nach Bad Rehburg, das etwas begünstigt war, weil die Stadt Rehburg noch nicht angeschlossen war und vom Badeort bedient wurde. In den Folgejahren sollte die Schere zwischen dem Flecken und seinen Konkurrenten immer weiter auseinanderklaffen. Die skeptischen Hagenburger durften sich bestätigt fühlen: Ihr Flecken, sowohl weiter von Wunstorf als auch vom Seeufer entfernt als Steinhude, fiel in der Besuchergunst zurück, eine Entwicklung, die sich allerdings schon vor der Bahneröffnung angedeutet hatte.

Mit insgesamt 192.087 Fahrgästen im zweiten Geschäftsjahr – nun auf der Gesamtstrecke – lagen die Zahlen um rund 50.000 höher als die Erwartungen des Steinhuder Meerbahn-Vorstands, und vor allem die Fremdenverkehrsorte ragten mit ihrem Fahrgastaufkommen aus der Reihe der übrigen Orte hervor, abgesehen von den Knotenpunkten Stolzenau und Wunstorf. Gleich an zweiter Stelle hinter Wunstorf mit seinem Staatsbahnhof stand Steinhude, weit vor Bad Rehburg, Stolzenau und Hagenburg. Ebenfalls deutlich über dem Durchschnittsniveau lagen noch das ebenfalls nahe am Meer gelegene Großenheidorn mit seinen zwei Stationen und der Kloster- und Kurort Loccum, dem Löns eine günstige Entwicklung prophezeit hatte.[20] Nicht nur die Touristen, auch die lokale Bevölkerung nahm die Bahn gut an. Der Güterverkehr entwickelte sich allerdings schwächer als erwartet, bis ab

Personenbeförderung durch die Steinhuder Meerbahn von den Fremdenverkehrsorten aus. Steinhude steigt in der Gunst der Touristen schnell (Graphik: Hardy Krampertz).

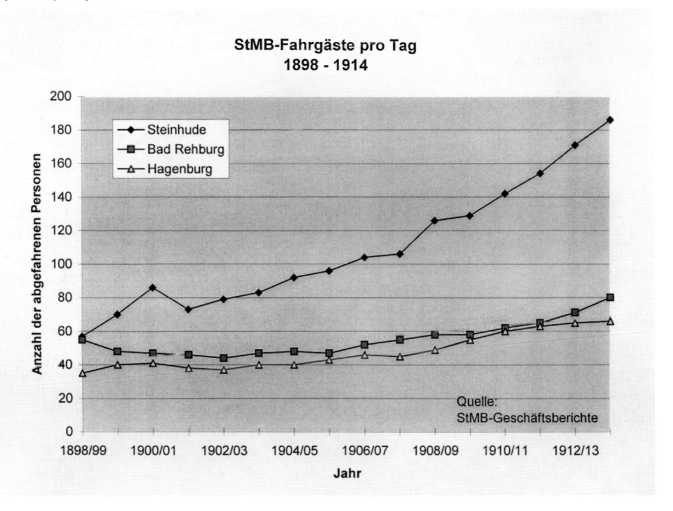

Zug der Steinhuder Meerbahn in Bad Rehburg (Steinhuder Meerbahn-Archiv, Wunstorf).

1905 mit dem Bokeloher Kaliwerk ein Großkunde drei-schienig an die Strecke angeschlossen wurde.[21] Folglich stellten anfangs die Einnahmen aus dem nicht einkalku-lierten Fremdenverkehr die Gewinne der Bahn sicher!

Nach einem weiteren starken Anstieg im Geschäftsjahr 1900/01 auf 86 abfahrende Personen täglich folgten drei schwächere Jahre für Steinhude, möglicherweise infolge mäßigen Wetters (auch bei den von den Fürstlichen Matro-sen zum Wilhelmstein gefahrenen Passagieren läßt sich hier ein Einbruch verzeichnen); ab 1904/05 kletterten die Zahlen wieder unaufhörlich nach oben, bis schließlich im Geschäftsjahr 1913/14 durchschnittlich 186 Personen am Tag Steinhude mit der Kleinbahn verließen. Insgesamt fuhren 67.863 in diesem Jahr von Steinhude ab.

Der Ansturm ans Steinhuder Meer war aber weitaus grö-ßer, als die Beförderungszahlen der Steinhuder Meerbahn vermuten lassen. Insbesondere bei schönem Wetter kamen nicht nur Hunderte mit der Bahn, sondern möglicherweise

ebensoviel zu Fuß oder mit dem Rad nach Steinhude oder Hagenburg, bald auch zum Weißen Berg. Zum Wilhelm-stein fuhren schon im ersten Betriebsjahr der Steinhuder Meerbahn mit 10.658 Personen fast dreieinhalbtausend oder 46 % Menschen mehr als im Vorjahr! Im Jahre 1900/ 01 wurden 9.211 Menschen mit fürstlichen und 5.274 mit Steinhuder Schiffen zur Insel transportiert, zusammen also 14.485. Das letzte Jahr, in dem die Überfahrten gezählt wurden, war 1910/11, in dem sogar schon 34.450 Fremde hinübergesegelt wurden.[22] Zum Vergleich: 1994 besuch-ten 73.000 Erwachsene und 19.000 Kinder die Insel.[23] Berücksichtigt man den heute größeren Wohlstand und die gestiegene Mobilität, so ist festzustellen, daß der Fremden-verkehr bereits vor dem Ersten Weltkrieg enorme Dimen-sionen angenommen hatte. Durch den touristischen Auf-schwung geriet die Welt der Seeanwohner in Bewegung, neue Erwerbsmöglichkeiten boten sich an, Konkurrenzen und Feindschaften entstanden, traditonelle Gewerbe und Kultur verloren an Gewicht.

Der Bau des Strandhotels

Am Meer sorgte der Betrieb der Steinhuder Meerbahn für das Aufblühen so manchen Gewerbes – und wenn es auch nur kleine Handlangerdienste wie das Koffertragen waren, mit dem vor allem die örtliche Jugend, aber auch Haushälterinnen und andere manche Mark verdienten. Beispiel dafür ist die von dem Schriftsteller Frank Thiess in seinem Roman „Geschichte eines unruhigen Sommers" beschriebene Abschiedszene am Großenheidorner Bahnhof: *Dorthin brachte Frau Nülle das Gepäck in einem blau gestrichenen Handwagen, dann kam der Moment, in dem der Gast mit törichtem Grinsen der Bedienung das Trinkgeld in die Hand drückt, stets in der geheimen Furcht, es könnte zu wenig sein. Frau Nülle sagte: ,Oh, das tut doch nicht nötig', trotzdem steckte sie den zerknüllten Schein in die Schürzentasche und wünschte glückliche Reise. Ich war sorgenvoll hinzugetreten. Sebastian pflegte stets zu hohe Trinkgelder zu geben, das sah aus als müßte er damit etwas zudecken.*[24]

Doch sollte schon kurz nach Betriebseröffnung der Steinhuder Meerbahn auch ein ambitioniertes gewerbliches Etablissement direkt am Seeufer wuchtige Gestalt annehmen. Als Initiator desselben trat der Neustädter Landrat v. Woyna auf. In einem Brief vom 30. Juli 1898 an den Oberhofmarschall v. Ulmenstein in Bückeburg bezeichnete er sich als Vertreter eines Consortiums, das in Steinhude in den Wiesen westlich des Ortes unmittelbar am Meer ein Hotel errichten wolle.[25] Dieser Brief, die erste Nachricht über den Plan zur Erbauung des Strandhotels, ist gleichzeitig ein Ausdruck des nun einsetzenden, von verschiedenen Parteien geführten Kampfes um die Fremden. Das Consortium nannte sich bald „Steinhuder-Meer-Gesellschaft"; außer v. Woyna waren noch der Steinhuder Leinenfabrikant F.W. Bretthauer, der Wunstorfer Zementfabrikant Adolph Brosang – beide im Vorstand der Steinhuder-Meer-Bahn – und eine *Frau Regierungs-Baurath Ulrich* aus Wiesbaden Mitglieder der Gesellschaft.[26] Der Plan war, durch eine Art Verbund-Konzept, bestehend aus: Verkehrsmittel für die Anreise, moderner und vornehmer Gastronomie in günstiger Lage direkt am Seeufer, sowie einem Vergnügungsangebot vor Ort (Bootspartien, Überfahrten zum Wilhelmstein) Steinhude und das Steinhuder Meer zu einem attraktiven Touristenziel auszubauen. Angepeilt waren laut v. Woyna vor allem wohlhabende Besucher. Andererseits sollten aber zum Wohle der Steinhuder-Meer-Bahn auch breitere Schichten angesprochen werden. Dies spricht deutlich F.W. Bretthauer namens der

Steinhuder-Meer-Gesellschaft aus, nachdem das Landratsamt ihn aufgefordert hatte, ein Gesuch um Konzessionserteilung zu begründen: *Ein Bedürfnis für Errichtung eines feineren Restaurants mit großen Räumen in Steinhude liegt nach unserer Meinung aus folgenden Gründen vor: Die Bewirthung in den hiesigen Wirthschaften und deren Localitäten entsprechen kaum den bescheidensten Ansprüchen. Größere Massen von Touristen können hier überhaupt nicht bewältigt werden, weil es an passenden Einrichtungen fehlt. Es kommen hier z.Z. einige hundert Reisende an einem Tage, von denen aber der größte Theil infolge der mangelhaften Verpflegung und schlechten Aufnahme, unbefriedigt unseren Ort wieder verläßt. Eine Folge hiervon ist, daß der Besuch des Steinhuder Meeres in diesem Jahr bereits eine geringerer ist als in vorigem. Es kann aber für unseren Ort nur von Vorteil sein, immer möglichst starken Fremdenzustrom nach hier zu leiten und dazu ist in erster Linie ein comfortabel eingerichtetes Haus mit Wirtschaftsbetrieb, wie wir es planen, absolut notwendig. Die Gemeinde Steinhude ist mit einem größeren Kapitale an der Steinhuder Meerbahn betheiligt und hat daher das lebhafteste Interesse an dem Prosperieren derselben. Wir hoffen, durch die Eröffnung des hiesigen Strand-Hotels den Personenverkehr auf der ganzen Strecke zu beleben und dadurch größere Einnahmen für dieselbe zu erzielen.*[27] Der von Bretthauer behauptete Besucher-Rückgang findet allerdings keine Bestätigung in den Statistiken der Steinhuder Meerbahn-Geschäftsberichte.

Der Tourismus wurde jedoch von Bürgermeister und Landrat noch als eine nebensächliche und höchstens saisonale Erscheinung angesehen; daß man ihn durch attraktive Angebote ankurbeln und zur lokalen Wirtschaftsentwicklung nutzen könnte, kam ihnen nicht in den Sinn; deshalb sahen sie *ein Bedürfnis* für ein Strandhotel vorerst nicht gegeben, *da in Steinhude 5 Gasthäuser und Schankwirtschaften vorhanden und das bei einer Einwohnerzahl von 1700 genügen dürfte.* Immerhin durfte das Gesuch nach Vollendung des Baus wiederholt werden.[28]

Nach baupolizeilicher und amtsärztlicher Abnahme wurde die Konzession für das Strandhotel schließlich erteilt und im September 1899 die Eröffnung gefeiert. Bereits einige Tage vorher bekam der Redakteur des Hannoverschen Anzeigers Hermann Löns Gelegenheit, sich das neue Etablissement anzusehen. Für ihn war es keine Frage mehr, *daß das Strandhotel eine der volksthümlichsten Ausflugsstätten* werden würde, die viele Sommerfrischler und Tausende von Ausflüglern locken werde, zumal es innerhalb

Entwurfszeichnung des Architekten Paul Hakenholz für das Steinhuder Strandhotel (StAB B 1859).

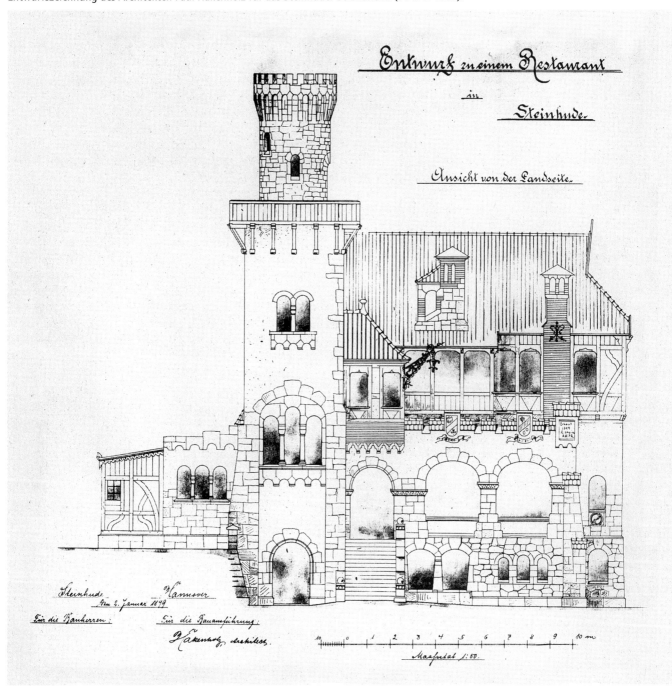

von einer Stunde von Hannover aus erreichbar sei. Auch er stellte fest, daß die älteren Wirtschaften des Fleckens seit Eröffnung der Steinhuder Meerbahn sonntags nie ausgereicht hätten, *und was das Schlimmste war, keine von ihnen bot eine Fernsicht über das Meer, woran den Besuchern doch am meisten gelegen war.* Nicht nur das Gesicht Steinhudes wandelte sich auch das Verhältnis zum Meer – die Steinhuder Bevölkerung hatte keine Kneipen bzw. „Erholungsstätten" mit Aussicht auf den See gebraucht. Löns nennt auch das Ensemble der übrigen Ausflugsziele rund ums Steinhuder Meer, das sich dem Sommerfrischler biete, damit dieser nicht über Eintönigkeit klagen müsse: den Wilhelmstein, die *schwarzen und weißen Berge,* Bad Rehburg, Loccum und Bergkirchen *mit dem hübschen Matteschlößchen.*

Löns' Beschreibung von Architektur und Schmuck des Strandhotels zeigt, daß der Bau ein kultureller Fremdkörper im Fischer- und Weberflecken war, auch wenn er ihn als der *Landschaft organisch eingegliederten* Bau ansah, der *wie ein Bodenerzeugniß, ein Naturgebilde* wirke. Architekt Hakenholz habe *ein volksthümliches, rein deutsches Bauwerk* geschaffen: *Massig und wuchtig erhebt sich der Unterbau aus rohbehauenem Sandstein; etwas Cyclopisches liegt in den schweren Treppen, dem wuchtigen Mauerwerk. Massig sind auch die An- und Aufbauten aus braunem Fachwerk, während die grünen Fensterrahmen Farbenfreudigkeit hineinbringen und große freie Flächen dem Ganzen Ruhe*

verleihen. Ein mächtiger Thurm mit breiter Galerie gliedert sich fest dem Hauptbau an. . . . Und überall trifft das Auge auf das Deutsche, Heimathliche. Ein gemalter Fries, wie die übrigen malerischen Arbeiten vom Maler Karl Plinke ausgeführt, zeigt uns Wikingerboote, den Fischerbooten des Steinhuder Meeres ähnlich, auf stilisierter Fluth. Eichenlaub umwindet die Archivolten, die Kapitäle am Büffet zeigen die Köpfe eines Germanen, einer Walküre und einen Adler. Unter den Balkenträgern der Decke sieht man Thor und Wodan, Baldur und Freia. Das große Saalfenster, eine Arbeit der Firma Henning und Andrä, zeigt eine stylisirte Nordmeerlandschaft, umrahmt von der Midgardschlange, einem Werke des Bildhauers Engelhard. Über ihr blickt uns die Saga an; Raben künden ihr was die Helden vollbrachten.

Löns wußte auch, *mehrere hübsch eingerichtete, dem Styl der Fischerboote angepaßte, zu Wikingerbooten umgewandelte Fahrzeuge* würden *Sommerfrischler und Touristen zu Ruder- und Segelfahrten aufnehmen.*[29] Die Vorstellungen so mancher wilhelminischer Bildungsbürger vom Aufenthalt in der Natur waren durchsetzt von Bildern und Versatzstücken aus der germanischen Sagenwelt!

Löns verglich den Strandhotel-Bau übrigens mit dem Gehrdener Berggasthaus Niedersachsen. Beider Häuser Gärten waren zudem von Hannovers Stadtgartendirektor Julius Trip gestaltet worden – und beide Bauten sollten das Florieren von Verkehrsunternehmen garantieren.[30]

Touristisches Aushängeschild Steinhudes: Das bald auf zahlreichen Postkarten abgebildete Strandhotel, das weithin sichtbar vom Anbruch eines neuen Zeitalters kündete (Hermann Beckedorf, Steinhude).

Postkarte vom Strandhotel, um 1900
(Hermann Beckedorf, Steinhude).

Porträt: Der „Manager" – Landrat v. Woyna

Wichtige Bedeutung für den Steinhuder-Meer-Fremdenverkehr hatte um die Jahrhundertwende der Neustädter Landrat v. Woyna. Wer war dieser Mann? Für die Kriegsveteranen des Kreises Neustadt war ihr Ehrenvorsitzender Wilhelm Dewitz von Woyna ein *echt deutscher Mann von altem Schrot und Korn.*[31] Er war aber auch ein zukunftsorientierter „Manager", der kühne Projekte anpackte und durchsetzte, ein Mann mit „Visionen", wie man heute sagen würde. Dabei scheute er sich auch nicht, sich jenseits der Grenzen seines Kreises zu engagieren und seinen Stadthäger Amtskollegen Wippermann, Ballerstedt oder v. Oheimb ein Musterbeispiel an Initiative und Innovationsfreudigkeit zu geben. Wobei sich diese angesichts des nahen Hofes und der Regierung in Bückeburg in ihrem Spielraum beengt gefühlt haben mochten. Woyna hingegen spielte in der Aufstiegsphase des Steinhuder-Meer-Tourismus, die mit der Eröffnung der Steinhuder Meerbahn begann, eine bedeutende Rolle.

Schon die Gründung der Steinhuder Meerbahn selbst betrieb der Neustädter Landrat energisch; die Schaumburg-Lippische Landeszeitung nannte ihn anläßlich der Eröffnung der Kleinbahn ihren *eifrigsten Förderer.*[32] Und die nicht sehr präzise, aber werbewirksame Bezeichnung „Steinhuder-Meer-Bahn" – nur ein kleiner Teil ihrer

Strecke führte am Steinhuder Meer entlang – stammte offenbar ebenfalls von v. Woyna, denn er benutzte sie bereits am 30. Oktober 1894 in einem Brief an die Schaumburg-Lippische Regierung.[33] Von anderen wurde die Bahn zu dieser Zeit und auch noch später „Kleinbahn Wunstorf-Stolzenau" oder „Schmalspurbahn Wunstorf-Uchte" genannt. Der Neustädter Landrat, der dieses Amt vorher im Kreis Zell an der Mosel versehen hatte, schien fast als einziger die Phantasie gehabt zu haben, sich die geplante Kleinbahn als attraktive Touristenbahn vorzustellen. Nach der Gründung der Aktiengesellschaft Steinhuder Meerbahn saß v. Woyna ein Vierteljahrhundert lang in ihrem Aufsichtsrat, lange Zeit als Vorsitzender desselben, und nahm so Einfluß auf die Geschicke der Bahn.

Das Amt des Landrats war das schönste, das der alte preußische Staat zu vergeben hatte, schrieb ein Landratskollege v. Woynas in seinen Erinnerungen. *Kein anderes kam ihm in der Möglichkeit gleich, praktisch zu wirken, kein anderes in der Vielseitigkeit seiner Tätigkeit. Gab es doch kaum irgendein Gebiet des menschlichen Lebens und Schaffens, mit dem der Landrat nicht in Berührung kam.* Die Landräte waren Bindeglieder zwischen der staatlichen und der kommunalen Verwaltung; sie sollten gleichermaßen die staatlichen Interessen vertreten, wie auch die des Kreises wahren, und diese Interessen miteinander in Einklang bringen.

Die Vielseitigkeit wie auch die Macht- und Aufgabenfülle des Amtes verschaffte ihm den Nimbus, ein *kleiner König* zu sein – dessen Machtvollkommenheit nur durch Verfassungsregeln und die öffentliche Kritik eingeschränkt war.[34] Bei der Abschiedsfeier für den scheidenden Landrat v. Woyna 1923 dachte der hannoversche Professor Dr. Geißler ähnlich: Ein guter Landrat könne eine schlechte Regierung verbessern, aber ein schlechter Landrat könne eine gute Regierung verschlechtern. Die beste Ehrung für v. Woyna sei die Weiterarbeit in dessen Sinne.

Wie v. Woynas Beispiel zeigt, konnte das Amt des Landrats auch die Rolle eines Fremdenverkehrs-Förderers einschließen. Schon bald nach der Eröffnung der Steinhuder Meerbahn – am Beginn einer neuen „Saison" am Steinhuder Meer – erwies sich die tourismussteigernde Qualität der Bahn. Bei einem Diner mit dem Fürsten Georg Ende Juli 1898, als die Kleinbahn erste Besuchermengen ans Meer gebracht hatte, unterbreitete v. Woyna dem schaumburg-lippischen Landesherrn große Pläne, in deren Mittelpunkt die Errichtung eines *Hotels I. Ranges* in der Art des prächtigen Kaiserhofs an der Porta Westfalica stand. Die Ausführung des Plans hing für den Landrat davon ab, daß die Steinhuder Meerbahn oder die Steinhuder-Meer-Gesellschaft das Recht bekäme, auf dem Meer Schiffahrt zu betreiben. Mittels eines oder zweier Motorboote sollte ein regelmäßiger Verkehr zwischen Steinhude, Hagenburg und dem Wilhelmstein betrieben, die Fürstlichen Matrosen dafür entschädigt werden.

Das ehrgeizige Projekt, als dessen *Manager* sich v. Woyna bezeichnete, und das schon bald als „Strandhotel" Gestalt annahm, begründete v. Woyna mit ungünstigen Verhältnissen in Steinhude, was Unterkunft, Verpflegung und Fahrgelegenheit auf dem Meer anlange. Tatsächlich waren die Kapazitäten des Fleckens dem Touristenanstrom seit Eröffnung der Meerbahn nicht mehr gewachsen. Auch schienen die Steinhuder Gasthäuser nicht geeignet für die Kategorie von Gästen, die v. Woyna vor Augen hatte. Er hoffe, *durch die Einrichtung eines tadellosen Hotels gerade für das bessere Publikum aus Hannover und Umgegend ... in dieser Beziehung durchgreifenden Wandel zu schaffen.*[35]

Der Landrat trat hier als Sprecher der schon erwähnten „Steinhuder-Meer-Gesellschaft" auf. Da sich hinter der Frau des Regierungsbaurats Ulrich aus Wiesbaden Woynas Schwiegermutter verbarg, besaß der Landrat in der GmbH ein beträchtliches Gewicht.[36] Vermutlich hatte er auch die Idee zu dem Projekt gehabt. Ihm ging es um mehr als nur

Der Landrat des Kreises Neustadt a. Rbge, v. Woyna (Museum zur Stadtgeschichte Neustadt a. Rbge.; Repro: Hoerner, Hannover).

um das Anlocken von Fahrgästen für die Kleinbahn: Er hatte die Absicht, Steinhude und das Steinhuder Meer zum Touristenziel Nr. 1 der Region zu machen. Aufgrund der ungünstigen Verhältnisse Steinhudes ziehe sich der Verkehr aus dem Fürstentum weg nach Rehburg, hatte er im Juli 1898 gemahnt. Als preußischer Landrat und für das Gedeihen der Kleinbahn Verantwortlicher hätte ihn dies freuen können, da die von Wunstorf aus längere Strecke nach Bad Rehburg höhere Einnahmen als nach Steinhude brachte. Mit realistischem Blick für die jeweiligen Perspektiven des (preußischen) Bades Rehburg und Steinhudes begabt, wollte er jedoch Steinhude und das Meer mit attraktiven Angeboten ausstatten – was sowohl der Kleinbahn wie auch der Steinhuder-Meer-Gesellschaft gute und stetige Einnahmen verschaffen konnte. Hier zeigt sich

v. Woyna mehr als Wirtschaftsbürger denn als treuer preußischer Staatsdiener.

Sicherlich übertrieben sah er die Bedeutung des Strandhotels einige Jahre später, im Februar 1904: *Andererseits steht schon jetzt fest, daß fast zwei Drittel der Einnahmen der Steinhuder Meer-Bahn aus dem Personenverkehr dem Bestehen des Strandhotels zu verdanken ist u. daher von einer Dividende der Kleinbahn überhaupt nicht mehr die Rede sein würde, wenn das Etablissement einginge.* Dem entgegenzuwirken, bat v. Woyna für die Steinhuder-Meer-Gesellschaft um die Genehmigung zur Haltung von zwölf Ruderbooten, um dem Publikum den Aufenthalt auf dem Meere abwechslungsvoller zu gestalten.[37] Die Boote wurden gewährt, wie auch weitere Projekte der Steinhuder-Meer-Gesellschaft, z.B. ein Landungssteg am Weißen Berg 1907 oder das erste Motorboot, das 1908 in Betrieb genommen wurde – zehn Jahre, nachdem v. Woyna die Idee geäußert hatte.

Als es Anfang der Zwanziger Jahre darum ging, das zu seinem Neustädter Kreis gehörende Nordufer des Meeres zu entwickeln, engagierte sich v. Woyna jedoch nicht. Möglicherweise widerstrebte der Freibadebetrieb am Weißen Berg seinen Moralvorstellungen; vielleicht hatte er nun auch kein Interesse mehr am Fremdenverkehr.[38] Das Strandhotel hatte sich als überdimensioniert erwiesen, die Pächter gaben jeweils nach wenigen Jahren auf. Der Neustädter Landrat hatte sich inzwischen anderen Aufgaben zugewendet. Unter seiner Ägide wurden die für die Industrialisierung notwendige Infrastruktur seines Kreises durch Brücken- und Straßenbau weiter ausgebaut, eine Kreissparkasse gegründet, ein Überlandwerk installiert und die Krankenhäuser in Wunstorf und Neustadt errichtet. Große Aufmerksamkeit widmete er auch der Torfgewinnung und der Moorkultivierung. 1908 startete er im Preußischen Landtag (dem er 1893-1898 und 1903-1918 als Abgeordneter der Freikonservativen/Deutschen Reichspartei angehörte)[39] eine Initiative zur schließlich 1911 erfolgten Gründung eines Torfinstituts an der Technischen Hochschule Hannover. Während des ersten Weltkrieges wurde das Lichtenmoor durch 3.000 Kriegsgefangene kultiviert und die gleichnamige Siedlung geschaffen, ein Unternehmen, das mit dem Namen v. Woynas „besonders verknüpft ist".[40]

Trotz der wechselvollen Geschicke des Strandhotels ist die Weitsicht v. Woynas unbestreitbar, und mit seiner Vorstellung von einer „Steinhuder-Meer-Bahn" sah er den Charakter der Kleinbahn als Touristenverkehrsmittel richtig voraus; v. Woyna war der erste, der das Fremdenverkehrspotential des Steinhuder Meeres erkannte.

Der Abstieg Hagenburgs

Die Betriebseröffnung der Steinhuder Meerbahn leitete die endgültige Schwerpunktverlagerung des Tourismus nach Steinhude ein. Schon die Gerüchte um den bevorstehenden Strandhotelbau bewogen Ende 1896 den Hagenburger Gastwirt Eduard Behrens, Inhaber des Hotels „Deutsches Haus", an den Fürsten persönlich zu schreiben. Die Gesellschaft, die im Begriff stehe, in Steinhude ein großes Strandhotel zu bauen, habe den Plan gefaßt, *ein Motorboot anzuschaffen, welches den Verkehr zwischen Steinhude, Wilhelmstein und Mardorf vermitteln soll*, schrieb Behrens. Wenn der Plan ausgeführt würde, würden die Interessen Hagenburgs auf das Empfindlichste geschädigt, ebenso wie Behrens selbst, dessen Restauration vor allem auf den Fremdenverkehr angewiesen sei. Er bat deshalb den Fürsten, zu verfügen, daß auch Hagenburg in den Verkehr einbezogen werde.[41]

Auch eine Versammlung der Hagenburger Gemeindeverordneten formulierte ein Bittgesuch an den Fürsten. *Eure hochfürstliche Durchlaucht werden wissen, daß der Fremdenverkehr bis jetzt in Hagenburg ein größerer gewesen ist als in Steinhude. Sollte nun aber das Recht der Dampf-Ruder- oder Segelschiffahrt an eine der oben genannten Gesellschaften verpachtet werden, so würde der Fremdenverkehr hier sehr abnehmen und im Laufe der Zeit von Hagenburg weg und ganz nach Steinhude geleitet werden. Hierdurch würden die Interessen Hagenburgs, die ja schon durch die Verlegung des Amtsgerichts nach Stadthagen geschädigt worden sind, noch mehr und auf das empfindlichste geschädigt werden.* Die Hagenburger verwiesen auch darauf, daß nach einer Verfügung des Fürstlichen Ministeriums jetzt in Steinhude monatlich zwei Sprechtage für freiwillige Gerichtsbarkeit stattfänden, in Hagenburg aber nur einer alle zwei Monate. Die Hagenburger, Bergkirchener, Wölpinghäuser und Wiedenbrügger müßten deshalb alle nach Steinhude. *Würde dagegen hier in Hagenburg wenigstens monatlich ein Sprechtag sein, so würde nicht der ganze Verkehr nach Steinhude gelenkt werden.* So richteten die Gemeindeverordneten zwei Bitten an den Fürsten: 1. die Schiffahrt auf dem Meer zu lassen wie bisher, und 2. zwölf Gerichtstage im Jahr in Hagenburg stattfinden zu lassen. Die zweite Bitte, die er *für aussichtslos* hielt, leitete der Fürst an das Ministerium weiter.[42]

Für das Vorhaben der Steinhuder-Meer-Gesellschaft, die Schiffahrt auf dem Meer zu pachten, war es jedoch noch zehn oder zwölf Jahre zu früh; schon jetzt die über ein Jahrhundert lang innegehabte Fremdenbeförderung aufzugeben, war für den Fürsten und seine Hofbeamten noch nicht denkbar, zumal der Steinhuder-Meer-Prozeß gerade die uneingeschränkten Hoheitsrechte am Meer bestätigt hatte. So blieb die Beförderung zunächst bei den Fürstlichen Matrosen.

Hagenburgs Fremdenverkehr ging dennoch weiter zurück. Am 1. Mai 1901 schrieb Behrens erneut, diesmal an das *Oberhofmarschallamt: In den letzten Jahren habe* Hagenburgs Fremdenverkehr und damit die wirtschaftliche Lage des Fleckens einen erheblichen Rückgang erfahren. Zwei Faktoren benannte er als Ursachen dafür: die Eröffnung der Kleinbahn und den seitdem so ungünstigen Bootsverkehr. *Was die Eröffnung der Bahn und des Strandhotels anlangt, so tragen beide wohl zur Hebung des Verkehrs am See bei, aber nur, um diesen Verkehr ganz allein für sich, d.h. für Steinhude in Beschlag zu nehmen Seit dem Bestehen der Kleinbahn nämlich ist ihr Ausgangspunkt Wunstorf das vorläufige Endziel aller Fremder geworden, mögen sie von Hannover, Westfalen, der Grafschaft Schaumburg oder von Bremen kommen, während bis dahin die Touristen aus dem Westen Deutschlands von Lindhorst und erst in zweiter Linie von Wunstorf aus zu Fuß oder mit Fuhrwerk das Meer zu erreichen suchten. Und wenn nun die Besucher von Wunstorf aus ihre Tour mit der Kleinbahn antreten, was sollte sie veranlassen nach Hagenburg zu fahren, wenn die Fahrt zum Wilhelmstein über Steinhude schneller, besser und billiger ist?*

Laut Behrens war *keine Reklame gescheut* worden, um ausschließlich Steinhude als Bootsort für den Wilhelmstein zu betonen, Hagenburg sollte angeblich *bei Seite geschoben werden.* Von Steinhude aus würden die Reisenden dann mit dem Zug nach Rehburg fahren, Hagenburg aber auslassen. Zeitweise sei aus diesen Gründen auch kein Boot in Hagenburg, was wiederum ebenfalls die Fremden nach Steinhude zöge. Behrens schlug eine Änderung des Bootsverkehrs dahingehend vor, daß Touristen, die nach Rehburg wollten, mit dem Kahn nach Hagenburg gefahren werden sollten, um von dort aus die Weiterreise per Zug anzutreten; ein Teil des Verkehrs würde so nach Hagenburg gelenkt werden.[43] Der zu Behrens Klagen um Berichterstattung gebetene Feldwebel Manns bestätigte einige der Behauptungen des Wirtes, z.B. die, daß seit Eröffnung des Strandhotels der Hauptverkehr über Steinhude liefe, sah

Das „Deutsche Haus" in der Hagenburger Schloßstraße, um 1910 (Hermann Beckedorf, Steinhude).

allerdings kein Mittel, den Verkehr wieder mehr nach Hagenburg zu lenken.

Die weitere Entwicklung trieb Behrens 1906 in den Konkurs, der auch durch ein Hofkammer-Darlehen von 2.000 Mark nicht aufgehalten wurde. 1908 bewarb er sich als Pächter für die Gastronomie auf dem Wilhelmstein, die allerdings erst 1913 zur Verpachtung ausgeschrieben wurde.[44]

Der Hagenburger Fremdenverkehr ging immer mehr zurück, während der Steinhuder aufblühte. Oft war niemand bereit, Touristen nach Hagenburg zu fahren, weil dort nur wenige oder keine neuen Passagiere zu erwarten waren. Die Rückfahrt konnte leicht eine brotlose Leerfahrt sein, oder man wartete lange Zeit in Hagenburg, während die Konkurrenten in Steinhude gute Kasse machten. Beschwerden, so die des Lokomotiv-Beamten-Verein Hannover-Linden-Hainholz im Juli 1908 über die Weigerung des Motorbootsführers, nach Hagenburg zu fahren, oder die der Hagenburger Wirte gegen den Motorbootsführer Moos und die Fürstlichen Matrosen und Hilfsmatrosen vom Juni 1909 änderten nichts. Die Wirte klagten, sie erlitten schweren Schaden, insbesondere, wenn sich Personen zum Essen angemeldet hätten, auch litte der gute Ruf Hagenburgs.[45] In Hagenburg trug diese Entwicklung zu Ressentiments gegen Steinhude bei, die noch nach Jahrzehnten lebendig waren: Bei einer Bürgerversammlung im Hagenburger Ratskeller im April 1967 schlugen die Wogen hoch. In Zwischenrufen wurde der Nachbarflecken als *Reeperbahn* geschmäht, es kam zu *Haßtiraden* und *tumultartigen Szenen*; der Generalanzeiger schrieb hinterher, es sei *erschreckend* gewesen, *welch ungeheure, meist unbegründete Vorurteile gegen Steinhude laut wurden.*[46]

Die Fischer in Not

Während der Fremdenverkehr durch Steinhuder Meerbahn und Strandhotel eine neue Dynamik erfuhr, befanden sich die Steinhuder Fischer in großen Existenznöten. Zur Jahrhundertwende änderte sich ihre Situation stark: Nachdem bereits der Steinhuder-Meer-Prozeß ungünstig ausgegangen war, ergab sich für die Fischer eine besonders einschneidende Veränderung im Jahre 1900, denn mit Vertrag vom 1. März wurde die Fischerei auf dem Meer an den Generalpächter Hübner aus Frankfurt/Oder verpachtet. Vereinbart war, daß die Fischer nun sämtlichen gefangenen Fisch gegen ein angemessenes *Fangegeld* abzuliefern hatten. Die Korbfischerei in den Uferzonen durfte zwar beibehalten werden, jedoch mußte dafür eine Entschädigung an Hübner gezahlt werden.[47]

Doch verhieß der stetig anschwellende Strom von Großstädtern und Erholungssuchenden den Fischern eine neue Erwerbsmöglichkeit. Dazu waren aber noch einige Hürden zu überwinden. Im März 1899 wurde den Fischern

So stiegen viele Fischer in das Fremdenverkehrs-Geschäft ein: Provisorische Personenbeförderung im Torfkahn (Stadtarchiv Wunstorf; freundliche Genehmigung und Repro: Rudi Diersche, Steinhude).

eine Erklärung vorgelegt, die F.W. Bretthauer dem Fischereivorsteher Büsselberg zugesandt hatte. Bretthauer leitete zu dieser Zeit die Bauarbeiten am Strandhotel. Die Fischer sollten sich einverstanden erklären, *daß der Steinhuder-Meer-Bahn oder auch dem Konsortium zum Bau eines Restaurants am Steinhuder Meere die Genehmigung zum Betriebe der Dampf- Ruder- und Segelschiffahrt auf dem Steinhuder Meere ertheilt bzw. daß dieses Recht an eine der beiden Gesellschaften verpachtet* werde. Die Fischer hüteten sich jedoch, die Erklärung zu unterzeichnen, die sie ihrer Zukunftsperspektive beraubt hätte.[48] Die Steinhuder-Meer-Gesellschaft bekam schließlich nur die Genehmigung, einige Segel- und Ruderboote auf dem Meer zu halten. Für die Segelboote mußten erfahrene Führer engagiert werden, wobei die Hofkammer die Steinhuder-Meer-Gesellschaft anhielt, das Personal *thunlichst aus der Steinhuder Fischerbevölkerung zu nehmen, wobei wir uns spezielle Wünsche vorbehalten.*[49]

Ein als Konsequenz des Steinhuder-Meer-Prozesses von der Hofkammer am 6. April 1900 erlassenes *Regulativ über das Befahren des Steinhuder Sees* bestimmte allerdings, daß nur Inhaber einer von ihr ausgestellten Erlaubnis das Meer befahren dürften, und zwar nur zu den im Erlaubnisschein genannten Zwecken, also Torf- oder Laasholen, Fischen, Fremdenbeförderung. Das Anlegen am Wilhelmstein bzw. die Annäherung innerhalb einer 50-Meter-Zone war verboten, ebenso der *unnöthige Aufenthalt auf dem Meere, zumal bei Nachtzeit.* Außerdem sei eine Aufsichtsperson zu akzeptieren und *allerhöchste Vorsicht streng zu beachten, namentlich, wenn Fremde gefahren werden.*[50] Eine Fremdenfahrerlaubnis bekamen zunächst nur sieben Fischer; die Hofkammer wünschte zum Fremdenfahren nur *geeignete Personen und solche, die den Verdienst besonders nöthig haben.*

Als Beurteilungsgrundlage für die Genehmigungen dienten zwei Verzeichnisse, die Bürgermeister Heidemann angelegt hatte. Das erste Verzeichnis war eines der Schiffsbesitzer, das 38 Personen nannte mit insgesamt 46 Schiffen, das zweite eines der bisherigen Fischereipächter, mit 31 der in der ersten Liste genannten Leute, außerdem Louis Wenzel aus Hagenburg. Die Nicht-Fischer benutzten ihre Schiffe zumeist zur Lohnschifferei, Christoph Meuter besorgte etwa die Postverbindung nach Mardorf. Die von fast allen Schiffseigentümern als Benutzungszwecke auch angegebenen Fremden- bzw Vergnügungsfahrten wurden von der Hofkammer zumeist gestrichen.[51] Für die Beurteilung der Hofkammer waren auch Daten über den Familienstand, die Kinderzahl, über Grundbesitz, monatliche Einkommenssteuer und sonstiges Gewerbe angegeben, wobei 21 mal Lohnschifferei, sechsmal Fischhandel, sechsmal Landwirtschaft, einmal Seilerei genannt wurden; so mancher gab mehr als ein sonstiges Gewerbe an, nur zwei Fischer keines. Achtmal wurden *schlechte Verhältnisse* angemerkt.

Allmählich weitete die Hofkammer jedoch den Kreis der zum Touristenbefördern Berechtigten aus. Im Jahre 1905 waren bereits 19 Segel- und 12 Ruderboote zugelassen; 1910 war die Zahl auf insgesamt 55 Boote, davon acht Ruderboote angestiegen. Im Laufe der Jahre wurden auch die Boote größer. Während die Fahrzeuge anfangs fünf bis zehn Personen tragen konnten, waren 1909 schon mehrere Boote für 12, 15 oder 20 Personen ausgewiesen, eines sogar mit 26 Personen.[52]

Für die Fremdenbeförderung schafften sich die Steinhuder mehr und mehr die noch heute berühmten „Auswanderer" an, deren Typus offenbar von den fürstlichen Segelschiffen, an der Weser gebaute Schwertkutter, abgeschaut worden war.[53] Aber auch der Steinhuder Tischlermeister Röver baute neben anderen Booten „Auswanderer".[54] Über die Herkunft der Bezeichnung gibt es zwei Theorien: Heute verbreitet ist die, wonach der Name sich daher leite, daß die Schiffe, wenn sie ans Nordufer fuhren, vom Fürstentum Schaumburg-Lippe nach Hannover bzw. Preußen auswanderten;[55] die zweite lautet, man habe die Schiffe so genannt, weil sie mit Touristen oft so voll besetzt waren wie die Auswandererschiffen des 19. und frühen 20. Jahrhunderts nach Amerika.[56] Denkbar ist, daß sich die Bezeichnung aus beiden Wurzeln speiste.

Das süße Geräusch sonntäglich klingelnder Geldbeutel verlockte die Steinhuder Schiffer bald, Sicherheits- und andere Bedenken hintan zu stellen und sogar nicht mehr fahrtüchtige Boote zum zweifelhaften Vergnügen der Fremden einzusetzen. Es bedurfte jedoch erst eines Bootsunglücks Anfang Juli 1904, bei dem Steinhuder Schiffer, aber auch der Pächter des Strandhotels keine gute Figur machten, bis schließlich eine landrätliche Polizeiverordnung über die gewerbsmäßige Personenbeförderung erlassen wurde. Zwei der bei diesem Unfall – der noch glimpflich endete – gekenterten Herren berichteten später in Briefen an das Fürstliche Ministerium und an den Hannoverschen Courier (*zu Nutz und Frommen aller Besucher des Steinhuder Meeres*) über das Geschehen. Danach unternahmen die beiden Männer zusammen mit einem weiteren

Auswanderer mit Passagieren (Hermann Beckedorf, Steinhude).

Herrn und sechs Damen eine Segelpartie auf dem See. Geführt wurde das Boot „St. Michael", das dem Steinhuder Postverwalter Langwost und dem Strandhotelpächter Ebrecht gehörte, von zwei Schiffern namens Meuter, die von den Beteiligten als wenig segelkundig bezeichnet wurden. Bei stärker werdendem Wind legte sich das offenbar undichte oder gar lecke Boot auf die Seite und kenterte, alle Insassen fielen ins Wasser. Ein in der Nähe befindliches Schiff war vollbesetzt und konnte nicht helfen. Der von einem Beobachter aufmerksam gemachte Strandhotelpächter hielt jedoch ein eiliges Eingreifen nicht für nötig. Im Leserbrief des mitgekenterten Regierungsbaurats Albach hieß es peinlicherweise, der Pächter habe zunächst von dem aus Richtung der Schiffbrüchigen kommenden zweiten Boot erfahren wollen, *was eigentlich passiert sei; die Gekenterten wären ja doch einmal naß, und da käme es auf ein paar Minuten länger im Wasser nicht an.* Schließlich wurden die in Seenot Geratenen vom zufällig zurückkehrenden Fischer Pape geborgen. Beide Briefschreiber lobten übrigens die außerordentliche Ruhe der beteiligten Frauen. Eine nachfolgende Untersuchung des gekenterten Bootes St. Michael durch Bürgermeister Feldmann und den als

Sachverständigen befragten Fischmeister Groggert ergab, daß das Boot *in einem unbrauchbaren Zustande* war; seine Benutzung wurde sofort untersagt.

Angesichts dieses peinlichen und öffentlich bekanntgemachten Vorfalls konnten die Behörden nicht untätig bleiben. Die im November 1904 erlassene Polizeiverordnung bestimmte, daß die gewerbsmäßige Personenbeförderung auf dem Steinhuder Meer der ortspolizeilichen Erlaubnis durch das Landratsamt bedürfe. Außerdem wurden die Bootsbesitzer dazu verpflichtet, die Betriebssicherheit ihrer Fahrzeuge durch einen Sachverständigen nachzuweisen; als solcher wurde der Fischmeister Groggert verpflichtet.[57] Sicherlich deswegen, aber auch, weil er als Angestellter des Generalpächters Hübner die Aufsicht über die Fischerei hatte, war Groggert im Ort wenig beliebt.[58]

Kampf um alte Privilegien und Reformen

Die Aktivitäten der Steinhuder-Meer-Gesellschaft lösten auch bei den Fürstlichen Matrosen fieberhafte Unruhe aus, sahen sie doch das Ende ihrer Monopolstellung herannahen. So schrieben die Matrosen Wenzel, Harste, Bothe, Büsselberg und Meuter sowie der Inselverwalter Manns am 10. Dezember 1898 – die Steinhuder Meerbahn war sei gut einem halben Jahr eröffnet – aufgeregt an den Fürsten persönlich, um ihn für ein kühnes Projekt zu gewinnen: Da die bisherigen Transportmittel auf dem Meere nicht mehr genügten, und um dem Fall vorbeugen, in den *Dienst einer Privatgesellschaft* versetzt zu werden, erklärten sie sich bereit, Motorboote auf eigene Rechnung anzuschaffen! Wenn die Beförderung der Fremden weiter in ihren Händen bliebe, unter Leitung und Aufsicht von Manns, bliebe das fürstliche Interesse *sicherer und treuer gewahrt*.[59]

Motorboot vor dem Strandhotel, deutlich zu erkennen das Schaufelrad am Heck (Hermann Beckedorf, Steinhude).

Offenbar war der Tourismus für sie bisher ein einträgliches Geschäft gewesen, und hofften sie im Falle der fürstlichen Genehmigung, die Kosten der Motorboote schnell erwirtschaftet zu haben. Zwar wurde ihr Vorschlag nicht angenommen, aber das Geschäft des Fahrens von Fremden zum Wilhelmstein blieb weiterhin in der Hand der Fürstlichen Matrosen – deren Transportkapazitäten allerdings begrenzt waren.

Die Frage der Anschaffung von Fürstlichen Motorbooten wurde später noch einmal von der Hofkammer geprüft, nachdem sich, angeführt von den beiden Bürgermeistern, eine Reihe von Hagenburger und Steinhuder Gastwirten und Gewerbetreibenden in seltener Einmütigkeit an den Fürsten gewandt hatten. *Zur Lebensfrage* sei der Fremdenverkehr für die beiden Flecken seit der Eröffnung der Steinhuder-Meer-Bahn geworden, schrieben sie am 27. Dezember 1901. Da von Tausenden Touristen, die allsommerlich die Insel besuchen wollten, *nicht die Hälfte* dieses Ziel erreichten, baten sie um die Einrichtung einer regelmäßigen Verbindung zwischen Steinhude, Wilhelmstein und Hagenburg durch fürstliche Motorboote. Fischereipächter Hübner befürchtete jedoch Nachteile für den Fischereibetrieb und den Fischbestand und bezifferte die dafür zu zahlende Ent-

schädigung auf 1.000-2.000 Mark im Jahr. Auch behauptete die Hofkammer, daß die zu erwartenden Einnahmen durch die Anschaffungs-, Betriebs- und Reparaturkosten überwogen würden. Ein modernisierter fürstlicher Beförderungsbetrieb durch Motorboote wurde deshalb nicht realisiert.[60]

Als dann im Jahre 1908 der Steinhuder-Meer-Gesellschaft für das erste Motorboot die Betriebserlaubnis erteilt wurde, baten die Fürstlichen Matrosen bangend ihren obersten Dienstherrn, es möge dafür Sorge getragen werden, daß sie in ihrem Verdienst nicht geschädigt würden. Das Motorboot schaffe die Strecke zum Wilhelmstein in 12 Minuten, sie befürchteten, das Nachsehen zu haben.[61] Das Motorboot, das zudem bald durch häufige Pannen nur unzuverlässigen Transport gewährte, konnte jedoch den althergebrachten Seglern keine Konkurrenz machen. Im Jahre 1911 gab schließlich die Steinhuder-Meer-Gesellschaft den Betrieb des Motorboots an die neugegründete Motorboots-Betriebsgenossenschaft ab.

Nicht nur einst für die Hessen war der Wilhelmstein eine schwer zu erobernde Bastion, sondern auch für die Steinhuder Schiffer. Eine von der Hofkammer erteilte Erlaubnis zum Fremdenfahren erstreckte sich nicht auf das Landen an der Festungsinsel. Das Recht dort anzulegen, war ein vom Hofmarschallamt sparsam vergebenes Privileg. Die Schiffsbesitzer in Steinhude mußten oft erleben, daß Leute, die gern die Insel besuchen wollten, keine autorisierten Fahrzeuge vorfanden. So mußte H. Schweer am 24. April 1904 sechs Fremde enttäuschen, die sich von ihm übersetzen lassen wollten. *Daraufhin zogen sie ärgerlich von dannen, mieteten sich einen Wagen und fuhren nach Bad Rehburg.* Schweers daraufhin gestellter Antrag, Touristen zum Wilhelmstein und zum Hagenburger Schloß fahren zu dürfen, wurde genehmigt.[62] Doch dem Fischer August Rintelmann wurde nur wenige Tage später ein entsprechendes Gesuch abgelehnt, *da zur Zeit reichlich Schiffe vorhanden sind, um dem gewöhnlichen Bedarf für die Überfahrten Fremder auf den Wilhelmstein zu genügen.* Rintelmann hatte es auch nichts genützt, darauf zu verweisen, daß er oft seinem fahrberechtigten Vater ausgeholfen habe, dieser aber bei einem Unfall mit seinem Pferdegespann einen Fuß gebrochen habe und – 68 Jahre alt – nicht mehr in der Lage sei, zur Ernährung der zahlreichen Familie beizutragen.[63]

Großen Einfluß auf das Genehmigungsverfahren besaß auch Feldwebel Manns, der ja selbst über die 50-Pfennig-Kasse am Kuchen beteiligt war, und der bei Konzessionserteilungen an Privatschiffer geringere Gewinne zu erwarten hatte. Ein im Mai 1906 vorgebrachtes Gesuch von Wilhelm Rusche kommentierte er: *Bei Einstellung von zu vielen Gehülfen würde es leicht zu Unregelmäßigkeiten um das Fremdenfahren führen, zudem mir der p.p. Rusche als ein aufdringlicher Mensch vorkommt.*[64]

Auch in anderen Fällen scheiterten Antragsteller an denunzierenden Stellungnahmen der Inselverwalter. Dem Fischer Wilhelm Rintelmann half es nicht einmal, Patenkind des Fürsten Adolph Georg zu sein und daß er *als Soldat sich sehr gut geführt* hatte. Hinter der Ablehnung seines Gesuches stand die Äußerung des Sohnes des inzwischen verstorbenen Feldwebels Manns, der übergangsweise an die Stelle seines Vaters getreten war: *Im Allgemeinen sind die Rintelmanns, die Familie ist sehr groß, als gewalttätige Menschen bekannt, deren politische Richtung auch sehr weit links liegt. Ganz abgesehen von dem nicht vorliegenden Bedürfnis scheinen mir die Rintelmanns gerade nicht die passenden Leute zu Fremdenfahrten zum Wilhelmstein zu sein.* Auch Hermann Rintelmann wurde am 31. März 1909 abgewiesen, weil *einige der Rintelmanns gewalttätige Leute* seien, aber auch *ganz gut gestellt: Außer Fischerei betreiben sie noch Ackerbau und einen umfangrei-*

Postkarte vom Wilhelmstein, verschickt 1901. Der Erlös aus dem Verkauf solcher Karten, den die Hofkammer 1912 auf 1.000 Mark im Jahr schätzte, ging allein an den Inselverwalter, der damit bereits kein schlechtes Jahresgehalt verdient hätte. Der damalige Verwalter, Fasanenmeister Koliska, bekam jedoch noch eine Försterpension von 1.900 Mark, betrieb die *flott gehende Gastwirtschaft* auf dem Wilhelmstein und war zudem an der 50-Pfennig-Kasse beteiligt – fürwahr eine gute Pfründe! (Vgl. Bericht Hofkammer an Fürst Adolf vom 12. März 1912, in StAB K 2 S 252c. Postkarte: Hermann Beckedorf, Steinhude).

chen Handel mit Butter, Eier etc. nach Hannover, wofür sie eigens drei Pferde halten. Abschließend schlug Manns vor, von neuen Genehmigungen, Fremde zum Wilhelmstein zu fahren, vorläufig Abstand zu nehmen, da ein Bedürfnis durchaus nicht vorliegt und das Verdienst der Matrosen hierdurch noch mehr geschmälert würde.[65] Der neue Inselverwalter Koliska setzte schließlich eine Erlaubnis für Rintelmann am 3. Juli 1909 durch; Schloßgärtner Manns jr. wurde die Führung der Fremden auf der Insel übertragen.

Die Probleme sollten sich in den folgenden Jahren noch verschärfen. Bei schönem Wetter hatte jeder Wilhelmsteinfahrer mehr als genug zu tun; war die Wetterlage ungünstig, gingen im Kampf um die Passagiere so manche leer aus. Immer noch galt das Prinzip, nur dann Fremde befördern zu dürfen, wenn kein Fürstlicher Matrose zur Stelle war. *Die Matrosen kommen immer zuerst und fahren nicht eher ab bis sie 30 Passagiere geladen haben. Wird nun eins ihrer Boote, oder auch 2, nicht voll, dann verschwinden die Herren auf längere Zeit, ohne sich wieder sehen zu lassen, bis der nächste Zug da ist.* Bevor der Matrose nicht abgefahren sei, konnte auch niemand anderer fahren, schrieb der Vorsitzende der Motorboots-Betriebsgenossenschaft, Seegers.[66] Das Fürstliche Hofmarschallamt in Bückeburg als zuständige Behörde für den Wilhelmstein war mit der Regelung dieser Konflikte jedoch überfordert.

Als im Sommer 1911 die Zuständigkeit für die Insel Wilhelmstein vom aufgelösten Hofmarschallamt an die Hofkammer abgegeben wurde, war der Weg für eine zeitgemäße Neuregelung der Verhältnisse frei.[67] Zunächst stattete der Hofkammerrat v. Bülow der Insel einen Informationsbesuch ab, dessen Ergebnis er in einem Bericht vom 13. September 1911 festhielt. Unter anderem hatte v. Bülow festgestellt, daß die jährlichen Einnahmen der Matrosen aus dem Fremdenfahren pro Kopf (außer Meuter) etwa 1.100-1.300 Mark betrugen! Diese Summe war zum Jahresgehalt zu addieren, das Fürst Adolf erst im Januar 1911 erhöht hatte. So bekam der Obermatrose Bothe statt 264 nun 360 Mark, der jüngste Matrose Ohlhage statt 140 nun 200 Mark.[68] Aus einer früheren Auflistung geht hervor, daß die Matrosen außer ihrem festen Gehalt auch noch Tagelöhne für Instandhaltungsarbeiten etc. auf der Insel bezogen, die im Jahr 1908 zwischen 60 und 230 Mark gelegen hatten. Weiterhin bekamen die Matrosen einen freien Anzug, die auf Wilhelmstein wohnenden Büsselberg und Ohlhage freie Wohnung, und alle außer dem in eigenem Boot fahrenden und nicht in die 50-Pfennig-Kasse zahlenden Meuter auch freies Heizmaterial (jeder

Schülerinnen der Landfrauenschule Obernkirchen bei der Überfahrt zum Wilhelmstein, um 1910 (Berg- und Stadtmuseum Obernkirchen; Repro: Hoerner, Hannover).

25 Ztr. Steinkohlen) und Gartennutzung.[69] Die Fürstlichen Matrosen verfügten demnach über ein Jahreseinkommen von 1.500 bis 1.700 Mark – das war mehr, als Facharbeiter kurz vor dem Ersten Weltkrieg in den Spitzenbranchen der Industrie verdienten.[70]

Den letzten Anstoß zur Änderung der Verhältnisse gab schließlich eine Eingabe von W. Seegers von der Motorboots-Betriebsgenossenschaft am 24. Februar 1912. Er schrieb an die Hofkammer, nachdem er sich mit den anderen Steinhuder Schiffern verständigt hatte. Seegers schilderte die verschiedenen Mißstände und machte die Fürstlichen Matrosen auch für die Austrocknung Hagenburgs verantwortlich. Sein Vorschlag lautete, das Vorrecht für die

Fürstlichen Matrosen aufzuheben, eine Gleichberechtigung einzuführen und das Fahren der Reihe nach zu organisieren. Für jede Fahrt solle der Bootsmann drei Mark erhalten, was er darüber hinaus erziele, komme in eine Kasse, *die monatlich nach Maßgabe der gemachten Fahrten verteilt werde.* Außerdem forderte Seegers, daß *die Bootsleute alle gleiche Mützen tragen, alle weißen Kragen und möglichst gleiches Zeug, und daß sie höflich und nüchtern sind.*[71]

Hofkammerpräsident v. Frese und Kammerrat v. Bülow machten sich die Vorschläge von Seegers zu eigen und unterbreiteten sie am 13. März 1912 Fürst Adolf im Rahmen eines den Wilhelmstein insgesamt betreffenden Reformenkatalogs. Die Kammer hatte festgestellt, daß die Verwaltung der Festung *unverhältnismäßig* kostspielig war. Trotz 35.000 Besuchern im Jahr erfordere sie 1912 einen Zuschuß von 4.326,40 Mark! Das lag daran, daß die gesamten Einnahmen aus der Fremdenbeförderung mit den vier fürstlichen Booten dem Inselverwalter und den Fürstlichen Matrosen zufiel. Deren Stellen sollten *beim Vacantwerden* nicht wieder besetzt werden (ein Matrose war 68, ein anderer 67 Jahre alt!). Zwei der fürstlichen Boote sollten verkauft, für Besuche der fürstlichen Herrschaften private Schiffer herangezogen werden, denen

diese Pflicht bei der Erlaubniserteilung aufzuerlegen sei. Außerdem solle ab Sommer 1914 die Gastronomie auf der Insel verpachtet, zudem das *zu niedrig angesetzte* Besichtigungsgeld von 20 auf 25 Pfennig erhöht werden. Auch Eduard Behrens bewarb sich im Januar 1913 erneut um die Pacht, war aber noch in unguter Erinnerung, da die Hofkammer bei seinem Konkurs einen Verlust von 800 Mark erlitten hatte. Pächter des Wilhelmsteins wurde schließlich Heinrich Jansen aus Melle.[72] Erst die Hofkammer hatte den Wilhelmsteintourismus als fürstliche Einnahmequelle erkannt und die Bedingungen dafür geschaffen, daß diese ausgeschöpft werden konnte – bis heute!

Die Matrosen würden zwar eine *erhebliche Schädigung behaupten,* so die Hofkammer weiter, hätten aber *keinen Anspruch auf bevorrechtliche Einnahmen;* der Verkehr werde sich noch steigern, wenn er den Interessen des Publikums entsprechend geregelt sei. Eine wöchentlich wechselnde Reihenfolge, *zur Bedienung der Fahrgäste* sollte die Gleichberechtigung aller *Bootsleute* garantieren. Die Beförderung zum Weißen Berg sollte denjenigen überlassen bleiben, die am Wilhelmstein nicht landen durften. Die mittlerweile 18 Matrosen und Schiffsbesitzer sollten eine Versammlung einberufen und einen Kassenführer wählen. Rechnungsführer der gemeinschaftlichen Kasse wurde dann der Hilfsmatrose Büsselberg; er hatte auch die Aufsicht und Kontrolle über die Einhaltung der Regelungen. Fürst Adolf fügte den von ihm akzeptierten Vorschlägen hinzu, es sei *zweckmäßig, wenn alle Uniform tragen.*[73] Die durch die Neuregelung geschaffene gemeinschaftliche Kasse kann als die Keimzelle des späteren Berufsseglervereins angesehen werden. Wie vorhergesehen waren die Fürstlichen Matrosen verärgert über die Neuregelung, verweigerten die Instandsetzungsarbeiten auf der Insel und das unentgeltlichen Fahren von Fasanenmeister Koliska, dessen Familie und Bedienstete; sie wurden aber von der Hofkammer nachdrücklich an ihre Pflichten erinnert.

Der Kreis der Berechtigten blieb während des Ersten Weltkrieges auf die einmal Legitimierten beschränkt. Nur der Tod konnte einen Wechsel herbeiführen: Nachdem der Schiffer Hansing *auf dem Felde der Ehre gefallen* sei und die Witwe das Boot an den Weber Hodann verkauft habe, *wird dieser als letzter in die Reihen der Bootsführer eingereiht.*[74]

Nach dem Weltkrieg wurde im Jahre 1920 der Berufssegler-Verein gegründet, der das Befördern von Touristen auf dem Steinhuder Meer noch heute besorgt. Dieser Verein hatte laut Satzung (vom Landratsamt genehmigt am 18. August 1920) einen Zunftcharakter: *Mitglied muß jeder werden, wer vom Landratsamt die Erlaubnis erhalten hat, Fremde gegen Entgelt berufstätig auf dem Meer zu fahren* (§ 2) – Züge der tradierten Ordnung sind hier noch zu erkennen. Als Ziel der Vereinstätigkeit ist in § 1 angegeben: *Hebung des allgemeinen Fremdenverkehrs.*[75]

Die Polizeistunde: Ein wackelndes Bollwerk

Am Beispiel der Polizeistunde läßt sich verfolgen, wie die althergebrachte Ordnung durch Tourismus und moderne Verkehrsmittel aufgeweicht wurde. Die einst feste Grenze zwischen Tag und Nacht wurde löchrig und bald verschoben, die vormals streng kontrollierte Nachtruhe ließ sich nicht mehr obrigkeitlich verordnen.

Laut Bekanntmachung der Fürstlichen Regierung vom 18. Mai 1883 war die Polizeistunde in den schaumburg-lippischen Gast- und Schankwirtschaften auf elf Uhr abends festgesetzt. Diese Generalbestimmung wurde jedoch im Juni 1896 dahingehend aufgehoben, daß fortan die Polizeistunde für die einzelnen Wirtschaften dem Ermessen der beiden Landratsämter (Stadthagen und Bückeburg) anheimgestellt wurde. Zunächst blieb es bei der alten Sperrstunde, doch wurden bald mehr und mehr Ausnahmen zugelassen. Regelmäßig wurde die Polizeistunde am Geburtstag des Fürsten und zu Silvester aufgehoben. Ebenso außer Kraft gesetzt war die Polizeistunde anläßlich des Schützenfestes, das auch bei den Touristen beliebt war. Schon 1891 hieß es in der Wunstorfer Zeitung, zum Steinhuder Schützenfest sei *der Besuch der Fremden immer bedeutend.* Im Juli 1907 meldete die Schaumburg-Lippische Landeszeitung aus Steinhude, zum diesjährigen Fest, für das die Schiffer gutes Wetter vorausgesagt hätten, seien die Zelte ganz bedeutend vergrößert worden, und so würden *auch Fremde bequem das Tanzbein schwingen können.*[76] Eisenbahn und Fremdenverkehr sorgten bald zusehends für eine allgemeine Hinauszögerung der Öffnungszeiten.

Gastwirt Behrens vom „Deutschen Haus" in Hagenburg bat im Oktober 1897 das Landratsamt in Stadthagen um generelle Verlängerung der Polizeistunde bis ein Uhr nachts. *Da ich auch zugleich Bundeshotel für Radfahrer habe, so kommt es häufiger vor, daß auch noch nach 11 Uhr Fremde kommen, und auch noch abfahren.* Vom Radfahrerbund sei schon mehrmals der Wunsch ausgesprochen worden, Behrens möge um die Verlegung der Polizeistunde nachsuchen. Bürgermeister Haake fand dies jedoch zunächst nicht notwendig; eventuell käme eine Verschiebung in den Sommermonaten nach Eröffnung der Steinhuder-Meer-Bahn in Betracht. Als dies geschehen war, hatte Behrens mit Haakes Unterstützung Erfolg, da er den größten Fremdenverkehr habe. Hier zeigt sich die Eisenbahn als Motor einer neuen Zeitstruktur: Nachdem nicht mehr die Kirchturm-, sondern die Bahnhofsuhren offiziell anzeigten, was die Stunde geschlagen hatte, sorgte sie bald auch für die Ausdehnung der Tagesaktivitäten und für die Verkürzung der Nacht. Der erste Wirt in Schaumburg-Lippe, der auf diesen „Zug der Zeit" sprang, war der Lindhorster Gastwirt Langhorst, der im November 1898 als Grund für seine dann genehmigte Bitte um Verlegung der Polizeistunde auf ein Uhr nachts den Spätzug angab, mit dem noch um 0.30 Uhr Reisende einträfen.

Doch eine allgemeine Verlängerung der Öffnungszeit ließ sich nicht so einfach haben, Behrens genoß vorerst ein Privileg. Zwar erreichte F.W. Bretthauer zur Eröffnungsfeier des Strandhotels am 31. August 1899 die Verlegung der Polizeistunde auf 1 Uhr. Zu einer allgemeinen Geneh-

Auch das nächtliche Fahren auf dem Meer zum Vergnügen war verboten (Postkarte, Archiv des Verfassers).

die bei ihm logierten, würden gerne mit ihren Geschäftsfreunden nach 23 Uhr zusammenkommen. Der Steinhuder Gendarm Wilharm war indes anderer Meinung: Seines Erachtens würden Geschäfte meistens bei Tage abgewickelt, während die Zeit bis elf Uhr abends zum gemütlichen Beisammensein ausreichen dürfte.

Doch die alten Gasthäuser und Schänken der Flecken wandelten sich mehr und mehr zu Fremdenverkehrsbetrieben. Mit vereinten Kräften gelang es den Steinhuder Wirten im Jahre 1905, die Verlegung der Polizeistunde auf 24 Uhr für die Sommermonate zu erreichen. Offenbar hatte das Argument gefruchtet, die vielen Sommerfrischler empfänden es als unangenehm, schon um elf die Lokale zu verlassen. Bürgermeister Feldmanns Stellungnahme vermittelt auch einen Aufschluß über den Umfang des Urlaubstourismus, dem erste Pensionen zur Verfügung standen: *Es hat sich der Fremdenverkehr in den Sommermonaten von Jahr zu Jahr gehoben und ebenso die Zahl derjenigen, welche hier einige Wochen im Sommer verleben, die Zahl der Letzteren war im letzten Sommer so groß, daß keine Wohnungen mehr zur Verfügung waren.* Die Genehmigung galt jedoch nur für die fünf antragstellenden Wirte im Bereich des alten Ortskerns von Steinhude: Brauer Rößler, Postwirt Branning, Ratskellerwirt Meuter, Schweer vom Schaumburger Hof sowie Strandhotel-Pächter Ebrecht.

Was den Fremden erlaubt war, sollte auch den alteingesessenen Steinhudern zugute kommen, vor allem, wenn Wirt und Gäste als zuverlässige Leute gelten konnten, von denen keine Bedrohung für die öffentliche Sicherheit und Ordnung ausging: 1906 beantragte der Gastwirt D. Pickert die gleiche Vergünstigung wie die anderen Wirte, da seine Gäste, hauptsächlich alte Steinhuder Bürger, *gewöhnlich im Sommer vor 9 Uhr Abends keine Zeit haben, sich durch ein gutes Glas Bier zu erquicken.* Er mochte sie nicht dazu veranlassen, andere Gastwirtschaften aufzusuchen, die wegen des Fremdenvekehrs bis 12 Uhr geöffnet hätten. Der Bürgermeister schrieb dazu, Pickert sei ein *sehr tüchtiger, reichstreuer Mann, dem man ruhig ohne irgendwelche Gefahr die Polizeistunde bis 12 Uhr nachts verlängern kann.* Daraufhin erhielt auch Pickert die begehrte Erlaubnis.

Im selben Jahr machte Behrens in Hagenburg Pleite, und Wirt Thürnau vom Hotel Wilhelmstein profitierte davon, beanspruchte nun aber auch für sich und seine Gäste – etwa die Segler des Hagenburger Yachtclubs – die spätere Sperrstunde: *Seit dem Behrendschen Konkurse habe ich ziemlich den ganzen Fremdenverkehr, wenn die Herren mit dem letzten Zug um 9 Uhr Abends unangemeldet kom-*

migung dieses Zeitpunktes konnte sich der Landrat jedoch nicht entschließen und bestätigte auch in seiner Ablehnung die ausschlaggebende Rolle der Eisenbahn: Es liege kein genügender Grund vor und *zwar um so weniger, da die Züge nach beiden Richtungen vor 12 Uhr von dort abfahren.*

Zweieinhalb Jahre später versuchte der Inhaber des Schaumburger Hofs in Steinhude, Dietrich Schweer, eine Verlängerung seiner Öffnungszeit zu erreichen. Reisende, men und dann noch Essen wollen, wird es immer zu schnell 11 Uhr. Der Landrat antwortete Thürnau jedoch ablehnend, zumal er bezüglich seiner Logiergäste an die Polizeistunde nicht gebunden sei; erst 1911 erreichten Thürnau und die anderen Hagenburger Gastwirte, also Bothe, Hormann und Haberlah, das gleiche Recht wie die Steinhuder Wirte.

Die Polizeistunde festzusetzen ist eine Sache, sie durchzusetzen eine andere, besonders wenn sie nach Ende der Sommermonate wieder eine Stunde früher galt. Der Steinhuder (später Fürstlich-Schaumburg-Lippische) Seglerverein fand schnell eine Möglichkeit, sie zu umgehen. Als der Verein noch kaum bekannt war, meldete der Gendarmeriewachtmeister Most an den Landrat v. Oheimb, daß mehrere Mitglieder im Strandhotel gegen die Polizeistunde verstoßen hätten. Nachdem er diese um 11 Uhr abends geboten hätte, hätten mehrere Personen auf Aufforderung des Leinenfabrikanten Seegers das Restaurationszimmer verlassen und in einem anderen Raum weitergezecht. Seegers habe dem ahnungslosen Wachtmeister erklärt, dies sei das Vereinszimmer. Auf das Ersuchen des Landrats, der von der Existenz des Seglervereins bis dato keine Kenntnis hatte, schickte Seegers eine Mitgliederliste und die Satzung und gab als Vereinslokale das Strandhotel, den Ratskeller und *zeitweilig* auch den „Schaumburger Hof" an. Der Landrat war mit einer solchen Ausdehnung unkontrollierbarer Zonen offenbar überfordert. *Es ist also den Mitgliedern dieses Vereins möglich, sich in den betreffenden Lokalen jederzeit nach Belieben über die festgesetzte Polizeistunde hinaus aufzuhalten,* schrieb er dem Fürstlichen Ministerium ratlos. Diesem gelang es jedoch, auf kurzem Wege mit dem Bückeburger Stadtrat Hillman, einem Mitglied des Vereins, auszuhandeln, daß die Segler sich mit dem Strandhotel als Vereinslokal zufriedengäben.[77]

So wacker die Behörden die Polizeistunde verteidigten – gegen die neuen Gewalten des Industriezeitalters befanden sie sich ständig auf dem Rückzug. Erst der Ausbruch des Ersten Weltkrieg ermöglichte ihnen wieder ein zeitweiliges Vorpreschen. Am 24. August 1914 verfügte das Fürstliche Ministerium die Vorverlegung der Polizeistunde auf 22 Uhr; außerdem wurden Tanzlustbarkeiten und Grammophon-Betrieb verboten. Doch schon im nächsten Sommer wurde die Sperrstunde für die Hochsommermonaten Juli und August wieder auf elf Uhr abends festgelegt, und im Jahr darauf durften das Strandhotel und die anderen Steinhuder Gaststätten sogar wieder bis 24 Uhr öffnen.[78]

Porträt: Kaufmann und Seiler, Schiffer und Gastronom – Ernst Schuster

Wie der Fremdenverkehr um die Jahrhundertwende auch für einzelne Steinhuder immer wichtiger und schließlich zur unentbehrlichen Erwerbsquelle wurde, zeigt das Beispiel Ernst Schusters. Dieser hatte nach einer Kaufmannslehre die Tochter Sophie des Seilers und Fischers Heinrich Meuter Nr. 218 in Steinhude geheiratet und nach Meuters Tod die Seilerei, die vor allem den Bedarf der örtlichen Fischer und Schiffer deckte, übernommen; doch wie viele Steinhuder versuchte auch Schuster Nutzen aus dem Meer zu schlagen, das durch den anschwellenden Tourismus eine neue Bedeutung bekam.

Schon der Schwiegervater hatte sich in den 80er Jahren zu seinem Kahn noch ein kleines Segelboot von einem Verwandten gekauft und es über Jahre hinweg bis 1892 abbezahlt. Das Fahren Fremder sollte einen kleinen Nebenverdienst erbringen, die Seilerei trug oft nicht genügend ein, offenbar auch nicht die Teppichflechterei, die Meuter zusätzlich betrieb.[79] Der Fremdenverkehr hatte dagegen Anfang der 90er Jahre doppelten Umfang angenommen.[80] Heinrich Meuter durfte dann und wann als *Gehülfsmatrose* Fremde zum Wilhelmstein befördern.[81] Aber im Herbst 1895 starb er an einer Lungenentzündung.

Weil seine Arbeitskraft der Familie verlorengegangen war, wurde das Ruder- und Segelboot „Dora" noch wichtiger als Verdienstquelle, zumal Schuster die Fischerei, die zweite Ernährungsbasis der Familie, zusammen mit dem blinden Schwager nur mit Schwierigkeiten betreiben konnte. Doch der noch schwelende Steinhuder-Meer-Streit um das Befahren des Meeres führte im August 1896 zur Anzeige gegen den Kaufmann wegen unerlaubter Vermietung des Bootes an Fremde – angeblich war Feldwebel Manns auf Wilhelmstein von Engländern belästigt worden, auch würden den Fischern häufig ihre Körbe entzweigefahren.[82] Zwar konnte Schuster durch seinen Brief vom 24. September 1896 erreichen, daß ihm die Zahlung einer empfindlichen Geldbuße von 20 Mark erlassen wurde, jedoch durfte das Boot nicht mehr benutzt und auch nicht mehr im Wasser belassen werden.

Im folgenden Jahr versuchten sowohl die Witwe Meuter als auch Schwiegersohn Schuster vergeblich, in Briefen an den Fürsten und den Hofmarschall das Verbot rückgängig zu machen, durch das eine für ihre Verhältnisse große Einnahme wegfalle. Auch sei das Boot, das von Lehrern und Schülern des Wunstorfer Seminars, von hiesigen Lehrern und vom Großenheidorner Franke zu Vergnügungspartien benutzt worden sei, auf dem Lande dem Untergang geweiht. Schuster bat deshalb darum, *es so lange die traurige Meerklage dauert, der Obhut und Benutzung des Herrn Feldwebel Manns auf Schloß Wilhelmstein zu übergeben.*[83] Die verschiedenen Benutzer waren bereit, Schuster zu unterstützen, da sie mit den schweren Fischerbooten, die zum Rudern nicht geeignet waren, nicht umgehen konnten. Es half jedoch vorerst nichts. Schuster arbeitete für den Unterhalt seiner Familie außer in der Seilerei und der Fischerei bei größeren Festlichkeiten auch noch im Ratskeller und erwarb sich dort während zwölf Jahren gastronomische Erfahrungen.[84]

1900, im gleichen Jahr, in dem Ernst und Sophie Schuster der vierte Sohn geboren wurde, traf die Familie ein zusätzlicher Schicksalsschlag: Ein Brand verwüstete das Haus, Hab und Gut waren niedrig und zum Teil gar nicht versichert, der Wiederaufbau zehrte alle Mittel auf.[85] Die Schwiegermutter sandte zu Weihnachten einen Brief mit aufgeklebtem Blumenkorb-Bildchen an den Fürsten, mit der Bitte, ihrem blinden Sohn und dem Schwiegersohn das Fremdenfahren zum Wilhelmstein zu erlauben. Aber auch die Zusicherung, ihr Schwiegersohn würde bei den regelmäßigen Ausbesserungsarbeiten am Wilhelmstein helfen,

brachte keinen Erfolg: Der Fürst ließ das Gesuch abschlägig bescheiden, wies allerdings die Hofkammer an, den Bittstellern fünf bis zehn Mark Unterstützung zu zahlen. Die sparsame Hofkammer hielt fünf Mark für ausreichend – ein geringer Ersatz für das nicht genehmigte Fremdenfahren.[86]

Ein gutes Jahr später versuchte die Witwe Meuter erneut, beim Fürsten eine Erlaubnis zur Fremdenbeförderung zu bekommen, und bot an, für jeden Passagier 10 Pfennig in die Kasse der Matrosen abzugeben. Ihr Sohn sei trotz Blindheit fahrtüchtig und wüßte die Herrschaften während der Fahrt mit Gesang, bei günstigem Wetter auch mit der Geige zu unterhalten, wofür jene sehr dankbar seien. Oberförster Pape und Fischmeister Groggert könnten auch die Fahrtüchtigkeit des Schwiegersohnes bezeugen. Die Hofkammer blieb jedoch bei ihrer Ablehnung und schlug den Schwagern nur vor, daß sie den Fürstlichen Matrosen bei Bedarf als Hilfsmatrosen zur Verfügung stehen könnten.[87]

Zwei Jahre später hatte Schuster endlich Erfolg. Unter Verweis auf ein einige Tage zuvor genehmigtes Gesuch des Fischers Schweer – der acht Kühe im Stall und 30 Morgen Land habe, während Schuster sechs Söhne, seine 70jährige Schwiegermutter und den blinden Schwager zu ernähren habe – erlangte er die begehrte Erlaubnis unter dem Vorbehalt, Fremde nur dann zu befördern, wenn alle Matrosen und Hilfsmatrosen abgefahren seien.

Ein dem Gesuch beigefügtes, gedrucktes Extrablatt bewies auch Schusters poetische Ader. Sein schwärmerisches Gedicht „Vom Steinhuder Meer" rühmte Landschaft und Leute des Meeres und konnte gesungen werden. Nicht nur der Wilhelmstein, wo *manch Wandrer seine Sehnsucht gestillt* habe, sondern auch schon der Weiße Berg wird gepriesen. Dieser könne von Nixen, Zwerglein und Elflein erzählen und biete eine einzigartige Aussicht: *Kein Ort stillt die Sehnsucht nach Frieden so sehr,/als der Berg mit dem Blick auf die Heide.* Auch das Moor *mit seinem braunen Gesicht* und die von Vögeln bevölkerte Schilf- und Wiesenlandschaft werden gelobt, ebenso die Kunst der Steinhuder Schiffer und die Gastfreundschaft der Steinhuder Bevölkerung, bei der *jeder Kranke genesen* könne. – Natur, Vergangenheits- und Sagenromantik werden hier als touristische Motive ebenso erkennbar wie das Bedürfnis nach Sorgenfreiheit und Erholung.

Eine konkrete Bitte Schusters weist darauf hin, daß er bereits seit Jahren Gäste bewirtete: *Es kommen alle Jahr ein oder zweimal die Schwestern vom Krankenhause I in Hanno-*

Ernst Schuster (stehend, 2.v.r.) mit Familie. Links sitzt sein Schwager Heinrich Meuter, rechts neben diesem Schusters Schwiegermutter, die Witwe Meuter, Sophie Schuster mit jüngstem Sohn Georg auf dem Arm, ca. 1910 aufgenommen (Edith Schuster, Steinhude).

ver einen Tag zur Erholung zu uns und bittet Unterzeichneter noch, diese auch an einem Wochentage nach dem Wilhelmstein fahren zu dürfen dieser Wunsch wurde schon von der früheren Oberin Gräfin Bernstorff geäußert.[88]

Diesen Erwerbszweig versuchte er im Jahre 1904 zu institutionalisieren. Am 30. Mai bat er beim Landrat in Stadthagen um die Konzession für einen *Caffeegarten*. Wohl nicht aus überzeugter Alkoholgegnerschaft, sondern aus taktischen Gründen wollte er zunächst nur alkoholfreie Getränke anbieten, denn um die Jahrhundertwende war die „Alkoholfrage" ein heiß diskutiertes Thema. *Für die Spaziergänger und Sommergäste* würde es angenehm sein, *in frischer Seeluft im Garten ein ruhiges Plätzchen zu finden, der recht schön am Meere liege.* Oberhofmarschall von Ulmenstein, Amtsgerichtsrat Höcker und der Fabrikant H. Bretthauer, sein Nachbar, könnten für seine Redlichkeit bürgen. Bürgermeister Feldmann, um Stellungnahme gebeten, konnte zwar für das ganze Jahr *kein Bedürfniß* erkennen, wohl aber für den Sommer, da Schuster dann von ziemlich vielen Fremden besucht werde. Diese führe er in seinem Kahne auf dem Meer oder bringe ihnen in seinem Garten ein Ständchen. Schuster erhielt daraufhin die Konzession für die Zeit vom 1. Mai bis zum 30. September und eröffnete seinen Kaffeegarten am 14. Juli 1904.[89]

In den folgenden Jahren erwies sich Schuster als ein hartnäckiger Verfolger seiner Interessen, dem es trotz aller Hindernisse Stück für Stück gelang, seine Berechtigungen in immer neuen Anläufen zu erweitern. Postwendend nach der Konzessionserteilung durch den Landrat bat er um die Genehmigung, sein Café auch in den Wintermonaten zu betreiben, vor allem für die Schlittschuhläufer; andere Betriebe seien weit entfernt. Die Bitte wurde jedoch ebenso abgewiesen wie das Anliegen des folgenden Jahres, im Café auch Steinhuder Lagerbier ausschenken zu dürfen. Im Juli 1908 bemühte sich Schuster um die Ausschankerlaubnis für bestimmte Alkoholika. Im Wissen um die oft ausschlaggebende Stellungnahme des Gemeinderats schrieb er gewitzt, er sei überzeugt, die Herren Bürgervertreter seien stets bemüht, den Fremdenverkehr, der *mehr und mehr eine Haupterwerbsquelle für einen großen Teil unserer Mitbürger in den letzten Jahren geworden ist, nach besten Kräften zu heben.* Um die Zufriedenheit seiner Gäste zu dokumentieren, schickte er auch sein Gästebuch mit.

Die subtile Mahnung Schusters verfehlte ihre Wirkung nicht: Einstimmig votierte der Gemeinderat dafür, daß Schuster *hiesiges Bier, bessere Liqueure und Weine während der Sommermonate* ausschenken dürfe. Auch Bürgermei-

Vom Steinhuder Meer.

Ernst Schuster, Strandrestaurant Fischerhaus.

Nachdruck verboten

Es liegt ein Schlößchen gar wundermild,
Liegt mitten im Steinhuder Meere,
Manch Wandrer dort seine Sehnsucht stillt,
Graf Wilhelm baut's Schaumburg zur Ehre.

Zu diesem Schlößchen da fahren stets frisch
Die Steinhuder Schiffer die Fremden.
Die freundliche Wirtin deckt dort den Tisch
Mit flinken und fleißigen Händen.

Gar lieblicher, freundlicher Aufenthaltsort,
Ach könnten wir immer dort bleiben,
Wir möchten am liebsten nie wieder fort,
Die Zeit mit den Wellen vertreiben.

Und führt wider Willen das Schifflein uns fort,
Dann lassen wir all' unsre Sorgen
Der lieblichen, freundlichen Insel dort,
Da sind wir am besten geborgen.

Der weiße Berg am Steinhuder Meer
Mit seinen dunkelen Fichten,
Der könnte erzählen von Nixen und mehr,
Von Zwerglein und Elflein Geschichten.

Der Blick von dem Berg über Heide und Meer
Erfüllt das Herz uns mit Freude.
Kein Ort stillt die Sehnsucht nach Frieden so sehr,
Als der Berg mit dem Blick auf die Heide.

Am Ufer die Wiesen, das Neustädter Moor
Mit seinem braunen Gesichte, –
Ringsum im Kreise das schwankende Rohr
Birgt tausend gefiederte Wichte.

Auf dem Steinhuder Meere haben sie oft
Mit Lust und Freude gesungen.
Da wurde manch erste Liebe erhofft,
Die Liebste fürs Leben errungen.

Das Alter singt auf dem Meere so gern:
„Ich weiß nicht, was soll es bedeuten",
Gedenkt dann mit Freuden der Zeit, die so fern,
Des Märchens aus uralten Zeiten.

Ob brauset der Sturm mit wilder Macht,
Und woll'n uns die Wellen verschlingen,
Der Steinhuder Schiffer, ob's düstere Nacht,
Wirds Schifflein zum Hafen schon bringen.

Beim Steinhuder Bürger, dem Fischervolk,
Mit seinem gastlichen Wesen,
Mit seinem Herzen, das treu wie Gold,
Kann jeder Kranke genesen.

Drum Steinhuder Meer und Steinhuder Ort
Gegrüßet seit Ihr und besungen
Von euren Freunden fort und fort,
Den alten wie auch den jungen.

Postkarte mit Steinhuder-Meer-Gedicht von Ernst Schuster (Hermann Beckedorf, Steinhude).

ster Feldmann schloß sich diesem Votum an; seit der Eröffnung des Licht-, Luft- und Seebades in Schusters Nähe kämen mehr Fremde zu Schuster als früher. Nur *gewöhnlichen Schnaps* sollte es nicht geben.[90]

1909 erreichte Schuster die Ausdehnung der Betriebsgenehmigung für sein nun „Café Fischerhaus" genanntes Lokal bis zum 1. November.[91] Der Betrieb florierte, und so ließ Schuster das Café offenbar weiter ausbauen, denn Ende November 1909 bat er um die Stundung der Konzessionsabgabe wegen größerer Ausgaben für *Bauhandwerker u.s.w.*[92] Der regelmäßige Antrag auf Winterkonzession nannte im September 1910 außer Touristen und Badegästen noch *Jünglingsvereine* als Gäste Schusters. Hier offenbarte er auch die Vorstellung seiner erzieherischen Aufgabe als Gastwirt. Standen sich Wirt und Pastor andernorts geradezu als Konkurrenten gegenüber, demonstrierte Schuster offensichtlich das Bestreben, das Sonntagvormittag beim Gottesdienst vom Pastor geleistete Werk am Nachmittag fortzusetzen: ... *namentlich die Jugend zur Sittlichkeit und Mäßigkeit anzuhalten,* sei er schon im Ratskeller stets nach besten Kräften bemüht gewesen. Nun, da er sich bewußt sei, daß *Steinhude einmal ein wenn auch nur mittlerer Badeort werden wird,* sei es *ein unbedingtes Erfordernis, dass die Jugend und die ganze Bevölkerung des Ortes zu achtungswerten und respektablen Menschen ermahnt und allmählich erzogen wird.* Landrat v. Oheimb kommentierte am Rande zweifelnd: *im Wirtshaus?* und beschied Schuster abermals abschlägig.[93]

Im September 1911 bekam Schuster kurz nach erneuter Ablehnung seines Winter-Konzessionsantrages[94] sogar eine Verwarnung, da er *Gäste zum längeren Aufenthalt aufgenommen* hatte, obwohl er nur eine Schankkonzession besaß. Diese würde ihm im Wiederholungsfall entzogen.[95] Schuster wäre jedoch nicht Schuster gewesen, wenn er nicht diese Schlappe in einen Triumph umgemünzt hätte. Mit Ruhe und taktischem Kalkül wartete er bis kurz vor Weihnachten, um (wie ehedem seine inzwischen verstorbene Schwiegermutter) den Landrat in einer großherzigen Stimmung zu erreichen. Dessen *geehrtes* Schreiben habe ihn und seine Familie *in Bestürzung und Trauer* versetzt, versicherte Schuster. Zur Aufklärung des Sachverhalts schrieb er sodann: *In diesem Sommer haben wir wiederholt von allen Gegenden Deutschlands Anfragen von Kurgästen wegen Sommerwohnungen bekommen und haben auch verschiedene von denselben bei Wirten und Privaten untergebracht, wir mußten aber einigen wegen Platzmangels abschreiben.* Wenn Schusters gedrängt worden seien, einige Fremde aufzunehmen, *so geschah das in guter Absicht um unseren jungen Badeort zu heben.* Er sei *streng conservativ gesinnt,* habe aber *dadurch und dass der Fischmeister Groggert seit 12 Jahren bei mir wohnt auch Feinde hier im Orte.* Seine Frau und er führten eine *in jeder Beziehung Achtung gebietende Lebensweise,* versicherte er und ergänzte fromm: *Kam jemals ein räudiges Schaf in unser Haus ohne unsere Kenntnis, so nahm es nur Gutes mit fort.*

Landrat v. Oheimb war nun so von der Lauterkeit und Sittenstrenge Schusters überzeugt, daß er 1912 ausnahmsweise die Betriebseröffnung schon für den 1. April genehmigte.[96] Langsam kommt man auch zum Ziel, mochte sich Ernst Schuster gedacht haben, und verfeinerte geduldig seine Taktik. Im Herbst beantragte er nicht die Konzession für den ganzen Winter, sondern nur bis zum 1. November,

da der Spätsommer schlecht ausgefallen sei; 1913 bat er um die *Freigabe seiner Sommerwirtschaftskonzession* schon vom 23. März an, da sich ein Verein angemeldet hätte und überhaupt bei gutem Wetter schon allerhand Touristen zu ihm kämen. Beide Male hatte Schuster Erfolg.

Im Herbst 1913 unternahmen die Eheleute Schuster dann den Anlauf zur Erringung der Winterkonzession mit geballten Kräften, unterstützt von organisierten Gästen. Zunächst schrieb Schuster an den Kreisausschuß in Stadthagen. Er gab zwar auch finanzielle Gründe an, die typisch waren für ein wetterabhängiges Fremdenverkehrsziel wie das Steinhuder Meer: Was im Sommer verdient sei, müsse im Winter zugesetzt werden. Vor allem aber unterstrich er sein *stetes Bestreben,* sein Geschäft *nach christlichen Grundsätzen* zu führen, und betonte den gesitteten Charakter seiner Gäste: *Zum anderen weise ich darauf hin, dass die seit Jahren allerorts betriebene Jugendbewegung Fußwanderungen und Ausflüge auch im Winter mehr wie bisher unternimmt. Pfadfinder, Jungdeutschlandbund, confessionelle Jünglingsvereine u.s.w. werden in Zukunft häufiger Steinhude und Umgegend als Ziel ihrer Wanderungen bestimmen. Diese oben genannten Vereine suchen in der Regel mein Lokal auf da ich und meine Ehefrau uns für diese Bestrebungen ganz besonders interessieren und wir mit vielen Vereinsleitern in Verbindung stehen.*[97]

Damit hatte er nicht übertrieben: Wenige Tage später schickten der Christliche Männer- und Jünglingsverein Hannover sowie das Christliche Jugendheim, der Christliche Verein Junger Männer und der Jugendverein St. Martin, alle aus Linden, ein gemeinsames Schreiben, das bestätigte, daß sie *in dem Hause stets gut und billig bewirtet werden.* Die Abstimmung im Steinhuder Gemeinderat ergab fünf Ja- und fünf Nein-Stimmen. In dieser Situation griff Schusters Frau Sophie zum Bleistift, zeichnete auf einen Briefbogen in der Manier ihrer Mutter ein Blumengebinde und formulierte an den Landrat *eine ganz ergebene Bitte.* Es sei ihr peinlich, wenn im Winter Fremde kämen und man ihnen nichts geben dürfe. Unter ihren Gästen erwähnte sie auch die jungen Männer vom Stephansstift, die auch jetzt *im Winter ihre Thuren machen wollen und dergleichen.* Wie üblich wies sie auf die zehnköpfige Familie – mit inzwischen sieben Söhnen – samt blindem Bruder hin.[98] Durch diese gemeinschaftlichen Anstrengungen wurde die Bastion endlich erobert: Bürgermeister Feldmann befürwortete ausschlaggebend das Ansinnen Schusters, mit dem abgemacht war, daß er den Kindern eine Badegelegenheit am Deich einräumen und zur Wegeverbreiterung einen meterbreiten Grundstücksstreifen abtreten sollte. Sein Dankschreiben zwei Wochen vor Weihnachten 1913 verband Schuster sogleich mit der Bitte um Stundung der Konzessionsgebühren bis März 1914, da er noch Zinszahlungen von 300 Mark an die Nordsehler Sparkasse zu entrichten hatte – auch dies wurde bewilligt.[99]

Im Jahr 1914 schien Schuster alles erreicht zu haben: Er durfte das Café Fischerhaus ganzjährig betreiben, hatte ein vielfältiges und einträgliches Angebot parat, das von einem zahlreichen und treuen Publikum in Anspruch genommen wurde, und hatte auch das Luft- und Seebad in seiner Hand, für das er bereits einmal den Getränkeausschank hatte übernehmen wollen.[100] Außerdem zählte er zu der privilegierten Gruppe der auf dem Wilhelmstein landungsberechtigten Schiffer, die nun gemeinsame Kasse machten. Zudem betrieb er immer noch die Seilerei. Die Hauptarbeit dort dürfte inzwischen von seinem zweitältesten Sohn, dem Seiler Wilhelm erledigt worden sein; auch der elfjährige Walter schickte sich an, das Seilerhandwerk zu erlernen.[101] Daß Schusters Verhältnisse sich inzwischen gebessert hatten, zeigt sein gedrucktes Briefpapier, dessen Kopf ein Jugendstil-Ornament zierte. Auch in die Werbung investierte er nun. Aus einer Annonce im Adreßbuch für das Fürstentum Schaumburg-Lippe des Jahres 1912

läßt sich entnehmen, daß Schuster inzwischen auch Ruder- und Segelboote zum Verleih bereithielt; außerdem werde *daselbst* Segelunterricht erteilt.

Doch die Früchte jahrelanger harter Arbeit und jahrelangem zähen Ringens um Genehmigungen zu kosten, blieb Schuster vorerst versagt. Mitten im Sommer 1914 brach der erste Weltkrieg aus. Der Steinhuder Fremdenverkehr kam zum Erliegen, Schusters nach neun Jahren erlangte Winterkonzession nützte ihm zunächst nichts. Stattdessen geriet auch die Familie wieder in finanzielle Bedrängnis. Anfang November 1914 baten Schuster und die anderen Matrosen und Bootsführer, die zu den regelmäßigen Arbeiten am Wilhelmstein verpflichtet waren, um Erhöhung ihres Tagelohns, welcher Bitte ab Januar 1915 entsprochen wurde.[102] Im Oktober 1914 hatte Schuster sogar eine polizeiliche Strafverfügung wegen Verstoßes gegen die Polizeistunde ereilt: 20 Mark Geldstrafe oder vier Tage Haft. Offenbar sah sich der stets um ein anständiges, ehrenwertes Erscheinungsbild bemühte Schuster angesichts der schlechten Zeiten dazu gezwungen, die Gesetzestreue ein wenig zu vernachlässigen, denn im August 1915 wurde er wegen des gleichen Vergehens erneut belangt.

Im Oktober 1915 standen drei Söhne Schusters im Felde, einer sollte nicht wieder zurückkehren. Die Maschi-

Postkarte mit Café Fischerhaus, 1917 verschickt (Hermann Beckedorf, Steinhude).

nen seiner Seilerei lagen still, die Faserstoffe waren von der Heeresverwaltung beschlagnahmt. Schuster bat um die Verschiebung der abendlichen Polizeistunde für den Winter. Verschiedene Monteure und auswärtige Handwerker, die in der Lederfabrik beschäftigt seien, müßten oft abends länger arbeiten und begegneten ihm mit Wünschen nach Speise und Erholung. Ebenso wie bei einem weiteren Versuch 1916 mochte der Landrat jedoch ein Bedürfnis zur weiteren Verlängerung der Polizeistunde *in der gegenwärtigen Zeit* nicht anerkennen.

1916 bekam Schuster auch Ärger mit der Hofkammer bzw. mit dem inzwischen eingesetzten Wilhelmstein-Verwalter Büsselberg. Dabei ging es um die Verpflichtung, bei den im Herbst und Frühjahr anstehenden Instandsetzungs- und Rammungsarbeiten zu helfen. Trotz einer Drohung der Fürstlichen Hofkammer mit Entzug der Landungserlaubnis schon im Herbst 1914 sank die Arbeitsmoral der Schiffer beständig. Oberförster Zoepffell errechnete im Herbst 1916 ein Soll von 13 Arbeitstagen pro Mann und erstellte eine Liste der tatsächlich abgeleisteten Tagewerke. Dabei fielen fünf Schiffer besonders unangenehm auf, die in diesem Jahr noch keinen Tag abgeleistet hatten; Ernst Schuster war einer von ihnen. Eine weitere Drohung der Hofkammer, für jede Fahrt 50 Pfennig von den Schiffern zu erheben, zeigte endlich Wirkung, da sich bereits wieder ein wenn auch schwacher Fremdenverkehr entwickelt hatte. Nur der Schiffer Rintelmann 149 war laut Bericht Büsselbergs vom 15. Dezember 1916 der Aufforderung zur Arbeit nicht nachgekommen und mußte dafür den Entzug der Landeerlaubnis hinnehmen.[103]

Aber nach Ende des Ersten Weltkrieges war Schuster bald wieder obenauf. 1920 gehörte er zu den Gründungsmitgliedern des Berufsseglervereins und war möglicherweise maßgeblich an der Ausarbeitung der Satzung beteiligt – immerhin wurde er erster Schriftführer des Vereins. Darin kommt auch der Respekt vor dem Erfolg seines jahrelang beharrlich mit den Behörden geführten Papierkrieges zum Ausdruck. Sein Café Fischerhaus blieb weiterhin eine wichtige Adresse am Steinhuder Meer. Ein Prospekt des Verkehrsvereins Steinhude, etwa aus dem Jahre 1926, enthält eine Anzeige des Hauses, und auch im redaktionellen Text wird Schusters „Restaurant & Pension Café Fischerhaus" empfohlen, das neben dem Ratskeller und dem Strandhotel dritter Abfahrort der Boote zum Wilhelmstein oder zum Weißen Berg geworden war.[104]

Die Weltwirtschaftskrise und ihre lokalen Folgen erlebte Schuster nicht mehr: Er starb am 7. Februar 1929.

Sein Café Fischerhaus wurde zunächst noch einige Jahre in Familienhand weiterbetrieben und brachte auch noch einen Ableger direkt am Ufer, die Meeresklause, später „Woods" genannt, hervor. Doch die blühenden Zeiten, die das Fischerhaus unter seinem Gründer erlebt hatte, kehrten nicht wieder. Heute beherbergen seine Mauern ein griechisches Restaurant.[105]

Die Frühzeit der organisierten Tourismusförderung

Im Jahre 1905, als sich der Steinhude- und Wilhelmstein-Tourismus immer prächtiger entfaltete, der von Bad Rehburg jedoch stagnierte, kam es zu einer bedeutenden Vereinsgründung für die ganze Region: Der „Verein zur Hebung des Fremdenverkehrs von Bad Rehburg und Umgebung" wurde am 25. November ins Leben gerufen. Schon 1862 hatte der Bremer Bad-Rehburg-Enthusiast Engelbert Sägelken in seinem Bad-Führer auch Loccum, das Steinhuder Meer und den Wilhelmstein *kurz geschildert* und zum Besuch empfohlen und so die beschriebenen Orte als eine zusammenhängende Region betrachtet. Auch die verschiedenen anderen Reiseführer, allen voran der Baedeker, rieten zum Besuch des Meeres, Bad Rehburgs und Kloster Loccums als einer Einheit. So wurde bald eine „klassische" Route populär, die von zahlreichen Touristen an einem Tag absolviert wurde – freilich als eher oberflächlicher Besichtigungsmarathon. Was lag daher für die einzelnen Orte und die am Tourismus interessierten Kreise näher, als engstirniges Konkurrenzdenken zu überwinden und die gemeinsamen Interessen mit vereinten Kräften zu fördern?

Von diesem Geist beseelt, gründeten 55 Gewerbetreibende, aber auch *Nur-Naturfreunde*, wie sie Theodor Oppermann in seinem Rückblick auf das 25jährige Bestehen des Vereins nannte, die Vereinigung und wählten den Bad-Rehburger Chefarzt Dr. Müller zum Vorsitzenden. Schon 118 Mitglieder kamen bei der Zweiten Sitzung des Vereins zusammen, zu dem auch die örtlichen Verkehrs- und Verschönerungsvereine stießen.[106] Neben der Verschönerung ihrer Orte und der Pflege des Landschaftsbildes war die vordringlichste Aufgabe die Öffentlichkeitsarbeit durch Anzeigenwerbung, Plakate und die Herausgabe eines Reise- und Wanderführers. Im Sommer 1906 erschien erstmals eine Annonce mit dem Text *Lohnende Ausflüge nach Loccum – Rehburg – Matteschlößchen – Hagenburg – Steinhude mit der Steinhuder Meer-Bahn. Empfehlenswerte billige*

STEINHUDER MEER BAHN

Fahrplan gültig vom 8. Oktober 1933 bis 14. Mai 1934

So sah der Kopf der Aushang-Fahrpläne in den 20er und 30er Jahren aus – auch die Bahn wirbt mit dem und für das Steinhuder Meer (Archiv des Landkreises Hannover, Neustadt a. Rbge., KA NRÜ 384).

Sommerfrischen. Auskunft durch. Verein zur Hebung des Fremdenverkehrs von Bad Rehburg und Umgebung in hannoverschen und Schaumburger, aber auch Bremer, Oldenburger und westfälischen Zeitungen. Plakate wurden an den die Region bedienenden Bahnhöfen und *sämtlichen Anschlagsäulen Hannovers* ausgehängt.[107]

Herausragendes Beispiel der Vereinstätigkeit war der „Illustrierte Führer Bad Rehburg Steinhuder Meer und weitere Umgebung", der erstmals 1907 erschien und 1914 die dritte *vermehrte und verbesserte Auflage* erlebte. Diese, in 5.000 Exemplaren gedruckt, bezeugt auch die gewachsene touristische Bedeutung des Steinhuder Meeres, das auf dem Titel nun in den größten Lettern erschien. Finanziert wurde der Führer vermutlich durch die zahlreichen Anzeigen der regionalen Gastwirte, Hotelbesitzer und Beförderungsunternehmer, allen voran die Steinhuder Meerbahn. Außer den Sehenswürdigkeiten des Gebietes und praktischen Informationen wurde ausführlich die Steinhuder Meerbahn dargestellt und die Fahrt in ihren *bequem eingerichteten Personenwagen* empfohlen. Die Schaffner der Steinhuder Meerbahn verkauften den Führer in der Bahn. Der Steinhuder Verschönerungsverein erstellte bald eine eigene Broschüre zur Fremdenverkehrswerbung: „Steinhude für Touristen" war das 30 Seiten umfassende Heftbetitelt, das *zur Erinnerung* einige Abbildungen Steinhuder Sehenswürdigkeiten enthielt, etwa das Strandhotel, den touristischen Stolz des Fleckens.[108]

Der „Verein zur Hebung des Fremdenverkehrs" setzte sich auch für die Verbesserung der Beförderungsmöglichkeiten innerhalb seines Tätigkeitsgebietes ein. So erwirkte er 1907 die fürstliche Genehmigung für Motorbootsfahrten auf dem Meer, die im nächsten Jahr von der Steinhuder-Meer-Gesellschaft aufgenommen wurden. Auch versuchte er die Anlage der Eisenbahnlinie Stadthagen-Nienburg über Loccum zu fördern – die eines Tages zum Niedergang der Steinhuder Meerbahn beitragen sollte.[109]

Durch den Ausbruch des ersten Weltkrieges und die nachfolgende Krisen- und Inflationszeit wurde die Vereinstätigkeit für zehn Jahre unterbrochen.

Im Juni 1924 wurde bei einer Versammlung in Hagenburg die Arbeit wieder aufgenommen. Der Schwerpunktverlagerung des Fremdenverkehrs folgend, nannte der Verein sich im November um in „Verkehrsverein für die Ortschaften um das Steinhuder Meer". Das Bemühen der Steinhuder Meerbahn um den regionalen Tourismus fand Ausdruck darin, daß ihr Betriebsdirektor Hänßen von 1925 bis 1930 den Vorsitz des Vereins innehatte; immerhin wurde im Tätigkeitsbericht des Vereins für 1927 die Steinhuder Meerbahn als *unser Hauptverkehrsmittel* bezeichnet. In eigener Regie gab die Kleinbahn zudem einen neuen „Führer durch die von ihr durchfahrenen Gebiete" heraus, der *den Städter hinaus zu den Quellen der Natur* locken sollte und Tourenvorschläge, zahlreiche Abbildungen, aber auch Plaudereien und Gedichte enthielt.

Auch für den Naturschutz engagierte sich der Verein. So protestierte er beim Landratsamt in Stadthagen gegen die *Ausrottung* eines hinter der Wiedenbrügger Schule gelegenen Birkenwäldchens. Mit dem Kreis Stadthagen zu hadern gab es noch einen weiteren Grund, da dieser im Gegensatz zu den Kreisen Stolzenau und Neustadt einen jährlichen Beitrag abgelehnt hatte.[110]

Inzwischen, 1924, war auch in Steinhude ein Fremdenverkehrsverein gegründet worden. Obwohl einige hundert Steinhuder kurz nach der Inflation von der Wohlfahrt lebten, gelang es dem Vereinsvorstand, 2.000 Reichsmark für den ersten Etat zusammenzubetteln.[111] Der Verein arbeitete eng mit dem „Verkehrsverein für die Ortschaften um das Steinhuder Meer" zusammen, z.B. indem Werbeannoncen in den großen Zeitungen gemeinsam finanziert wurden. Der Steinhuder Ortsverein drang auch auf die Verschönerung des Ortes. So wurden etwa Preise für den besten Häuseranstrich vergeben. Auf der Vereinssitzung vom 4. Mai 1931 wurde auch der Antrag gestellt, Straßenschilder anzuschaffen. Dies konnte jedoch erst drei Jahre später verwirklicht werden, wodurch es gelang, *dem Fremdenverkehr einen großen Dienst zu erweisen.* Gleichzeitig sollte mit der historischen Benennung vieler Straßen *ein Stück Geschichte des alten Fischer- und Weberdorfes Steinhude lebendig* erhalten werden.[112]

1929 konstituierte sich in Steinhude der „Studienausschuß zur wirtschaftlichen Erschließung des Steinhuder Meeres", in dem sich die Vertreter von Verkehrsvereinen, Gemeinden und Kreisen, Industrie- und Handelskammern, Verkehrsunternehmen, der Schaumburg-Lippischen Landesregierung und des Verkehrsverbands Niedersachsen-Kassel zusammenfanden. Der Ausschuß diskutierte die Verbesserung der Bedingungen für Eisenbahn- und Kraftverkehr, das Angebot an *Unterkunft und Verpflegung,* Landesplanung, Werbemaßnahmen, Wasserrettungs- und Polizeifragen. Durch die Beteiligung hannoverscher Institutionen bekam der Studienausschuß ein starkes Gewicht und öffnete sich den Interessen und Möglichkeiten des wichtigsten Herkunftsgebietes der Steinhuder-Meer-Touristen; es wurde das Ziel betont, das Meer zum „Wannsee von Hannover" zu machen. Die anfänglich vom Verkehrsverein für die Ortschaften um das Steinhuder Meer befürchtete Konkurrenz entwickelte sich nicht; statt der vom Ausschuß erwogenen Gründung eines tourismuswirtschaftlichen Zweckverbandes kam es 1932 zur Verschmel-

zung des Verkehrsvereins mit dem Studienausschuß. Der Vorsitz, der zwischen Steinhude und Bad Rehburg wechseln sollte, wurde zunächst vom Rehburger Sanatoriumsbesitzer Dr. Lohr übernommen, der seit 1930 auch schon Verkehrsvereinsvorsitzender war. Eine wichtige Neuerung beim nun sogenannten „Verkehrsverein Steinhuder Meer – Rehburger Berge" war, daß der Sitz der Geschäftsführung in Hannover sein sollte. Nebenamtlicher Geschäftsführer wurde Dr. Langemann, Leiter des Fremdenverkehrs- und Ausstellungsamts der Stadt Hannover und Geschäftsführer des hannoverschen Verkehrsvereins. Diese Verlagerung war eine Bedingung des Studienausschusses für die Verschmelzung gewesen und war mit Sparsamkeitsgründen und der *Gewährleistung einer engen Verbindung* mit der *wichtigsten Fremdenverkehrsquelle* begründet worden.[113]

Sowohl dem Studienausschuß wie auch dem Verkehrsverein für die Ortschaften um das Steinhuder Meer war übrigens die Gemeinde Mardorf nicht beigetreten, obwohl es Landrat Lichtenberg ihr 1928 *dringend* empfohlen hatte. Die Mardorfer konnten in der Vereinstätigkeit nur Vorteile für die große Konkurrentin Steinhude erblicken und waren zum Beitritt nur nach Erfüllung einiger eigensinniger Forderungen bereit.[114] Nach der Machtübernahme der Nationalsozialisten wurden solche Alleingänge jedoch nicht mehr geduldet – die Mitgliedschaft in den neu gegründeten Landesverkehrsverbänden wurde verbindlich festgelegt. Der Verkehrsverein Steinhuder Meer – Rehburger Berge löste sich jedoch am 7. März 1934 auf.

Die Anfänge des Segelns auf dem Steinhuder Meer

*Wenn Winde unsere Segel schwellen,
dann fühlen wir uns Göttern gleich*[115]

Das Segeln um des Segelns willen wurde nicht nur in England, sondern auch in Deutschland schon Jahrzehnte betrieben, bevor sich der erste „Freizeitsegler" auf dem Steinhuder Meer vergnügte. Als Segelrevier wurde der See erst spät entdeckt – die Eigentumsverhältnisse und die auf den Broterwerb beschränkte Nutzung des Sees verhinderten eine frühere Eroberung durch „Lust"- und Sportsegler. Andernorts waren dagegen schon Segelvereine gegründet worden, zumeist aus dem Bedürfnis heraus, für Wettfahrten eine organisatorische Grundlage zur Verfügung zu haben. Bereits 1844 wurde zu diesem Zweck in Hamburg der „Allgemeine Alsterclub" gegründet, 1867 in Berlin der Verein „Seglerhaus am Wannsee" und der Berliner Segelclub, 1868 in Hamburg der Norddeutsche Regattaverein.[116]

Zwar bekam 1890 Joh. Koop, der für ein Jahr mit seiner Familie nach Rehburg gezogen war, die Erlaubnis, auf dem Meer dem Segelsport *zu huldigen.* Die Genehmigung für den aus New York übergesiedelten *eifrigen Segler* und *schwärmerischen Naturfreund* hatte sein in Bremen wohnender Schwager von der Fürstlichen Hofkammer erwirkt, und die fürstlichen Räte, denen Sport noch etwas Fremdes war, formulierten altertümlich, Koop solle sich seines eigenen *Lustschiffes* bedienen.[117] Aber Koop hatte offenbar großes Glück gehabt, denn in den Folgejahren wurden weitere Anträge und Versuche, das Meer mit privaten Segelbooten zu befahren, mit Hinweis auf den anhängigen Steinhuder-Meer-Prozeß abgelehnt. Enttäuschte Antragsteller waren etwa ein Kunstmaler, der von seinem *Sicherheits-Grönländer* aus Kunst-Studien vornehmen wollte, und ein Chemiestudent.[118] Den größten Aufwand zur Erreichung seines Ziels betrieb der hannoversche Schuhwarenhändler Flockermann, indem er versuchte, Rechtstitel zu erwerben. Wie der Revierförster Franke der Fürstlichen Hofkammer berichtete, hatte Flockermann *auf den Wiesen westlich von Steinhude und der Röver'schen Lehnsfischerei gegenüber einige Are Grundbesitz käuflich erworben und zwei Brettergebäude darauf errichten lassen, von denen das eine zur Bergung seines Segelbootes, das andere als Wohnraum eingerichtet ist. p. Flockermann kommt etwa alle acht bis vierzehn Tage nach Steinhude, übernachtet ein bis*

Das erste Wochenendhäuschen am Steinhuder Meer, im Volksmund als „Villa Flockemann" bekannt (Stadtarchiv Wunstorf; freundliche Genehmigung und Repro: Rudi Diersche, Steinhude).

zwei Nächte in seinem Häuschen und befährt am Tage mit seinem Segelboote den ganzen See, legt das Boot nach dem Fahren jedoch nicht am Ufer fest, sondern fährt direct in das Bretterhaus, welches er durch einen angelegten Graben mit dem Meere verbunden hat.[119] Diese Art der Unterbringung habe Franke davon abgehalten, das Boot zu beschlagnahmen und zum Wilhelmstein zu bringen. Mit Flockermanns Schiff würden auch häufig Fischkörbe entzweigefahren, klagte der Jäger Schütte gegenüber Franke.[120] Die Beschädigung der Reusen duch Wassersportler ist bis heute ein Problem.[121]

Flockermanns Beispiel zeigt bereits, daß die Segler eine besondere Art von Touristen darstellen: Anders als die Ausflügler kam er regelmäßig alle ein bis zwei Wochen, erwarb Grundbesitz und übernachtete dort. Sein Holzhäuschen war das erste „Wochenendhaus" am Steinhuder Meer. Die Segler wurden durch das Anlegen fester Plätze zur Aufbewahrung ihrer Boote zu „seßhaften Touristen".

Aus Frankes Anzeige entwickelte sich eine mehrjährige juristische Auseinandersetzung zwischen der Hofkammer und dem Schuhwarenhändler. Dabei ging der Beklagte durchaus listenreich vor: Er bestritt nicht das klägerische Eigentum am Meer, hatte jedoch eine Fischereiberechtigung erworben und seiner Ansicht damit auch das Recht, zumindest auf dem gepachteten Teil das Meer zu befahren, eventuell sogar den übrigen See, *um Beobachtungen über das Wasser, in welchem er fischereiberechtigt ist, anzustellen, z.B. ob nicht gewilddiebt wird.* Tatsächlich bestätigte Bürgermeister Heidemann, die sogenannte Lehnsfischerei sei an Heinrich Bretthauer Nr. 22 verpachtet, der Flockermann in seinen Vertrag mit aufgenommen habe. Das Verfahren wurde ausgesetzt, bis das Urteil im Steinhuder-Meer-Prozeß erginge, Flockermann bis dahin bei Strafe von 100 Mark das Segeln verboten. Im Juni 1897 wendete sich der Hannoveraner an Fürst Georg höchstselbst um Erlaubnis zum Segeln *in harmlosem Vergnügen.* Jedoch nützte auch die Behauptung nichts, sein Bruder, praktischer Arzt am Hamburger Krankenhause, habe im vergangenen Herbst drei Personen mit dem fraglichen Segelboot vor dem Ertrinken gerettet – das Gesuch wurde abschlägig beschieden. Schließlich, nach dem Ende des Prozesses, wurde auch Flockermann am 11. November 1898 das Segeln auf dem See untersagt.[122]

Die ersten Segler auf dem Meer waren den Behörden also suspekt – sie störten die Fischerei, „belästigten" den Feldwebel auf dem Wilhelmstein und beeinträchtigten die althergebrachte Ordnung.

Doch nach der Jahrhundertwende mochten sich auch die fürstlichen Behörden der allgemeinen Segelbegeisterung im Zeichen der wilhelminischen Flottenrüstung nicht mehr entgegenstellen. Bereits seit den 1880er Jahren erfuhr das Club- und Regattawesen eine starke Belebung. Diese ist auch auf das verstärkte Marine-Engagement des kaiserlichen Deutschlands, das zuerst Handelswege und koloniale Eroberungen sichern sollte und schließlich in ein Flotten-Wettrüsten mündete, zurückzuführen. 1883 gründeten See-Offiziere in Kiel den „Friedrichsorter Regattaverein" und 1887 den „Marine-Regatta-Verein" (MRV) dessen Protektor Prinz Heinrich, der Bruder des marinebegeisterten Kaisers Wilhelm II. wurde. Der MRV wurde schließlich in „Kaiserlicher Yacht-Club" umbenannt, mit dem Kaiser persönlich als „Kommodore" und Prinz Heinrich als „Vize-Kommodore". 1888 wurde auch der „Deutsche Segler-Verband" (DSV) gegründet, dem sofort 12 Vereine beitraten.[123]

Dieser Entwicklung verdankte im Jahre 1901 der Lindener Reserve-Oberleutnant z. See Julius Menger seine Segelerlaubnis auf dem Steinhuder Meer. In seinem Gesuch um diese bot er den fürstlichen Behörden an, seine Jacht „Senta" unter Aufsicht zu stellen. Bei einem Offizier der in diesen Jahren hochangesehenen Kaiserlichen Marine hielt es Fürst Georg *nicht für zweckmäßig,* das Gesuch abzulehnen, und empfahl die Unterbringung des Bootes in Hagenburg. Eine Fürstliche Erlaubnis gab es dann auch im Juni 1904 für das Anliegen des Grafen v. Crayenfeld, der *als Vorsitzender der in Hannover und Umgebung wohnenden Mitglieder des Kaiserlichen Yachtclubs zu Kiel* darum gebeten hatte, diesen Mitgliedern das Segeln auf dem Meer und das Anlegen am Wilhelmstein zu gewähren.[124]

Daß unter den Seglern auch die ersten Sommerfrischler des Steinhuder Meeres zu finden waren, zeigt das Beispiel von C. Wittkopp, Generalagent der Germania-Lebensversicherung in Hannover. Dieser begründete ein Gesuch, ihm das Befahren des Hagenburger Kanals und das Anlegen am Wilhelmstein zu erlauben, damit, daß er große Teile seiner Freizeit auf dem Wasser des Steinhuder Meeres verbringe: *Schon seit Jahren halte ich mich mit meiner Familie (Frau und 2 Knaben im Alter von 13 und 5 Jahren) während der Sommerferien und auch an sonstigen freien Tagen aus Liebe zum Wasser am Steinhuder Meer auf. ... Nur mit großen Kosten* sei jemand zu haben, der ihn und seine Familie *von morgens bis abends nach meinem Belieben rudern oder segeln würde, ganz abgesehen von dem Reiz der eigenen Bootsführung.* Seit kurzem war er Mitglied des wenige

Monate zuvor, im April 1906 gegründeten Hagenburger Yacht-Clubs (HYC), des ersten Segelvereins auf dem Steinhuder Meer.[125]

Der HYC war auch Ausrichter der ersten Regatta auf dem See. Ein *werthvolles Theeservice* war der Siegespreis bei dieser Wettfahrt, und der glückliche Gewinner war niemand anderer als der als *Vatter Wilhelm* weitbekannte Fürstliche Matrose Meuter mit seinem eigenen Boot „Kolumbus".[126] Start und Ziel der 15 Seemeilen langen Strecke war der Wilhelmstein, wo der Club ein Haus als Clubmesse gepachtet hatte. Die Strecke bewältigte Meuter in zwei Stunden, 19 Minuten und einer Sekunde, mehr als fünf Minuten schneller als der Zweite, der Hagenburger Fürstliche Matrose Bothe. Der dritte Preis ging an den Sohn des Feldwebels Manns, und auch der vierte Platz wurde von einem Fürstlichen Bediensteten belegt, vom Matrosen Harste. Die drei letztgenannten benutzten die Fürstlichen Boote „Neptun", „Scharnhorst" und „Graf Wilhelm", also keine eigens für Wettfahrten konstruierte Segler, sondern Boote zur Personenbeförderung, wie auch der „Kolumbus" von Meuter. Daß diese Boote dennoch besser abschnitten als die Jacht „Senta", mag daran gelegen haben, daß die Yacht, ein Flossenkieler von 3 Meter Breite, 9 Meter Länge und 50 qm Segelfläche, nicht von ihrem Eigentümer, dem mittlerweile zum Kapitänleutnant beförderten Julius Menger gesteuert wurde. Dieser, als Marine-Offizier zweifellos die höchste Autorität unter den Beteiligten, fungierte nämlich als Starter und Zielrichter.

Menger, Vorsitzender des Hagenburger Yacht-Clubs, war zusammen mit dem Kapitän a.D. Walter auch dessen Initiator. Das marinepolitisches Element, daß diese in die Anfänge des Segelns auf dem Steinhuder Meer brachten, kommt in den Statuten des Clubs zum Ausdruck: In der Zeit der Flottenrüstung und -begeisterung wurde die *Hebung des Interesses am Seeleben* beabsichtigt, was durch Förderung und Pflege des Segelsports und die Veranstaltung von Segelregatten erreicht werden sollte. An der Marine orientierte sich auch das Erscheinungsbild des Hagenburger Yacht-Clubs. In § 4 der Satzung wurde bestimmt, daß die Mitglieder entweder Uniform oder einen Club-Anzug bei *Zusammenkünften und Festlichkeiten innerhalb des Clubs* zu tragen hätten. § 5 setzte detailliert das Aussehen des Anzugs fest:

Der Clubanzug besteht aus Jacket, Weste & Beinkleid aus dunkelblauem Tuch oder Serge. Das Jacket doppelreihig geknöpft. Jacket und Weste sind mit schwarzen Knöpfen

Zeichnung und eingeklebtes Foto der Yacht Senta aus dem Fremdenbuch des Wilhelmsteins, vom Hofpianofabrikanten Emil A. Gertz, einem der Gründungsmitglieder des Hagenburger Yachtclubs (StAB, Fürstliches Hausarchiv).

von erhabener Prägung versehen. Die Prägung besteht aus einem unklaren Anker mit den Buchstaben H.Y.C. Statt der erhaben geprägten Knöpfe können glatte schwarze verwendet werden, in welche die Zeichnung eingraviert und vergoldet ist. Zum Clubanzuge dürfen auch weisse Beinkleider getragen werden. Die Mitglieder tragen eine Mütze von blauem od. weißen Tuch mit ovalem Schild, welches einen unklaren Anker mit gekreuzten Flaggen und den Buchstaben H.Y.C. darstellt.[127]

Der „Commodore", also der Club-Vorsitzende, hatte eine starke Stellung inne und konnte einen größeren Einfluß auf die Zusammensetzung der Mitgliedschaft ausüben als diese selbst (§ 11). Sechs der 17 Gründungsmitglieder, die den Club am 1. April 1906 ins Leben riefen, waren fürstliche Matrosen und Angestellte. Neben diesen waren noch zwei Direktoren, zwei Ärzte, ein Fabrikant, ein Hotelbesitzer, ein Restaurateur, ein Versicherungs-Generalagent und der Hagenburger Bürgermeister der Initiative der beiden Marineoffiziere gefolgt.[128] Segeln war ein Vergnügen des wohlhabenden Bürgertums, das sich die erforderlichen Boote leisten konnte – die fürstlichen Matrosen, die mit den Booten ihres Dienstherrn segelten, bildeten eine Ausnahme.

Noch 1919, nach dem verlorenen Ersten Weltkrieg, waren die Segler vom Flottengedanken durchdrungen: In seiner Festschrift zum 10jährigen Jubiläum bezeichnete es der zweite am Steinhuder Meer gegründete Segelclub, der Steinhuder „Fürstlich-Schaumburg Lippische Seglerverein" (FSV), als eine Aufgabe des Segelsports, *die Erinnerungen an unsere stolze unbesiegbare Flotte wachzuhalten und der Jugend die Liebe und die Lust am blauen Wasser und den Kampf mit Wind und Wellen lebendig zu erhalten, damit dereinst wieder die alte deutsche Flagge schwarz-weiß-rot wie ehemals auf allen Meeren stolz im Winde weht.*[129] Und der

Karl Siebrecht mit den Bahlsen-Söhnen auf dem Steinhuder Meer (Bahlsen-Archiv Hannover).

Hagenburger Yacht-Club bewies eine kaisertreue Gesinnung noch 1932, als er den alten Husaren-Feldmarschall Mackensen ans Steinhuder Meer einlud. Mackensen, der in den Tagen zuvor bei einem „Waffentag" in Hannover weilte und auf einer vaterländischen Kundgebung redete, ließ es sich nicht nehmen, der Einladung Folge zu leisten.[130]

Auch der FSV, anfänglich „Steinhuder Seglerverein", bestand aus Angehörigen des Besitz- und Bildungsbürgertums. Hier fanden sich wohlhabende Steinhuder – der Leinenfabrikant W. Seegers oder der Kaufmann Franz Bredthauer – mit dem Bückeburger Fabrikanten und Stadtrat Hillmann, dem Architekten Karl Siebrecht aus Hannover und Steinhuder Schiffern zusammen, die sich parallel zur HYC-Mitgliedschaft der Fürstlichen Matrosen dem Steinhuder Segelverein anschlossen. Aber schon im Herbst 1909 traten sie wieder aus – in den gutbürgerlichen, von Architekten und Fabrikanten dominierten Kreisen fühlten sie sich offenbar nicht wohl. Bekanntestes Mitglied war sicherlich der hannoversche Keksfabrikant Hermann Bahlsen, der auch einen Wanderpreis für Regattasieger stiftete. Bahlsen war möglicherweise als Gast seines Architekten Karl Siebrecht zum Steinhuder-Meer-Liebhaber geworden; als Jugendlicher, am 30. Juli 1875, war er aber auch schon einmal auf dem Wilhelmstein.[131]

Siebrechts Wochenendhauses – neben dem Strandhotel gelegen – diente den Seglern als erstes, noch bescheidenes Heim. Zunächst war die Geselligkeit im Verein in Steinhuder Gaststätten, vor allem im Strandhotel gepflegt worden. *Nach den Frühjahrs- und Herbstregatten fanden gemeinsame Essen statt, die immer recht feuchtfröhlich und anregend verliefen, und die Regatten wurden hierbei nochmals, nun aber „richtig" gesegelt.*[132] Auch nachdem der Verein das Siebrechtsche Wochenendhaus nutzte, wurden Versammlungen und gesellige Abende weiterhin im Strandhotel abgehalten, wo auch ein Stammtisch bestand.[133] Daß die von den Seglern angestrebte Geselligkeit sich vor allem auf die Mitgliedschaft bezog und weniger nach außen hin galt, zeigt die Festschrift von 1919, die eine Bewertung des Grundstückskaufs für das neue Seglerheim 1914 am Ostenmeer enthält. Die Segler, anfangs nicht gerade glücklich darüber, daß das Grundstück fern vom Steinhuder Ortskern gelegen war, konnten diesem Umstand bald Positives abgewinnen: *Die wunderbare Lage des Grundstücks, seine vom Alltags- und namentlich vom üblen Sonntagsverkehr völlig freie Lage werden längst alle ausgesöhnt haben.* Vor der Masse der Touristen, den Ausflüglern und Nicht-Seglern, blieb man gern ungestört.[134] Im neuen Heim konnten sich die Segler, die noch keines der ersten Wochenendhäuser besaßen, einmieten. Die Zimmerpreise im FSV-Heim wurden 1914 für Einzelzimmer auf 50 Mark pro Saison, für Doppelzimmer auf 70 Mark festgelegt.[135]

Im Jahre 1911 wurde die „Wettfahrtvereinigung Steinhuder Meer" gegündet, nachdem der HYC und der FSV bei einer Versammlung im Steinhuder Strandhotel eine Vergütungsformel beschlossen hatten, die auf der internationalen Meßformel aufgebaut und an die Steinhuder-Meer-Verhältnisse angepaßt war. Ein solches Rechenwerk war notwendig, um bei Regatten die sehr verschiedenen Boote gegeneinander starten lassen zu können. Der Vereinigung trat noch im gleichen Jahr auch der dritte Segelverein am Meer bei, der Steinhuder Yachtclub.[136]

Die Frage der Vereinsmitgliedschaft von Frauen war anfangs umstritten: Einen 1909 dem Landrat vorgelegten Statuten-Entwurf des Steinhuder Seglervereins kommentierte W. Seegers, dieser würde wahrscheinlich noch geändert, *da eine starke Minorität auch die Damen des Vereins als Mitglieder führen will.*[137] In erster Linie waren Frauen eher für die Gesellichkeit notwendig, wie sie bei den jährlichen Stiftungsfesten, dem zuerst im Januar 1912 gefeierten Wintervergnügen oder beim *vorbildlichen gemeinsamen Clubleben*[138] gepflegt wurde. Immerhin war schon bei der stürmischen Herbstregatta 1911 eine Frau dabei, auf dem umgebauten Ruderboot „Wilma" des Hannoveraners Bongarts: *... die tapfere Tochter des Eigners, welche als zweite Hand an Bord die Wettfahrt mitsegelt und das Vorsegel bedient, hat keinen trockenen Faden mehr am Körper,* beobachtete anerkennend ein Regatta-Konkurrent.[139]

Segelregatta der „Einheitszehner", um 1930 (Hermann Beckedorf, Steinhude).

Holzstich mit Ansicht des Weißen Berges am Nordufer aus Lindners „Daheim"-Reportage 1882. Das Weiden der Kühe im Meer begrenzte das später so starke Wachstum des Schilfes (Abb. Daheim 1882; Repro: Hoerner, Hannover).

Die Entdeckung des Nordufers

In den letzten Jahren vor dem ersten Weltkrieg bekommt der Wilhelmstein Konkurrenz durch andere Touristenziele am Steinhuder Meer: Die Pioniere neuer Lebensstile, veränderter Körperkultur und moderner Freizeitgewohnheiten entdecken die natürlichen Potentiale des Steinhuder Meers zum Baden, Sonnenbaden und Segeln. Zu den bisherigen Fremdenverkehrsschwerpunkten Steinhude, Hagenburg und Wilhelmstein tritt das Nordufer, das vorerst noch und nur „Natur pur" bietet.

Das Nordufer des Steinhuder Meeres wurde damit viel später als das Südufer touristisch „entdeckt". Da die Mardorfer den See nicht befahren durften und demzufolge am Nordstrand kein Hafen oder Anleger existierte, fand von dort aus auch kein Verkehr übers Meer statt. Nur von Steinhudern wurde eine Wasserverbindung aufrechterhalten, um mit den Dörfern Mardorf und Schneeren Handel, etwa mit Fisch, zu treiben.

Von Reisenden wurde das Nordufer zumeist nur aus der Ferne wahrgenommen, etwa vom Turm der Festung Wilhelmstein aus. Hin und wieder setzte ein Besucher seinen Fuß auf die Dünen, der Aussicht wegen, wie Georg Landau 1859. Dieser fand jedoch den Anblick, Jahrzehnte vor der „Entdeckung" der Heideschönheiten durch Heimatbewegte wie Freudenthal und Löns, wenig erfreulich, wenn auch nicht so *entsetzlich trostlos* wie das östliche Ufer mit dem Torfmoor. *So weit mein Auge reichte, sah ich nur eine dürre sandige, hin und wieder von einem Teiche unterbrochene Heidefläche, deren ganzer Baumwuchs in verkrüppelten Birken bestand. Auch sticht das hier liegende hannöverische Dorf Mardorf scharf gegen die am jenseitigen Ufer gelegenen schaumburg-lippischen Orte ab.*[1]

Aber Ferdinand Lindner, der „Daheim"-Autor, geriet 1882 am Nordufer ins Schwärmen. Nach der Landung mit dem von einem Fürstlichen Matrosen gesteuerten Schiff wurde sein erster Eindruck geformt durch die *sich aus dem Sande der Düne* erhebenden *wunderlichen aber malerischen Gestalten der dusteren Wacholderbüsche.* Doch dann beschreibt er in romantischer Manier eine *Szenerie voll fremdartiger Wildheit: Wenn der Sturm aus Westen über den See braust, dann entwickelt sich hier ein Bild voll großartiger Kontraste – auf der einen Seite das ewig lebendige Element des Wassers in wildem Ansturm seine Fluten weißschäumend über den schwarzen Moorgrund heranwälzend,* ja im Winter *die Eisschollen, Sturmböcken gleich in die Ufer schleudernd – auf der andern Seite das aus dem stillen Schaffen von Jahrtausenden gewordene und nun für ewig abgeschlossene – das Moor in starrer Todesruhe, eine finstere Wüste, still und unheimlich, seine düsteren Fernen mit dem Horizont vereinend – hoch oben am Himmel dunkle Wolkenschatten – dazwischen nur der ächzende Schrei einer vorüberstreichenden Möwe – kann man ein stimmungsvolleres Gemälde ersinnen?*[2]

Mehr ersonnen als beobachtet erscheint dieses Bild, denn von einem *für ewig abgeschlossenem Moor* konnte angesichts des fortschreitenden Torfabbaus in Wirklichkeit kaum die Rede sein. Das so Gemalte sollte seinen Lesern die Sinne kitzeln.

Ernst Kniep dagegen versprach in seinem noch vor der Jahrhundertwende erschienenen „Illustrierten Reise- und Wanderbuch durch die Provinz Hannover", die Nordufer seien *reich an interessanten Pflanzen*[3] und gesellte damit zum Blick auf die *dürre Heide* Landaus und zur romantischen *Wildheit* Lindners die Sicht des botanisch interessierten Naturfreundes.

1896 ließ sich der Bad Rehburger Badearzt Dr. Michaelis auf dem Weißen Berg ein Blockhaus errichten – die erste feste Anlage am Nordufer, die nicht der Landwirtschaft, sondern dem Naturgenuß diente.[4] Michaelis war damit der Pionier einer Besiedlung, die das Nordufer Jahrzehnte später völlig verwandelte. Im Juni 1904 bat der Neustädter G. Ebrecht, der seit 1903 das Steinhuder Strandhotel gepachtet hatte,[5] beim königlich-preußischen Landratsamt in Neustadt darum, *am sogenannten Weißen Berge am Steinhuder Meere in der Gemarkung Mardorf eine jederzeit fortzunehmende Baracke (zerlegbares Blockhaus) zum Wirtschafsbetriebe* errichten zu dürfen und um die Schank-Konzession dafür. Der Pächter des Weißen Berges, der Bad Rehburger Geheimrat Michaelis, habe ihm das Nutzungsrecht nach *jeder Richtung, betreff dieser Wirtschafts-Errichtung eingeräumt.*[6] Ebrecht übertrug die Ausübung des Schankbetriebs in der Blockhütte an den Mardorfer Müller Wilhelm Meier, der die nicht Zahlungskräftigen unter den Wanderern aus einer nahen Quelle mit frischem Wasser versorgt haben soll.[7]

Der Strandhotel-Pächter schuf auf diese Weise ein Ausflugsziel am Weißen Berg, von dessen Gipfel man eine prächtige Aussicht genießen konnte. Ein weiterer Schritt in diese Richtung war die Errichtung einer Landungsbrücke für Steinhuder Boote durch die Steinhuder-Meer-Gesellschaft im Jahre 1907.[8] Nun konnten die traditionellen Torfkähne und die ersten „Auswanderer" ihre Passagiere auf dem Steg absetzen und diese trockenen Fußes Strand und Düne erreichen. Gleichzeitig sorgte die Gesellschaft damit für die Erweiterung des Freizeitangebots rund um den See.

Im Mai 1907 ließ sich ein kurioser Gast am Weißen Berg nieder: der „Naturmensch" Gustaf Nagel, einer der im späten Kaiserreich vereinzelt auftretenden „barfüßigen Propheten"[9] – frühe „Aussteiger", die ein konsequentes „Zurück zur Natur" zu leben versuchten und sich fernab der Städte in vermeintlich unberührter Natur niederließen, um mit dieser „in Einklang" zu leben. 1902 hatte Gustaf Nagel eine Reise unternommen, die ihn zur Lebensreformer-Siedlung „Monte Verità" bei Ascona und sogar bis Jerusalem geführt hatte. Über diese Reise wie auch über sein „natürliches Leben" hielt Nagel anschließend Vorträge. Friedrich Georg Jünger, der wie sein Bruder Ernst zeit-

Wandervögel am Weißen Berg. Zeichnung von Wilhelm Hübotter, aus seinem gezeichneten Erinnerungsbuch „Monte Bianco" (Ruth und Peter Hübotter, Hannover).

weise in Rehburg gewohnt hatte und in Wunstorf zur Scharnhorst-Schule gegangen war, erinnerte sich später an eine Begegnung mit Nagel bei der Fahrt mit der Steinhuder Meerbahn. *Er trug ein langes, weißes Gewand, das aus einem Stück gefertigt zu sein schien und bis zu den Knöcheln hinabreichte. In seinem Zuschnitt glich es nicht dem griechischen Mantel, sondern der römischen Tunika und ähnelte jenen Gewändern, in denen die Maler biblische Figuren darstellen. Er ging barhäuptig, die Haare fielen frei auf die Schultern herab, der Bart kräuselte sich, und seine nackten Füße steckten in Sandalen, die mit Riemen befestigt waren. Er zögerte nicht, uns anzureden, und während der Zug an Äckern, Wiesen und einem Flusse vorbeifuhr, erzählte er uns, daß er in Jerusalem gewesen sei und die ganze Strecke von Deutschland nach dort zu Fuß zurückgelegt habe.* Jünger traf ihn später hin und wieder auf Jahrmärkten, wo er Datteln, Feigen und Bilder Jerusalems verkaufte.[10]

Das Waten im Meere sei Nagel so wonnig, spottete die Wunstorfer Zeitung vom 15. Mai 1907, daß er sich auf dem Weißen Berg eine *Sommervilla* zu errichten gedenke. Bei dieser handelte es sich um eine kleine Holzbaracke, die Nagel auf einem vier Morgen großen, von Mardorfern zur Verfügung gestellten Gelände errichtete und mit Hund und Papagei bezog. Einige Wochen später mußte sich Nagel vor Gericht verantworten, da er in der hannoverschen Tivolistraße *nur mit einer notdürftigen Kleidung* – Nagel trug oft nur einen Lendenschurz – angetroffen worden war, was sogleich eine Menschenansammlung hervorgerufen hatte. Er wurde jedoch freigesprochen.[11] Auch im Jahre 1908 lebte Nagel noch am Weißen Berg, kehrte dann jedoch wieder an seine Heimat am Arendsee in der Altmark zurück, wo er auf einem Ufergrundstück einen *Paradiesgarten* mit Tempel anlegte und zeitweise zahlreiche Besucher anlockte. Dort lebte er bis 1950, als er für geisteskrank erklärt und für die letzten beiden Lebensjahre in die Nervenheilanstalt Uchtspringe überwiesen wurde, wie übrigens schon einmal in der NS-Zeit.[12]

Immer wichtiger wurde nun das Gebiet am Weißen Berg. Vor allem jugend- und reformbewegte Pioniere eroberten sich hier ein „Naturparadies". Das Nordufer war regelmäßiges Ziel von Katharina Behrend, ihrer Freunde und Geschwister. So berichtet sie in ihrem Tagebuch vom Picknicken am Weißen Berg. Anschließend wurde gebadet, gerudert oder sonnengebadet. *Man kann so wenig sagen, wie schön es war. Mit Erica & Walter im Boot, durchglüht von der Sonne. Erica manchmal vor Lust lachend, weil es so schön war! ... Es war ein unvergeßlich, wunderschöner Tag!*[13]

In einem Zeitungsartikel mit dem Titel „Der monte bianco am mare steinhudiensis" erinnerte sich der damalige hannoversche Wandervogel und spätere Gartenarchitekt Wilhelm Hübotter an diese frühen Jahre am Weißen Berg – und spielte damit auf die berühmte Lebensreformer-Siedlung „Monte Verità" bei Ascona am Lago Maggiore an. Dorthin zog es zahlreiche bekannte Intellektuelle und Künstler, z.B. Lenin, Trotzki, Rudolf Steiner, Hermann Hesse, Paul Klee oder die Ausdruckstänzerin Isadora Duncan, um neue, „natürliche" Lebensformen zu studieren oder auszuprobieren.[14] Hübotter beschrieb den Weißen Berg als Paradies *in fast archaischer Unberührtheit, das uns wie das berühmte Märchen ‚Undine' erschien,* mit schwarzen Rehböcken, Fischadlern, Fischottern und *zauberhaften Seerosenbeständen.* Dort trafen sich Wandervögel wie Theodor Oppermann, Enno Narten oder die Brüder Ernst und Friedrich Georg Jünger, führten *ein Leben wie Robinson Crusoe und vergaßen darüber die Schule.*[15] Wunstorfer Wandervögel waren es, die sich 1911 – mit materieller und finanzieller Unterstützung Wunstorfer Bürger – auf dem Weißen Berg eine Blockhütte errichteten, die nach einer Wanderung durchs Moor von einer zahlreichen Schar feierlich eingeweiht wurde.[16]

Die Wandervögel, unsere Pioniere, haben diesen Strand längst bevorzugt und amüsieren sich hier prachtvoll, erlebte F. Astholz von der „Illustrierten Rundschau" 1913. *Wer mittags dinieren will, der muß es machen wie die Wandervögel, die wir beim Abkochen beobachten konnten. Kohl und Kartoffeln mit Hammelfleisch wurden kunstgerecht fertiggestellt, und im Bild hielt ich die Gesellschaft bei dieser Beschäftigung fest.*[17]

Zum Weißen Berg zog es auch die „Naturfreunde" aus Hannover und Havelse im Jahre 1912. Dort aßen sie zu Mittag und sprangen dann ins Wasser, anschließend kam *das Luftbad* an die Reihe, wurde *Steinstoßen, Wettlauf,* kurz allerhand *Körperpflege* geübt. Mit der Selbstversorgung war es jedoch so eine Sache. Dem „Illustrierten Führer" ließ sich zwar entnehmen: *Sonntags oder auf Bestellung beim Gastwirt in Mardorf Wirtschaft im Blockhaus, sonst Mundvorrat mitbringen.* War der Gastronom jedoch anwesend, wurde die Selbstverpflegung dort nicht mehr gern gesehen, wie die Naturfreunde erfuhren, auch wenn das in der „freien Natur" selbstverständlich erschien und zu einer Tour „dazugehörte": *da wir nun größtenteils sehr abstinent auf unseren Touren leben, fühlte sich der Hüttenwirt vom Weißen Berge veranlaßt, den Berg zu säubern. Mit dem Hinweis, daß er es nicht zu dulden braucht, Touristen und sonstige Fremde lagern zu lassen, zeigte er uns die Vollmacht,*

Auf ihrer Wanderung zum Weißen Berg 1913 kamen die Schülerinnen der Obernkirchener Landfrauenschule auch an den Torfabbauflächen im Moor vorbei (Berg- und Stadtmuseum Oberkirchen; Repro: Hoerner, Hannover).

daß er das Recht habe, uns zu verjagen. ... Wir zogen in großer Gemütsruhe ab, war unsere Zeit doch schon fortgeschritten, *und wollen hoffen und wünschen, daß sich der Kundenkreis vom Hüttenwirt vom Weißen Berg recht bald vergrößere.* Auf dem Rückweg durchs *eintönige* Moor übten sie sich im „Sozialen Wandern", als sie an einer Torfabbaufläche vorbeikamen: *Tausende von Torfsteinen lagern auf plattem Moor. Hunte auf Gleisen-Drahtseilbahnen befördern den Torf zum Bahnhof. Ein ungefähr 40 Zentimeter langer und 10 Zentimeter breiter, nach vorn spitzer und scharfer Spaten, das ist das Werkzeug, womit der polnische Proletarier bei Regen und Sonnenglut sich und seine Familie ernährt.*[18]

Hermann Bahlsen plant ein Freizeit- und Ferienparadies

Zu dieser Zeit entwickelte der hannoversche Keksfabrikant Hermann Bahlsen ein Interesse am Nordufer des Steinhuder Meeres. Bahlsen, der seine Produktionsstätten 1910/11 um anspruchsvolle Bauten im Jugendstil erweitert hatte, insbesondere um das neue Verwaltungsgebäude an der

Die Bahlsen-Söhne beim Kaffeetrinken vor der Blockhütte auf dem Weißen Berg (Bahlsen-Archiv Hannover, Mappe Mardorfer Strand).

Podbielskistraße, verbrachte das Wochenende gern mit seinen Söhnen bei einer Segeltour auf dem Meer. Sein „Skipper" war Karl Siebrecht, wie sein Bruder Albert Mitglied im Vorstand des Fürstlich Schaumburg-Lippischen Segelvereins – und zusammen mit diesem auch Architekt des Bahlsen-Neubaus in Hannover.

Zu einer Zeit, als seine Firma prosperierte, erkannte Hermann Bahlsen offenbar das Entwicklungspotential des Nordufers, das sich mit seiner bewaldeten Dünenlandschaft und seinem weit ins Meer reichenden Flachwasser in idealer Weise als Erholungsgebiet und „Familienbad" anbot. Bahlsen erwarb 1911-1913 von der Realgemeinde Mardorf einen rund zwei Kilometer langen Uferstreifen mit einer Gesamtfläche von knapp 49 Hektar zu einem Quadratmeterpreis von 40 Pfennig.[19] „Filetstück" dieses

hauptsächlich von Kiefernwald bedeckten Geländes war der Weiße Berg mit seiner prachtvollen Aussicht über den See. Im Osten reichte die Fläche an die Steinhuder Torfkuhlen, im Westen fast bis an das Dorf Mardorf heran.

Bahlsen, der zu dieser Zeit in Hannover die „TET-Stadt", einen zwischen Eilenriede und Mittellandkanal projektierten gigantischen Komplex aus Produktionsstätten, Wohnsiedlungen, Sozial- und Kultureinrichtungen nach englischem Vorbild durch den Bildhauer Bernhard Hoetger planen ließ, hatte auch am Nordufer kühne Zukunftsvisionen, gegen die die einstigen Pläne der Steinhuder-Meer-Gesellschaft mit dem Steinhuder Strandhotel geradezu bescheiden wirken. Ob diese Visionen den Mardorfer Strand als grünen Außenposten der TET-Stadt ansahen oder unabhängig davon den Möglichkeiten des Nordufers als Erholungsoase Hannovers eine Gestalt gegeben werden sollte, muß hier unbeantwortet bleiben.[20] Jedenfalls beauftragte Bahlsen nicht Hoetger, mit dem es zwischenzeitlich zu Spannungen wegen der mangelnden Realisierbarkeit der TET-Stadt gekommen war, sondern den Architekten Carl Arend mit einer „Ideenskizze" für den Mardorfer Strand. Arend hatte z.B. die Villa Osmers auf dem Lindener Berg oder die Fassade der Lindener Höheren Mädchen- (heute Ihme-) Schule entworfen, Bauten, die Jugendstilelemente mit historischen Formen kombinierten und durch Natursteinsockel Bodenständigkeit vermittelten.

Bahlsen erteilte Arend den Auftrag im September 1918, und dieser kündigte im Dankschreiben vom 10. September 1918 an, mit den nötigen Studien und Aufnahmen *baldigst* zu beginnen, nicht ohne an das vereinbarte Honorar von 2.000 Mark zu erinnern.

Zunächst fertigte Arend Foto-Aufnahmen vom Boot aus fünf verschiedenen Perspektiven in einer Entfernung von 400 Metern vom zu beplanenden Uferstreifen an, die aneinandergereiht ein Panorama ergaben. Auf der Grundlage dieser Ansicht erstellte er sodann die Ideenskizze, die vorsah, das gesamte Strandstück, umgewandelt in einen Landschaftspark, zu einem regelrechten Erholungs- und Ferienzentrum auszubauen.

Der weiße Berg sollte von einem kleinen Tempel gekrönt und von einem Kurhaus mit großer Terrasse im Osten sowie einem Hotel im Westen flankiert werden. In Richtung Mardorf war ein weiteres Hotel gedacht, an das sich ein Kinderheim anschloß: *Das Kinderheim ist auf der Düne stehend gedacht und zwar so, dass vom Meer aus nur 2 Geschosse sichtbar sind, nach dem stark nach hinten abfallenden Gelände könnte mindestens ein weiteres Geschoss nach* unten ausgebaut werden. Vor dem Kinderheim ist ein grösserer Strandplatz vorgesehen, welcher sich an den Strandweg anschliesst. Kinderspielplätze, Sport- und Tennisplätze und Gemüsegärten schliessen sich nach hinten zu, dem Kinderheimpark an. Der Park ist, wie alles hier, dem Heidecharakter entsprechend anzulegen, unter Benutzung bestehender Kulturen und Anpassung an das Gelände. Häuser für Sportsfreunde, ein Gasthaus und ein Bootshaus mit Landungssteg folgten westlich, alles großzügig mit baumbestandenen Freiflächen umgeben. Am westlichen Rand des Geländes waren ein Freibad sowie eine Damen- und eine Herrenbadeanstalt vorgesehen, während im Osten, wo das Plangebiet an das Moor grenzte, ein Aussichtsturm stehen sollte. Zwischen diesen Bauten und strandabgewandt auch dahinter waren Sommer- bzw. Wochenendhäuschen geplant, kleine Parks und ein Findlingspark rundeten das Gesamtbild ab.

In seinem Erläuterungsbericht betont Arend, das hügelige und bewaldete Gelände habe genaue Angaben zur Position der Gebäude zunächst ausgeschlossen; es sollten nur Möglichkeiten aufgezeigt werden, für die Realisierung sei Spielraum gelassen worden. Notwendig seien jedoch vor allem die von einer Gesellschaft zu übernehmenden Badehäuser und -anlagen im Westen, ergänzt durch *Vergnügungs- und Erholungshäuser, welche grössere Menschenmassen aufzunehmen imstande sind*. Die Erfahrung habe gelehrt, daß der Mardorfer Strand *eine grosse Anziehungskraft für das erholungssuchende und badende Publikum habe und hierauf müsste in erster Linie Rücksicht genommen werden*. In diesem Zusammenhang gebraucht Arend womöglich als Erster einen Vergleich, der in den 20er Jahren oft verwendet wurde: *Der Mardorfer Strand kann in seinem einen Teil ein zweiter Wannsee werden*.

Ein Konflikt mit etwaigen Naturschutzbestrebungen war für Arend bereits absehbar: *Ob bei dem Andrang von Massenpublikum, wie es die Freibäder mit sich bringen, ein solcher Naturschutz auf die Dauer zu erhalten ist, dürfte die Frage sein*. Deshalb hielt er es für sinnvoll, statt zu versuchen, *das ganze Wald- und Hügelland in seiner Ursprünglichkeit zu erhalten*, die künftige Nutzung des Mardorfer Strandes durch Parzellierung, Bebauung und Anlegung der Parks zu lenken, oder, in seinen Worten, *zu verwerten*. Auch den Weißen Berg *als Schutzpark* unberührt zu lassen, nennt er als Möglichkeit, der er jedoch vorzieht, diesem *schönsten Teil des Strandes* mit seinem *einzig schönen Ausblick*, eine *andere hervorragende Bedeutung* zu geben, durch die Krönung der Düne mit einem Aussichtspavillon oder Tempel.

Dabei sollten sich die Anlagen der Landschaft anpassen, auch *Wege, Ruhebänke etc. sollten nur da in Frage kommen, wo sie den Charakter der Umgebung nicht stören*. Der am Strand projektierte Strandweg sollte *sich in seinen Windungen* ebenfalls *dem Gelände* anpassen.

Auch über die Infrastruktur machte sich Arend Gedanken: *Soll dem Eiland Leben eingeflösst werden, so müssen in Zukunft vor Allem die Verkehrsverhältnisse gefördert werden. Wenn die Segelfahrt übers Meer für den Ausfluger und Erholungssuchenden auch immer das schönste und gesuchteste Vergnügen und Beförderungsmittel bleiben wird, so ist die Fahrt über das Meer doch zu sehr vom Wetter abhängig. Nach Art der Alsterdampfboote (Hamburg) müssen auch hier zwischen Steinhude und Mardorfer Strand flachlaufende Dampfboote eingestellt werden, die im Stande sind, hunderte evt. tausende von Menschen in kurzer Zeit zu befördern*. Eine Verdienstminderung der Segelbootsinhaber sei dabei nicht zu befürchten. *Würden solche Werte, die dem Volkswohl dienen, am Mardorfer Strand geschaffen, so darf man auch annehmen, dass eine bessere Landverbindung von Rehburg und Neustadt aus durch Post resp. ständigen Wagenverkehr geschaffen wird, um die Ausflügler von Minden, Nienburg und weiter her heranzubringen. Der Ausbau eines Weges von Neustadt durchs Moor ans Land würde im öffentlichen Interesse wohl die Unterstützung massgebender Behörden finden, wenn Strand und Waldungen dem öffentlichen Wohl dienen und erschlossen werden*. Den „gesicherte Verkehr übers Meer" und die erforderlichen Landverbindungen hielt er für notwendig zur *Sicherstellung der wirtschaftlichen Ausnutzungen des Mardorfer Strandes*.

So sehr Arend eine Planung *bei weitestgehender Wahrung der landschaftlichen Schönheiten des Strandes, des Wald- und Baumbestandes* betonte – ein derart gestaltetes Gelände mit dem entsprechenden Freizeitbetrieb hätte sich von der ursprünglichen Wald- und Heidelandschaft am See unterschieden wie die Nacht vom Tag.

Wegen der Pläne Bahlsens erbat Wilhelm Meier im April 1917 die Erlaubnis, *seine Gastwirtschaft vom ‚Weißen Berge' an die Schneerener Fähre zu verlegen und daselbst den Betrieb Ostern d.J. eröffnen zu dürfen*. Obwohl Meier noch gar keine Konzession hatte, wurde ihm diese für den neuen Ort erteilt. Bedingung war jedoch, daß Meier *keine öffentlichen Lustbarkeiten* abhalten dürfe. Ende 1918 schrieb Meier an das Landratsamt, Bahlsen wolle auf seinem Grundstück keine Schankwirtschaft mehr dulden; kurz darauf wollte er jedoch den Ausschank an der alten

Arends Panorama-Ideenskizze (Bahlsen-Archiv Hannover, Mappe Mardorfer Strand; Repro: Hoerner, Hannover).

Planskizze Arends, verkleinert (Maßstab im Original 1:1000). In die einzelnen Parzellen sind die kalkulierten Grundstückspreise eingetragen (Bahlsen-Archiv Hannover, Mappe Mardorfer Strand; Repro: Hoerner, Hannover).

KINDERHEIM·MIT·PARK ❖ HOTEL ❖ HOTEL ❖ WEISSER·BERG·MIT·TEMPEL ❖ ❖ ❖ ❖

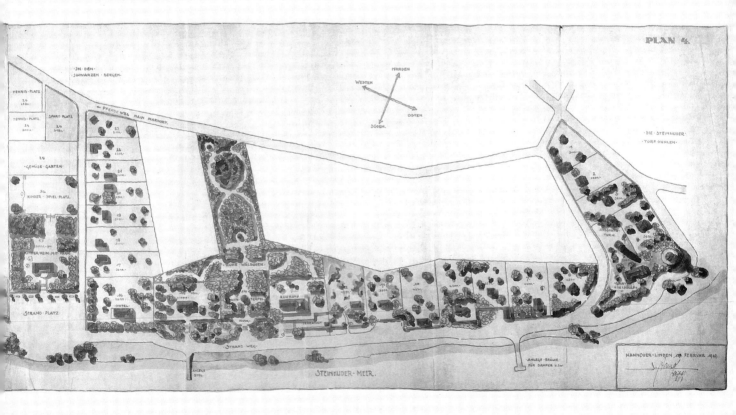

PLAN 4.

STEINHUDER·MEER.

Stelle weiterbetreiben, da mit Bahlsen noch verhandelt werde.[21]

Ob nun die fehlenden Verkehrsverbindungen – eine Kleinbahn wie am Südufer war weder vorhanden noch geplant, der Straßenbau sollte noch lange auf sich warten lassen – oder die schwierige Situation der Firma Bahlsen nach Kriegsende, die auch eine TET-Stadt nicht mehr erlaubte, oder Hermann Bahlsens Tod im November 1919 einer Realisierung des Projekts im Wege standen – es blieb bei der Ideenskizze, und die Entwicklung des Nordufers sollte in der Zukunft in ungeordneten Bahnen verlaufen.[22]

Porträt: Reformbewegte Touristin – Katharina Eleonore Behrend

Also, wenn morgen nicht ganz sonniges Wetter ist u. wir nicht zum Deister gehen, machen wir unsere Marschtour zum Steinhuder Meer. So sprachen am Abend des Pfingstmontags Walter, Hilde, Konstantin u. ich. Wir saßen auf dem Boden über Landkarten gebeugt. Vom Parkhaus schallte Konzert herüber. Uns kribbelte die Wanderlust bis in die Fingerspitzen. Wir wollen nicht zu spät zu Bett gehen, denn punkt 6 ist Abmarsch. – So beginnt im Reisetagebuch der hannoverschen Amateur-Photographin Katharina Eleonore Behrend die Beschreibung ihres ersten Ausfluges ans Steinhuder Meer am 9. Juni 1908. Die Zwanzigjährige und ihre Schwester Hilde waren so aufgeregt, daß sie eine unruhige Nacht hatten, zumal sie sich – durch fünfmaliges An-den-Kopf-klopfen – das Aufwachen um fünf Uhr einzuprägen versuchten: *Die Folge war höchst unruhiger Schlaf u. fortwährendes Aufwachen die ganze Nacht durch. Jetzt um 3! Also weiterschlafen. Jetzt 1/2 4! Noch immer zu früh! Etwas nach 4! Donnerwetter! 1/2 5! Ich hörte Hilde, die auch schon lange wach war, in der Bibel blättern. Weiterdämmern! Nun aber auf, etwas vor fünf! Unten war Wetterberatung. Doch zu wolkig für den Deister! Papa entdeckte schwere Regenwolken den ganzen Horizont umherziehen. Also Deister ist nichts. Mein Herz lachte immerhin, denn mich zogs vielmehr zum Steinhuder Meer.*

Nachdem ein Stapel Butterbrote bereitet war, ging es los – wie beim zu dieser Zeit noch rein männlichen Wandervogel auf Schusters Rappen, quer durchs Deistervorland: *Wunderhübsch wars von einem Dorf zum andern zu ziehen. Und wie hübsch, malerisch, ländlich sind die Dörfer. Ich hab sie zu gern!* schrieb Katharina Behrend enthusiastisch. Nicht allein das Ziel war wichtig: Der größte Teil

dieser ersten Steinhuder-Meer-Tour-Beschreibung umfaßt den langen Fußmarsch über Limmer, Harenberg, Döteburg, Kirchwehren, Latwehren, Ostermunzel, Kolenfeld, Haste, Idensen und Mesmerode nach Hagenburg – immerhin eine Strecke von rund 35 Kilometern. Ermöglicht wurde diese weite Fußwanderung letztlich durch die Steinhuder Meerbahn, die die müden Wanderer abends zum Wunstorfer Bahnhof brachte.

Katharina und ihre Geschwister gingen also nicht den kürzesten Weg von Hannover an den See. Doch die jungen Städter aus dem Bildungsbürgertum nahmen bewußt Natur und Landschaft, Dörfer und Städte wahr – und gaben der Wanderung eine kulturelle Weihe, wobei zunächst lichte Sagengestalten zum Vorbild genommen wurden: *Walter lernte mit lauter Stimme aus Siegfried: ‚Durch den Wald fort, in die Welt hinein! Wie ich froh bin, daß ich frei wurd, nichts mich hindert und hält.'.* Hier, in diesen Worten aus Wagners „Ring des Nibelungen" drückt sich gleichzeitig das Lebensgefühl der bürgerlichen Jugend aus, ein Drang nach Ausbruch und Freiheit aus wilhelminischer Enge. Kurz vor dem Ziel allerdings, als den Wandernden die Füße schmerzten und zum Durchhalten einige Disziplin erforderlich war, machte Walter *uns den Ölberschen Marsch vor, dum, dum, dum, dum, tschingeling.*

Katharina begeisterte sich an der *lachenden Sonne,* am *kornbedeckten Hügel,* am *prächtigen Eichenwald,* und fand: *entzückend wars hier inmitten der Felder zu rasten.* In Haste sahen sie *lauter bückeburgische Trachten,* besonders der *Sonntagsstaat zweier Frauen wurde bewundert: alles reich gestickt und prächtige Farben.* Den roten und blauen Anstrich der Häuser jedoch fand sie *scheußlich.* Nachdem Mesmerode durchquert war, konnte man das Steinhuder Meer sehen: *Dunkle Wolken waren inzwischen heraufgezogen u. bräunlich gelb lag der See in der klaren Luft, deutlich Wilhelmstein und die Ufer. Von Hagenburg tönte Schützenfestmusik herauf. Diese Musik belebte die letzte Etappe, bei der schon arg gehumpelt wurde.*

Und endlich waren wir da u. im Ratskeller, einer alten Bauernwirtschaft, sanken wir in ein rotes Sopha u. bestellten Schinken mit Ei u. Beefsteak u. tranken Milch u. waren vergnügt. Alle Leute hier in Hagenburg waren anläßlich des Schützenfestes betrunken. Auch der Herr Wirt, der mit heiserer, kläglicher Stimme die Rechnung aufstellte. Ein anderer Bauernbursch wusch alle Biergläser auf, obgleich er garnicht zum Wirtshaus gehörte u. alle Gäste torkelten.

Gegen drei erschien ganz nüchtern der Matrose, aber nun torkelten wir 4 auf steifen Beinen, sodaß der Matrose frug, ob wir getrunken hätten. Wir erzählten ihm aber von unserm Marsch u. er bewunderte ihn. Bald erreichten wir das fürstliche Schloß, in dem der Fürst sich aber nur zuweilen aufhält. Von da führt ein Kanal in den See. Nach einem Regenschauer stiegen wir ein u. nun glitten wir im Sonnenschein im Segelschiff ruhig den Kanal hinunter. Es war entzückend schön! So friedlich nach dem Marsch. Auf dem See wehte ein starker Wind u. fein sausten wir dahin. In einer halben Stunde etwa erreichten wir die Insel Wilhelmstein. Von der Waffensammlung dort war Katharina Behrend nicht gerade beeindruckt: *Alte Waffen etc. aber nicht besonders sehenswert;* aber vom See zu schwärmen wird sie nicht müde, trotz der flachen Ufer, denn: *schön ist weites Wasser immer.* Auch die Überfahrt in einem vollen Boot nach Steinhude unter goldigem Westhimmel war *sehr, sehr schön.*

Diese Tour mit ihren Eindrücken sollte der Beginn einer jahrelangen Leidenschaft werden – bis Katharina Behrend den Leidener Fabrikanten Arie Haentjens heiratete und nach Holland zog. Noch eine Reihe weiterer Ausflugsbeschreibungen sind von ihr erhalten, die sie ihrem Reisetagebuch und ihrem „normalen" Tagebuch anvertraut hat. Diese Aufzeichnungen sind zusammen mit den Fotos von Katharina Behrend eine einzigartige Quelle für die wilhelminische Phase des Steinhuder-Meer-Tourismus. Schon dominierte das Kleinbürgertum die erholungsuchenden Massen, das Beamten-, Besitz- und Bildungsbürgertum suchte sich Nischen: Beim Segeln, an Werktagen, ungestört vom Wochenendtrubel, und am Weißen Berg, der noch wenig besucht wurde. Hier fanden auch Katharina Behrend, ihre Familie und ihre Freunde ein kleines Paradies. Regelmäßig wurde auf dem Weißen Berg Picknick gehalten. Während Milch, Korinthenbrote und Schokolade verzehrt wurden, bliesen Hilde oder der Familienfreund Friedel auf der Flöte „Muß i denn zum Städele hinaus", „Der Mai ist gekommen", das Weserlied oder „Freut Euch des Lebens", welche Worte Katharina überschwenglich auch als Motto an den Schluß der Tourbeschreibung vom 29. Mai 1909 setzte. Vor oder nach dem Picknick wurde gebadet – ungestört von anderen Menschen, zumal man bevorzugt wochentags anreiste. Auch fuhr die Familie Behrend gern schon früh im Jahr ans Meer, bevor Anfang Mai oder zu Himmelfahrt der große Ansturm losbrach: so am 19. April, dem letzten Osterferientag 1909, oder am 28. März und am 2. April 1910. Hier offenbart sich nicht nur der Luxus, über die Zeit frei verfügen zu können, sondern auch die Suche wohlhabender Städter nach einsamer Natur.

Katharina Behrend: „Triton und Nereide", links im Hintergrund der Weiße Berg (Niederländisches Fotoarchiv, Rotterdam).

Die Frau, die diese Zeitsouveränität genießen konnte und auch die Muße hatte, ausführliche Beschreibungen über ihre Ausflüge und Reisen zu verfassen, war die Tochter von Robert Behrend, Professor der Chemie an der Technischen Hochschule Hannover. Ihre Mutter war eine Tochter des Theologen Konstantin von Tischendorf. In Hannover wohnte die Familie am Herrenhäuser Kirchweg, unweit der Hochschule, der Herrenhäuser Gärten und damit auch des oben erwähnten Parkhauses mit seinen Konzerten. Die Behrends waren den schönen Künsten zugetan, musizierten gemeinsam, die Kinder spielten im Behrendschen Haus Theater vor zahlreichem Publikum.[23] Oft unternahm die Familie – neben kürzeren und längeren Reisen nach Nordafrika, in die Alpen, nach Köln oder auf die Insel Langeoog – Ausflüge in die nähere und weitere Umgebund, Hannovers. Die am 9. Juni 1908 ausgefallene Deister-Tour wird schon am nächsten Tag nachgeholt; das Ziel Nordmannsturm wird auch am 8. Juni 1912 angesteuert. Am 31. August 1907 startet eine zweitägige Tour in die Lüneburger Heide. Häufig finden sich auch Tagebuch-Einträge Katharinas wie *Papa & ich Benther Berg*, so z.B. am 11. September 1909.

Hilde, Katharina (stehend) und ihr Verlobter Arie 1912 auf dem Steinhuder Meer. *Herrlicher Tag*, vermerkt Katharina in ihrem Tagebuch (Niederländisches Fotoarchiv, Rotterdam).

Nachdem Katharina 1904 ihre Schulzeit an der Höheren Töchterschule beendet hat, bildet sie sich auf eigene Faust auf verschiedenen Gebieten weiter, ohne eine Berufstätigkeit anzustreben. Sie nimmt Klavier- und Sprachstunden, besucht kunsthistorische und sozialpolitischen Vorlesungen an der Hochschule und ist Mitglied in der evangelischen Jugendgruppe für „soziale Hülfsarbeit". Außerdem engagiert sie sich gemeinsam mit ihrer Mutter und ihrer älteren Schwester Else in der „Reformkleidbewegung". Die Veranstaltungen des seit 1900 bestehenden hannoverschen „Vereins zur Verbesserung der Frauenkleidung" wurden von den Behrend-Frauen ebenso besucht wie Reformkleid-Ausstellungen. Schon vor der Jahrhundertwende schlossen sich bürgerliche Frauen in vielen Städten in Vereinen zusammen, die gegen das Korsett und andere ungesunde Kleidung arbeiteten. Vor allem das Korsett galt

als ein Symbol für die weibliche Unterdrückung. Die in der Kleiderfrage aktiven Frauen sind als pragmatische Gruppierung innerhalb der bürgerlichen Frauenbewegung anzusehen. Gleichzeitig sind die Anhängerinnen der Reformkleidung der Lebensreformbewegung zuzurechnen, die in der Industrialisierung eine Abkehr von der natürlichen Lebensweise sah. Auch Katharina hatte bereits als 15jährige ein Kulturprogramm des Frauenbildungs-Reformvereins besucht.

„Natürliches" und „gesundes" Leben suchte Katharina Behrend auch auf ihren Ausflügen ans Steinhuder Meer, wie wir aus ihren Tagebuchaufzeichnungen entnehmen können. Katharina und Walter bildeten den sportlicheren Teil der Familie und fuhren öfters auch mit dem Fahrrad ans Steinhuder Meer, während ihre anderen Geschwister und Cousin Tini mit der Bahn anreisten. Zwar waren sie keine Vegetarier, wie das Mittagsmahl im Hagenburger Ratskeller zeigt, aber Milch als „gesundes" Nahrungsmittel und antialkoholisches Symbolgetränk spielte auf den Touren ans Meer eine große Rolle.[24] In Steinhude angekommen, deckten sie und ihre Geschwister oder Freunde sich regelmäßig beim Bauern mit Milch ein, bevor sie aufs Meer ruderten. Am 1. Juni 1909 heißt es im Tagebuch: *Im Dorf Milch gekauft. Ein freundliches Mädchen hilft uns,* und am 2. April 1910: *Hedwig & ich gingen in unser altbewährtes Bauernhaus, um Milch zu holen, die anderen voraus zum Strandhotel, um die Boote zurecht zu machen. Unsere Bauerfrau backte aber an dem Tag, so füllte sie uns nur 2 Liter in die dicke, alte Flasche & wir gingen in andere Bauernhäuser, bis endlich einer uns noch mehr Milch geben konnte.* Der Milchkauf gab Katharina die Gelegenheit, aufmerksam und beeindruckt die ländliche Lebensweise zu beobachten: *Die Familie sammelte sich gerade zum Mittagessen; auf dem Tisch stand eine große Schüssel mit Kartoffelmus, daneben eine Pfanne mit Tunke, die Kinder sassen schon im Sopha und langten in den Brei.*

Auch bei anderen Ausflügen bewies sie große Neugier für das Leben der Einheimischen, denen sie sich recht unbefangen näherte: *Dabei guckte ich in verschiedene alte Häuser da am Strand hinein. So hübsch die grosse Diele mit alten schön geschnitzten Schränkchen & Fischernetzen an der Decke, Kuhställen rechts & links am Eingang & Wohnzimmern im Hintergrund. Bei einer alten Frau wars besonders nett. Sie wollte uns erst einen Topf leihen, als sie aber hörte, dass wir zum weissen Berg wollten, seufzte sie: ‚Ach, wenn sie 'n man da nich kaput machen.' Dabei war es ein alter Blechtopf.*

Ausführlich vermerkte Katharina auch die Art ihrer Bekleidung bei den Steinhuder-Meer-Ausflügen, um ihre bewußte Lebensweise zu dokumentieren. Hier zeigt sie sich und ihre Freunde und Geschwister nicht nur als Anhängerin der Kleidungsreform, sondern auch des „Naturismus" (der Nacktkultur). Über das Wandern durch Steinhude am 29. Mai 1909 schreibt sie: *Ich hatte Müller-Sandalen an, das war so leicht & luftig,* wobei die in Klammern hinzugefügte Einschränkung *allerdings mit Strümpfen* schon sehr bedauernd klingt. Später im Boot beobachtete sie beim Bruder: *Walter hatte auch weder Schuhe noch Strümpfe an, war aber sonst bekleidet.* Schon drei Tage später sind sie wieder auf dem Meer, und nun wagt der Bruder mehr: *Walter nackt, Erika & ich sehr erleichtert in Gewandung,* wie sie öfters, entsprechend der lebensreformerischen Opposition gegen die moderne Zivilisation, anstelle von „Kleidung" sagt. Ein Foto von diesem Tag zeigt ihn jedoch noch mit Badehose und Strohhut bekleidet, zusammen mit Erika im Unterrock. Katharina betitelte das Bild, das im Hintergrund den Weißen Berg zeigt, *Triton und Nereide,* nach dem Sohn des Meeresgottes Poseidon und der Meerjungfrau, Tochter des Nereus – und in Anlehnung an das gleichnamige, naturmythisierende Gemälde von Arnold Böcklin. Ins Tagebuch schrieb sie über das Bild *geriet vortrefflich* – das Motiv scheint ihrem Ideal vom Aufenthalt in der Natur sehr nahe gekommen zu sein.

Aber auch Katharina selbst zeigt sich als Anhängerin der Nacktkultur, wie es von Teilen der Lebensreform verfochten wurde. Natürlichkeit und Gesundheit waren dabei die Leitbilder, Luft und Licht sollten dem Körper wohltun. Gleichzeitig vermittelte das „Luftbaden", also das Nackt-sein, das Gefühl der Befreiung von gesellschaftlichen Zwängen. Von ihrer Langeoog-Reise im Juli 1908 berichtet Katharina ihrem Tagebuch: *Am Strand, in den Dünen folgt dann stundenlanges Luft & Sonnenbad. Und man schaut auf das Meer hinaus & sehnt sich wieder darin zu schwelgen. Köstlich ist 's auch, so in der Sonne zu liegen, die glühend herabbrennt und den ganzen Körper durchsonnt. Die Hände spielen im weißen Sande & die Blicke gehen übers Meer in endlose Fernen & man fühlt sich so wohlig & wunschlos. Nur in der Sonne liegen! Meine Mutter ist die Sonne & ich weiss sie hat mich lieb! Und so träumt man nackend bis zum Essen.* Die Sonne wird geradezu vergöttlicht und Katharina fühlt sich ihr verbunden selbst als Sonnenkind. Sich nackt im Freien zu bewegen ist auch im hannoverschen Licht- und Luftbad in der Eilenriede möglich. So heißt es im Tagebuch vom 28. Juni 1910: *Luftbad am Steuerndieb, ganz nackt, sehr viel Spaß,* oder am 2. September 1911: *ohne Gewandung gebadet. Luftgebadet in paradiesischer Wonne!* Ebenso traut sie sich bald am Steinhuder Meer, dem Drang zur Nacktheit nachzugeben, traditionelle Sittlichkeitsvorstellungen zu ignorieren und die von den Moralvorstellungen der Zeit gebotene Distanz zu anderen Menschen anzutasten: *... ich ruderte dann ganz nackt bis in Menschennähe. Man kann so wenig sagen, wie schön es war.* (1. Juni 1909). Auch am 6. Juni 1912 ließen Katharina und ihr zukünftiger Ehemann Arie zusammen mit ihrer Schwester Hilde Hüllen und Konventionen fallen und sich von Else nackt im Boot fotografieren. Dieses Foto ist das erste am Steinhuder Meer aufgenommene „Nacktfoto" und so das frühe Dokument einer Bewegung und eines Lebensgefühls, die bald zahlreiche Anhänger finden sollten.[25]

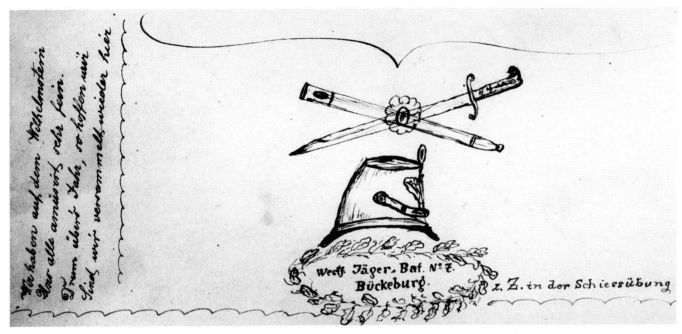

Einträge mit Skizze und Gedicht von Soldaten des Bückeburger Jäger-Bataillons (StAB, Fürstliches Hausarchiv).

Thema: Tourismus im Zeichen des Mars

Von Anfang an war der Wilhelmstein ein Pilgerziel für Militärs und militärisch Interessierte. Da dies auch für das örtliche Fremdenverkehrsgewerbe bedeutsam war und ist, verdient ein solches Motiv für den Besuch des Steinhuder Meeres nähere Betrachtung.

Immer wieder verwiesen Besucher in ihren Schilderungen auf den einstigen Festungscharakter der Insel, auf die frühere Kriegsschule und ihren berühmten Schüler Scharnhorst. Zunächst war es jedoch der Mythos, der hessischen Belagerung im Jahre 1787 widerstanden zu haben, der einen frühen Besucher-„Boom" auf der Insel auslöste: Nachdem vorher nur wenige Dutzend Menschen jährlich die Inselfestung besucht hatten, waren es noch 1787 erstmals über hundert Gäste. Ab 1790 steigerte sich die Besucherzahl bald auf 200-300 im Jahr.

Ein weiteres Objekt des militärischen Interesses war die Waffen- und Geräteausstellung. August Freudenthal etwa strebte zuerst das Artilleriemuseum und die Waffensammlung auf dem Wilhelmstein an, wo er *recht viel des Interessanten* zu sehen fand – und hinterher ausführlich auflistete.[1] Und als ein Dr. H. Schmidt im Jahre 1934 „eine Fahrt nach dem Wilhelmstein zu Großvaters Zeit" rekonstruierte, schrieb er über die Waffensammlung, sie gewähre *einen lehrreichen Einblick in den Schaffensgeist der Kriegskunst der Zeit.* Die auf der Insel aufgestellten Kanonen verklärte derselbe Autor zu *eisernen Helden* aus der 1759 gegen den „Erbfeind" Frankreich geschlagenen Schlacht: *Die alten Geschütze, die einst vor Minden Deutschlands erbittertsten Gegner bezwangen, liegen friedlich, als stumme Zeugen der Vergangenheit vor dem Eingang der Festung. Nur am Geburtstage des Landesherrn noch kommen Sie zu Ehren und lassen über das Meer hin ihren Gruß vernehmen.*[2] Im Museum des Wilhelmsteins sind noch heute zwei Gemälde jener Schlacht zu sehen.

Die von den Fürstlichen Matrosen geführten Verzeichnisse der Fremdenfahrten und die Fremdenbücher belegen die oftmalige Ankunft von Kriegervereinen wie auch von aktiven Offizieren und Soldaten. Das in Bückeburg stationierte Westfälische Jäger-Bataillon Nr. 7 weilte jährlich zu Übungen in der Nähe des Meeres; bei dieser Gelegenheit besuchten Soldaten und Offiziere regelmäßig die Inselfestung. Am 8. August 1869 kam laut Fremdenbuch mit 300 Mann fast das ganze Bataillon auf den Wilhelmstein – Schwerarbeit für die Fürstlichen Matrosen!

Auch altgediente Veteranen besichtigten den Wilhelmstein. So manche der Kriegervereine, die nach dem Deutsch-Französischen Krieg 1870/71 wie Pilze aus dem Boden geschossen waren, unternahmen eine Pilgerfahrt zur Insel, so der Bezirk Hannover-Linden des Deutschen Krieger-Bundes mit 80 Personen am 6. Juni 1881.[3]

Von kriegerischem Geist beseelt waren in den Jahren vor dem ersten Weltkrieg ein Großteil der deutschen Männer. Hatte ein Fremdenbuch-Einträger 1885 noch die Kapitulation der Dicht- vor der Kriegskunst bekannt: *Bei den vielen Kanonen – und blauen Bohnen – die hier liegen umher – wird das Dichten sehr schwer – drum eil't ich zum Schluß – weil ich weiter muß – – – –*, so fühlte sich Ostern 1910 ein Berliner Rechtsanwalt zu dem Reim . . . *der Anblick der Böller und Granaten/Begeistert uns zu Heldentaten* animiert.

Als im Mai 1898 Angehörige des Unteroffizier-Corps der 2. Batterie des Feldartillerie-Regiments „Scharnhorst" im Fremdenbuch den Namensgeber ihres Regiments hochleben ließen, wendete sich das Interesse auch wieder stärker den historischen Persönlichkeiten zu, die mit der Insel Wilhelmstein verbunden waren. Die Scharnhorst-Begeisterung flammte vor allem in den Jahren vor Beginn des Ersten Weltkrieges auf; in ihm wurde der Schöpfer der allgemeinen Wehrpflicht bejubelt. In seinem nur wenige Kilometer vom Meer entfernten Geburtsort Bordenau wurde anläßlich seines 150. Geburtstages am 12. November 1905 ein Gedenkstein aufgestellt,[4] für den Rektor Hermann Tiemann aus Oelsburg bei Peine ein Grund, die Palette der Ausflugsziele rund ums Steinhuder Meer um das Leinedorf zu ergänzen. Tiemann drängte in seiner 1907 erschienenen „Geschichte der Festung Wilhelmstein", *daß es doch wohl eine Ehrenpflicht des deutschen Volkes sei, auch auf dem Wilhelmstein im Steinhuder Meere ein Scharnhorstdenkmal zu errichten, vielleicht in Gestalt einer Gedenktafel, die den Besucher der Insel sofort daran erinnert, daß der Boden, den sein Fuß betritt, geweihter Boden ist, geweiht durch den Aufenthalt eines der größten Söhne des Vaterlandes.*[5]

An mangelnder Begeisterung für Scharnhorst dürfte es nicht gelegen haben, daß die von Tiemann vorgeschlagene

Stiftung einer Gedenktafel nicht zustande kam, eher daran, daß die Inselfestung auch ohne Tafel als Stätte des Gedenkens an Scharnhorst galt, dem Preußen *die Erstarkung seiner Macht* zu verdanken habe: *Der Wilhelmstein ist ... ein Denkmal Scharnhorst's als erste Bildungsstätte in seiner militärischen Laufbahn,* stellte der „Illustrierte Führer Bad Rehburg, Steinhuder Meer und Umgebung" fest und und appellierte an die Besucher: *Wir aber wollen dem schlichten, oft verkannten, bedeutenden Manne, der für sein Vaterland sich heldenmütig opferte (✝ 1813) ein dauerndes, ehrendes Andenken bewahren.* Am Vorabend des Ersten Weltkriegs strahlte der Ruhm Scharnhorst aufgrund seines „Opfertodes" fürs Vaterland noch heller.

Neben Scharnhorst wurde auch dessen Lehrer, Graf Wilhelm, geehrt. Kein Stückchen Natur als sonntägliches Fluchtziel, *nicht die Kirche zu Stadthagen und auch nicht die zu Bückeburg,* weder die Arensburg noch *die alte Bauerntracht,* sondern Wilhelms künstliche Insel empfahl Hermann Löns seinen Lesern in der Heimatbewegungs-Zeitschrift „Niedersachsen" als wichtigste Sehenswürdigkeit im Lande Schaumburg-Lippe. Graf Wilhelm sei *einer der größten, besten und edelsten deutschen Fürsten* gewesen. Er lobte den *Kanonengrafen* als vorbildlichen Landesvater, genialen Feldherrn und innovativen Erfinder von Kriegswaffen. Deshalb forderte er, ebenso von religiöser Inbrunst ergriffen wie Tiemann, *mit dem Hut in der Hand sollte jeder deutsche Mann das Inselchen betreten.* Wilhelm ein Denkmal zu setzen sei nicht nötig, *erbaute er sich doch selber eins: Die allgemeine Wehrpflicht.*[6]

Die Bahlsen-Söhne in Marine-Uniform erstürmen den Weißen Berg (Bahlsen-Archiv Hannover).

Kriegsspiele am Meer

Die Allgemeine Wehrpflicht erfaßte den gesamten männlichen Teil der deutschen Bevölkerung ab dem 18. Lebensjahr. Im aggressiven Klima des späten Kaiserreichs war die Generalität im Bündnis mit der politischen Führung und der Lehrerschaft bestrebt, den Kreis der Wehrfähigen auch auf das Knabenalter auszudehnen. Dabei wurden die Interessen der Jugendbewegung am intensiven Erleben von Natur und Landschaft und die Abenteuerlust funktionalisiert für die Erziehung zur „Wehrhaftigkeit". Der „Wandervogel – Vaterländischer Bund für Jugendwandern" hatte dies 1913 auch in seine Satzung aufgenommen: *Neben dem Wandern sollen Geländeübungen und Kriegsspiele eine sorgfältige Pflege finden.*[7] Da am Wandern kritisiert worden war, daß dabei das für die Jugend so wichtige Austoben fehle, stellten die Kriegsspiele eine willkommene Ergänzung dar.[8]

In der vormilitärischen Erziehung engagierten sich insbesondere die Schulen und ihre Lehrkörper. Wie solche Kriegsspiele aussahen, zeigt die Schilderung einer solchen Übung von Wunstorfer Scharnhorst-Schülern durch den späteren Konrektor Gerth: *Und dann kam das große Ereignis, das „Kriegsspiel"! Die Oberkommandierenden waren die Lehrer Stosch und Clarck. Sie hatten den Operationsplan entworfen, und jenseits des Steinhuder Meeres fand dann das denkwürdige Treffen zwischen der blauen und der roten Partei statt. Die „Krieger" waren ausgerüstet mit Bambusspeeren, deren oberes Ende von einem dicken roten oder blauen Stoffbausch, der mit entsprechender Kreide eingefärbt wurde, versehen. Die StMB brachte die Truppe nach Steinhude. Die großen Segelboote, die „Utwannerer", transportierten die beiden Verbände in ihre Ausgangsstellungen westlich und östlich des Weißen Berges. Und dort auf der Düne prallten die beiden feindlichen Truppen aufeinander; da schwirrten die Speere, gab es „Tote" und Verwundete, griffen „Unparteiische" ein, wenn ein Toter sich als angriffslustig erwies. Dann folgte die Heimfahrt. Wie die Helden von Troja stießen sie vom sandigen Strande ab und landeten glücklich. Sieger und Besiegte fuhren mit der Kleinbahn heimwärts, und dann folgte der stolze Einmarsch in die Stadt vom Kleinbahnhof her. Die Kapelle Ahlers spielte im Wechsel mit dem Trommler- und Pfeiferkorps der Schule flotte Märsche; Rot und Blau trabten munter dahinter her, mancher mit dem Zeichen des blutigen Kampfes am Kopf, mit Mullbinden bandagiert und mit roter Tinte gefärbt. Den Beschluß machte auf Rädern der Sanitätstrupp, der mit seinen Rotkreuzbinden Zeichen des Friedens aufrichtete, der so rauh schon 2 Jahre später durch auch ein Kriegsspiel der Völker zerstört wurde.*[9]

Die der Arbeiterbewegung nahestehenden „Naturfreunde", die 1912 zum Weißen Berg gewandert waren, um dort zu baden und Sport zu treiben, hatten für derlei martialisches Gehabe nichts übrig: *Eines doch störte den Frieden. Fortwährendes Trompetengeschmetter durchschallte die Luft, Jungdeutschland, die ‚Jugendwehr' hatte ihr Lager unweit des unseren aufgeschlagen. Man fühlte sich fast auf den Kasernenhof versetzt.*[10] Der „Jungdeutschland-Bund" war 1911 gegründet worden, um die vormilitärische Erziehung als Bestreben staatlicher Jugendpflege zu institutionalisieren. Daß der Bund wie auch andere *vaterländische Vereine* gern sein „Café Fischerhaus" aufsuchten, betonte Inhaber Schuster in einem Konzessionsgesuch im Oktober 1913.[11]

Mit Ausbruch des Ersten Weltkrieges wurde die Aufstellung von „Jugendwehren" und das Veranstalten von Kriegsspielen intensiviert. Bereits zwei Wochen nach Kriegsbeginn gaben der preußische Kriegsminister, der Innen- und der Kultusminister einen *Erlaß betreffend die militärische Vorbereitung der Jugend während des mobilen Zustands* heraus. Hierin verfügten sie die Aufstellung von Jugendkompanien, die Abhaltung von Marsch- und Geländeübungen einschließlich Karten- und Spurenlesen. Der Abend sollte „vaterländischen Erzählungen" und Liedern gehören.[12]

Vertreter der Heimatbewegung frohlockten in der Zeitschrift „Niedersachsen", die geforderten Ausmärsche böten eine *erwünschte Gelegenheit, die Heimat gründlich kennen zu lernen,* denn *zur Weckung der Vaterlandsliebe,* die wiederum in der Liebe zur Heimat wurzele, sei deren Kenntnis *unerläßlich.* Die Heimatliebe aber wurde als die *Quelle unserer sittlichen und kriegerischen Kraft* auch im gegenwärtigen Weltkriege ausgemacht. Die Vorbereitung auf militärische Erfordernisse ließ sich mit praktischer Heimatkunde in Einklang bringen: Die Kenntnis der *Geheimnisse des Kartenlesens* war nun auch ein wertvolles Hilfsmittel *im Feindesland,* und die Deutung von Flurnamen kam dem *Kundschafterdienst* zugute. Die *Merkzeichen der Natur* beachtet zu haben, sei schon für manchen *Ursache wertvoller Erkundung oder der Rettung in Feindesland geworden.* Zudem ergebe sich die *Gelegenheit, in die Heimatgeschichte einzudringen.*[13]

Außer durch Ermäßigung der Bahntarife wurde die Jugendwehrsache auch anderweitig nach Kräften gefördert. So gestattete das Militär die Übernachtung in Kasernen und die Abgabe von Kartenmaterial. Der Magistrat der Stadt Neustadt a. Rbge. bewilligte Geldmittel für Ausrüstungsgegenstände, 1915 etwa für 50 Feldmützen, zwölf

Hans Bahlsen, der älteste Sohn Hermann Bahlsens, posiert als Marine-Infanterist (Bahlsen-Archiv Hannover).

Zeltbahnen und je zehn Generalstabskarten der Sektionen Neustadt und Wunstorf.[14]

Das Steinhuder Meer war auch weiterhin attraktives Ziel solcher Unternehmungen, bot es doch sowohl interessantes Gelände wie auch das Andenken an historische Vorbilder. Für den Ausflug der *Jungmannschaften* eines westfälischen Amtsbezirks am 26. September 1915 gewährte die Hofkammer freien Eintritt auf dem Wilhelmstein. Die Steinhuder Motorboots-Betriebsgenossenschaft wiederum beförderte am 18. August 1915 200-300 Verwundete unentgeltlich übers Meer.

Dank für die *geübte Förderung der Jugendwehrsache in Stadthagen* richtete der dortige Oberlehrer Metzler der Hofkammer im September 1915 aus. Seinen *Jungmannen* konnte er in Gestalt des Sohnes des früheren Insel-Feldwebels einen orts- und fachkundigen Begleiter bieten: *Herr*

Wunstorfer Jugendwehr 1914 (Stadtarchiv Wunstorf).

Schloßgärtner Manns-Stadthagen ein sehr artiges Mitglied des Ausbildungskörpers der hiesigen Jugendkompanie wird den Jungens einen Vortrag über die vaterländische und heimatliche Bedeutung des Wilhelmsteins halten.

Auch dem Lehrer Reese, Mitglied im Vorstand des MTV „Eintracht" Wendthagen, erschien es *von der größten Bedeutung, ... an geschichtlicher Stätte auf den Schöpfer der allgemeinen Wehrpflicht* hinzuweisen, *dieser von unseren jetzigen Feinden so sehr gehaßten, aber darum um so mehr gefürchteten und deshalb nachgeahmten Einrichtung.* Der Verein hatte sich zwecks militärischer Vorbildung der Jugend *unter die Oberleitung des Stellvertretenden Generalkommandos* gestellt und plante eine *Marschübung* zur Seeprovinz mit Besichtigung des Wilhelmsteins für den 17. Juni 1917. Daß die gewünschten Ziele nun, im fortgeschrittenen Stadium des Krieges, noch vollkommen ungebrochen erreicht wurden, läßt sich allerdings bezweifeln: Ebenfalls am 17. Juni 1917 besuchte zufällig auch der Vaterländische Frauenverein Hagenburg/Altenhagen mit

80-90 Lazarettpfleglingen aus Bad Rehburg die Insel. Ein Zusammentreffen mit den Verwundeten und ihren dreijährigen Erfahrungen von Stellungskrieg, Gasangriffen und Massengräbern dürfte auf die Wendthäger Jungs ziemlich ernüchternd gewirkt haben. In einem Dankschreiben an die Hofkammer berichtet Lehrer Reese jedoch nur von einem *Höhepunkt im Leben der Jungmannen.*[15]

Daß aus den „Kriegsspielen" blutiger Ernst geworden war, dokumentierte in den zwanziger Jahren eine große „Ehrentafel" auf dem Flur der Wunstorfer Scharnhorstschule. Auf dieser prangten die Fotografien der im Krieg gefallenen ehemaligen Realschüler, in der Mitte ein großes Foto des ebenfalls gefallenen Lehrers und einstigen „Oberkommandierenden" am Steinhuder Meer Stosch.[16]

Ausflug von Lazarett-Pfleglingen am Steinhuder Strandhotel am „Sedantag" 1915 (Hermann Beckedorf, Steinhude).

Auf ein Neues!

Bald schon wurde auch das Steinhuder Meer wieder zur Vorbereitung auf den nächsten Krieg genutzt. Die Kavallerieschule Hannover mietete ein Strandhäuschen am Ostenmeer und schaffte zur Pionier-Ausbildung von Fähnrichen Boote an. Für ein Segel-, ein Ruder- und drei Faltboote erbat die Schule die Befreiung von den üblichen Gebühren; man war der Meinung, daß die *Angehörigen der Wehrmacht in der Ausübung ihres Dienstes einer Besteuerung nicht unterliegen.* Die Meereseigentümer, also die Hofkammer und die schaumburg-lippische Landesregierung, wollten solch seriösen Zielen keine Hindernisse in den Weg setzen: Nach einer Besprechung mit einem Offizier der Schule im November 1926 verzichteten sie auf die Gebühren für die Boote.[17]

Heimisch am Steinhuder Meer durfte sich auch der „Stahlhelm", der „Bund der Frontsoldaten" fühlen. Im „Hannoverschen Stahlhelm", der regionalen Verbandszei-

tung, inserierten manche Gaststätten am 1. Mai 1932 unter der Rubrik „Wohin zum Wochenend" und empfahlen den *Stahlhelmkameraden* ihre *gemütlichen Räume* (so der Schaumburger Hof); die Großenheidorner Gastwirtschaft „Zum Bahnhof" und das Restaurant auf dem Wilhelmstein warben als *Verkehrslokale* des Stahlhelms um dessen Mitglieder. Diese stellten sicher eine willkommene Kundschaft dar, da sie in der Regel in größeren Trupps eingekehrt sein dürften. Darauf hofften die Wirte sicherlich auch am Sonntag, dem 8. Mai 1932. Dieser Tag war als zweiter Tag der „Mittelstands-Schulungs-Tagung" des Stahlhelms in Hannover ausschließlich der Geselligkeit in Gestalt von Ausflügen vorbehalten. Neben Touren zum Hermannsdenkmal, in den Harz oder nach Helgoland wurde für 2,50 RM auch eine *kleine Rundfahrt mit dem Gesellschaftsauto* ans Steinhuder Meer angeboten, wo ein langer Aufenthalt zum Rudern, Segeln und Schwimmen lockte.

Auch 1933 kamen Stahlhelmer ans Meer: Anläßlich des „Reichsfrontsoldatentages" hatte der Bund das Reise-

Anläßlich des Stahlhelm-Tages 1933 in Hannover erschien diese Postkarte. Die Bildnisse Graf Wilhelms und Scharnhorsts werden umrankt von Versen aus Ernst Moritz Arndts „Vaterlandslied" von 1812 – eine Kombination, die als höchst aktuell angesehen wurde und auf den Versailler Vertrag zielte, der in der rechten Propaganda Deutschland angeblich „knechtete" (Hermann Beckedorf, Steinhude).

büro der Hamburg-Amerika-Linie mit der Touren-Organisation beauftragt. Das Reisebüro kündigte der Hofkammer am 21. Juni einen Sonderzug von mindestens 300 Teilnehmern an und bat um Ermäßigung, die im Falle einer Teilnahme von mindestens 100 Stahlhelmern auch bewilligt wurde.[18]

Anderthalb Jahrzehnte nach Ende des Ersten Weltkrieges waren die Gefallenen bereits wieder aus dem öffentlichen Bewußtsein verdrängt: 1934, im Jahr der *vom Führer ... wieder errichteten Wehrfreiheit unseres Volkes* unterzeichneten der Hagenburger Ortsgruppenleiter Edeler und Bürgermeister Reinhard den als Petition formulierten *starken Wunsch der Bevölkerung Hagenburgs, ... das Hagenburger Schloss mit Knick, Kanal und Wilhelmsteiner Feld und die Insel Wilhelmstein – die Wirkungsstätten des Schöpfers der allgemeinen Wehrpflicht und des Reorganisators der deutschen Armee – durch die Reichsregierung, vielleicht am 12. November d.J., dem Tage der 180. Wiederkehr des Geburtstags Scharnhorsts, zu Ehrenstätten der deutschen Wehrmacht weihen zu lassen.*[19]

Zwischen den Zeilen dieser Petition läßt sich ein Vergleich Hitlers mit Scharnhorst lesen. Die Situation während der napoleonischen Zeit, als Scharnhorst die preußische (nicht die „deutsche") Armee reorganisierte, wurde parallel betrachtet zur Situation im Jahre 1934. In diesem Jahr brach Hitler den Versailler Vertrag, der die allgemeine Wehrpflicht abgeschafft und die Heeresstärke auf 100.000 Mann beschränkt hatte.

Die beanspruchte Weihe für die Hagenburger Örtlichkeiten und den Wilhelmstein hätte den Fremdenverkehr, vor allem in Gestalt von Wehrmachtsangehörigen und Soldatenverbänden, noch weiter belebt und sich für das touristisch mittlerweile bedeutungslose Hagenburg in klingender Münze ausgezahlt.

Nicht nur für die ideologische Aufrüstung, auch für die militärische und vormilitärische Praxis blieb das Steinhuder Meer während des „Dritten Reiches" als Übungsgewässer von Bedeutung. *Um die Jugend für den Gedanken deutscher Seegeltung* zu gewinnen, galt es, *Jugendgruppen zusammenzustellen und vorzubilden, die sich besonders für* den Dienst in der Kriegsmarine eignen.[20] An geeigneten Gewässern wurden deshalb Marine-HJ-Einheiten stationiert, so auch am Steinhuder Meer: in Steinhude und im „Seestern" am Mardorfer Strand. Der Kutter der Steinhuder Marine-HJ war auf den Namen „Admiral Scheer" getauft, nach dem Marine-Befehlshaber des Ersten Weltkriegs.[21]

Auch während des Zweiten Weltkrieges diente das Steinhuder Meer Militäreinheiten zur Übung. Wieder kamen auch die Verwundeten, denen ein wenig Erholung am Steinhuder Meer gegönnt werden sollte. Diese, die Leib und Leben „für Führer und Vaterland" aufs Spiel gesetzt hatten, genossen Vorrang vor „normalen" Besuchern: So beschwerte sich 1941 ein Gastwirt aus Hannover-Linden bei der Hofkammer darüber, daß ihm die Beförderung von

Steinhude zur Mardorfer Warte verweigert worden sei, obwohl eine Truppe von 130 genesenden Soldaten erst zwei Stunden später übers Meer gefahren werden sollte. Der gerügte Berufssegler warf dem Gastwirt im Gegenzug *wenig Volksempfinden für die Verwundeten* vor.[22]

Noch heute übt der Wilhelmstein durch die ihm von Graf Wilhelm und Scharnhorst verliehene Aura eine Anziehung für Besuche und Veranstaltungen militärischen Charakters aus. Nachdem die Bundeswehrführung die einige Jahre lang geübte öffentliche Zurückhaltung aufgegeben hat, werden wieder öffentliche Rekrutengelöbnisse veranstaltet. 1995 war dies auch in Bordenau der Fall, dem Geburtsort Scharnhorsts, der auch der bundesdeutschen Armee als eines ihrer Vorbilder gilt. Der Gedanke lag nicht fern, auch

Feierliches Gelöbnis im Juni 1997: Bundeswehr unter wehenden Fahnen vor dem Hauptwerk des Wilhelmsteins (Foto: Hermann Beckedorf, Steinhude).

auf dem Wilhelmstein ein feierliches Gelöbnis in Szene zu setzen, zumal sich so ein Zeichen für die in die Diskussion geratene allgemeine Wehrpflicht setzen ließ. Außer der historischen Weihe hat der Ort wie schon 1787 den Vorteil seiner günstigen strategische Lage: Gegendemonstrationen, wie sie regelmäßig zu solchen Anlässen und auch in Bordenau stattfanden, waren auf der kleinen und leicht abzuschirmenden Insel kaum zu befürchten.

Das im Juni 1997 zelebrierte Gelöbnis auf der Festungsinsel blieb denn auch weitgehend ungestört. Die meisten der rund 250 Besucher waren Angehörige der 80 Rekruten der Panzerbataillone 33 aus Luttmersen und 214 aus Augustdorf/Westfalen. Immerhin hatten rund 20 unentwegte Militärdienstgegner die Mühen einer Tretbootfahrt übers Meer nicht gescheut, um ihre Einstellung zu solchen Veranstaltungen mittels *bundeswehrfeindlicher* Transparente zu bekunden. Die Wasserschutzpolizei hielt es für geboten, die Plakate der Demonstranten zu beschlagnahmen, und so konnten die Rekruten unbeirrt beeiden, die *Bundesrepublik Deutschland tapfer zu verteidigen.* Wie üblich wurden alle Teilnehmer der Zeremonie, Soldaten und Zuschauer, von den altbewährten Berufsseglern zum Wilhelmstein befördert.[23]

Themenblock: Jahreszeiten

Die Eroberung des Eises

Viel später als die sommerliche Erkundung und Eroberung des Steinhuder Meeres fand die touristische Erschließung des Meeres im Winter statt. Die Fahrten zum Wilhelmstein endeten meist im Oktober, danach begannen die Herbststürme, die Regenzeit und die immer ungemütlicher werdende Kälte. Ab November war schon mit dem Überfrieren des Meeres zu rechnen, und eine feste dicke Eisdecke bot die Möglichkeit von Schlittentransporten für die Anwohner des Sees und von Fußwegen übers Meer. Im langjährigen Mittel ist das Steinhuder Meer etwa 40 Tage im Jahr vollständig zugefroren.[1]

Der winterliche Eisgang bedrohte den Wilhelmstein und die Stege, später auch die Molenanlagen. Auf dem Wilhelmstein mußten deshalb jährlich von Fürstlichen Matrosen und Tagelöhnern Erneuerungs- und Sicherungsarbeiten durchgeführt werden. *Rings um die Insel sind zum Zweck des Eisschutzes achtzehn bis zwanzig Fuß lange Baumstämme eingerammt, und wie sehr ein solcher nötig, dafür zeugen diese Stämme selbst, von denen viele geschunden und gesprengt, viele schief an den Inselrand gebogen sind, denn im Frühjahr türmen sich oft haushohe Berge von Eis, durch den West- oder Nordwind gegen den Wilhelmstein getrieben, vor diesen Schutzpfählen auf.*[2]

Die Besatzung des Wilhelmsteins, die sich und die Gefangenen ständig mit Lebensmitteln und vielerlei Materialien zu versorgen hatte, bekam zuweilen große Probleme im Winter. Nicht selten meldete der Vize-Kommandant der Festung, der im Hagenburger Schloß seinen Dienst versah, daß die *Communication nach Wilhelmstein wegen Eises unterbrochen* sei, was mehrere Tage dauern könne, so Hauptmann Lungershausen am 29. Dezember 1851, wobei er gleichzeitig darauf drang, die monatliche Ablösung der Wachsoldaten so lange zurückzustellen, bis die Verbindung wieder hergestellt sei.[3]

Was die Situation besonders schwierig machte, schilderte wiederum Lungershausens Nachfolger, Hauptmann von Korff, in einem Antrag auf einen „Eiskahn" am 5. Februar 1856: *Während eines Theils der Wintermonate ist alljährlich der Garnison der Festung Wilhelmstein der Verkehr mit dem Lande oft gänzlich abgeschnitten, vielfach aber und zwar über die Eisdecke, nur mit Gefahr für Gesundheit und Leben möglich. Erfahrungsgemäß hat die Eisdecke allerdings nur für nicht lange Zeit eine Dichtigkeit, die das Betreten derselben gar nicht zuläßt, ihr Zertrümmern aber zum Zweck der Durchfahrt für ein Schiff dennoch ausschließt. Für ungleich längere Zeit führt gewöhnlich eine Eisdecke über den See. Stets auf demselben theils offen gehaltene, theils sich nun öffnende oder auch nur dünn überfroren sich vorfindende Stellen; daneben nun sich bildende Risse in der Eisdecke und ein bei kräftigem Winde außergewöhnlich rasch entstehender und die ganze Fläche brechender Eisgang beweisen, daß der Verkehr über die Eisdecke jeder Zeit, auch bei Anwendung äußerster Vorsicht nur mit mehr oder weniger Gefahr verbunden ist.*

Der Durchbruch des Eises und das Einsinken einzelner Leute der Besatzung in die Wasserfläche kommen hiernach nicht selten vor. Noch vor kurzer Zeit, während überall ein Verkehr über das Eis stattfand, ist, wie ich als neustes Beispiel aufführen kann, der Feldwebel Hintzmann, der angewandten Vorsicht ungeachtet durch die Eisdecke in das Wasser eingesunken, jedoch mit einer Erkältung davongekommen. Die Unterbrechung dieses Verkehrs während eines Theils des Winters wird umso fühlbarer, als in ihm erfahrungsgemäß die Besatzung ungleich öfter eines Arztes und der Medikamente bedarf.[4] Die kritischsten Tage sind die während des Überfrierens oder des Abtauens. Dies zeigen auch deutlich die Meldungen im Dezember 1865: Am 12. Dezember hieß es, die „Communication" sei wegen Frostwetters unterbrochen – also während des Überfrierens, am 17., daß die Verbindung wieder hergestellt war – nun war das Eis fest. Zehn Tage später wurde wiederum die Unterbrechung der „Communication" gemeldet – Tauwetter war eingetreten und das Eis nicht mehr sicher.

Die Fürstliche Rentkammer genehmigte auf von Korffs Antrag hin die Anschaffung eines Eiskahns zum Preis von 50 Talern beim Harburger Schiffsbaumeister Kraus.[5] Das Fahrzeug bekam den Namen „Eisbär", war leicht gebaut und hatte unter seinem Rumpf Kufen, konnte also sowohl im Wasser wie auch auf dem Eis fahren bzw. gezogen werden. Trotzdem schien der Eiskahn nicht für alle Situationen das richtige Verkehrsmittel zu sein, sondern manchmal ein Schlitten geeigneter. Am 18. März 1858 beantragte von Korff die Genehmigung für einen neuen Schlitten, weil die Eisdecke im vergangenen Winter schlecht und durch große Risse durchbrochen gewesen sei: *Daher sind die Leute der Garnison Wilhelmstein beim Einholen der Lebensmittel von Hagenburg zu wiederholten Malen mit dem beladenen Schlitten durch das Eis gebrochen, wobei zwar bis jetzt glücklicher Weise kein größerer Unfall passiert, aber doch gewöhnlich der größere Theil der Victualien pp. verloren gegangen ist.* Der Hauptmann hatte bereits beim Hagenburger Tischlermeister Bothe einen Schlitten mit Spezialkonstruktion anfertigen lassen. Das acht Fuß lange und zweieinhalb Fuß breite Fahrzeug war mit einem dichten Kasten für die Lebensmittel und sonstigen Transportgüter versehen, *ueber welchem mittelst eisernen Krampen zwei Stangen von 19 Fuß Länge angebracht sind.* Diese Stangen sollten das Versinken des Schlittens nach einem Einbruch verhindern und auch der Begleitmannschaft ermöglichen, sich in den Schlitten zu setzen, bis Hilfe gekommen sei.[6]

Aber auch das Ziehen des Schlittens bereitete Schwierigkeiten. Major Pätz, der v. Korff als Vize-Kommandanten des Wilhelmsteins im Jahre 1859 abgelöst hatte und diese Stellung bis zu seinem Tode im Jahre 1886 behielt, erbat im Januar 1864 für die Mannschaft der Festung sechs Paar Schlittschuhe. Weil bei starkem Wind sich die Schlitten-

mannschaft trotz Eissporen an den Stiefeln kaum gegen häufiges Fallen schützen, geschweige denn den Schlitten gegen den Wind ziehen könne, halte er Schlittschuhe, die pro Paar etwa einen Taler kosten würden, für zweckmäßig, da diese größere Sicherheit böten. Auch diese Anschaffung wurde der Garnison von der Rentkammer gewährt.

Diese Beispiele sollen illustrieren, daß es nicht ungefährlich und oft kein Vergnügen war, sich auf dem Eis des Steinhuder Meeres zu bewegen, über dessen Festigkeit man sich leicht täuschen konnte. Freiwillig und zum Vergnügen gingen wohl lange Zeit nur die Anwohner aufs zugefrorene Meer, wenn sie sicher sein konnten, daß das Eis sie trug. So heißt es bei Röbbecke 1870: *Der See friert leicht und rasch zu und bietet dann eine prächtige Eisfläche, welche von den Anwohnern gehörig benutzt wird, sei es zum Vergnügen, sei es als Transportweg.* Der Wilhelmstein war jedoch auch schon *das Ziel vieler Vergnügungstouren im Sommer wie im Winter. ... Bei Eispartien geschieht die abendliche Rückkehr gewöhnlich bei Fackelbeleuchtung.*[7]

Aber auch den Anwohnern konnten tödliche Irrtümer unterlaufen, wie etwa dem Leinenhändler Karl Rust, der am 9. Januar 1896 noch immer vermißt wurde, nachdem

Einen Eissegler konnte auch das Strandhotel seinen Gästen zur Verfügung stellen (Hermann Beckedorf, Steinhude).

er am 2. Weihnachtstag 1895 übers Meer nach Schneeren gegangen war. Es wurde vermutet, daß er heim Heimweg am nächsten Tag eingebrochen war; Nachforschungen waren wegen ungenügender Festigkeit des Eises noch nicht möglich gewesen.[8]

Beim Steinhuder-Meer-Prozeß gaben die Steinhuder an, sie würden *sich auf dem Eis ... mit oder ohne Schlitten oder Schlittschuhe tummeln.* Meist waren sie die ersten, die das eben zugefrorene Meer mit ihren Schlittschuhen betraten und einen Ausflug zum Wilhelmstein unternahmen. Als erste das Eis überquert zu haben, war ruhmvoll und ein Anlaß zum Feiern: Die beiden Bediensteten des Steinhuder Postamts Langwost und Körber schrieben am 27. November 1892 ins Fremdenbuch: *Wir waren ganz heiter und fragten uns oft:/Hoffentlich sind wir die ersten dort?/Wir sind's, drum rufen wir frisch/Herr Feldwebel bringen s' bitte 'n Cognac der sitzt/Und einige kräftige Cigarren dazu.* Die Fremdenbücher belegen mehrere Schlittschuhgäste, die dieses stolz in ihrem Eintrag vermerkten. Das Schlittschuhlaufen war laut Wunstorfer Zeitung *das schönste und gesundeste Wintervergnügen*[8a] und unter den Steinhudern bei jung und alt verbreitet, wie das Fremdenbuch bezeugt: *Der älteste Schlittschuhläufer Steinhudes, Dietrich Hansing (Nr.) 89, war heute am 20. Februar 1892 in seinem 75. Lebensjahre mit Schlittschuhen hier anwesend.*

Daß es gerade dann gefährlich war, wenn man sehr früh im Winter das Eis betrat, etwa schon im November, bezeugt die Fremdenbuch-Eintragung zweier Husarenleutnants vom 22. November 1885: *Das Eis war morsch und wässrich,/Ein schlechter Zeitvertreib,/Ich brach hinein ans Knie fast,/Und Hans bis an den Leib./Jetzt sitzen wir am Ofen,/Und wärmen uns die Bein'/ o jemineh Steinhude,/Wär'n wir nur erst daheim!* Dabei scheint es auch mit Glück verbunden zu sein, ob man einbrach oder nicht, denn am gleichen Tag bekundeten auch mehrere andere Leute eine „Eis-Partie" zum Wilhelmstein, ohne ein Mißgeschick zu erwähnen: ein Hannoveraner mit Schlittschuhen sowie der Hannoversche Bicycle-Club mit acht Mitgliedern.

Zu dieser Zeit hatte bei fester Eisdecke der Schlittschuhtourismus bereits ein beträchtliches Ausmaß erreicht, das an Spitzentagen fast an den Fremdenverkehr in der warmen Jahreszeit heranreichte. Der Gastwirt Ernst Schuster, dessen Café Fischerhaus nur eine „Sommer-Konzession" besaß, versuchte jahrelang beim Landrat in Stadthagen, auch die Betriebsgenehmigung für den Winter zu erlangen. Seine Gäste wünschten auch im Winter bei gutem Eise Unterkunft und gute Verpflegung bei ihm zu finden. *Das Strandhotel und auch der Wilhelmstein haben im Winter fast keinen Verkehr, wohl aber bei gutem Eise und zwar oft denselben wie im Sommer,* schrieb er dem Landratsamt im September 1910. *Da nun das Eis bekanntlich von der osten Seite des Meeres wo meine Wirtschaft liegt fast stehts am besten hält und die Eisbahn zum Schlittschuhlaufen durchweg sicher und gut ist, habe auch ich denselben Fremdenverkehr wie im Sommer.* Schusters Ansinnen wurde jedoch abgewiesen.[9]

Eine „Winterwanderung über das Steinhuder Meer" beschreibt ein Autor der Heimat- und Fremdenverkehrs-Zeitschrift „Weserland" im letzten Vorkriegswinter 1913/14. Auf seiner Fahrt zum *Wintersportrevier Hannovers* trifft er in der *Pingelbahn*, der Steinhuder Meerbahn, ein *munteres jugendfrisches Völkchen* an, ausgerüstet mit Schneeschuhen, Rodelschlitten und Schlittschuhen. Wenn auch die Wanderung über das Eis *nicht unbeschwerlich* war und ein gefährlicher Riß *hurtig übersprungen* werden mußte, so war doch nach einer knappen Stunde der Wilhelmstein erreicht.[10]

Nicht nur auf schlittschuhbewehrten Füßen eroberten die Steinhuder und die Touristen das winterliche Meer, sondern auch auf großen Eisfahrzeugen. Schon wenige Jahre nach der Gründung des späteren „Fürstlich-Schaumburg-Lippischen Seglervereins" schaffte dieser eine Eisjacht an, die 1911 gebaut wurde. Die *schönen schnellen Fahrten* mit dieser blieben den Mitgliedern noch lange in Erinnerung.[11]

Bald wurde der Wintersport auch ein um Vergnügungsprogramm ergänzt, und so fand z.B. am 14. Januar 1912 ein Fest im Saal des Steinhuder Strandhotels statt. Nach dem Ersten Weltkrieg feierten die mittlerweile drei Seglervereine gemeinsame Wintervergnügen, unter anderem das Kostümfest *Schimannsgarn*.[12] Durch solche vielfältigen Angebote wurde der Wintertourismus immer mehr etabliert, das Steinhuder Meer wurde fast zum Ganzjahresziel. Bald nahmen auch die Reiseführer die Winter-Angebote in ihren Katalog auf. Der „Führer durch das Oberwesergebiet" von O. Dieckhoff von 1921 zählt Wintersport zu den Angeboten Steinhudes und preist die *großartige Gelegenheit zu Schlittschuhlauf und Eissegeln* an. Bei günstigen Eisverhältnissen könne man auch bis zum Wilhelmstein laufen, allerdings sei Vorsicht dringend geboten.

Doch nach wie vor brachte der Winter auch Probleme, wovon gerade auch der Schaumburg-Lippische Seglerverein ein Lied zu singen wußte. Im Winter 1921/22 zerstörte *ein ungeheurer Eisgang* die erst wenige Monate zuvor fer-

Bald war es ein beliebter „Sport", mit dem Auto aufs Eis zu fahren. Winter 1928/29 vor dem Wilhelmstein (Stadtarchiv Wunstorf; freundliche Genehmigung und Repro: Rudi Diersche, Steinhude).

Motorräder am Start vor der 1924 neben dem Strandhotel gebauten Strandhalle (Stadtarchiv Wunstorf; freundliche Genehmigung und Repro: Rudi Diersche, Steinhude).

tiggestellte Hafenmole des Vereins. Da die Baufirma eine Eisgang-Garantie von zwei Jahren gegeben hatte, gewann der Segelverein einen anschließenden Schadenersatz-Prozeß und konnte die von der Firma zu zahlenden 6.500 Goldmark offenbar gut anlegen. Als im Herbst 1925 durch den Bau einer neuen Hafenmole ein vergrößertes Hafenbecken geschaffen wurde, wurde das inzwischen auf 8.400 Mark gewachsene Kapital hierfür eingesetzt.[13]

Bereits 1911 ist, der Zeitschrift „Weserland" zufolge, *ein moderner Unbekannter* in den *ungestörten, altertümlichen Frieden* des Wilhelmsteins eingedrungen: *Einige kühne Automobilisten fuhren an einem schönen kalten Wintertage über das Eis zur Insel hinüber und gelangten, ohne Schaden zu nehmen, wieder ans sichere Ufer zurück.*[14] Schon hier zeigte sich das Auto der Steinhuder Meerbahn hoch überlegen, die immer noch am Bahnhof haltmachte. Auf die Spitze getrieben wurde diese Art der Eroberung des Sees durch das vom ADAC veranstaltete „Motor-Eisfest" am 8. Januar 1928,

bei dem Auto-Wettfahrten, Fuchsjagden und Fackelpolonaisen auf dem zugefrorenen Steinhuder Meer gefahren wurden. Eine Abschlußfeier mit Preisverleihung im Steinhuder Ratskeller durfte natürlich nicht fehlen.[15]

Die Nutzung der Eisdecke als Motodrom scheint Traditionen begründet zu haben: Ein Foto aus dem Jahre 1952 zeigt Autos auf dem zugefrorenen Meer. Als 1954 Autos kolonnenweise übers Meer fuhren, mußte das Befahren der Eisdecke mit Kraftwagen verboten werden.[16] Die „Naturverbundenheit" mancher Besucher brachte recht eigenartige Blüten hervor!

Nicht nur das zugefrorene Meer lockte Touristen im Winter an. Zum Problem entwickelte sich dabei der mehr und mehr auch winters betriebene Segelsport, nicht nur für die in dieser Zeit besonders empfindliche Vogelwelt, sondern auch wegen der Unfallgefahr. *Das Steinhuder Meer ist zu dieser Zeit das gefährlichste, was man sich vorstellen kann*, drückte es drastisch im Februar 1977 Wilhelm Schaper

Eisfest-Besucher und Wilhelmstein-Pilger im Januar 1997 (Foto: Fesche).

129

aus, Inhaber eines Bootsverleihs und Führer eines Rettungsbootes, der nach eigenen Angaben innerhalb von 50 Jahren rund 200 Menschen aus dem Meer gefischt hatte. Wenige Tage vorher war ein 21jähriger Student aus Bayern nach Kentern seines Bootes ertrunken. Bei fünf Grad kaltem Wasser hatte der Student schnell eine Unterkühlung erlitten und konnte auch von seinem Vetter, dessen Boot ebenfalls kenterte, nicht mehr gerettet werden. Schaper warnte davor, vor Ende März ein Boot zu Wasser zu lassen.[17]

Das seit 1995 geltende Winterfahrverbot für das Steinhuder Meer hat jedoch andere Gründe: Hier überwinternde Vögel sollen nicht verjagt werden. Die Segler trifft die Sperre von November bis März weniger als viele „professionelle Surfer“, die erst bei solchen Windstärken in See stechen, die Segler bereits den sicheren Hafen ansteuern lassen.[18]

Heute strömen bei schönem Winterwetter Tausende von Menschen auf die Eisdecke des Steinhuder Meeres, sofern sie zum Betreten freigegeben ist. Alle Besucherrekorde brach das „Eisfest“ am 11. und 12. Januar 1997. Nachdem ein bereits im Vorjahr geplantes Eisfest wegen zu spät vorliegender Genehmigungen nicht hatte stattfinden können, klappte die Organisation dieses Mal und das organisierende Verkehrsbüro Steinhude konnte zusammen mit zwei Radiosendern ein buntes Programm auf die 40 Zentimeter dicke Eisdecke an der Steinhuder Promenade stellen: Discomusik, Eishockey und Eisstockschießen, Aktionstheater, ein Rennen zwischen einem Moped und einem Alaska-Schlittenhundegespann und andere „Events“ sollten die Besucher unterhalten. Da die beiden Radiosender laufend über die Veranstaltung berichteten, wurden mehr Besucher angelockt, als es den kühnsten Erwartungen entsprochen hätte: An den beiden Tagen kamen jeweils 40.000 Menschen, um das zugefrorene Meer spazierengehend, schlittschuhlaufend und tanzend zu erobern. Einen Besuch wie noch nie in seiner über 200jährigen Geschichte erlebte auch der Wilhelmstein. Zehntausende Menschen bewiesen die ungebrochene Anziehungskraft der Insel, deren Grundstein einst auch über das Eis herangekarrt worden war.

Himmelfahrt und Pfingsten: Die ersten Saison-Höhepunkte

Die ersten Besucher im Jahr – sofern sie nicht schon eine „Eispartie“ wagten – kamen zu Ostern ans Steinhuder Meer, wie etwa 1863, manchmal sogar noch einige Wochen früher: 1875 datierten die ersten Fremdenbuch-Einträge vom 5. März, 1878 vom 3. März. Die Wunstorfer Zeitung vom 26. April 1895 teilte ihren Lesern mit, der Touristenverkehr zum Wilhelmstein sei seit Ostern *wieder lebendig geworden*. Doch waren die ersten Besucher meist einige wenige Unentwegte, die auch starken Wind und Wellengang nicht scheuten. Als Katharina Behrend mit ihrer Familie am 2. April 1910 einen Ausflug zum Picknick auf dem Weißen Berg unternahm, gestaltete sich die Rückkehr mit dem Ruderboot nach Steinhude äußerst anstrengend; gegen die starken Wellen gab es zeitweise kaum ein Vorankommen.[19]

Die „Hauptsaison“ begann aber im Mai. Pfingsten, manchmal auch schon Himmelfahrt waren die ersten Höhepunkte des Jahres – nicht nur, weil das Wetter Mitte Mai, Anfang Juni die Unternehmungslust anstachelte, sondern auch, weil diese Feiertage die notwendige Freizeit und Muße bereitstellten, zu einer Zeit, in welcher in der Regel auch noch am Sonntag gearbeitet wurde. Pfingsten brachte sogar zwei Feiertage, und im städtischen Bürger- und Kleinbürgertum wurde es üblich, nicht mehr die alten Pfingstfeste zu feiern, sondern die Gelegenheit zu Ausflügen zu nutzen.

Schon zu Pfingsten 1870 besuchten immerhin rund 70 Leute den Wilhelmstein – rund ein Sechstel der Besuchermenge des ganzen Jahres, in dem der Fremdenverkehr allerdings wegen des Deutsch-Französischen Krieges deutlich unter dem der Vorjahre blieb.[20] Unter den Pfingstausflüglern befanden sich neben zehn Turnern des MTV „Eintracht“ Hildesheim und Bad Rehburger Badegästen einige Offiziere und Soldaten, Beamte, Handwerksmeister, ein Kaufmann, ein Likörfabrikant und zwei Dienstboten – eine Kammerfrau und eine weitere *Bedienung* – in Begleitung ihrer Herrschaften. Pfingsten 1886 waren es doppelt so viel. Das Wetter war, wie es Pfingsten sein soll, ein Lindener Kaufmann dichtete: . . . *die Gondel schaukelt her und hin . . . das Meer glänzt hell und blau . . . die Luft ist lind und lau.* Das Wetter, die freien Tage und die Ausflugsstimmung erzeugten offenbar auch Frühlingsgefühle: Vier Detmolder Herren verkündeten *alle 4 noch zu haben.* Die zu Himmelfahrt und mehr noch zu Pfingsten eintreffenden Touristenmengen wurden in manchem Jahr in der ganzen Saison nicht mehr übertroffen.[21]

Einen Himmelfahrtsausflug, dessen Beschreibung später gedruckt wurde, unternahm im Jahre 1894 der Schriftsteller und Mitbegründer der niedersächsischen Heimatbewegung August Freudenthal. Er fuhr an diesem Tage hinaus *in die maienfrische Welt, um nach vielen Wochen angestrengter Berufsarbeit* sich einen *Tag der Ausspannung und Erholung zu gönnen.*[22] Mit dem Frühzug gelangte er von Bremen nach Wunstorf, wo Herr Friese, Wirt des Bahnhofshotels, eine Droschke mit zwei Pferden zur Weiterfahrt besorgte. Das eigene Gespann des Wirtes war bereits an hannoversche Touristen vermietet worden. In Steinhude angekommen, wurde Freudenthal vom Himmelfahrtsgeläut feierlich begrüßt. Am Ratskeller traf er auf weitere Ausflügler: Junge Handwerker aus Hannover, mehrere kleine Familiengesellschaften aus Wunstorf und Nienburg, Schüler *mit buntberänderten Mützen* hatten sich zu einer Fahrt zum Wilhelmstein eingefunden. Freudenthal fuhr, wie auch ein Gymnasiast, ein Wunstorfer Seminarist und drei junge Mädchen, mit einem vom Fürstlichen Matrosen Wilhelm Meuter gesteuerten Torfkahn.

Nach halbstündiger Fahrt wurde der Wilhelmstein erreicht, vom Inselverwalter Feldwebel Manns wohlvorbereitet: *Heute, am Himmelfahrtstage, hatte er sich nach Hülfe im Wirtschaftsbetriebe umsehen müssen, denn schon vor uns waren mehrere Boote mit Besuchern gelandet, die sich bei der herrschenden Wärme des Tages nach Erquickung sehnten. Während sonst nur Bier in Flaschen zu haben ist, waren in Voraussicht eines starken Besuchs draußen vor dem Hause mächtige Fässer mit vorzüglichem Steinhuder Bier aufgelegt, und die braven Matrosen und Hilfsmatrosen erwiesen sich nicht minder als aufmerksame, geschäftseifrige Ganymeds.*[23] Kurze Zeit später legte auch schon das nächste Boot am Wilhelmstein an, ein modernes, von Lürssen in Aumund (bei Bremen-Vegesack) gebautes großes Segelboot – ein frühes Exemplar der bald berühmten „Auswanderer". Das Boot brachte *wohl zwanzig neue Gäste, ... zumeist junge Handwerker, die mit ihrem fröhlichen Gesange das sonst so stille und friedliche Eiland belebten.* Nach Besichtigung der Insel fuhr Freudenthal nach Hagenburg weiter, wo er in einer *geräumigen Lindenlaube* des Hotels Wilhelmstein zu Mittag aß, und besuchte nachmittags Bad Rehburg und Loccum – ein volles Programm, wie er feststellen mußte. Seinen Lesern riet er abschließend, diesen Tagesausflug in eine zweitägige Tour zu zerlegen, sofern es deren Zeit gestatte.

Zu Freudenthals Zeiten waren allerdings nur wenige Privilegierte in der Lage, sich zwei Tage Zeit für einen Ausflug zum Steinhuder Meer und nach Bad Rehburg zu nehmen. Abgesehen von oft nicht vorhandenen finanziellen Mitteln fehlte es auch an der Zeit: Urlaub war noch nicht eingeführt, der Sonnabend war ein normaler Arbeitstag und für so manchen stand auch der Sonntag nicht in voller Länge zur Verfügung. Da bot das Pfingstwochenende zu Anfang der warmen Jahreszeit lockende Möglichkeiten für Unternehmung und Erholung. Die Zeitungen spornten ihre Leser an, Geist und Körper mit neuer Kraft zu erfüllen und sich dabei die Natur zum Vorbild zu nehmen: *Pfingsten, das Fest des Geistes, die Krone der Feste, feiert die Christenheit heute wieder, und die Natur draußen feiert mit, die ganze Schöpfung ringsum ist wie verjüngt und neugeschaffen. Die Pfingsten feiernde Natur ist heute ein liebliches Sinnbild und zugleich eine erweckliche Predigerin für die Menschenseele.*[24] Diese Predigt machte den Menschen Beine, und alles stürmte ins Grüne – oder ans Steinhuder Meer, wie die Wunstorfer Zeitung vom 7. Juni 1895 zu berichten wußte: *Das Pfingstfest ist so recht das Fest der Reisen, wer nur irgend sich freimachen kann, entflieht den dumpfen Gemächern, den engen Straßen der Stadt, den Werkstätten, den Bureaus, den von Rauch geschwärzten Fabrikräumen. Alles pilgert hinaus in die im zartesten Grün prangende verjüngte Natur. Nach allen Himmelsrichtungen ergießt sich der Menschenstrom, ,hinaus, hinaus nur ins Freie', das ist die Losung, und wer wollte es den vielen tausenden Pfingstreisenden, welche in den meisten Fällen ihren Pfingstausflug als ihren e i n z i g e n Sommerausflug betrachten müssen, verdenken, wenn sie die Tage so recht ausnutzen? Wer wollte ihnen diese Pfingstfreude nicht gönnen und gern das Gedränge, welches auf den Eisenbahnen und sonstigen Verkehrsunternehmungen herrscht, mit in den Kauf nehmen? Auch unsere liebe Stadt Wunstorf war, dank ihrer glücklichen Lage zum vielbesuchten Steinhuder Meer, das Ziel vieler Touristen. Sobald die ersten Züge aus Hannover u.s.w. einliefen, entwickelte sich ein lebhafter Verkehr, Vereine, Familien, einzelne Touristen und selbstverständlich der im Zeichen des ,fin de siècle' stehende Radfahrer in zahlreichen Exemplaren, durcheilten unter fröhlichen Gesängen und Scherzen die Straßen unserer Stadt.*

Die gleiche Ausgabe meldete aus Steinhude einen außergewöhnlich starken Verkehr. Die Fürstlichen Matrosen hätten *ihre liebe Not* gehabt, *alle die nach dem Wilhelmstein sich hinübersehnenden zu befördern,* die Vergrößerung des Matrosenpersonals habe sich als *dankenswerte Einrichtung* erwiesen.

Für den Pfingstandrang 1930 gerüstet: Karl Tensfelds „Waldklause"
am Weißen Berg (Stadtarchiv Hannover, Sammlung Heine; Repro:
Hoerner, Hannover).

Gedränge gab es bald auch in der Steinhuder Meer-Bahn.
Der Steinhuder Bürgermeister Heidemann zählte höchst-
persönlich zu Pfingsten im Jahre 1900 allein 360 Personen, die mit dem 3 Uhr 35-Zug gekommen waren. *Zu
Pfingsten war hier der Fremdenverkehr so groß, daß kaum
die Hälfte der Fremden aufs Wasser gekommen ist.*[25]

Nach Ausbruch des Ersten Weltkrieges kam der Wilhelmstein-Tourismus schnell zum Erliegen, die Seiten des
Fremdenbuches blieben weiß. Der Pächter der Wilhelm-
stein-Gaststätte, Heinrich Jansen, wurde bereits zwei Wochen nach Kriegsbeginn einberufen. Seine Frau stellte
bald wiederholte Anträge um Unterstützung, um Stundung oder Verringerung der Pacht an die Hofkammer, da
ihre Wirtschaft nach Ausbruch des Krieges so gut wie keinen Ertrag abwarf. Anfang Mai 1915 richtete der nunmehrige „Landsturmmann" Jansen ein Gesuch um 14 Tage
Urlaub an seine Einheit, das Landsturmbataillon Osnabrück, derzeit Charleroi/Belgien: *Es naht die Zeit, die meine
Haupteinnahmequelle im ganzen Jahr bildet: Himmelfahrt
und Pfingsten.* Seine Anwesenheit auf Wilhelmstein sei
erforderlich, um die Gartenanlagen in Ordnung zu bringen
(der Schloßgärtner und die Arbeiter seien ebenfalls *zu den*

Fahnen einberufen) und an den beiden Tagen die Wirtschaft zu leiten, um *diese Einnahme meiner Frau zu sichern,
die sonst während des Krieges keine solche zu verzeichnen
hat.* Die Hofkammer unterstützte den Antrag Jansens,
offenbar jedoch erfolglos. Frau Jansen mußte ohne ihren
Mann auskommen, der ein Pfingsten im Frieden nicht
mehr erleben sollte. *Krank aus dem Felde nach länger als
vierjähriger Abwesenheit zurückgekehrt,* so der Text der
Todesanzeige, starb er am 5. Mai 1919.[26]

Ein wahrer Sturm setzte zu Pfingsten 1932 auf das Steinhuder Meer ein. Der Hannoversche Anzeiger berichtete
von einer derart starken Nachfrage nach Unterkünften,
daß alle Hotels, Gast- und Privatzimmer belegt waren,
Fremde auch in Nachbarorten untergebracht werden mußten, andere in ihren Wagen, in Scheunen und auf Heubö-
den ihr Nachtquartier fanden. Da ideales Segelwetter
herrschte, und zudem am 2. Pfingsttag Regatten gefahren
wurden, *wimmelte* es auf dem Meer von Segeln, aber auch
von Paddelbooten. Die Berufssegler hatten vollauf zu tun,
auch der Badebetrieb war so groß wie seit Jahren nicht im
Mai. Wirte, Aalverkäufer und die Steinhuder Meerbahn
machten gute Geschäfte. Das gute Gesamtergebnis wurde
auch auf die Werbearbeit des Verkehrsvereins zurückgeführt. Eine besondere Attraktion stellte die Filmschauspie-
lerin Henny Porten dar, die mit einigen Bekannten das
Meer besucht hatte.[27]

Pfingsten 1936 war der *Busen der Natur* sehr feucht,
wie die Wunstorfer Zeitung schrieb. Deswegen schien sich
das Geschäft am Steinhuder Meer schlecht zu entwickeln,
insbesondere das Geschäft mit den Hannoveranern, da
diese sich bei solch ungünstigen Aussichten mit ihrer
neuesten Errungenschaft begnügten: am kurz zuvor, am
21. Mai, eingeweihten Maschsee entwickelte sich am ersten Festtag ein *gewaltiger Verkehr,* die Stadt Hannover
könne stolz darauf sein, was da geschaffen sei, so die Zeitung am 2. Juni. Der zweite Feiertag brachte dann doch
noch strahlenden Sonnenschein und einen starken Aus-
flüglerverkehr, der nachmittags *gewaltig anschwoll.*

Zwei Jahre später dürften aber alle am Steinhuder-
Meer-Fremdenverkehr Interessierten vollauf zufrieden
gewesen sein. *Das herrliche Pfingstwetter hatte auch am
Steinhuder Meer Verkehr gebracht, wie er dort wohl noch nie
vorher gesehen worden war. Die Gaststätten konnten die
vielen Besucher ebensowenig fassen wie die Parkplätze die
ankommenden Wagen. Überall an den Ufern wurde gezeltet,
gelagert und in den Strandbädern gebadet und Kurzweil
getrieben. In den Jugendherbergen herrschte ebenfalls*

Hochbetrieb; es hatten sich dort drei- bis viermal so viele Besucher angemeldet als untergebracht werden konnten. Insgesamt weilten zu Pfingsten am Steinhuder Meer wohl etwa 25.000 Menschen.[28]

Wie der Erste Weltkrieg brachte auch der Zweite zunächst einen Einbruch im Steinhuder-Meer-Tourismus; auch die Pfingsttage standen im Zeichen des Mars. Für die beiden Pfingsttage 1940 ersuchte die 3. Abteilung des Luftgau-Nachrichtenregiments Nr. 11 in Hannover um die Erlaubnis zur Befahrung des Sees mit Paddelbooten. Da solche Übungsfahrten wiederholt werden sollten, beanspruchte das Regiment gleich eine Dauergenehmigung.[29]

Bald entwickelte sich jedoch auch wieder ein zaghafter Verkehr, der an bestimmten Tagen sogar ansehnliche Dimensionen annehmen konnte. So war es auch noch 1944, obwohl die äußeren Bedingungen sehr schlecht waren; im Sommer wurde gar ein weitgehendes Fahrverbot auf dem Meer erlassen. Zu Pfingsten konnten aber noch einmal Erinnerungen an bessere Zeiten wach werden: Das Wetter war sommerlich warm, und allein mit dem Motorboot wurden 1.444 Erwachsenen und 230 Kinder übers Meer befördert. Dazu transportierten noch 17 Segelboote 3.039 Erwachsenen und 214 Kinder zum Wilhelmstein, zur Mardorfer Warte und zum Weißen Berg; insgesamt also rund 5.000 Menschen. Die Vorjahreszahlen wurden nur deshalb nicht erreicht, weil an beiden Pfingsttagen der Verkehr für jeweils drei Stunden am Mittag und frühen Nachmittag wegen Fliegeralarm unterbrochen werden mußte.[30]

Angesichts solcher Errungenschaften wie Jahresurlaub und arbeitsfreies Wochenende haben die Pfingsttage nicht mehr die einzigartige Bedeutung wie noch im letzten Jahrhundert. Doch spielen sie immer noch eine große Rolle als Auftakt zur Sommer- und Ausflugszeit. Die Segler nutzen den Doppel-Feiertag zu ihren regelmäßigen Pfingstregatten. Da der Verkehr Spitzenwerte erreicht, bieten sich, um diese zu ermitteln, Verkehrszählungen vornehmlich zu Pfingsten an. So blieben die Pfingsttage die erste schwere Belastungsprobe für das Meer, seine Anwohner und die lokalen Ordnungskräfte.

Besonders zeigte sich dies im Jahre 1954 am durch den Massenbetrieb mittlerweile schon berüchtigten Nordufer. Die Erfahrungen dieser Pfingsttage waren schließlich der letzte Anlaß für die Einrichtung einer Polizeistation am Weißen Berg. Nachdem schon der Anreiseverkehr chao-

Pfingsten 1935: BDM-Gruppe auf dem Weg nach Steinhude (Stadtarchiv Wunstorf).

tisch verlaufen war und neben allerlei Fahrradstürzen mit leichten Verletzungen auch zu zwei Gehirnerschütterungen geführt hatte, fielen die Ausflügler über Wald und Ufer her, ohne sich an Naturschutz- oder sonstige Bestimmungen zu halten. Gezeltet wurde mitten im dichten Wald, und schon am Samstagabend brannten überall Lagerfeuer. *Die Gaststätten waren bis zum Morgen geöffnet, der weiße Berg von einer einzigen brüllenden und tobenden Meute belagert*, berichtete der Vorsitzende des Mardorfer Verkehrsvereins, Dr. Hübner. Hinweisschilder wurden ins Meer geworfen, Zelte zerschnitten, die Mutter einer am Meer campenden Familie beklagte, daß man ihre Tochter nackt ausgezogen und ihre Unterwäsche samt Bademantel gestohlen habe. *Als am zweiten Pfingsttag abends das Schlachtfeld geräumt war, lagen Konservendosen, Papierreste und Mengen von Stroh in unübersehbaren Massen herum. An die angebrachten Zeltordnungen hatten sich die wenigsten gehalten*, meldete Hübner weiter. Die unzulänglichen Sanitäranlagen wären derart verschmutzt und verdreckt, *daß man es kaum einem Menschen zumuten kann, diese wieder zu reinigen, ein bestialischer Gestank habe schon in 100 Meter Entfernung in der Luft gelegen. Das vordringlichste Problem* sei jedoch *eine intensive Überwachung der lagernden Jugend, welche glaubt sich hier austoben zu können. Manches Elternpaar würde die Hände über dem Kopf zusammenschlagen, wenn es seinen Sohn oder seine Tochter hier im Zelt wüßte.* Aus seiner Erkenntnis, der Polizeischutz sei völlig unzureichend gewesen, zog er die Folgerung, *nur ein größeres Polizeiaufgebot, welches aber auch streng und rücksichtslos für die Aufrechterhaltung von*

Zucht und Ordnung in der Saison Sorge trägt, kann dem wei-
ßen Berg den Makel nehmen, welcher ihm nach den Pfingst-
feiertagen erneut anhaftet.[31] Deutlich wird hier auch eine
völlige Ahnungslosigkeit und Überforderung angesichts
eines neuen Selbstverständnisses und Verhaltens von
Jugendlichen, das sich in den Großstädten in Gestalt der
„Halbstarkenkrawalle" äußerte.

Die wüsten Pfingsttage 1954 begründeten offenbar
Traditionen. Regelmäßig trafen sich in den letzten Jahren
zu Pfingsten hunderte von Jugendlichen am Nordufer und
machten es zum Ort von *Alkoholexzessen, Vandalismus und
Verstößen gegen Umweltschutzbestimmungen.* 1997 sahen
sich die Behörden gezwungen, starke Ordnungskräfte auf-
zubieten, um der Lage Herr zu werden. Bereits seit dem
1. Mai war vom Kommunalverband Großraum Hannover
ein privater Sicherheitsdienst eingesetzt worden, der das
Hausrecht am dem Verband gehörenden Norduferab-
schnitt wahrnahm. Die Polizei setzte dann zu Pfingsten
über 70 Beamte ein, um zu verhindern, daß sich ähnliche
Ausschreitungen wie in den Vorjahren ereigneten.[32] So
hatte die Polizei im Jahr 1996 845 Platzverweise ausgesprochen; die *Randaletouristen* waren vor allem aus Ostwestfalen und dem Hamelner Raum gekommen. Angesichts des großen Aufgebots mit Motorradstaffel, Hun-
deführern und berittener Polizei blieben die Krawalle
im Jahre 1997 aus, wobei offenbar auch das Wetter eine
Rolle spielte: War es an den beiden Pfingsttagen bis zum
Nachmittag jeweils so sonnig, daß insgesamt 50.000 Menschen angelockt wurden, ließen spätere Gewitterschauer
viele Ausflügler ihre Zelte frühzeitig abbrechen.[33]

Sommervergnügen: Baden am Steinhuder Meer

Zum Steinhuder Meer gehört scheinbar wie selbstverständlich das Baden, wofür jedoch die heute vorhandenen
familienfreundlichen Strände des Nordufers und der Steinhuder Badeinsel in den 60er und frühen 70er Jahren
künstlich geschaffen worden sind. In der Geschichte des
Fremdenverkehrs am Steinhuder Meer wurde das Baden
erst relativ spät entdeckt, zumindest von breiten Bevölke-
rungskreisen erst nach dem Ersten Weltkrieg.

Das heute so beliebte Freibaden hat überhaupt eine
noch junge Geschichte. Baden und Schwimmen in offenen
Gewässern war lange Zeit von den Behörden wegen der
Gefahr des Ertrinkens verboten. Nicht zu Unrecht, könnte
man meinen: Der erste Hinweis auf Baden im Steinhuder

Meer resultiert aus einem traurigen Ereignis. Am 28. Juli
1846 ertrank der aus Wiedenbrügge stammende und auf
dem Wilhelmstein stationierte Soldat Heinrich Wilhelm
Brandes beim Baden im Meer[34] – möglicherweise, weil er
wie die meisten seiner Zeitgenossen nicht schwimmen
konnte.

Öffentliche Nacktheit galt als anstößig, nachdem Re-
formation und Gegenreformation die in den öffentlichen
Badehäusern des Mittelalters gepflegte gesellige Badekul-
tur beseitigt hatten. Für die Schließung der drei in Hannover bestehenden Badehäuser im 17. Jahrhundert gab es
auch hygienische Gründe – man hatte Furcht vor der
Ansteckung mit Syphillis, Pest oder Cholera.[35]

Erst als vor allem Ärzte in den letzten Jahrzehnten des
18. Jahrhunderts begonnen hatten, Reinlichkeit zu propa-
gieren, wurden in einigen Städten Flußbadeanstalten
errichtet. Das waren in Flüssen aufgestellte Gebäude, die
im Innern mit Umkleidekabinen ausgestattet waren. Von
diesen konnte man vor den Blicken Neugieriger verdeckt
ins Wasser gelangen, um sich dort in kleinen abgegrenzten
Bassins zu reinigen.[36] In Hannover wurde das erste Fluß-
bad im Jahre 1800 angelegt, vom französischen Sprach-
meister Le Fevre Sleury. 1830 bauten dann der Kaufmann
Büchting und der Musiklehrer Evers eine Flußbadeanstalt
in der Leine hinter der Brückmühle; 1849 wurde in der
Nähe eine zweite errichtet, die Schradersche, die rund 60
Jahre lang betrieben wurde.[37]

Die Anfänge des Badens am Steinhuder Meer

Die erste Initiative für eine Badeanstalt im Steinhuder
Meer war ein Antrag im Mai 1858 um Erlaubnis für die
Aufstellung eines Badeschiffes von einer Gruppe Steinhuder (Conrad Seegers Nr. 98, Wilhelm Seegers Nr. 100, Died-
rich Seegers Nr. 103, Friedrich Seegers Nr. 104) *auf
Wunsch vieler Einwohner,* der damit begründet worden war,
daß das *hiesige Meerwasser sehr stärkend auf die Gesundheit des Menschen einwirkt.* Trotz wohlwollender Aufnahme wurde die Absicht nicht verwirklicht, offenbar weil
die Antragsteller sich mit den ebenfalls Interessierten Chi-
rurg Oetting und Bürgermeister Bretthauer nicht über die
Finanzierung und andere Modalitäten einigen konnten.
Dafür genehmigte die Fürstliche Rentkammer Ende Mai
1866 ein Gesuch H.D. Bretthauers Nr. 22, ein Badehaus mit
drei *Abtheilungen,* ca. 200 Schritte vom Steinhuder Ufer
entfernt, zu errichten. Das Motiv war auch hier ein

gesundheitliches, nämlich die *wohltätigen Folgen, welche kalte Bäder für die Gesundheit des Menschen herbeiführen.* Das Badehaus sollte nicht nur der Familie Bretthauer dienen, sondern auch anderen Leuten, gegen *billige Entschädigung.*[38]

Auch der Ratskellerwirt Hansing betrieb hinter dem Ratskeller *einige Fuß vom Ufer entfernt* ein Badehaus mit zehn Zellen vom Sommer 1869 bis zur Aufgabe der Kellerpacht im Jahre 1873. Ein Gesuch nach Genehmigung zur Anschaffung einer *kleinen Gondel* für *Lustfahrten* vom Mai 1870 hatte Hansing damit begründet, es sei *schon verschiedene Male von auswärtigem wie einheimischem Publikum der Wunsch ausgesprochen worden, nach der Badekur eine kleine Gondelfahrt auf dem See veranstalten zu können* – augenscheinlich hatte das Baden zu dieser Zeit noch therapeutischen Charakter und bestand darin, den Körper einige Male hintereinander kurz ins Wasser zu tauchen, so wie es die Naturheilkundler propagierten. Das Amt Hagenburg befürwortete das Gesuch zwar, schränkte jedoch ein, man habe nicht in Erfahrung bringen können, daß die Badeanstalt von Auswärtigen benutzt werde. Ab Sommer 1881 wurde das Badehaus vom neuen Ratskellerwirt Harste und vom Eigentümer D. Meuter wieder in Betrieb genommen. Die Ratskeller-Badeanstalt blieb nun eine feste Einrichtung, die stets im Frühjahr beantragt, genehmigt, auf- und im Herbst wieder abgebaut wurde.[39] Hermann Löns ließ sich hier an einem Julitag, während er auf ein im Ratskeller bestelltes Fischgericht wartete, *die Wellen um die heißen Glieder spülen,* wobei er jedoch wohl nur seine Beine meinte.[40]

Am Ende des 19. Jahrhunderts war bei der örtlichen – männlichen – Jugend aber auch schon das Herumtollen im Wasser beliebt. Den im Fremdenverkehr engagierten Gewerbetreibenden war dies bald ein Dorn im Auge, vor allem nachdem infolge des Betriebs der Steinhuder Meerbahn der Andrang zur Insel Wilhelmstein stark angestiegen war. Schon im März 1900 klagte der Matrose Manns, der Sohn des Wilhelmstein-Verwalters, das Baden *gerade an dieser Stelle,* über die der Verkehr zur Insel geleitet werde, verletze das *Gefühl der Schamhaftigkeit.* Die Klagen über die *ungenierte Art des Badens* am Ratskellergelände sollten sich noch einige Jahre wiederholen. Im Januar 1903 beschwerte sich Manns, man sehe *in der Sommerzeit meist den ganzen Tag die nackten Gestalten im Wasser und auch vor dem Badehause stehen, ... die ganz ungeniert oft sogar an die mit Fremden besetzten Schiffe dicht herangetreten seien. Namentlich von Damen* sei darüber viel Klage

Aus dem Wilhelmstein-Fremdenbuch 1889 (StAB, Fürstliches Hausarchiv).

geführt worden. Er schlug deshalb vor, *aus Sittlichkeitsgründen* das Badehaus an anderer Stelle, am „Ottenantonsdeich" oder am „Mostenludolfsdeich" wieder aufzubauen. Strandhotelpächter Otto Ehorn versuchte mit dem Hinweis auf die ungeniert Badenden, an denen *Gesellschaften von Damen, Mädchenpensionaten u.s.w. häufig Anstand nehmen* die Abfahrt der Fremdenboote ans Strandhotel zu ziehen. Die Hofkammer gab Kellerwirt Meuter schließlich auf, das Badehaus 40 Meter weiter östlich als bisher wiederzuerrichten und mithilfe von Stangen eine Grenze zu markieren *über welche hinaus nicht gebadet werden darf.*[41]

Daß die am Ratskeller-Badehaus sich tummelnden Jugendlichen völlig nackt gebadet hätten, wie aus der Formulierung Manns' scheinbar hervorgeht, ist jedoch auszuschließen. Sich zu dieser Zeit völlig nackt an einem viel-frequentierten Ort in der Öffentlichkeit zu zeigen, war mit den herrschenden Moralvorstellungen nicht vereinbar und konnte bestraft werden. Dem Sohn des Feldwebels galten schon die Jugendlichen in ihrer nassen, wahrscheinlich improvisierten und deshalb verwegenen Badekluft als „nackt" und anstößig. Der Konflikt markiert jedoch einen Wandel der gängigen öffentlichen Verhaltensweisen und moralischen Vorstellungen.

Impulse für eine Veränderung der Körperkultur, die bald auch ein öffentliches Nacktsein einschloß, kamen aus den Kreisen der Anhänger der Naturheilkunde.[42] Um die Jahrhundertwende begann bei Anhängern dieser das Nacktsein „in der freien Natur" Mode zu werden. Schon 1795 hatte der Göttinger Professor Georg Christoph Lichtenberg in einer Schrift wohltätige, vor allem den Körper wärmende Wirkungen eines *ganz nackend* genossenen *Luftbades* behauptet.[43] Größere Resonanz erfuhr jedoch der Schweizer Arnold Rikli, dessen Empfehlung des „Licht- und Luftbadens" fast ebenso bekannt wurde wie die Wasserkuren Sebastian Kneipps. Riklis 1854 in Veldes/Oberkrain angelegtes „Sonnenbad" fand Jahrzehnte später in zahlreichen Städten in Gestalt der „Licht- und Luftbäder" Nachahmung.

Rikli gilt seither als der Pionier der Freikörperkultur.[44] Dem Licht-Luftbaden schrieben seine Anhänger porenreinigende, abhärtende, der städtischen „Verweichlichung" entgegenwirkende Funktionen zu. Die Behörden verfügten für die Licht- und Luftbäder, die auch mit Liegewiesen und Gymnastikplätzen ausgestattet waren, hohe Sichtschutzzäune.

Da die Naturisten, wie sich die Anhänger der Nacktkultur nannten, oft, vor allem in Süddeutschland, wegen Erregung öffentlichen Ärgernisses verfolgt wurden, setzten sie sich außer gesundheitlichen bald auch weiter gefaßte Ziele: Sie forderten eine unbefangenere Haltung gegenüber dem Körperlichen und propagierten die harmonische Übereinstimmung von Körper, Geist und Seele. Keinesfalls ging es ihnen jedoch um Erotik oder Sinnlichkeit, diese wurden vielmehr tabuisiert. Unter diesen Voraussetzungen gewann das Nacktbaden auch viele Anhänger im Wandervogel und der übrigen Jugendbewegung.

Das Steinhuder „Luft-, Licht- und Seebad"

Dafür, daß auch das Steinhuder „Licht-, Luft- und Seebad" ein Ort der Nacktkultur gewesen wäre, sind eindeutige Belege nicht vorhanden, auszuschließen ist dies jedoch

Das Licht-, Luft- und Seebad, Aufnahme aus den 20er Jahren (Stadtarchiv Wunstorf; freundliche Genehmigung und Repro: Rudi Diersche, Steinhude).

nicht. Am 25. Juni 1907 schrieb Julius Frank an die Fürstliche Hofkammer, der „Luftbad-Verein Steinhude" habe auf dem Grundstück des Musterzeichners Emil Lindemann vor dem sogenannten „Steenewark" (damals noch unbebautes Gelände, etwa einen halben Kilometer nordöstlich des Fleckens Steinhude) ein Luftbad errichtet. Hierfür bat er um die Genehmigung zur Badebenutzung des Meeres und zur Haltung eines kleinen Badebootes.[45] Für den Betrieb an Land war jedoch der Landrat zuständig. Am 20. März 1908 wandte sich Frank deshalb ans Landratsamt in Stadthagen zwecks Erlaubnis der nun „Luft-, Licht- und Seebad" genannten Einrichtung, zu der auch eine Kegelbahn gehören sollte. Bürgermeister Feldmann unterstützte das Projekt: *Es sei in gesundheitlicher Beziehung eine Wohltat für manchen Kranken und sehr gut, wenn man als Gesunder im eignen Orte ein solches Bad benutzen kann, es wird dann öfter in Anspruch genommen und doch noch Geld gespart.* Wenn überhaupt, dann dachte Feldmann nicht nur an Touristen, sondern auch an Einheimische als Benutzer des Bades, deren Gesundheit es dienen sollte. Dennoch war das Licht- und Luftbad ein zusätzliches Angebot für die ersten Sommerfrischler, die ihre Ferien in Steinhude verbrachten. *In sittlicher Hinsicht* hatte Feldmann keine Bedenken, *wenn für männliche und weibliche Personen gesonderte Badezeiten vorgeschrieben werden und wenn außerdem die Badenden nur auf der Seite dem Meere zu, um ein Wasserbad zu nehmen, im Badekostüm das Bad verlassen dürfen.*

Gemäß der Vorschläge Feldmanns wurde die Anlage vom Landrat am 6. April 1908 genehmigt: Ein 2,45 m hoher Bretterzaun mußte das Bad umgeben, hinter die Türen waren als Sichtschutz ebenfalls Bretterwände zu setzen. Die zwischenzeitlich von Ernst Schuster, dessen Café Fischerhaus etwa 120 Meter entfernt lag, erbetene Genehmigung zum Ausschank alkoholfreier Getränke wurde jedoch auf Bitte Feldmanns, der für diesen Fall offenbar doch sittliche Konflikte befürchtete, versagt.[46]

Da manche der im Meer badenden Besucher sich am Schilf verletzten, erlaubte die Hofkammer den Betreibern im Juli 1908, einen 40-50 Meter langen Steg zu bauen. 1909 lautete die Genehmigung für den Badeplatz sogar soweit, daß dieser 80 Meter weit ins Meer reichen dürfe und von Pfählen abzugrenzen sei.[47]

1911 übernahm die Schwester Julius Franks, Ida Frank, das Licht- und Luftbad. Doch für die Franks scheint sich der Betrieb nicht gelohnt zu haben. Schon 1912 warb Ernst Schuster in einer Anzeige für sein Café Fischerhaus auch mit dem „Luft- und Seebad".[48] Schuster, der sich

selbst als christlich-konservativ bezeichnete, dürfte einer eventuell gepflegten Nacktkultur keinen Platz mehr eingeräumt haben.

Der Wert des Meerschlamms

Eine Institution der am Ende des 19. Jahrhunderts zunehmend stärker werdenden Naturheilkunde-Bewegung war auch das erste Schlammbad am Steinhuder Meer. Schon am Anfang des Jahrhunderts wurden Bäder mit Schlamm aus dem Steinhuder Meer im schaumburg-lippischen Bad Eilsen verabreicht, wo er mit Schwefel aus den dortigen Quellen versetzt wurde. In August Engels Weser-Reiseführer von 1845 heißt es dazu: *Die Eilser Schlammbäder haben ganz besonderen Ruf. Sie wurden als die ersten in Deutschland 1802 eingerichtet, und die Schlamm- und Moorbäder aller übrigen Budeörter sind mehr oder weniger unvollkommene Nachahmungen der hiesigen.*[49] Eine solche „Nachahmung" genehmigte die schaumburg-lippische Regierung im Juli 1884 am Herkunftsort des Schlammes in Gestalt der vom Arzt Dr. Hinsch in Steinhude geführten Badeanstalt, in der Medizinal-, insbesondere Schlammbäder verabreicht wurden. Etwas ungehalten bemerkte die Regierung, daß die *Anlage bereits längere Zeit in Betrieb sein soll.*[50] Zwei Jahre später wies der fürstliche Oberförster Kähler die Rentkammer darauf hin, daß der Schlamm unerlaubt dem Meer entnommen wurde.[51]

Da der Schlamm so heilsame Verwendung und weite Beachtung fand, wurde er bald Gegenstand wissenschaftlichen Interesses. Über seine Zusammensetzung berichtete der Geograph Wilhelm Halbfaß, der 1898 das Steinhuder Meer besuchte und Schlammproben hatte untersuchen lassen. Danach besitze der *Grundschlamm des Steinhuder Meeres* eine moorige Beschaffenheit und *bestehe zum größten Teil aus einem flockigen Pflanzendetritus*, unter Beimischung zahlreicher Diatomeen-Panzer.[52]

Nach der Jahrhundertwende war das Steinhuder Schlammbad offenbar eine gefragte Einrichtung, die ein zusätzliches Angebot für einen Urlaubsaufenthalt am Meer darstellte. So warb das Strandhotel im „Illustrierten Führer" von 1914 auch mit dem Hinweis: *Nächste Nähe zum Schlammbad*, als dessen Badearzt mittlerweile Dr. Willerding fungierte. Der Steinhuder „Badeverein" pries die Heilkraft der Schlammbäder als *besonders erwiesen bei Rheumatismen, Skrophulose, Hautkrankheiten usw.* an, die Heilwirkungen stünden *in keiner Weise denen grösserer*

Schlammbad Steinhude.

Die Bäder werden in dem idyllisch und geschützt am Meere gelegenen, der Neuzeit entsprechend eingerichteten Badehause verabfolgt.

Die Heilkraft

der Schlammbäder ist besonders erwiesen bei **Rheumatismen, Skrophulose, Hautkrankheiten usw.**, und die Heilwirkungen stehen in keiner Weise denen grösserer Badeorte nach.

Verabreicht werden neben **Wasser- und Brausebädern** auch

medizinische Bäder

wie **Schwefel-, Sool-, Stahl- und Fichtennadelbäder.**

Badearzt: Sanitätsrat Dr. Willerding.

Eröffnung der Badezeit am 15. Mai d. J.

Zu jeder weiteren Auskunft ist gern bereit

der Badeverein.

Anzeige aus dem Fürstlich-Schaumburg-Lippischen Adreßbuch von 1912 (StAB).

Badeorte nach. Verabreicht würden *neben Wasser- und Brausebädern auch medizinische Bäder wie Schwefel-, Sool-, Stahl- und Fichtennadelbäder.*

In den zwanziger Jahren hatte Otto Maibaum das Schlammbad übernommen. Die Palette an Bädern war nun *um Kohlensäure- und elektrische Bäder* erweitert. Von besonderer Bedeutung waren aber weiterhin die Bäder im Schlamm, der nach Untersuchungen im Laboratorium Fresenius in Wiesbaden sich besonders gut zur Behandlung von *Rheumatismus, vielen Haut- und Stoffwechselkrankheiten und Frauenleiden* eigne.[53] In den 30er Jahren konnte sich der „Verbandsführer" des Landesfremdenverkehrverbands Weserbergland/Niedersachsen, Fischer, sogar vorstellen, mithilfe des Schlammbad-Angebots Steinhude *zu einem Heilbad zu entwickeln,* zu einem *Bad Steinhude.* Unverkennbar jedenfalls sei das Baden im Steinhuder Meer *ganz besonders gesundheitsförderlich* und für rheumaanfällige Gäste ohne nachherige Schmerzen möglich; erneut seien wissenschaftliche Untersuchungen über die Wirkungsweise des Wassers auf den menschlichen Körper veranlaßt.[54]

Nach dem Zweiten Weltkrieg wurde der Schlammbad-Betrieb durch den Arzt und Tourismusförderer Dr. Alfred Bredthauer zusammen mit einem Geschäftspartner wieder aufgenommen, wobei auch das Motiv der „Hebung des Fremdenverkehrs" eine Rolle gespielt haben dürfte. Die Hannoversche Allgemeine Zeitung berichtete am 5.April 1950, daß sich neben vielen Privatpatienten vor allem Krankenkassen für die *moderne wiedererstandene Heilstätte* interessierten.

Noch 1995 warb die Einrichtung damit, *das einzig echte Schlammbad Deutschlands* zu sein. Der im Südwestteil des Meeres gewonnene Schlamm wurde für die Anwendung auf 38-40 Grad erhitzt und in eine Eichenwanne gepumpt, in der er 15-20 Minuten auf die Patienten einwirkte und so für *eine bessere Durchblutung und damit eine Regulierung des Stoffwechsels* sorgt.[55] Mittlerweile ist das traditionsreiche, jedoch baufällige Haus geschlossen, diskutiert werden Pläne für einen größeren Sauna-Massage-Restaurant-Komplex.[56]

Freibaden wird Massenvergnügen

Vor dem Ersten Weltkrieg badeten am Nordufer des Steinhuder Meeres, am Weißen Berg, nur Wenige, vor allem jugendbewegte Vorreiter wie die Wandervögel, die der Reporter der Illustrierten Rundschau, Astholz, beobachtete: *Schon vom Schiff aus konnte man eine ganze Gesellschaft beobachten, die sich im Wasser tummelte. – Nachher kamen auch noch viele Erwachsene, Herren und Damen, in schicken Badekostümen zum Vorschein, die in den kühlen Fluten sich ergingen.* Für das hier offenbar im Sinne von Kneipp praktizierte Wassertreten waren die Bedingungen wegen des weitreichenden Flachwassers ideal.

Astholz schrieb, der Weiße Berg sei bis jetzt noch verhältnismäßig wenig besucht, was sich aber bald ändern werde. *Ich hörte, daß bereits im nächsten Jahre ein Familienbad hier angelegt werden soll. Mit der Ruhe ist es dann hier wohl auch vorbei, aber es werden mehr Leute davon profitieren, und dann hat Hannover einen neuen Anziehungspunkt mehr: ein Familienbad am Meeresstrande.*[57] Die Bezeichnung „Familienbad" meinte zu dieser Zeit eine gemischte Einrichtung, was angesichts der noch weithin üblich Geschlechtertrennung in Badeanstalten etwas Neues war; ein erstes Familienbad war 1902 auf Sylt eingerichtetet worden.[58]

Das Gerücht von der Einrichtung eines Familienbades sollte sich vorerst nicht bewahrheiten – der Erste Weltkrieg kam

Bereits 1926 war, im Zuge von frühen Planungen für eine Strandpromenade, eine Erweiterung des Schlammbades geplant (StAB B 1764).

dazwischen. Danach aber nahm die von Bildungsbürgern, Lebensreformern und Jugendbewegten eingeleitete neue Körperkultur Massencharakter an. Sichtbaren Ausdruck fand diese Entwicklung in überfüllten Badeplätzen und einer veränderten Bademode, die praktischer wurde und freiere Moralvorstellungen anzeigte. „Der den Männern vorgeschriebene hochgeschlossene Badeanzug wich allmählich der Badehose, und das für die Frauen obligate Badekostüm – häufig ein bis zu den Knöcheln reichendes langes Hemd oder eine wadenlange weite Hemdhose, oft noch mit Überrock und fast immer mit halblangen Ärmeln versehen – wurde durch das einfache Badetrikot ersetzt, manchmal sogar durch den zweiteiligen sogenannten Laban-Anzug – der Prototyp des modernen Bikini –, der im Prinzip aber schon von einem gewissen Valentin Lehr aus Freiburg erfunden worden war."[59]

Große Bedeutung für die nun beginnende Epoche des Freibadens in Deutschland erlangte das Vorbild des Wannsees vor den Toren Berlins. Im Jahre 1907 fiel dort das bis dahin geltende Badeverbot, und sofort brach ein wahrer Besucheranstrom los: Schon am vierten Sonntag nach der Freigabe wurden 220.000 Menschen am Freibad Wannsee geschätzt. In der Folgezeit wurden die Anlagen weiter ausgebaut, und das sommerliche Bad im Wannsee wurde eine der beliebtesten Freizeitbeschäftigungen der Berliner, das Wort „Wannsee" eine Metapher für großstädtische Freizeitkultur. Nachdem 1929/30 im Stil der Neuen Sachlichkeit das größte Binnenseebad Europas gebaut worden war, stiegen die Besucherzahlen auf über eine Million jährlich. Das Bad lehnte sich auf einer Länge von 550 Metern terrassenförmig an den Hang des Grunewaldes und bot 50.000 Gästen Platz. Auf dem Dach waren Sonnenterrassen eingerichtet, außerdem gab es Anlagen für Kommunikation, Gymnastik, Spiel und Eßkultur. So war eine Harmonie von Körper und Geist angestrebt, wie sie in der Lebensreform- und der Arbeitersportbewegung gefordert worden war.[60] Angesichts des Berliner Vorbildes wurde es bald üblich, vom Steinhuder Meer als dem „Wannsee Hannovers" zu sprechen.

Nachdem die Bahlsen-Pläne im Firmenarchiv gelandet waren, gab es Überlegungen, in behördlicher Regie einen öffentlichen Badestrand am Nordufer des Steinhuder Meeres zu errichten. Schaumburg-Lippischerseits wurde der Steinhuder Maurermeister Bredthauer beauftragt, einen Kostenvoranschlag zu erstellen. Dieser kalkulierte Kosten von 300.000 Mark für einen Badestrand von 500 m Länge und 50 m Breite. Doch dann wurde das Projekt kurzerhand gestoppt. Die Schaumburg-Lippische Landesregierung schrieb der Fürstlichen Hofkammer am 11. März 1921: *Die Hauptschwierigkeit zur Herrichtung dieses Badestrandes besteht aber darin, dass das Hinterland sich in anderen Händen befindet und in der Gefahr, dass bei Ausführung des Projektes der Fremdenverkehr von Steinhude in der Hauptsache nach dem weißen Berge abgelenkt wird.* Damit wurde die weitere Entwicklung sich selbst überlassen, obwohl sich schon die ersten Klagen erhoben hatten. Schon im eben erwähnten Brief hieß es im Begleitschreiben: *Es ist von Unbeteiligten behauptet worden, dass sehr häufig an den Sonntagen von dem badenden Publikum die einfachsten Regeln des Anstandes auf das gröblichste verletzt und geradezu Nackttänze zwischen Männlein und Fräulein im Meere oder an den Ufern desselben aufgeführt würden.* Der Steinhuder Bürgermeister Feldmann wußte dazu nichts Näheres, meinte jedoch in seiner Stellungnahme: *Wäre die Anlegung eines Badestrandes nicht abgelehnt worden, so konnte durch Aufstellen von Badezellen und dergl. Ordnung hergestellt werden, jetzt wird es kaum möglich sein.*[61]

Bald kamen an schönen Wochenenden viele Tausend Menschen zum Baden ans Nordufer. Baden bedeutete zu dieser Zeit mehrerlei, nicht nur ums „Tummeln" und sich Erfrischen ging es, sondern auch um Körperpflege. Der Gastwirt Ludwig Brümann schrieb in sein Konzessionsgesuch, daß er eventuell Badewäsche verleihen wolle: *Meine Absicht ist die, daß den dort sich badenden und wandernden Personen gedient ist.*[62] In der zweiten Hälfte des 19. Jahrhunderts, als wissenschaftliche Erkenntnisse die hygienischen Ansprüche erhöht hatten, wurde zunehmend das Baden, zumindest das Waschen des ganzen Körpers mit Seife gefordert, häufig auch mit kaltem Wasser. Diesen Forderungen standen jedoch unzureichende infrastrukturelle und sanitäre Einrichtungen gegenüber. Noch 1910 klagte der Regierungspräsident, kaum ein Sechstel der hannoverschen Wohnungen sei mit Badeeinrichtungen versehen. Um diesem Mangel abzuhelfen, waren am Ende des 19. Jahrhunderts zwei Volksbrausebäder eingerichtet worden, das erste 1889 am Marsstall, das zweite 1891 am Klagesmarkt. 1899 wurde ein Deutscher Volksbäderverband gegründet. Als nach dem Ersten Weltkrieg die Freizeit ausgedehnt wurde, reichten die hannoverschen Volksbäder dem wachsenden Andrang nicht mehr, und zwischen 1927 und 1931 wurden sogar drei neue gegründet.[62a] Im Sommer war der Andrang verständlicherweise viel größer als im Winter, und noch beliebter war in

Das Baden am Weißen Berg, vor dem Ersten Weltkrieg von Wandervögeln und bürgerlichen Naturenthusiasten entdeckt, erfreute sich von Jahr zu Jahr zunehmender Beliebtheit. Postkarte, 1918 (Hermann Beckedorf, Steinhude).

Das beliebte Baden am Weißen Berg sorgte für einen ständig wachsenden Bootsverkehr dorthin. Postkarte, 20er Jahre (Hermann Beckedorf, Steinhude).

der warmen Jahreszeit die Nutzung von freien Gewässern für die Körperpflege.

1929 richtete Brümann zusätzlich einen Ausschank in der Gartenveranda seiner Gaststätte ein, wofür er als Begründung angab, daß Kunden, welche im Badezeug Erfrischungen kaufen wollten, bei großem Andrang lange anstehen müßten und bei den Gästen im Lokal Anstoß erregten. *Nach den Polizeivorschriften sollen ja die Leute nicht so halbnackt herumlaufen.* Vor allem der Badetourismus erzeugte und nährte die Gastronomie am Nordufer. Brümann warb für seine „Blaue Grotte" mit dem Versprechen *bester Badegelegenheit,* die Mardorfer Warte bot *ausreichende Badekabinen,* aber auch *Sonnen- und Luftbäder* an, und das Hotel auf dem Weißen Berg nannte sich sogar „Badehotel".[63]

Noch ungestört vom Massenbetrieb konnten Besitzer abgelegener Strandhäuser baden, wie etwa der Schriftsteller Frank Thiess am Großenheidorner Ostenmeer. Das erste Bad wurde gleich nach dem Aufstehen *im dunklen Moorwasser* genommen, es diente dem „Aufwachen", aber auch der morgendlichen Reinigung. Das Ehepaar Thiess badete und sonnte sich *ohne keusche Bedeckung,* was von den Einheimischen toleriert schien, hatten sie sich daran *doch offenbar bei den meisten Liebhabern des Steinhuder Meeres gewöhnt.* Auch *ihre Töchter oder Mägde* sah Thiess einmal ins Wasser planschen und glaubte sich *zu entsinnen, daß sie nicht reicher bekleidet waren.* Ebenso war die junge Gymnastiklehrerin Änne aus Steinhude, mit der Thiess zum Baden hinaussegelte, *das anständigste Mädchen, das sich denken läßt,* gewohnt, nackt zu baden.[64]

Fotopose im Dünensand: Der Hannoveraner Hans Koch im Badeanzug, um 1930 (Stadtarchiv Hannover, Sammlung Heine; Repro: Hoerner, Hannover).

Nachdem sich am Nordufer ein solcher Massenbetrieb etabliert hatte, wünschten auch die Großenheidorner am Badetourismus mitzuverdienen. 1926 wurde das Strandbad Großenheidorn gebaut: Auf einer Breite von 300 Metern sollte das Schilf entfernt werden, um *den Kleinen* eine Gelegenheit zum Tummeln zu geben, ein Strandwart sollte darauf achten, daß sich *Zustände, wie sie am Weißen Berge gang und gäbe sind,* nicht einschleichen. Ein solcher durch die neue Straße gut erreichbarer Strand würde, so stellte sich der Hannoversche Anzeiger vom 14. Juni 1926 vor, *gerade für die hannoversche Bevölkerung zu einem Volksbade ersten Ranges werden.*

Zur gleichen Zeit legten auch die Steinhuder, die anfangs am Großenheidorner Projekt beteiligt werden sollten, ein Strandbad in den „Tannenkampsgärten" an – offenbar wollte jede Gemeinde ihr eigenes Bad und sich nicht von den Nachbarn das Geschäft nehmen lassen. Zunächst waren umfassende und durchaus kostspielige Grundierungsarbeiten notwendig; so mußte das Gelände durch Aufbringen von Sand für Kosten von 35.000 Reichsmark auf ein höheres Niveau gebracht werden. Diese Kosten, die jährliche Pacht von 2.400 RM und die Abgaben auf die Eintrittserlöse an die Meereseigentümer sollten den Betrieb spätestens nach der Weltwirtschaftskrise ab 1929/30 zu einem reinen Zuschußunternehmen machen. Schon 1929, im *Rekordjahr des Steinhuder Fremdenverkehrs,* war das Bad lediglich von rund 8.200 Menschen besucht worden, von denen 2.200 als Gäste der Jugendherberge Vorzugspreise genossen.[65] Im Juli 1933 schrieb die NSDAP-Ortsgruppe Steinhude an die Kreisleitung der

Partei, in den letzten drei Jahren seien jährlich Zuschüsse von 2.000-3.500 RM erforderlich gewesen, die Einnahmen durch Badekarten seien *bislang fast gleich null.* Auch ein weiterer Grund für die schlechte Situation wurde behauptet: *Das Grundstück ist für die Anlage eines Strandbades vollkommen ungeeignet, da der Untergrund im Wasser verschlammt ist, sodaß kein Mensch zum zweiten Male dort badet.* Auf diese Weise versuchten die NSDAP-Ortsgruppe und der Steinhuder Bürgermeister, durch den Landrat eine Senkung der jährlichen Pacht auf 1.500 RM zu erreichen, was allerdings erst im Jahre 1939 gelang.[66] Während des Krieges ruhte der Betrieb des Strandbades teilweise, in den ersten beiden Nachkriegssommern wurde es von der britischen Besatzungsarmee benutzt.

Nach dem Machtantritt der Nationalsozialisten geriet die Nacktkultur wieder in stärkere Bedrängnis. Sogleich wurden alle FKK-Vereine aufgelöst. Auch das Nacktbaden wurde durch Erlaß vom 8. Juli 1935 vom Reichsminister und Preußischen Minister des Innern verboten. Angesichts der völkisch-rassehygienischen Ausrichtung nicht geringer Teile der Nacktkulturbewegung und des NS-Körperkults herrschte aber noch eine gewisse Unsicherheit über die einzunehmende Haltung gegenüber dem Nacktbaden vor. Als 1935 Beschwerden über die Führer und Vorfälle im Mardorfer Landjahrheim laut wurden, wurde dies deutlich: *Ob das Baden von Führern und Jungens in völlig nacktem Zustande zulässig ist, vermag ich nicht zu entscheiden,* schrieb der Neustädter Landrat Specht an den Regierungspräsidenten in Hannover – obwohl letzterer selbst in Ausführung des Ministererlasses das Verbot verfügt hatte. Specht berichtete, daß *Zeuginnen* über nackte Landjahr-Teilnehmer *empört waren* und daß ein Gendarmerie-Hauptwachtmeister einen 19jährigen Führer *völlig nackt gesehen und diesem seine Entrüstung darüber ausgesprochen habe.*[67]

Schon bald nach dem Zweiten Weltkrieg erlebte das Nordufer des Steinhuder Meeres wieder einen starken Ansturm von Badelustigen. Erneut zeigte sich aber auch, daß für einen geregelten Badebetrieb wichtige Einrichtungen und Sicherheitsvorkehrungen fehlten. Dies führte zu einem schweren Unfall zu Pfingsten 1954: Offenbar war immer noch nicht allen Badegästen bewußt, wie flach die Uferzonen des Meeres sind, was tödliche Folgen hatte, als ein Junge den Landungssteg am Weißen Berg als Sprungbrett nutzte. Er schlug mit dem Kopf im flachen Wasser auf den Sand und brach sich die Wirbelsäule.[68]

Strandbad Steinhude. Postkarte, 50er Jahre (Hermann Beckedorf, Steinhude).

1960 stellten sich die Verhältnisse kaum anders dar und riefen das Gesundheitsamt auf den Plan. In dem Uferstreifen, der den Zeltplatz und den Badestrand am Weißen Berg umfaßte, befände sich *eine massive Ansammlung von schwere gesundheitlichen Gefahren,* wie das Amt dem Landkreis Neustadt im Mai 1960 mitteilte. Eine Besichtigung hatte den Gesundheitswächtern offenbar die Haare zu Berge stehen lassen. Die größte Schwierigkeit sahen sie darin, den *mit starken Pflanzen und Strauchwuchs bewachsenen Uferstreifen reinzuhalten.* Begünstigt durch hohe Sträucher könnten sich Badegäste jederzeit unbeobachtet zurückziehen, *Schmutz und Kot werde dort überall abgesetzt,* der ganze Uferstreifen sei eine Ansammlung von Scherben, leeren Konservenbüchsen, Papier und sonstigem Abfall. Zudem sei der Boden sumpfig und biete ideale Brutstätten für Fliegen und Mücken, die Möglichkeit des Ausbruchs schwerer Seuchen sei jederzeit *gegeben. Hier kann nicht mehr von einer Natur gesprochen werden, die geschont werden muß, und die unter das Naturschutzgesetz fällt; hier besteht ein Mißstand, der unbedingt beseitigt werden muß.*

Die Beamten wußten auch, wie: In einer Längenausdehnung von ein bis zwei Kilometern sei der betreffende Uferstreifen von Pflanzen und Strauchwerk zu säubern, um sodann aus der flachen Uferzone des Sees Sand heranzubringen und aufzutragen. Dadurch *werde ein herrlicher Badestrand entstehen, so wie wir ihn überall an der Ostsee und an der Nordsee kennen, ohne daß jemand von der Vergewaltigung der Natur sprechen würde.*[69]

Für den Kreis-Naturschutzbeauftragten Sagatz war eine solche Lösung allerdings *gänzlich indiskutabel.* Er stellte fest, man könne den Binnensee nicht mit einer Meeresküste vergleichen, wo Salzwasser sowie Ebbe und Flut für einen ständig gereinigten Sand sorgten. Auch die gesundheitsamtliche Beurteilung der Insektenfauna teilte Sagatz nicht: *Erfreulicherweise* sei das Meer eine *ideale Brutstätte für Fliegen und Mücken,* denn dadurch biete es einer *immer noch beachtlichen Wasservogelwelt Nahrung.* Für die Badegäste am Steinhuder-Meer hatte er offenbar nicht viel übrig: *Für manchen Menschen ist das Steinhuder Meer nur*

Kassenhäuschen des Steinhuder Strandbades, um 1950 (Hermann Beckedorf, Steinhude).

eine Badegelegenheit. *Für diese Menschen kann man noch manche verlassene Kies- oder Baggerkuhle herrichten.* Die *vielen Hundert Menschen, die sich hier in Wochenendhäusern niedergelassen* hätten und die vielen Besucher, die außerhalb der Badesaison kämen, freuten sich hingegen über den *Zusammenklang von Wald und Wasser und Hügel und Dickicht.* Sagatz versprach sich eine Besserung der Verhältnisse am Weißen Berg erst dann, wenn das ganze Gebiet in einheitliche staatliche Verwaltung käme.[70]

Unter der Beteiligung des Großraum-Verbands wurden schließlich 1965 auf Initiative der Gemeinde Mardorf etwa 3,5 km Strand entschilft und mit einem rund 25 Meter breiten Sandstreifen aufgespült; die Kosten betrugen 900.000 DM.[71]

Auch am Südufer wurde man mit einer ähnlichen Maßnahme für die Badefreunde tätig. Ein Badebetrieb war in Steinhude und Großenheidorn aufgrund der zunehmenden Verschlammung seit Jahren nicht mehr möglich. Das Steinhuder Strandbad verwaiste in den 60er Jahren und wurde zuletzt nur noch als Zeltplatz genutzt. Ein Badeplatz am Südufer fehlte also dringend. Nachdem es schon früher mehrfach Überlegungen zur Aufschüttung einer Badeinsel gegeben hatte, wurde ab Ende der 60er Jahre durch die Gemeinde Steinhude das Projekt erneut in

Angriff genommen. Nachdem ab 1972 das Abwasser der Großenheidorner Kläranlage nicht mehr ins Meer geleitet wurde, hatte sich auch die Wasserqualität soweit verbessert, daß gegen einen Badebetrieb keine Bedenken mehr bestanden. Die 8.000 qm große Schilfinsel „Lindenhoop" wurde als Ansatz genutzt, um eine schließlich 46.000 qm große Badeinsel aufzuspülen. Die Insellage sollte eine gute Umspülung ermöglichen, so daß eine Verschlammung verhindert würde.

Der Großraum errichtete auf der Insel die notwendigen Umkleideräume, Duschen, Sanitäranlagen und einen Verkaufskiosk für eine durchschnittlich erwartete Tagesbesucherzahl von 1.500-2.000 Badegästen. Die Gesamtkosten für Badeinsel und Freibadbauten beliefen sich auf rund 2,2 Millionen Mark, wovon der Löwenanteil von der Gemeinde Steinhude und vom niedersächsischen Wirtschaftsministerium getragen wurde.[72] Mit der Schaffung der Badeinsel erhielt Steinhude übrigens auch ein attraktives Freiluft-Veranstaltungsgelände, das regelmäßig Ort von Festen und Popkonzerten ist.

Die Badeattraktivität des Meeres ist in den vergangenen beiden Jahrzehnten jedoch gesunken. Vergleicht man die Beliebtheit der Freizeitaktivitäten im Jahre 1974 – dem Jahr der Eröffnung der Badeinsel – mit der im Jahre 1992, so fällt ein drastischer Schwund der Lust am Baden auf. Gaben 1974 noch 16 % der Besucher als Aktivität am Meer das Baden an (am Nordufer sogar 26 %), so waren es 1992 nur noch 3 % (auch am Nordufer!).[73] Dies ist mit der erhöhten Konkurrenz durch die gestiegene Anzahl an Freibädern zu erklären, auch mit hygienischen Vorbehalten gegen Teiche und Seen im Zuge eines gestiegenen Umwelt- und Gesundheitsbewußtseins – auch wenn die Einleitung von Kläranlagen-Abwässern ins Steinhuder Meer Vergangenheit ist. Vor allem aber ist ein Wandel der Lebens- und Freizeitstile zu berücksichtigen. Beim Publikum sind heute kombinierte Freizeit-/Bade-Einrichtungen gefragt, die eine Vielfalt der unterschiedlichsten Aktivitäten und Erlebnisse ermöglichen. Ein solches „Erlebnisbad" ist z.B. das auch im Sommer geöffnete „Tropicana"-Hallenbad in Stadthagen. Hier werden *Sprudel- und Wirbelbecken, Fontänen und Wasserfall, Baby- und Kinderbecken, eine 50 Meter lange Rutsche, Wildwasserkanal, Eukalyptusraum sowie ein Außenbecken mit 32 Grad warmer Thermalsole* geboten; gegen Aufpreis ist eine Sauna benutzbar, nebenan lockt ein Wellenbad.[74] Gegen solche „Freizeit-" und „Spaßbäder" ist das Steinhuder Meer – das auch kaum Sportschwimmen zuläßt – offenbar nicht konkurrenzfähig.[75]

Die zwanziger Jahre: Freizeit wird zur Massenbewegung

Nach dem Ersten Weltkrieg begann eine neue „Epoche" des Steinhuder-Meer-Tourismus. Grundlegende Veränderungen vollzogen sich, vor allem trat zum Schwerpunkt am Südufer ein zweiter am Nordufer. Der Grund lag in industriegesellschaftlichen Entwicklungen, die auch das Verhältnis zwischen Arbeits- und freier Zeit veränderten. Letztere bekam den Charakter der „Freizeit", die es zu planen und mit Vergnügungen, Sport und anderen Aktivitäten auszufüllen galt. Eine dieser Aktivitäten war das schnell große Popularität erlangende Freibaden, das in dem Bestreben, gesund zu leben, aber auch in einem unbefangenen Verhältnis zum Körper wurzelte.

Zudem gab es eine Änderung bei den Eigentumsverhältnissen des Steinhuder Meeres: Der Fürst dankte infolge der Revolution von 1918/19 ab, ein zwischen dem fürstlichen Haus und dem neugegründeten Freistaat Schaumburg-Lippe vereinbarter „Domanialteilungsvertrag" wurde im Mai 1920 bekanntgemacht. Darin wurde das Meer ideell zu gleichen Teilen zwischen dem fürstlichen Haus und dem neuen Freistaat geteilt.[1] Zuständig für den Verkehr auf dem Meere blieb aber weiterhin die Fürstliche Hofkammer.

Wochenend hat Konjunktur

In Deutschland erhielt der Schutz des Sonntags und der Feiertage *als Tage der Arbeitsruhe und der seelischen Erhebung* sogar Verfassungsrang (Art. 139 der Weimarer Reichsverfassung), und durch das Betriebsrätegesetz von 1920 wurde – zunächst bis zur Inflation[2] – der Acht-Stunden-Tag eingeführt, nachdem vor dem Ersten Weltkrieg noch durchschnittlich 57 Wochenstunden gearbeitet worden war.[3] Den Engländern wurde die Bezeichnung „weekend" abgeschaut und als „Wochenende" ins Deutsche übertragen.[4] Damit war jetzt nicht mehr nur der Sonntag gemeint, sondern auch der Samstag, der zunehmend als Freizeit zur Verfügung stand und unter anderem für Ausflüge genutzt wurde. Noch in der englischen Form gebrauchte der Hannoversche Anzeiger das Wort in seinem Artikel „Steinhude – Ein Segler-Eldorado": *In Steinhude genießt, wer es sich leisten kann, gern ein Week-end.*[5] Daß

es sich noch um etwas Neues handelte, belegt der Anfang des Ausflugsberichtes „Unser Wochenend in Steinhude" im Hannoverschen Anzeiger: *Nun ja, geredet und gehört hatte ich damals schon viel vom Wochenend, nur wußte ich nicht, wann eigentlich so ein Wochenend anfängt und wann es zu Ende geht, worüber ich mir auch heute noch nicht ganz klar bin. Jedenfalls hatte meine bessere Hälfte das Bedürfnis, auch Wochenendlerin zu werden, und diesen Wunsch durfte ich meiner Gebieterin doch nicht abschlagen. ... Das Steinhuder Meer wurde unser erstes Wochenendziel.*[6] Hier zeigt sich ein weiteres Novum, das bis heute das Freizeitverhalten von Ehepaaren und Familien bestimmt: Die Hausfrau und Mutter übernimmt das Ruder, plant und organisiert die Wochenendaktivitäten, beweist ihrer Familie und vor allem ihrem Mann „Managerqualitäten" – allerdings auf die Zeit des Wochenendes beschränkt.[7]

Eine *Auf der Jagd nach Glück und Gesundheit* betitelte Themenseite des Hannoverschen Tageblatts versammelte gängige zeitgenössische Vorstellungen über Erholung und sinnvolle Wochenendgestaltung: In fünf Artikeln, z.T. von Medizinern, wurden Ratschläge erteilt und Forderungen gestellt, die helfen sollten, diese Ziele zu erreichen. Ein Dr. Lepsius propagierte: *Das Wochenende gehört der Natur* und sprach von einer *Wochenendbewegung*, die *die natürliche und gesundheitsmäßige Reaktion auf die wachsenden Schädigungen des Berufs- und Großstadtlebens* sei. Da aber die Gefahr der übereifrigen Wochenendbetätigung bestünde, die nicht der individuellen beruflichen, sozialen und körperlichen Situation angemessen sei, forderte er die Einrichtung einer *ärztlichen Wochenendberatung.*[8] Der Schlager „Wochenend und Sonnenschein" der „Comedian Harmonists" ist ein Ausdruck dieser Entwicklung und des damit verbundenen neuen Lebensgefühls, das sich in betriebsamen Freizeitaktivitäten Bahn brach.

Am Steinhuder Meer ist der Hauptschauplatz dieser neuen Entwicklungen das Nordufer, wo sich die Prophezeiung der Illustrierten Rundschau von 1913 mit kriegsbedingter Verspätung erfüllte: Der Weiße Berg und der Mardorfer Strand werden zum „Familienbad Hannovers". In der zweiten Auflage von Otto Dieckhoffs „Führer durch das Oberwesergebiet" von 1921 wird der Weiße Berg als *beliebter Badestrand nach Wannseeart* charakterisiert. Jetzt

Wochenende
von 100 erfaßten Angestellten hatten Sonnabend-Frühschluß

82,77 76,74
71,01
13,38

Industrie Großhandel Einzelhandel Sonstige

Vor allem die zahlreiche Industriearbeiterschaft genoß den frühen Arbeitsschluß am Samstag und damit das lange Wochenende. Die Graphik verdeutlicht auch, wie die neugewonnene Freizeit von den breiten Bevölkerungsschichten genutzt wurde: Zum Wandern und Motorradfahren, für den (Wasser-)Sport, zum Aufenthalt in Ausflugslokalen und Schrebergärten, durch die Besserverdienenden auch in Wochenendhäuschen. Das Haupt-Fortbewegungsmittel war noch die Eisenbahn. Erhebung des Gewerkschaftsbundes der Angestellten, 1931 (Aus Lauterbach, Großstadtmenschen).

erst wird das Steinhuder Meer zum Badeparadies der breiten Bevölkerung. An zwei, drei schönen Sommerwochenenden strömen mehr Menschen ans Nordufer und ab 1926 in die Strandbäder Großenheidorn und Steinhude, als vor dem Krieg zum Wilhelmstein im ganzen Jahr.

Das Wandern, vom „Wandervogel" und Touristenvereinen vor dem Krieg populär gemacht, wurde bald nach dem Krieg wieder aufgenommen. Es kostete wenig, was in der

Not der ersten Nachkriegsjahre wichtig war, und brachte Ablenkung vom niederdrückenden Alltag. So kündete der Vorstand des Männer-Turnklubs in der Wunstorfer Zeitung eine Wanderung um das Steinhuder Meer für Sonntag, den 18. Mai 1919 an, die ab Großenheidorn durchs Moor führen sollte; um *rege Beteiligung* wurde gebeten.[9] Von weiter her kommenden Wandergruppen stand ab 1927 die Steinhuder Jugendherberge zur Verfügung. Diese gehörte zu einem im Aufbau befindlichen Netz von Jugendherbergen, das das ganze Deutsche Reich durchziehen sollte. So stieg die Zahl der Jugendherbergen in Deutschland zwischen 1919 und 1932 von 300 auf 2.124. Die Jugendherbergen sollten das mehrtägige Wandern der gesamten, männlichen wie weiblichen Jugend in der Heimat und deren Kennenlernen ermöglichen, das Wandern sollte ein *Jungbrunnen der Volkskraft und Volksgesundheit* werden. Da dies in *billigster Art* geschehen sollte, bemühte sich der Reichsverband für Deutsche Jugendherbergen auch um Fahr- und Eintrittspreisermäßigungen. Insbesondere die Arbeiterjugend begrüßte die dadurch geschaffenen Möglichkeiten.[10] In Steinhude genossen die Gäste der Jugendherberge z.B. ermäßigten Eintritt ins Strandbad.[11] Dagegen konnte sich die aus der Jugendbewegung hervorgegangene, bürgerliche „Bündische Jugend", unterstützt von den Eltern, oft eigenen Heime leisten. So besaß die Wunstorfer Gruppe der Bündischen Jugend eine Wanderhütte auf dem Düdinghäuser Berg, von wo ein guter Ausblick auf das nahe Steinhuder Meer möglich war.[12]

Langsam schritt auch die Entwicklung des Steinhuder Meeres als Gebiet zur Verbringung der „Sommerfrische" voran. So annoncierte im Juli 1920 ein Hannoveraner mehrmals in der Wunstorfer Zeitung, er suche am Meer oder in seiner Umgebung für etwa drei Wochen für zwei Erwachsene und zwei Kinder einen Erholungsaufenthalt mit Vollpension. Die Mitglieder des Hagenburger Yacht-Clubs konnten ihren Urlaub auf dem Wilhelmstein verbringen, wo man zusätzlich zur Clubmesse Räume gemietet hatte.[13] Neue Hotels und Gaststätten zur Beherbergung der Urlauber, vor allem aber zur Bewirtung der Ausflügler entstanden: das Weiße-Berg-Hotel und die „Mardorfer Warte" am Nordufer, ein Strandhotel am Großenheidorner Strand, eine Jugendherberge in Steinhude, dazu so manche Kneipen, Ausschänke und Pensionen.

Gleichzeitig entstanden erste Wochenendhaussiedlungen am Mardorfer Strand und am Ostenmeer. Wohlhabende Steinhuder-Meer-Liebhaber verschafften sich so eine stetige Präsenz am Steinhuder Meer, ja sogar eine

Die 1927 erbaute Steinhuder Jugendherberge (Hermann Beckedorf, Steinhude).

zweite Existenz als „Freizeit-Menschen". Ein Ufergrundstück ermöglichte auch das Errichten eines Steges und den Besitz eines Segelbootes, deren Zahl auf dem Meer wuchs: *Die Bootsschuppen öffnen sich und ein Segelschiff nach dem andern gleitet in die Flut. Und bald schweben hunderte von weißen Segeln wie zusammengeklappte Falterflügel über dem Wasser.*[14]

Die Anziehungskraft vor allem des Nordufers auf die großen Massen bewirkte, daß sich bald eine Zwei-Klassen-Gesellschaft der Touristen am Steinhuder Meer herausbildete: Einerseits die Hotelgäste, Segler und Wochenendhausbesitzer, andererseits die zahlreichen Badegäste aus der Arbeiterschaft und dem Kleinbürgertum, die für ihren auf einige Stunden beschränkten Freizeitspaß nur ihren Badeanzug und ein Handtuch benötigten und ihre Verpflegung oft selbst mitbrachten. Aus Steinhuder Perspektive war das Steinhuder Meer ein *Erholungsgebiet des Mittelstandes*[15], aber am Nordufer trafen sich die Arbeiter und Kleinbürger, die über die hohen Preise in Steinhude nur klagen konnten. Der Hannoversche Anzeiger konnte sich Steinhude sogar als eine *lockende überkultivierte Strandsirene* vorstellen, *mit künstlichem, weitem Badestrand, mit Luxusbauten und amerikanisiertem Vergnügungs-Großbetrieb.* Solche Zukunftsmöglichkeiten lägen sicher in Steinhude, es fehle nur an den nötigen Millionen.[16]

Immer stärker schwoll der Verkehr an. Einen großen Anteil daran hatten Motorräder und Automobile, die besonders für den Wochenendausflug blankgewienert wurden. Ein Mineralölkonzern warb mit dem Slogan *Kein Wochenende ohne Dapolin.*[17] Steinhude erlebte *Großkampftage des Verkehrs*[18], und auch der Parkplatz der Mardorfer Warte war oft überfüllt. Der Fremdenverkehr veränderte nicht nur die Gestalt der unmittelbaren Uferzonen

Juli 1928 im Großenheidorner Strandbad geschriebene Postkarte mit dem Anleger am Steinhuder Ratskeller, rechts vermutlich Wandervögel (Hildegard Palat, Wunstorf).

des Steinhuder Meers mit Hotels, Gastwirtschaften, Wochenendhäusern und Stegen, sondern auch die Umgebung durch Autostraßen, Tankstellen, Parkplätze und Verkehrsschilder. Besonders das Ortsbild Steinhudes veränderte sich dabei nachhaltig. Gleichzeitig befand sich die Steinhuder Meerbahn durch die Nachkriegs-Wirtschaftskrise und die starke Konkurrenz in der Situation eines Dauerpatienten; sie schränkte ihren Zugverkehr ein und betrieb ab 1929 die ersten Autobusse.

Auch wenn die Badegäste zahlenmäßig den Steinhuder-Meer-Fremdenverkehr dominierten, zumindest bei schönem Wetter: Immer noch fanden die traditionellen Ausflüge ans Steinhuder Meer statt, deren Höhepunkt der Besuch des Wilhelmsteins war. Auffälligsten Anteil daran hatten die aus immer größeren Gruppen bestehenden Gesellschaftsfahrten von Vereinen, militärischen Einheiten, Firmen-Belegschaften oder anderen Institutionen. Zumindest diese Großgruppen, oft begleitet von Musikkapellen, kamen noch mit der Steinhuder Meerbahn. Wenn solche Ausflugsgesellschaften aus den Zügen quollen, waren die Steinhuder Straßen bald *schwarz vor Menschen*.[19] Die Städtischen Berufs- und Fachschulen Delmenhorst kündigten z.B. für den 12. August 1930 ihr Kommen mit 600-800 Schülern an, denen seitens der Hofkammer eine Ermäßigung gewährt wurde. Eine Woche später, am 18. und 19. August 1930, kamen immerhin jeweils 150 Teilnehmer einer Tagung des Deutschen Forstvereins in Hannover ans Steinhuder Meer.[20]

Der auf allen Ebenen erweiterte Steinhuder-Meer-Tourismus blieb nicht ohne Folgen für Natur, Landschaft und traditionelle Kultur. Schon bald klagten Heimatschützer über die Zerstörung der Uferregionen, das Verschwinden von Vogelarten, über zügellosen Massen- und „Pärchenbetrieb". Mitte der zwanziger Jahre entstand eine erste „Naturschutzbewegung am Steinhuder Meer", der es auch um „Heimatschutz" im kulturellen Sinne ging.

Der Weiße Berg

Der Drang der breiten Massen ans Nordufer spiegelt sich in den Bemühungen der ortsansässigen Gewerbetreibenden, durch Bereitstellung eines Versorgungsangebots am Besucheransturm zu verdienen. Dazu kamen bald auswärtige Anbieter, die hier eine Marktlücke erkannten, zumal sie in den Krisenjahren nach dem Krieg nach zusätzlichen Verdienstmöglichkeiten suchen mußten. Schon im Mai 1920

berichtete Ida Thürnau, die Witwe des Mardorfer Gastwirts Wilhelm Thürnau: *Besonders an Sonntagen kommen von Steinhude her mit Boten viele Tausende von Personen hierher, um sich an den Reizen der Landschaft zu erfreuen.* Deshalb beantragte sie eine Konzession, um die Gaststätte ihres Mannes im Dorf weiterbetreiben zu können, sowie für eine *Zweigstätte* auf einer ihr gehörenden Wiese nahe den *schwarzen und weißen Bergen*, wo sie, *insbesondere an Sonn- und Festtagen, Erfrischungen feilbieten* wollte; der Ausschank des Mühlenbesitzers Meier könne das Bedürfnis des Publikums allein nicht decken.[21] Angesichts solchen Andrangs wurde der Witwe die Genehmigung für den Strand-Ausschank nicht verwehrt. Anders jedoch bei dem Gesuch des Mardorfer Landwirts Heinrich Nordmeyer im November gleichen Jahres: Die Gemeinde Mardorf widersprach einer Konzession, da im Sommer auf dem Wald- und Heide-Grundstück Nordmeyers leicht Feuer ausbrechen könne und der Verkehr in den Waldungen durch die Ausschänke immer größer werde.[22]

Aufgrund des Scheiterns von Plänen für einen öffentlichen Badestrand in behördlicher Regie mit Umkleidekabinen, Toiletten sowie Personal, das zur Aufrechterhaltung einer gewissen Ordnung hätte beitragen können, kam es bald zu Klagen über Auswüchse des wilden Badebetriebes. Die Kreisbehörde versuchte, durch Auflagen an die privaten Gewerbetreibenden die fehlende Infrastruktur bereitstellen zu lassen. So wurde dem Mardorfer Arbeiter August Heidorn im Juni 1922 der Betrieb einer Schankwirtschaft mit der Auflage erlaubt, eine Abortanlage bereitzustellen.[23] Auch bei der Genehmigung der Gast- und Schankwirtschaft des hannoverschen Gastwirts Ludwig Brümann konnte der Kreisausschuß die Gelegenheit ergreifen, wichtige Versorgungseinrichtungen für das Badegelände zu gewinnen. Brümann, der in der Roten Reihe in der hannoverschen Calenberger Neustadt das Lokal „Blaue Grotte" betrieb, hatte im Frühjahr 1923 eine *Heidefläche* des Mardorfer Hofbesitzers Heinrich Langhorst für den Inflations-Preis von 30.000 Mark gepachtet, der sich laut Vertrag bei weiterem *Marksturz* erhöhen konnte. Nachdem Brümann gegen die ursprüngliche Ablehnung seines Gesuchs geklagt hatte, widerrief der Kreisausschuß im Juni seine Entscheidung und gab ihm auf, *Übernachtungs- und Kochgelegenheit für Wandervögel gegen Erstattung der Selbstkosten zu schaffen*. Wasser aus seinem Brunnen sollten diese sogar umsonst bekommen. Brümann wollte ein *transportables, wasserdichtes Zelt aus Holz* aufbauen, ein sogenanntes *fliegendes Hotel*, das bereits ver-

Nach einer Moorwanderung ab Großenheidorn am Weißen Berg, mit unterwegs gepflückten Heidesträußen: Sekunda (= 9. Klasse) des Wunstorfer Hölty-Gymnasiums August 1929 (Hildegard Palat, Wunstorf).

Die Kapazitäten der durch Private geschaffenen Anlagen dürften jedoch an Spitzentagen nicht im entferntesten den Bedürfnissen der Badegäste entsprochen haben: Am 14. Juli 1923 berichtete der Stadthagener Generalanzeiger: *Am letzten Sonntag waren nicht weniger als 25.000 Menschen hier, die im Familienbade am Weißen Berg sich tummelten. – Der Weiße Berg glich einem Ameisenhaufen* schrieb auch der Hannoversche Anzeiger vom 17. März 1928, dessen Autor das Gedränge und daraus entspringende Konflikte auf dem Anleger des Steinhuder Berufsseglervereins schilderte: *Nun kam die Heimreise. Aber, o weh, der Landungssteg war voll von Menschen, das konnte Stunden dauern, ehe wir zur Rückfahrt nach Steinhude kamen, dazu war fast Windstille und die Bootsführer mußten zu den Rudern greifen, um überhaupt vorwärtszukommen. Auf einem der seitlichen Landungsarme gewahrte ich jedoch noch ein freies Plätzchen, kurz entschlossen zog ich noch einmal meinen Trikot an und trug zum Aergernis der auf dem Landungssteg Wartenden meine bessere Hälfte auf das freie Plätzchen, um so unsere Wartezeit etwas zu verkürzen.*[25] Übrigens wurde nicht nur das Gros der Ausflügler, sondern auch das Bier für die Nordufer-Gastronomie mit Steinhuder Schiffen über das Meer transportiert, da es durch das unwegsame Nordufer-Gelände schwer heranzuschaffen gewesen wäre. Die Schaumburger Brauerei unterhielt zu diesem Zweck zeitweise sogar ein eigenes Boot.[26]

schiedenen Male polizeilich abgenommen sei, und dort Mittagstisch, alkoholische Getränke, Kaffee und Kuchen anbieten, wozu er Geschirr für 300-350 Personen bereithielt; er war aber auch für Logis eingerichtet. Brümann kam wahrscheinlich auch zugute, daß er zehn Herren- und vier Damentoiletten einzurichten versprach.[24]

Vor allem Brümanns Etablissement, das er wie seine hannoversche Kneipe „Blaue Grotte" nannte und mit Hilfe

Überfüllter Anleger am Weißen Berg. Dorthin kam man am besten mit dem Schiff von Steinhude aus. Bei schönem Wetter hatten die Mitglieder des 1920 gegründeten Steinhuder Berufsseglervereins alle Hände voll zu tun (Stadtarchiv Wunstorf).

einer kulissenartigen Fassade mit aufgemalten Felsbrocken entsprechend gestaltete, brachte die Atmosphäre anrüchiger hannoverscher Spelunkenkultur an den noch anderthalb Jahrzehnte zuvor als „unberührte Natur" gepriesenen Weißen Berg. Gerüchte und Anschuldigungen keimten zuweilen auf, die Konkurrenz bezichtigte ihn der *Neppwirtschaft*, und die örtlichen Behörden hatten ein Auge auf Brümann. In die Konzessionsakte wurde z.B. auch ein *Durch Hannovers Verbrecherviertel* betitelter Artikel der Wochenschrift „Revue" aus dem Jahre 1930 aufgenommen. Der sensationslüsterne Schreiber hatte bei seinem Kneipenbummel durch Hannovers Halb- und Unterwelt auch Brümanns Grotte aufgesucht und dort das Inhaber-Ehepaar samt Papagei beobachtet: *Man merkts beiden an: Sie freuen sich auf den Sommer, wo sie in ihrem Strandhotel am Steinhuder Meer die Sommergäste bedienen lassen werden. Die Luft wird eine bessere sein als hier diese in der Altstadt Hannovers.*[27] Die Sommergäste ließen sich jedoch durch Brümanns Ruf nicht abschrecken, die Grotte bestand noch bis nach dem Zweiten Weltkrieg.

Noch beliebter wurde jedoch die Gastwirtschaft eines Sohnes von Ludwig Brümann. Aus einer kleinen Bretterbude, wie so manch anderer Ausschank am Nordufer, entstand 1923 die erste der beiden „Moorhütten", die nach dem Bau der „Neuen Moorhütte" 1948 die „Alte" genannt wurde. Der arbeitslose Oskar Brümann hatte von seinem letzten Geld eine Bude gebaut, *die so klein war, daß die Leute oft mit einer Zeitung unterm Arm kamen, weil sie keine Erfrischungshalle vermuteten, sondern etwas ganz anderes,* erzählte er später. Nach und nach erweiterte Brümann seine *Goldgrube*[28] und schuf so ein weitbekanntes Haus, dem der Schriftsteller Frank Thiess in seinem Roman „Johanna und Esther" (in der Neuauflage „Gäa") ein kleines Denkmal setzte. Brümanns Gästebuch wurde später die *inoffizielle Chronik* des Nordufers genannt.[29]

Im Frühjahr 1925 wurden dann die Grundlagen für das größte gastronomische Objekt am Ort, das Weiße-Berg-Hotel, gelegt. Nachdem eine „Weiße-Berg-GmbH" gegründet worden war, schloß der nunmehrige Eigentümer des dem Hause Bahlsen abgekauften Geländes, der Steinhuder

Ludwig Brümann (mit Mütze), Personal und Gäste vor der Blauen Grotte (Archiv des Landkreises Hannover, KA NRÜ 1424; Repro: Julian, Hannover).

Das 1925 eröffnete Badehotel Weißer Berg (Stadtarchiv Wunstorf; freundliche Genehmigung und Repro: Rudi Diersche, Steinhude).

Lederfabrikant Arnold Seegers, als deren Vertreter einen Pachtvertrag mit Otto Meier, dem Sohn und nun auch Nachfolger von Wilhelm Meier, ab.[30] Bei dem zu verpachtenden Haus handelte es sich um ein Seegerssches Stallgebäude, dem man dann für den Hotelbetrieb die Wände herausriß.[31] Nun war es möglich, am Weißen Berg auch zu übernachten und einen richtigen Urlaub zu verbringen.

Im Herbst 1925 teilte der Kreisausschuß der Frau des inzwischen verstorbenen Lederfabrikanten die Höhe der zu zahlenden Konzessionssteuer mit, die 3.000 Mark betrage (5 % des Anlage- und Betriebskapitals von 50.000 Mark und 10 % des zu erwartenden Ertrages von 5.000 Mark).[32] Für Pächter Meier wirkte sich dies in hohen Pachtverpflichtungen aus, die ihm in schlechten Jahren das Leben schwer machten, zumal die Konkurrenz am Nordufer wuchs. Schon im Juni 1926 war eine weitere Gaststätte, die in die Nordufer-Geschichte eingehen sollte, ins Rennen gegangen. Inhaber des „Seestern" war der Glcidinger Gastwirt Conrad Ostermeyer, der im Jahre 1915 schon einmal für einige Monate das Steinhuder Strandhotel gepachtet hatte.[33]

Im Jahre 1929 gelang es Meier, die Konzession für das Hotel auf seine Person übertragen zu bekommen. Außerdem wurde ihm noch ein Schankpavillon am Landungssteg Weißer Berg genehmigt. Um einen weitere Ausschank

anstelle der bisherigen Blockhütte mußte Meier jedoch erst kämpfen. Nachdem der Kreisausschuß zunächst abgelehnt hatte, argumentierte Meier damit, er habe in den letzten Jahren *sehr viele Aufwendungen zur Verbesserung des Strandes und zur Hebung des Fremdenverkehrs gemacht. Durch Verweigerung der Konzession würde ihm ein schwerer wirtschaftlicher Schaden erwachsen und außerdem der Verkehr nach der ‚Blauen Grotte' geleitet werden.*[34]

Im Hinweis auf die „Blaue Grotte" äußert sich ein erbitterter Konkurrenzkampf zwischen Meier und Brümann, den Inhabern der beiden größten Gastronomien im Bereich des Weißen Berges. In einem Brief an den Kreisausschuß protestierte Brümann 1931 gegen Grenz- und Wegweiser in den schaumburg-lippischen Farben und *Stacheldrahtverhaue* der Pächter am Weißen Berg. Dadurch werde sein Etablissement vom Weg zum Ufer abgeschnitten und er *vollständig geschäftlich erdrosselt*. Mit dieser drastischen Ausmalung seiner Lage erreichte Brümann die Genehmigung eines weiteren Verkaufsstandes am Strandweg, bei dem auch der Ausschank alkoholischer Getränke gestattet wurde.[35]

Da zu dieser Zeit der Mardorfer Strand fast ausschließlich von Badelustigen aufgesucht wurde, war die Konjunktur am Nordufer besonders wetterabhängig. Otto Meier formulierte das Problem einige Jahre später so: *Wenn ein Bedürfnis dort am Badestrand eintritt, so haben alle Betriebe vollauf zu tun, um dieses Bedürfnis einigermaßen zu befriedigen. Wenn aber schlechtes Wetter eintritt und niemand baden kann, dann haben alle vorhandenen Betriebe nichts zu tun.*[36] Mit dem Hinweis auf die alles entscheidenden Wetterverhältnisse argumentierten auch beide Seiten in den Genehmigungsverfahren. Als Ewald Busch, Pächter des Verkaufshäuschens „Strandquelle", im Juni 1927 um die Erlaubnis zum Verkauf von Flaschenbier nachsuchte, begründete er dies mit ungünstigem Wetter und der hohen Pacht. Er müsse seinen Gästen alles bieten, *was sie verlangen.* Von Gewinn könne in diesem Jahr *keine Rede mehr sein.* Der Kreis-Wirte-Verein benützte in seiner ausschlaggebenden Stellungnahme die gleichen Argumente, um die „Bedürfnisfrage" zu verneinen: Die dortigen Wirte hätten wegen der Witterungsverhältnisse *schwer um ihre Existenz zu kämpfen.*[37]

Naturzerstörung und Naturschutz

Auch wenn die Badesaison nur kurz war, reichte dies aus, um das Nordufer stark zu strapazieren. So klagte der Hannoversche Kurier schon 1921: *Hier hat sich seit etlichen Jahren ein Freibadeleben a la Wannsee entwickelt, den man den Großstädtern gewiß von Herzen gönnt, nur müßten diese die Natur nicht so entsetzlich verwüsten und verschandeln mit Unmengen von weggeworfenem Papier, Blechbüchsen, Flaschenscherben und sonstigem Unrat.*[38] Vier Jahre später ging es nicht mehr nur um Abfall, wie der Eilveser Lehrer, Vogelkundler und Naturschützer Heinrich Wilhelm Ottens dramatisch beschrieb. Bis um die Jahrhundertwende, sei der See *von keines Menschen Hand entweiht worden. Aber nun kommt die neue Zeit mit ihrer Unrast, mit ihrer Unruhe, drängt sich hinein in die Stille und zerreißt mit plumper Faust das liebliche Bild – gedankenlose Menschen sind eifrig bemüht, in wenigen Jahren das Werk*

Blick auf den Anleger der Alten Moorhütte, 30er Jahre. Im Hintergrund einer der immer häufigeren, oft durch Ausflügler hervorgerufenen Moorbrände (Hermann Beckedorf, Steinhude).

Abbildung aus dem Artikel über die Vogelwelt des Steinhuder Meeres von H.W. Ottens (Hannoverscher Anzeiger, 28. Oktober 1927).

Fischreier

Wasserralle

Wildente

Rohrdommel
Trauerseeschwalbe

zu zerstören, das Mutter Natur in Jahrtausenden gebaut. *Viele von denen, die an schönen Sommertagen den silbernen See besuchen und an seinen Ufern Erholung finden, sehen nicht die Schönheit der Gegend, achten nicht den Gottesfrieden, der über der Landschaft liegt, mit Lärm und Geschrei drangen sie ein in die Stille, zerstörten die Uferwiesen, schlugen die Kiefern ab, bauten Höhlen und Hütten in den weißen Flugsand, gefährdeten mit ihren Lagerfeuern die im Sommer oft zunderdürren Hochmoore und Föhrenforsten, besudelten den Strand mit Obstresten und Papierfetzen, Konservendosen und allerlei stinkenden Abfällen und drangen mit ihren Booten in die grüne Rohrwildnis, um dort zu baden oder gar nach Nestern und Eiern zu fahnden. Für die Tier- und Pflanzenwelt sei das Gelände um den Weißen Berg für alle Zeiten verloren,* denn nur eins sei dort möglich, entweder ein

Naturschutzgebiet oder ein *fröhliches Badeleben.*[39] Auch in einem ganzseitigen Zeitungsartikel, der „Die Vogelwelt des Steinhuder Meeres" Ende Oktober 1927 beschrieb, sprach Ottens deutliche Worte: *Freilich – das muß hier einmal mit aller Deutlichkeit gesagt werden – die guten Zeiten für das gefiederte Volk sind auch am Steinhuder Meer einmal g e w e s e n. Der stetig zunehmende Verkehr und die damit verbundenen unvermeidlichen Störungen haben vielen Vögeln den Aufenthalt verleidet.* Wer Vögel beobachten wolle, müsse vorzugsweise in der schlechten Jahreszeit kommen.[40]

In dieser Situation trafen sich im April 1926 Vertreter von Behörden, Vereinen und Verbänden sowie Wirtschaftsunternehmen, um Maßnahmen zum Schutz von Landschaft

153

und Natur zu beraten, die sich mit den Erholungsbedürfnissen und wirtschaftlichen Interessen in Einklang bringen ließen. Es falle keinem Verständigen mehr ein, eine Unberührtheit der Natur zu fordern, die weder durchführbar noch wünschenswert wäre, schrieb klarsichtig der Vorsitzende des Heimatbundes Niedersachsen, Schulrat Peters. Stattdessen gelte es, *einen verständigen Ausgleich zwischen den Ansprüchen der Wissenschaft und Wirtschaft, zwischen gesundheitlichen Forderungen und berechtigten Empfindungen des Gemütslebens zu schaffen. ... Die Bewohner Hannovers und seiner Umgebung haben ein Anrecht darauf, aus der Steinwüste und dem Mechanismus des Alltags sich in die Stille der Natur flüchten, am Ufergelände und auf dem Meer sich tummeln zu können. Aber man sollte Hindernisse wirklicher Erholung aus dem Wege räumen helfen; zügelloses Treiben muß verhindert werden. Hier setzt der Heimatschutz ein.*[41]

Nach einer Rundfahrt der genannten Vertreter am 1. Mai 1926, bei der H.W. Ottens und der Mardorfer Lehrer Wilhelm Carl als Führer fungiert hatten, wurde dieser Einsatz durch verschiedene Maßnahmen konkretisiert: Nach dem Vorbild der Heidewacht in der Lüneburger Heide und der Bergwacht in Oberbayern wurde eine ehrenamtliche „Strand- und Seewacht" gegründet. Diese bestand aus Mitgliedern verschiedener Verkehrs- und Sportvereine, dem vom Roten Kreuz gestellten Sanitätsdienst, aber auch den Steinhuder Berufsseglern und sonstigen Organisationen. Sowohl am Ufer als auch in gekennzeichneten Booten auf dem Meer achteten die Meerwächter auf die Einhaltung der Schutzmaßnahmen, übten auch *polizeiliche Befugnisse* aus und leisteten Rettungsdienste. Zudem konnten Besucher in einem vom Heimatbund am Weißen Berg ausgelegten Gästebuch Beobachtungen und Anregungen mitteilen[42]. Der Hotelwirt am Weißen Berg gewährte der Wacht ein ständiges Nachtlager. Zudem erließ der Landrat des Kreises Neustadt eine Polizeiverordnung, die in die ungewöhnliche Form von Sinnsprüchen gekleidet war, im Ton auf Einsicht zielte, trotzdem aber verbindlich war:

*Wahrt Ordnung, Zucht auf Meer und Land,
Laßt von den Bäumen eure Hand,
Schützt auch den Wald vor Schadenfeuer
Sonst wird euch hier das Baden teuer!*

*Verstreuet nicht der Speisen Reste –
Natur liebt nicht unsaubere Gäste –
Wer Glas, Papier und leere Dosen
Hier fortwirft, kriegt eins auf die – Hände!*[43]

Die Verordnung wurde auf Plakaten am Meer, in Schulen, auf den Bahnhöfen der Steinhuder Meerbahn, in Gasthäusern, in den Postbussen der Linie Neustadt-Schneeren-Rehburg und anderen öffentlichen Orten ausgehängt. Außerdem wurden Abfallbehälter aufgestellt, das Feueranzünden nur auf einem eigens angelegten Lagerplatz erlaubt und das Betreten der „Schwimmenden Wiesen" und der Schilfrohrgelege Unbefugten für bestimmte Zeit im Jahr verboten. Auf Schautafeln, die vom Direktor des Provinzialmuseums in Hannover, Dr. Weigold, verfaßt waren, wurde zudem der Heimat- und Naturschutz erläutert.

Weigold trat auch publizistisch für den Naturschutz hervor. In einem Artikel für den hannoverschen „Volkswillen" über *Heimat und Amerikanismus. Sozialer Naturschutz* kritisierte er kulturpessimistisch, daß bei der *sogenannten Wochenendbewegung nach amerikanisch-englischem Muster die Erziehung zum Naturverständnis* nicht mit der *Ausbreitung des Ausflüglerstroms* Schritt hielte. *Geben wir die sowieso schon gezählten letzten schönen Fleckchen der Heimat ohne weiteres allen unerzogenen Sonntagswanderern hin, so ist es bald aus damit. Das ist eine böse Zwickmühle für alle, des es sowohl mit der Heimatnatur wie mit der Volksgesundung wohl meinen.*[44] Offensichtlich ging es ihm aber noch um ein ästhetisches Naturverständis, um hübsche Fleckchen Natur, die nicht durch Abfälle beschmutzt werden durften, weniger um ökologische Zusammenhänge.

Bereits gegen Ende des Sommers 1926 berichtete Wilhelm Carl vom Erfolg der Maßnahmen. Gröbere Verstöße gegen die Verordnung seien eine Seltenheit geblieben. Allerdings sei die *zunehmende Sanierung* der Zustände am Meere nicht allein auf das Konto der See- und Strandwacht zu setzen, auch zahlreiche Privatleute hätten *tätigen Naturschutz geübt.*[45] Damit war sicher auch Otto Meier vom Hotel Weißer Berg gemeint. Von diesem hatte Ottens sich mehr für den Schutz des umliegenden Gebietes versprochen als von Warntafeln und Polizei: *Denn wenn schon einmal das Steinhuder Meer für Tausende von Menschen, vor allem an Sonntagen, eine Stätte der Erholung sein soll – und mit dieser Tatsache muß man sich abfinden trotz aller Einwände, die dagegen erhoben werden – so ist es besser, daß ein anständiges Gasthaus dort steht und eine einigermaßen scharfe Kontrolle von dort ausgeübt wird, als wenn sich, wie es in den letzten Jahren der Fall war, ein wildes, zügelloses Badeleben dort breit macht.*[46]

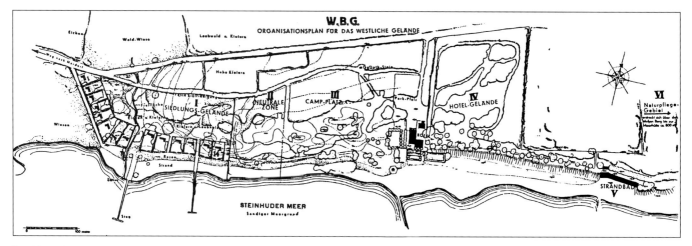

Der Nordufer-Plan des hannoverschen Gartenarchitekten Wilhelm Hübotter (Privatarchiv Peter Hübotter).

Noch wirksameren Schutz vor der Zerstörung der Ufer-landschaft am Mardorfer Strand versprach die von der Weiße-Berg Gesellschaft in Auftrag gegebene Planung des hannoverschen Gartenarchitekten Wilhelm Hübotter zu gewähren. Hübotter erblickte in dem *in verhältnismäßig gut erreichbarer Nähe zur Stadt Hannover* liegenden Gelände *das idealste Wochenendgelände, das man sich denken kann.* Die Planung, der ebenfalls Vorstellungen eines sozialen Naturschutzes zugrundelagen, enthielt bereits Züge, die auch den heutigen Naturpark Steinhuder Meer charakterisieren: *Der Besitzer hat sich entschlossen, durch einen alle Möglichkeiten vorsehenden Organisationsplan dieses Gelände nutzbar zu machen. In erster Linie ließ er sich von dem Gedanken leiten, diese in jeder Beziehung hervor-gende und reizvolle Landschaft zu schützen und vor weite-ren Zerstörungen zu bewahren. Gleichzeitig soll aber den Menschen Gelegenheit gegeben werden, in Luft, Sonne und Wasser Freiheit, Erholung und Sportmöglichkeiten zu finden. Dieses ist aber nur dann möglich, wenn die feste Selbstzucht jedes Einzelnen sich den nach gut durchdachten Grundsät-zen aufgebauten Anordnungen freiwillig unterordnet. Nicht durch Verbote, sondern durch positive Hinweise und eine zweckmäßige Einteilung der 2.000 m langen Wasserfront soll die Ordnung erreicht werden, die selbst tausenden von Besuchern Freude und Freiheit in hohem Maße vermitteln kann.*[47]

Der 1932 vorgelegte Plan sah vor, den Ufer-Abschnitt vom „Kapenpump", zwei Kilometer östlich von Mardorf, bis zur Alten Moorhütte in sechs nach Funktionen unterschiedene Zonen einzuteilen: Im Westen war eine Wochenendsied-lung mit gemeinsamem Strand, Landungsstegen und 800-1.200 qm großen Grundstucken geplant. Sie sollten nur an *wahrhaft echte Naturfreunde* vergeben werden, die sich *die Durchführung der Heimat- und Naturschutzidee am Weißen Berg mit zur Aufgabe machen.* Eines der hier vorgesehenen Wochenendhäuser bezog Hübotter noch 1932 selbst. An eine 50 Meter breite *neutrale Zone* mit Warenhaus zur Ver-sorgung der Siedler (2. Abschnitt) sollte sich ein Campge-lände anschließen, *zum Zelten und Biwakieren von Wander-gruppen.* Dafür sollten genügend Kochstellen vorhanden sein, sodaß eine Gefährdung des Waldes durch wilde Feu-erstellen entfalle. Holz sollte beim Lagerwart erhältlich, eigenmächtiges Abholzen dagegen streng untersagt sein. Östlich folgte das großzügig bemessene und besonders eingefriedete Hotelgelände, auf dem das Hotel Weißer Berg für *alle Anforderungen* weiter ausgebaut werden sollte. In *genügender Entfernung* davon sollte eine Badean-stalt *nach modernsten Grundsätzen* gebaut werden. Die Umkleidekabinen sollten terrassenartig angeordnet sein, Sitzterrassen einen guten Überblick über den Badebetrieb ermöglichen – das neue Wannseebad hatte hier womög-lich als Vorbild gedient. Den sechsten Abschnitt bis zur Alten Moorhütte sollte ein *Naturpflegegebiet* bilden, das jedoch auch der Öffentlichkeit zugänglich gemacht wer-den sollte; längeres Lagern sollte allerdings verboten sein. Der hinter dem Strand befindliche Kiefernwald sollte dort aufgelockert werden, wo ein *natürlicher Auftrieb von Eichen, Birken, Vogelbeeren und anderen Laubgehölzen vor-handen ist.* Zur Verbesserung der Verkehrsanbindung stellte sich Hübotter ähnlich wie Bahlsens Architekt Arend einen Fährverkehr vor.

W.B.G.

Hübotter-Zeichnung der von ihm geplanten Wochenendhaus-Siedlung. Das erste dieser Häuser bezog er selbst (Privatarchiv Peter Hübotter).

Mit diesem Plan wurde erstmals am Steinhuder Meer eine Art Bebauungs- bzw. Flächennutzungsplan mit genau festgelegten Funktionsbestimmungen einzelner Flächen aufgestellt. Die Umsetzung des Planes, die Hübotter sich schon für Herbst und Winter 1932/1933 vorstellte, geschah jedoch nur in Ansätzen.[48]

Ein anders geartetes Umweltproblem, bei dem die Touristen nicht die Auslöser, sondern die Betroffenen waren, entstand am Südufer des Meeres. Die Seegerssche Lederfabrik in Steinhude, die durch den Neubau der Betriebsanlagen während des Ersten Weltkriegs (heute „Schäkerlager" genannt) erheblich erweitert worden war, leitete ihre Abwässer nur mechanisch geklärt ins Meer. Aufgrund einer Anfrage der Hofkammer beim Landrat in Stadthagen im Juli 1926, ob die Kläranlage der Fabrik abgenommen und das Abwasser untersucht worden sei, nahm das Gewerbeaufsichtsamt Minden die betreffenden Überprüfungen vor. Zwar sei die Firma aufzufordern, Ölfänger einzubauen, ansonsten sei die Wirkung der Kläranlage jedoch eine gute, stellte das Amt fest. Nur vier Wochen später bat jedoch das preußische Kultur-Bauamt in Hannover die

schaumburg-lippischen Behörden um Abhilfe angesichts des grün verfärbten Meerbachs, in dem ein starkes Fischsterben beobachtet wurde. Da der Bach zur Viehtränke benutzt wurde, meldete der Rehburger Bürgermeister Meßwarb eine große Aufregung in der Bevölkerung. In dieser herrsche die Meinung, daß die grünen Beimengungen von der Lederfabrik herrührten. Das Gewerbeaufsichtsamt wiegelte jedoch nach einer erneuten Besichtigung ab. Man glaube nicht an gewerbliche Abwässer als Ursachen des Fischsterbens, sondern vermute eine *Fischmüdigkeit* des zu- und abflußarmen Gewässers; eine frische Brut sei zuletzt vor 30 Jahren eingesetzt worden. Die Preußische Landesanstalt für Wasser-, Boden- und Lufthygiene in Berlin-Dahlem ermittelte schließlich als Ursache der Meerbach-Verschmutzung und des Fischsterbens eine überentwickelte Algenblüte. Worauf diese wiederum zurückzuführen war, wurde nicht ergründet, ein Zusammenhang mit dem erhöhten Nährstoffeintrag wurde offenbar noch nicht erkannt. Stattdessen ist ein Bestreben zur Inschutznahme des Gewerbes erkennbar: Prof. Geissler von der Technischen Universität Hannover stellte zwar das Fehlen einer biologischen und chemischen Klärung fest, meinte aber, vor dem Bau einer solchen, teuren Kläranlage müßte die Verursachung durch die Lederfabrik *zuverlässig* geklärt sein. Das Gewerbeaufsichtsamt Minden meldete im August 1927, der inzwischen eingebaute Ölfänger halte die Ölteilchen hinreichend zurück, eine weitere Abwasserbehandlung sei nicht notwendig, da das Meer ein *natürlicher Filter* sei. Zwischenzeitlich hatte das Gewerbeaufsichtsamt auch angeregt, eine 300 Meter lange Rohrleitung ins Meer zu verlegen, um die Abwässer besser zu verteilen. Doch wurde dieser Vorschlag wieder zurückgenommen, da angesichts des Westwindes eine Belästigung der Besucher des neuen Steinhuder Strandbades befürchtet wurde, während bei einer Beibehaltung des jetzigen Zustandes die Badenden durch ein großes Schilffeld *hinreichend* geschützt erschienen.

Im Oktober 1928 stellten erneute Untersuchungen der Dahlemer Landesanstalt fest, die Abwässer seien *frei von schädlichen Stoffen in beachtenswerter Menge.* Einer weiteren Entwicklung des Problems setzte der Konkurs der Lederfabrik im Jahre 1929 vorerst ein Ende. Aber noch 40 Jahre später wurde die Einleitung von KläranlagenAbwässern in das Meer ohne chemische Reinigungsstufe als durchaus vereinbar mit Fremdenverkehr und Badebetrieb angesehen.[49]

Weitere Expansion des Tourismus

Der Badetourismus drang vom Weißen Berg aus immer weiter nach Westen vor. Auch in der Nähe des Dorfes Mardorf gab es einen Strand, und hier bekam die „Strandgesellschaft Mardorf" – bestehend aus dem Luther Architekten und Bauunternehmer Fritz Wehrmann und dem hannoverschen Gastwirt Karl Lohrberg – im Frühsommer 1928 die Konzession für die „Mardorfer Warte". Dies war laut Plan ein Fachwerkgebäude mit 28 Betten in 16 Zimmern und zusätzlich 20 Badekabinen. Als *Zweck und Ziele* der Gesellschaft gaben Wehrmann und Lohrberg an, *der schaffenden Bevölkerung den Nord- und Ostseestrand zu ersetzen,* denn das ausgewählte Grundstück Bultgarten erfülle *alle Voraussetzungen für einen iyllischen Badestrand.* Für verkehrsreiche Tage sei ein zusätzlicher Verkaufspavillon geplant.[50] Die Mardorfer Warte entwickelte sich in der Folgezeit zum Anziehungspunkt vor allem für wohlhabendere Besucher. Konkurrent Otto Meier berichtete 1936, die Besucher der Mardorfer Warte bestünden aus einem kleineren Kreis des badenden Publikums, *welcher allerdings im Geldausgeben der großzügigere ist.*[51] Die Strandgesellschaft Mardorf bot außerdem noch einfache, eingeschossige Strandhäuser mit Flachdach an.[52]

Briefkopf der Lederfabrik Seegers. Schon damals übliche Praxis: Die den Produktionsstandort umgebende schöne Landschaft wird in die Firmenwerbung einbezogen, während die Produktion eben diese Landschaft verschmutzt. Für das heute mit Efeu überwachsene und von Pappeln verdeckte Fabrikgebäude bürgerte sich später der Name „Schäkerlager" ein, während die Fabrikanten-Villa vorne rechts heute das Hotel und Restaurant „Deichstuben" beherbergt (StAB L 102B 3026).

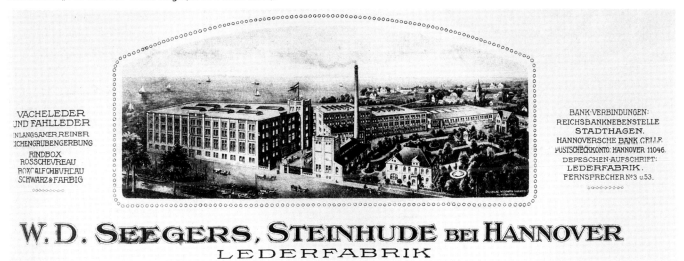

VACHELEDER UND FAHLLEDER
INLANGSAMER REINER
EICHENGRUBENGERBUNG
RINDBOX
ROSSCHEVREAU
BOXCALFCHEVREAU
SCHWARZ & FARBIG

BANK-VERBINDUNGEN:
REICHSBANKNEBENSTELLE
STADTHAGEN.
HANNOVERSCHE BANK CELLE.
POSTSCHECKKONTO: HANNOVER 11046.
DEPESCHEN-AUFSCHRIFT:
LEDERFABRIK.
FERNSPRECHER Nº 3 u 53.

W. D. SEEGERS, STEINHUDE bei HANNOVER
LEDERFABRIK

Steg der Mardorfer Warte, die sich schnell zum zweiten Anlaufpunkt am Nordufer neben dem Weißen Berg entwickelte (Stadtarchiv Wunstorf).

Bald erfuhr das von Touristen aufgesuchte Gebiet um das Steinhuder Meer eine weitere Ausdehnung. 1912 hatte sich den durch den Grinder Wald dem Weißen Berg zumarschierenden Naturfreunden ein fesselnder Anblick am Bannsee bei Schneeren geboten: *Vor uns ein prächtiger kahler Hügel mit einigen Birken, am Fuße rotblühende Heide, vom Winde bewegt, glaubte man rechts vom Moor käme Blut in Strömen geflossen und ergösse sich in den Pansee*(!).[53] Dieser Moorsee, der *kleinere Bruder des Steinhuder Meeres*, wurde bald zum Ausweichziel für Erholungsuchende, die vom Massenbetrieb am Weißen Berge abgeschreckt waren. Reiseführer und Zeitungen wiesen den Weg: Zwei Kilometer nördlich des Steinhuder Meeres liege der *schilfreiche* Bannsee *mit vielen Wasserrosen*, lockte 1921 Dieckhoffs „Führer durch das Oberwesergebiet". Auch der sozialdemokratische „Volkswille" empfahl 1932 in seiner Rubrik

Rund um Hannover. Wanderungen durch Wald und Heide den Bannsee, der in einem halbstündigen Fußmarsch vom Weißen Berg aus zu erreichen sei: *In seiner Umgebung ist es in der Regel bedeutend stiller als auf dem Weißen Berge, und einstweilen bietet sich hier dem Wanderer noch ein Stück unverfälschter Landschaft dar.*[54] Karl Tensfeld, der vorher Umkleideräume und Badezeugverleih mit Getränkeausschank am Weißen Berg und an der Mardorfer Warte betrieben hatte, sah hier die Marktlücke für einen Gast- und Schankbetrieb in einem Zelt oder zeltartigen Gebäude. Im März 1931 schrieb er an den Kreisausschuß: *Durch meinen Bau am Bannsee wird die Gemeinde Schneeren mit in den Bannkreis des Steinhuder Meeres gezogen. Es lassen sich nun, bei geeigneter Werbung, in jeder Gemeinde 100 Sommergäste unterbringen; in Mardorf sei dies verschiedentlich schon erreicht.* Jeder Gemeinde winkten

100.000 Reichsmark Einnahmen. Den Kreisausschuß überzeugte dies zunächst nicht, Tensfeld erhielt eine Absage.[55] Seine Geduld sollte sich jedoch am Ende lohnen. Schon wenige Jahre später warb er in einem Ausflugsführer für *Onkel Karls Bannseehütte*, die fürs *leibliche Wohl* sorge, und wo *zum Zelten und Lagern, auch für größere Verbände* Gelegenheit sei. Tensfeld versprach sogar *gute Anfahrt, auch für Autobusse*. Würde sich der vom redaktionellen Text des Führers angesprochene Naturfreund an den *eine Fläche von 10.000 qm* bedeckenden Seerosen freuen können, wenn sich hier bald der gleiche Massenbetrieb wie am Weißen Berg etablierte?[56] Schon der Volkswille hatte quasi zur Eile geraten, da die Zerstörung des Bannsees drohe; allerdings nicht durch Touristen, sondern durch den Torfabbau.[57] Die Prophezeiung, durch die Urbarmachung des benachbarten Moores werde der See trocken gelegt, sollte sich bestätigen. Heute findet man an der Stelle des einstigen Bannsees einen künstlichen Badesee.[58]

Am Großenheidorner Ostenmeer drohte durch ein neues Fremdenverkehrsprojekt ein Rückschlag, der, in den Worten Wilhelm Carls, der Heimatschutzbewegung am Steinhuder Meer einen *vernichtenden Schlag versetzen* konnte. Der Mardorfer Lehrer griff zu dramatischen Wendungen: Werde das Projekt verwirklicht, werde dem Meer *das Herz aus dem Leibe gerissen*, es werde *in nicht allzu ferner Zeit kaum mehr wert sein als ein von Menschenhand gefügtes Staubecken*, und nicht mehr ein *naturhistorisches Denkmal, das in Nordwestdeutschland vor den Toren eines Häusermeers beispiellos dasteht*.[59]

Worum ging es? Die Gemeinde Großenheidorn hatte bisher kaum vom wachsenden Fremdenverkehr am Steinhuder Meer profitiert. Der Wilhelmstein-Tourismus kam zuerst Hagenburg und dann Steinhude zugute, und als Badeparadies hatten die Hannoveraner nach dem Ersten Weltkrieg das Nordufer entdeckt. Der zu Großenheidorn gehörende Teil des Ufers im Osten des Meeres bestand aus Bruchwiesen, die zur Viehweide genutzt wurden. Diesen war ein dichter Rohr- und Schilfgürtel vorgelagert, der ideale Laich- und Brutstätten für Fische und Vögel bot. Spazierengehen oder Baden war hier kaum möglich. Am benachbarten, ähnlich gestalteten Steinhuder Ostenmeer hatten schon vor dem ersten Weltkrieg die ersten Städter begonnen, sich Wochenendhäuser zu errichten, 1923 stieß zu ihnen der Schriftsteller Frank Thiess.[60]

Doch angesichts der vielen Tausend Menschen, die allwöchentlich zum Baden den Weißen Berg aufsuchten, kam den Großenheidornern der Gedanke, selbst einen Badeplatz einzurichten und so am Fremdenverkehr mitzuverdienen. So wurde, anfangs zusammen mit dem Flecken Steinhude, das Strandbad Großenheidorn in der Flur „Neue Wiesen" geplant. Die Steinhuder zogen sich jedoch bald wieder zurück, da sie ein eigenes Strandbad planten. Zur Durchführung des Projektes wurde eine GmbH mit einem Kapital von 20.000 Reichsmark gegründet. Daran waren die Gemeinde Großenheidorn mit 10.100 RM, Dr. Wilhelm Francke aus Dörverden mit 6.600 RM und der mit der Planung beauftrage Architekt Ernst Valentin Flügel aus Hannover mit 3.300 Reichsmark beteiligt. Der Großenheidorner Anteil sollte zur Fertigstellung der Zufahrtsstraße verwendet werden. Aber nicht nur eine Badeanstalt, sondern eine Art integriertes Bade-, Freizeit- und Wochenendobjekt wurde von Flügel konzipiert, mit Strandhotel, Café, Verkaufsstand, Fahrradannahme, aber auch schon Autoboxen und einer Tankstelle, dazu eine kleine Siedlung von 20 Strand- bzw. Wochenendhäusern. Die Käufer waren hauptsächlich Hannoveraner, so vier Kraftdroschkenbesitzer, der Konzertsänger Paul Gümmer und eine Handelsfirma.

Angesichts der Gefährdung der Vogelwelt versuchte der Niedersächsische Heimatbund – erfolglos – mit einer Eingabe an die schaumburg-lippische Landesregierung und an die Fürstliche Hofkammer die Errichtung des Bades zu verhindern: *In der Öffentlichkeit muß sich allen kalten Nützlichkeitserwägungen gegenüber der Gedanke noch viel mehr durchsetzen, daß das Steinhuder Meer ein Naturschutzgebiet ist zur Freude der gesamten Bevölkerung, nicht ein Ausbeutungsobjekt für geschäftliche Betriebsamkeit.*[61] Der vom Heimatbund als zuzuziehender Berater genannte Wilhelm Carl sagte das Scheitern des Projekts vorher; es trage den Keim des Todes in sich. Die Frage der Wirtschaftlichkeit sei bei weitem nicht genügend geklärt. Sowohl die Säuberung des schilf- und binsenreichen Uferwassers als auch die allgemeine Situation der Wirtschaft, deren *prominenteste Vertreter* die Zukunft *düstergrau* malten, bereite Schwierigkeiten und stelle die Rentabilität des Unternehmens in Frage, besonders angesichts der Wetterabhängigkeit: Ein, zwei Sommer a la 1926 könnten unersetzlichen Schaden bringen, der bereits durch die Verluste ungezählter Brut- und Laichstätten gegeben sei. Ein scharfer Konkurrenzkampf sei sicher, die glücklichste Lösung deshalb der Ausbau bereits bestehender Strandanlagen in Steinhude und am Weißen Berg. Es half nichts, die Sache war beschlossen, und das Bad wurde noch im Jahre 1926 eröffnet.

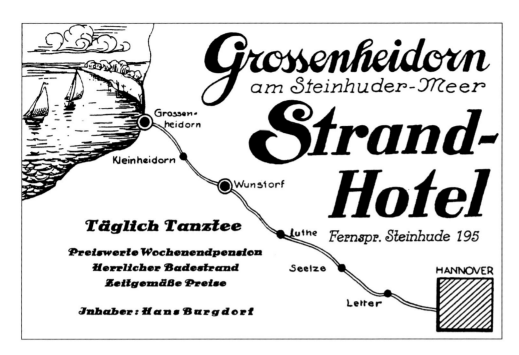

Großenheidorn wurde ein neues Ziel des Steinhuder Meer-Fremdenverkehrs – für den Inhaber des dortigen Strandhotels Burgdorf das einzige am Südostufer. Briefkopf, 30er Jahre (StAB L 102B 635).

Carl sollte recht behalten, wozu jedoch auch die Weltwirtschaftskrise ab 1929 beitrug. Die Umsätze der Strandbad-GmbH verschlechterten sich von Jahr zu Jahr, und 1932 war ihr Ende gekommen: Strandbad und Hotel wurden zwangsversteigert. Der Erwerber des Strandbades, Dr. Franke aus Dörverden, hatte sich verpflichtet, der Gemeinde Großenheidorn einen 50prozentigen Anteil abzutreten, der Betrieb sollte wie bisher weitergeführt werden.[62] Das Hotel übernahm Hans Burgdorf. Aber nun war auch am Ostufer ein Brückenkopf für die touristische Eroberung geschaffen – hier entstanden bald umfangreiche Wochenendhaussiedlungen mit zahlreichen Anlegeplätzen, Kanälen ins Meer, regem Ruder- und Segelbootsverkehr auf dem Wasser und ebenso regem Autoverkehr auf dem Land.

Wer solche Entwicklungen kritisierte, geriet schnell in Gegensatz zu den am Fremdenverkehr interessierten Kreisen. Als Frank Thiess sich in einem besorgten Zeitungsartikel für den Heimat- und Naturschutz engagierte, wurde dies im Studienausschuß zur verkehrlichen Erschließung des Steinhuder Meeres als *verkehrsfeindlicher Standpunkt* gerügt, den niemand teile. Im Hannoverschen Anzeiger vom 20. Oktober 1929 hatte Thiess das Ausbleiben von Ausflüglern infolge des abgesunkenen Wasserspiegels des Steinhuder Meeres begrüßt. (Deshalb konnten z.B. die Motorboote kaum an die Landungsstege herankommen. Um eine Überschwemmung des Wiesenlandes zu verhindern, hatte das preußische Landeskulturamt die Stauvorrichtung am Meerbach entfernt.)[63] Als *alter Ansiedler* kritisierte Thiess auch die Bautätigkeit und die Naturzerstörung in Gestalt von Ausschilfung oder Schädigung der Vogelwelt sowie den *törichten Motorbootsport*. Für die hannoverschen Touristen hatte er nicht viel übrig: *Wenn der Hannoveraner an Steinhude denkt, so bekommt er Appetit auf die fetten Aale und erinnert sich sorgloser Badefreuden im braunen Wasser des grossen Sees. Damit ist denn die Bedeutung des Ortes für ihn beschlossen. Wir Ansiedler aber sehen in diesem Ort ein seltenes Stück deutsche Heimat, deren kulturelle Pflege denen, die sie lieben, von Jahr zu Jahr mehr eine Angelegenheit des Herzens wird.* Unter kluger Kontrolle von Ortsbehörden und Naturschützern könne das Meer weiter das *seltene Naturschauspiel einer Urlandschaft gewähren, deren Flora und Fauna in Deutschland kaum noch irgendwo ihresgleichen hat.* Der Wannsee von Hannover, so Thiess, könne das Steinhuder Meer aber nie werden. Die Fremdenverkehrsförderer dachten darüber anders.

Mit dem Auto ans Steinhuder Meer

Autoschlangen gehören zur Geschichte des Steinhuder-Meer-Tourismus ebenso wie Segelboote oder Aalbrötchen, mit dem Unterschied, daß sie in den Fremdenverkehrsprospekten verschwiegen werden. Dabei gab es schon früh solche Zusammenballungen: In Steinhude und an der Mardorfer Warte konnte man bereits in den 20er Jahren einen Blick in die Zukunft der automobilen Gesellschaft werfen. Und schon Hermann Löns' erste Autofahrt, die ihm offenbar einen Heidenspaß bereitet hatte, ließ ihn am 19. Juni 1904 im Hannoverschen Tageblatt witzeln: *Ich glaube, es war in Wunstorf, wo wir die Kleinbahn veranlaßten, schleunigst die Geleise zu verlassen und in eine Einfahrt zu flüchten.* Angesichts der späteren straßenverkehrsorientierten Politik und des Schicksals der Steinhuder Meerbahn mutet dieser lockere Scherz wie ein Orakel an.

In Bad Rehburg wurde im Jahre 1913 die vom Hotel Tegtmeier eingerichtete „Automobil-Station" von nicht wenigen Fahrzeugen angesteuert, weshalb sie die staunenden Jungen des kleinen Badeortes herbeilockte.[64] Ähnlich mag es vor dem Steinhuder Strandhotel ausgesehen haben. Schon 1910 berichtete Ludolf Eicke, der Pächter des Hotels, es käme oft vor, *daß Fremde mit Automobil, Gespann oder mit dem Rad hier eintreffen.*[65] Und 1911 klagte die Wunstorfer Zeitung über die *Automobilfalle*, die der anfangs gut ausgebaute Weg von Steinhude ins Hohe Holz darstelle. Schon verschiedene Male hätten Automobile irrtümlich diesen Weg benützt, wobei kürzlich eines in einen tiefen Graben geraten sei. Steinhude, das so viele Einnahmen durch den Fremdenverkehr habe, solle Abhilfe schaffen.[66]

Anderthalb Jahrzehnte später war das Strandhotel zu einem Magneten geworden, der motorisiertes Blech anzog: *Man muß einen schönen Sommersonntag miterlebt haben, wo das brave Steinhuder-Meer-Bähnchen keuchend unerschöpfliche Menschenmassen mit sich schleppt,* schrieb der Hannoversche Anzeiger zunächst mitleidig über die krisengeplagte Kleinbahn. *Oder man muß den Autopark gesehen haben, der sich bei dem schönen wuchtig gebauten Strandhotel ineinanderschiebt – dies unaufhörliche Kommen und Gehen von Wagen, Motormaschinen und Fahrrädern. Das sind Großkampftage des Verkehrs – und der Wirte.*[67] Deshalb empfahl der gleiche Artikel die stilleren Wochentage als reizvoller gegenüber dem Wochenendbetrieb *im Staub rasender Autokolonnen.* Der sonntägliche Aufbruch nahm bereits paradoxe Züge an: Man entfloh dem Lärm,

Werbeplakat 1925. *Wenn der Hannoveraner an Steinhude denkt, so bekommt er Appetit auf die fetten Aale,* konstatierte der Schriftsteller Frank Thiess (Historisches Museum Hannover; Repro: Gottschalk).

dem Verkehr, der schlechten Luft und der hektischen Betriebsamkeit der Stadt – und benutzte als Fluchtmittel das lärmende, stinkende, hektische Betriebsamkeit verursachende Automobil.

Das Auto und auch das Motorrad erlebten einen ersten „Boom", der sich nicht nur in den Großstädten zeigte, sondern auch an den Ausflugs- und Ferienzielen, wo es zu einer überdurchschnittlichen Konzentration von Kraftfahrzeugbesitzern kam, Leuten, die sich eine Spritztour leisten konnten und ihre neue Beweglichkeit genossen.

Der aus heutiger Sicht bescheidene Ansturm der Kraftfahrer mutete damals gewaltig an. Die Städte, noch mehr aber die Dörfer traf er unvorbereitet. Die Schaumburg-Lippische Landeszeitung vom 10. Mai 1927 meldete einen *geradezu beängstigenden Betrieb* am vergangenen *Maiensonntag* auf den Straßen und beim Strandhotel, wo zeit-

Anzeige aus dem Illustrierten Führer Bad Rehburg, Steinhuder Meer und weitere Umgebung, 1914 (Stadtarchiv Wunstorf).

weise über 100 Autos gezählt wurden. Nur durch ein Wunder sei es nicht zu einem ernsten Unglücksfall gekommen. Die Zeitung stellte die Frage, ob man mit der Regelung des Verkehrs so lange warten wolle, bis ein solcher Unglücksfall eingetreten sei, und versetzte die Behörden in Aktivität. Der Steinhuder Bürgermeister Feldmann erreichte zur sonntäglichen Verkehrsregelung die Entsendung zweier Landjäger, die ihren Dienst spätestens um 9 Uhr morgens beginnen und frühestens um 9 Uhr abends beenden sollten. Darüber hinaus wurden auch zwei Beamte für die Autokontrolle in Großenheidorn abgestellt, das ebenfalls in Mitleidenschaft gezogen war.[68] So schrieb der Generalanzeiger am 17. August 1929: *Großenheidorn, 15. Aug. (Autostraße) Bei dem riesigen Kraftwagen- und Motorräder-Verkehr, besonders sonntags, bleiben Zusammenstöße nicht aus. Da die Eisenbahn schon in Kl.-Heidorn ganz nahe an den Häusern entlang führt und so zur Gefahr wird, wäre die Anlage einer Autostraße sehr zu begrüßen.*

Die Landjäger konnten jedoch nicht dauerhaft zur Verkehrsregelung eingesetzt werden, da ihre übrigen Aufgaben darunter litten. Es galt daher, das Straßen- und Wegenetz Steinhudes für den motorisierten Ansturm zu rüsten. Dazu wurden Bäume gefällt, Straßen verbreitert und gepflastert. Daß *die Frage einer ordnungsgemäßen Straßenpflasterung* in kurzer Zeit gelöst worden sei, wertete die Wunstorfer Zeitung am 20. September 1929 als Beweis für die ernstlichen Bemühungen der zuständigen Stellen. Im Sommer 1930 wurde dann eine Polizeiverordnung erlassen, zu deren Durchsetzung rund zwei Dutzend Verkehrsschilder aufgestellt wurden. Die Verordnung hatte vor allem die Lenkung des Verkehrs durch Ausweisung von Einbahnstraßen zum Inhalt, da es wegen der Enge vieler Straßen leicht zu Blockaden kommen konnte. Zudem wurde für einige Straßen ein Parkverbot erlassen und der freie Platz vor den „Alten Scheunen" als Parkplatz bestimmt. Für den privaten Parkplatz auf dem Ratskellergelände mußte die Ratskellerpächterin Büsselberg einen Parkordner einstellen, dem auch die ordnungsgemäße Aufstellung von Kraftfahrzeugen im zur Lederfabrik führenden Gemeindeweg, dem Neuen Winkel, obliegen sollte. Trotzdem beschwerten sich weiterhin die Anwohner, so im Juli 1930, daß vor ihren Häusern *täglich* Autos hielten und dadurch ihre Fuhrwerke behindert würden. Parkraum war an verkehrsreichen Tagen in Steinhude knapp.

Unmut gegen die Autofahrer äußerten auch die anderen Verkehrsteilnehmer. So wurde häufig beobachtet, daß Radfahrer und Pferdefuhrwerke auf der Mitte der Straße fuhren, um Autos nicht vorbeizulassen; auf Hupsignale wurde nicht reagiert.[69] Daß der Schriftsteller Frank Thiess und seine Frau als stille, der Landschaft zugehörige Leute wohlgelitten waren, führte er auch darauf zurück, daß sie nicht *im Kraftwagen daherstürmten.*[70]

Von einer Einschränkung des Kraftverkehrs hielten die Behörden und Verbände jedoch nichts. Die Polizeiverordnung von 1930 wurde vom Landrat Seebohm gegenüber der Landesregierung damit begründet, es läge im *ureigensten Interesse* Steinhudes, *alles zu tun, was den Verkehr nur fördern kann, aber auch alles zu unterlassen, was den Verkehr in irgendeiner Weise beeinträchtigen kann.*[71] „Verkehr" – und das hieß immer mehr: Straßenverkehr – und „Fremdenverkehr" galten jedoch als ein und dasselbe. Konsequent war es daher, nicht autogerechte Straßenverhältnisse als fremdenverkehrsgefährdend auszugeben. Ins-

Die Steinhuder Sonntage wurden zu „Großkampftagen des Verkehrs". Der Hannoversche Anzeiger schrieb am 6. Juni 1926: *Man muß den Autopark gesehen haben, der sich bei dem schönen, wuchtig gebauten Strandhotel ineinanderschiebt.* Postkarte 1940 (Heinrich Gehle, Wunstorf).

besondere für Segler und Wochenendhausbesitzer wurde ein Auto als unabdingbar angesehen. Bereits im September 1921 hatte sich W. Stichweh, Inhaber der gleichnamigen Färberei und „Chemischen Waschanstalt" in Hannover, der am Meer ein Grundstück besaß, um eine Ge-

Konkurrenz für die Kleinbahn: So sahen die beliebten Gesellschaftsfahrten am Ende der 20er und zu Anfang der 30er Jahre aus, über die die Steinhuder Meerbahn bald klagen sollte. Alltags für Kohlen- oder Möbeltransporte benutzte LKW wurden für den Sonntagsausflug mit Bänken ausgerüstet und mit frischem Grün geschmückt (Ingrid Lange, Hannover).

nehmigung zum Befahren der Gartenstraße (heute Fischerweg) mit dem Auto bemüht, allerdings erfolglos. Als der Fürstlich Schaumburg-Lippische Seglerverein 1927 um die Freigabe der auch zum Seglerheim führenden Gartenstraße bat, behauptete er: *Der Mitgliederbestand der Seglervereine hat sich in den letzten Jahren eher vermindert als erhöht, und der Hauptgrund ist, dass die Herren, die ein Auto zur Verfügung haben, nicht die Möglichkeit haben, zu ihrem Clubgrundstück zu kommen. Es unterliegt aber wohl kaum einem Zweifel, dass gerade durch den Segelsport das Steinhuder Meer in den weitesten Kreisen bekannt und der Fremdenverkehr dadurch wesentlich gesteigert wird.* Der Vorsitzende des FSV, E. Stürzel, verband mit dieser Eingabe eine Warnung vor einer Überflügelung Steinhudes durch die Nachbargemeinden. Nachdem es im Sommer 1928 noch einmal zahlreiche Anzeigen gegen unbefugte Autofahrer gegeben hatte, fügte sich der Steinhuder Gemeinderat den Realitäten und erklärte sich mit einer Freigabe der Straße für Autos einverstanden.[72]

Am Nordufer lagen die Verkehrsverhältnisse völlig anders. Da der gesamte Uferbereich bis zum Anfang des 20. Jahrhunderts ausschließlich land- und forstwirtschaftlich genutzt worden war, waren hier nur Feld- bzw. Waldwege vorhanden. Die ersten Besucher kamen in der Regel mit dem Boot von Steinhude ans Nordufer, wenn sie nicht

einen Fußmarsch auf sich nehmen wollten, wie die Naturfreunde 1912. 1926 wurde eine Postbusverbindung von Neustadt nach Mardorf eingerichtet. Zwei Jahre später, während des Tankstellenbooms in Deutschland zwischen 1927 (10.000 Tankstellen) und 1931 (50.000 Tankstellen)[73] wurde von Heinrich Meyer in Mardorf eine Tankstelle eröffnet.[74] Sonntags dürfte dort Hochbetrieb geherrscht haben: Auf der Besprechung von *Steinhuder Verkehrsfragen* am 20. September 1929, berichtete der schaumburg-lippische Oberforstmeister von Harling, er habe an einem einzigen Sonntag an der Mardorfer Warte 400 Autos gezählt – das, obwohl deren Inhaber Wehrmann noch 1933 über die schlechten Straßen am Nordufer klagte.[75] Da von Harling vor einem an der *Hebung des Fremdenverkehrs* interessierten Kreise sprach, dem „Studienausschuß zur wirtschaftlichen Erschließung des Steinhuder Meeres", fand er die ermittelte Automobil-Zahl *ermutigend*.[76] – Zum Vergleich: Am 1. Juli 1929 waren in Hannover 5.173 PKW und 3.992 Krafträder gemeldet; vom 1. Oktober 1928 bis 31. März 1929 gab es in Hannover 16 Verkehrstote und 507 Verletzte.[77]

Gute Straßenverhältnisse mahnte auch die für die Sitzung des Studienausschusses im Strandhotel am 25. Oktober 1929 erstellte Denkschrift des Verkehrsverbands Niedersachsen-Kassel an. An verschiedenen Zufahrtswegen

zum Meer müsse einiges getan werden. *Aus rein lokalfiskalische Gründen* eingerichtete Autofallen wirkten stattdessen *verkehrsverhindernd* und schädigten das Interesse des Steinhuder Meeres *empfindlich;* dieser Schaden sei größer als der Ertrag.[78]

Die Steinhuder Meerbahn in Bedrängnis

Mittlerweile wurde die Kleinbahn als lahm und altersschwach bemitleidet; es kursierten solche Sprüche wie *Angeln während der Fahrt verboten.*[79] Deutlich wird dies auch in Frank Thiess' Roman „Geschichte eines unruhigen Sommers" von 1932. Er schildert dort, wie er einen Freund und dessen Geliebte zum Großenheidorner Bahnhof bringt. ,*Bahnhof' – der Halteplatz unserer Kleinbahn, die bei starkem Wind in den Kurven umfiel (nicht stets, jedoch gelegentlich; es kam auf die Kunst des Lokomotivführers an, die Kurven zu nehmen). ... Alle Augenblicke schaute man in die Richtung, von der die Bahn andampfen mußte. Endlich kam sie mit dicken Rauchwolken, die aus einer altmodischen Lokomotive von trichterförmigem Aussehen quollen. Sie pfiff derart gellend, daß alle erschraken und voller Erwartung sich den Schienen näherten. ... Weil einige Pakete in den Güterwagen eingeladen werden mußten, hielt der Zug noch eine*

*Weile. Wir unterrichteten uns darüber und stellten Mutmaß-
ungen an, ob trotzdem der dampfende Asthmatiker rechtzeitig in Wunstorf eintreffen werde. ‚Ihr habt Wind von ach-
tern', sagte ich. Über diesen versteinerten Witz lachten
alle.*[80]

Aber auch als Wirtschaftsunternehmen war die Steinhuder Meerbahn kurzatmig. Schon bald nach Kriegsende
war sie in arge Schwierigkeiten geraten. Neben der allgemein desolaten Wirtschaftslage lag das an der starken
Konkurrenz durch neue Staatsbahnstrecken, von denen
eine bereits 1910 in Betrieb genommen worden war (Nien-
burg-Rahden über Uchte). Die andere wurde 1920/21
eröffnet und führte von Nienburg und Stolzenau nach
Minden bzw. über Loccum nach Stadthagen. Ein weiterer
Grund für die angespannte Situation bei der Kleinbahn
war ein Personalüberhang: Wie bei der Reichsbahn wurden die während des Krieges eingezogenen Beamten und
Arbeiter wieder eingestellt, soweit sie nicht gefallen waren
(die StMB hatte acht im Krieg getötete Mitarbeiter zu
beklagen)[81]. Gleichzeitig wurden die ersatzweise einge-
stellten Bahnangestellten weiterbeschäftigt. Dadurch
wuchs die Belegschaft von 95 Personen vor dem Krieg auf
116, zeitweilig sogar 124 Leute. Dazu kamen noch stark
gestiegene Preise für Kohlen und andere Betriebs- und
Rohstoffe und umfangreiche Ausbesserungen der Betriebs-
mittel, vor allem der Lokomotiven. Gleichzeitig ging die
Personenbeförderung infolge des Nachlassens des kriegs-
zeitlichen Hamsterverkehrs um 100.000 zurück, der Güterverkehr aufgrund des allgemeinen Produktionsrückgangs
um 9.000 Tonnen. Die Betriebsüberschüsse der Bahn sanken so stark, daß zum Abschluß des Geschäftsjahres 1920/
21 keine Dividende ausgezahlt werden konnte.[82] Da der
geringe Ertrag auch für die Verzinsung und Tilgung der
Anleihen nicht ausreichte, mußte erstmals seit Bestehen
des Unternehmens auf die Rücklage zurückgegriffen werden. Als Gegenmaßnahmen empfahl der Vorstand die
Beschränkung der Zugzahl auf das geringstmögliche Maß
und die erneute Anhebung der Beförderungspreise.

Ein von der Generalversammlung der Steinhuder Meerbahn eingesetzter Prüfungsausschuß konnte im März 1923
an der Wirtschaftlichkeit der Betriebsführung nichts aus-
setzen. Gleichzeitig wurde vorgeschlagen, die Fahrpreise
zu erhöhen und eventuell mit billigerer Kohle zu fahren.
Als dann im Mai 1923 das 25jährige Jubiläum der
Betriebseröffnung anstand, mußte aufgrund der Misere
von einer Feier abgesehen werden.[83] Aus *zwingenden wirtschaftlichen Gründen* mußte auch der Fahrplan erheblich
eingeschränkt werden.[84]

Bereits im Mai 1921 hatte die Steinhuder Meerbahn ein
Darlehen beim Kleinbahn-Darlehensausschuß für die Pro-
vinz Hannover beantragt. Dieser stellte fest, daß durch den
Bau der beiden oben genannten Staatsbahnstrecken der
Steinhuder Meerbahn-Verkehr auf der Strecke Rehburg-
Uchte um die Hälfte zurückgegangen sei. Schon jetzt ver-
trat der Ausschuß die Ansicht, daß die Strecke Rehburg/
Stadt-Leese-Stolzenau stillgelegt und abgebrochen werden
müsse, was dann 14 Jahre später tatsächlich geschah.
Außerdem wurde die Betriebsführung der Steinhuder
Meerbahn in das Landeskleinbahnamt eingegliedert. Anfang 1923 entschied der Kleinbahn-Darlehens-Hauptaus-
schuß, einen Kredit über nunmehr 3,92 Millionen Mark zu
gewähren. Bedingungen dafür waren unter anderem regelmäßige Fahrpreiserhöhungen, den Zugverkehr auf nötige
Züge zu beschränken, den Personalbestand herabzusetzen
und bestimmte Stationen aufzuheben bzw. zusammenzu-
legen[84a].

Der jahrelange lokale Widerstand gegen die schon im
Dezember 1922 erfolgte Aufhebung der Haltestelle Großenheidorn änderte nichts; stattdessen verlagerte sich die
Diskussion auf die *haltlosen Zustände* am Bahnhof Großenheidorn, die regionale Aufmerksamkeit erregten und
im Hannoverschen Tageblatt vom 14. Oktober 1928 ange-
prangert wurden. Die Bedürfnisanstalt sei dermaßen unzulänglich, daß viele Touristen ihre Notdurft im Graben ver-
richteten und die Fensterscheiben beschädigt seien. Beim
Bau eines Warteraums für den Bahnhof Großenheidorn
dürften diese Zustände abgestellt worden sein.[85]

Ein weiteres Problem war, daß bestimmte Züge auch
hier nicht mehr hielten, obwohl nach Errichtung des Großenheidorner Strandbades 1926 vor allem Sonntags zahlreiche Touristen vom Großenheidorner Bahnhof abzufah-
ren wünschten – für die Bestrebungen Großenheidorns,
am Fremdenverkehr teilzuhaben, ein weiterer Rückschlag.
Sonntags mußte eine größere Anzahl Besucher des Strandbades gezwungenermaßen früher den Heimweg antreten
und nach Steinhude zurückwandern, da der Zug Nr. 117/
21.40 Uhr ab Steinhude in Großenheidorn nicht hielt. Ein
Leserbriefschreiber hatte an diesem Sonntag, dem 11. August, auch eine Fahrgastzählung vorgenommen und war
immerhin auf 428 angekommene und 397 abgefahrene
Personen gekommen, betonte aber noch, daß dies nicht der
verkehrsreichste Tag des Sommers gewesen sei. *Großenheidorn wird gezwungen zur Selbsthilfe zu greifen und
selbst Autoverkehr herzustellen*, schloß er seinen Brief.[86]

Am 16. Juli 1930 wurde dann eine Omnibus-Linie der
Steinhuder Meerbahn von Wunstorf über Großenheidorn

Einer der ersten Busse der Steinhuder Meerbahn, ein Daimler-Benz-Zweiachser für 26 Personen, hier noch auf der Strecke Stolzenau-Uchte. Auf dieser wurde der Betrieb jedoch bereits 1932 wieder eingestellt, da er *völlig unbefriedigend* war, so der Geschäftsbericht 1932 (Bernd Silbermann, Wunstorf-Luthe; Repro: Hoerner, Hannover).

nach Steinhude eingerichtet, die zusammen mit anderen Buslinien (nach Luthe, Mesmerode) im Jahre 1930 113.000 Personen beförderte. Außerdem gab es noch eine Schnellverbindung Wunstorf-Steinhude über Altenhagen. Laut Fahrplan von 1932 fuhr ein Bus sonntagabends ab Steinhude 21.30 Uhr (an Wunstorf 21.53 Uhr), so daß auch den Bedürfnissen der spätheimkehrenden Touristen entgegengekommen wurde. Allerdings waren die Kapazitäten der Busse mit 25 bzw. 38 Sitz- und Stehplätzen begrenzt. Den Einsatz der Verkehrsmittel handhabe die Betriebsleitung der Steinhuder Meerbahn flexibel. So wurden zwischen Wunstorf und Steinhude bei günstigem Wetter im Sommer Züge eingesetzt, die sonntags bis Bad Rehburg weiterfuhren, während bei schlechtem Wetter Busse verkehrten.[87]

Während Automobil und Motorrad einen ersten Boom erlebten, sah sich die Steinhuder Meerbahn zur Sparsamkeit und damit verbundenen Einschränkungen des Zugverkehrs und zur Flexibilität gezwungen. Hätte eine Förderung der Kleinbahn, eine Beschränkung des motorisierten Individualverkehrs durch die lokalen und regionalen Behörden nicht lenkend eingreifen können? Das größte Hindernis für eine zügige Beförderung von Ausflüglern mit der Eisenbahn von Hannover nach Steinhude war das in Wunstorf erforderliche Umsteigen. Hierzu mußten die Touristen rund einen halben Kilometer vom Staats- zum Kleinbahnhof laufen.

Überlegungen für einen umfangreichen *Neubau der Wunstorfer Kleinbahnen*, die 1. eine Einführung der Steinhuder Meerbahn in den Staatsbahnhof Wunstorf, 2. eine Verlegung der Trasse zwischen Wunstorf und Großenheidorn und einen dreischienigen Ausbau derselben bis Steinhude, sowie 3. eine Neugestaltung des Steinhuder Bahnhofs einschlossen, gab es schon bald nach Ende der Inflationskrise.[88] Doch einer Umsetzung dieser Maßnahmen standen finanzielle und rechtliche Hindernisse gegenüber, so daß die meisten der vorgeschlagenen Verbesserungen nicht verwirklicht werden konnten. Insbesondere die nicht erfolgte Realisierung von Punkt 2 sollte später zum Ende der Kleinbahn beitragen. Auch bis zur Anbindung der Steinhuder Meerbahn an die Staatsbahn sollten noch Jahre vergehen. In einer zur Diskussion im „Studienausschuß zur wirtschaftlichen Erschließung des Steinhuder Meeres" gestellten Denkschrift mit dem Titel „Verkehrs- und Entwicklungsfragen des Steinhuder Meeres"

wurde dies als der *schlimmste Übelstand* bezeichnet, *der von den Reisenden von jeher außerordentlich unangenehm empfunden wird.* Doch sperrte sich die Reichsbahndirektion in Hannover laut Landesbaurat Bauer vom Landeskleinbahnamt gegen eine solche Einführung. Eine solche sei erst denkbar nach dem Umbau des Wunstorfer Bahnhofs, worauf jedoch vorerst nicht zu rechnen sei, wie Bauer dem Studienausschuss am 25. Oktober 1929 im Steinhuder Strandhotel darlegte.[88a] Erst 1931 wurden die Gleise der Steinhuder Meerbahn bis zum Staatsbahnhof Wunstorf verlegt.

Der Verkehrsverband Niedersachsen-Kassel begrüßte den flexiblen Einsatz von Kraftomnibussen bei der Steinhuder Meerbahn, bei dem schlecht benutzte Personenzüge ersetzt wurden. Der Verband stellte den 1929 veranstalteten Nie-

Sonderzug der Steinhuder Meerbahn mit 15 Waggons im Wunstorfer Staatsbahnhof, 1931 (Steinhuder Meerbahn-Archiv, Wunstorf).

dersächsischen Verkehrstag unter das Motto *Zusammen-wirken der Verkehrsmittel*. Dr. Finkenwirth vom Verbands-vorstand führte dazu aus, *gutwilliges Zusammenwirken, Aneinanderpassen* erhöhe den Wirkungsgrad der Verkehrs-einrichtung und nütze der Wirtschaft wie der Allgemein-heit.[89] Das Verfahren bei der Steinhuder Meerbahn war folglich laut Verbandsvertreter Schulze ein *praktisches Bei-spiel dafür, daß Eisenbahn und Kraftwagen durchaus keine Feinde zu sein brauchten, sich vielmehr in geeigneten Fällen sehr gut ergänzen könnten.*[90] Dies war jedoch volkswirt-schaftliches Wunschdenken, dem der Drang nach indivi-dueller Mobilität und der Druck der Straßenverkehrs-Lobby entgegenstanden.

Tanz und Geselligkeit

Während des Ersten Weltkrieges waren Tanz und andere Volksbelustigungen zumeist nicht erlaubt gewesen. Mate-rielle Not und der moralische Druck vor allem auf Frauen, deren Männer „im Felde standen", taten ein übriges, um Heiterkeit, Ausgelassenheit, Vergnügen und Lebensfreude gar nicht erst aufkommen zu lassen – ganz abgesehen von den regelmäßigen Gefallenenmeldungen. Nach Ende des Krieges gab es viel nachzuholen – eine allgemeine „Tanz-wut" brach aus.[91] Trotz weiterbestehender Reglementie-rungen wie Genehmigungspflicht, Polizeistunde und Ver-gnügungssteuer entwickelte sich bald eine neue, rege Geselligkeit.

Am Steinhuder Meer wurden Tanzbelustigungen und Konzerte vor allem in Steinhude veranstaltet, das die größte Anzahl von Gasthäusern besaß und wo sich am ehesten die *junge Welt* aus Hannover ein Stelldichein gab. Auf diese Weise konnten die Wirte auch dann ihre Lokale füllen, wenn der Tourismus noch ruhte. So warb der Strandhotel-Pächter Pahlmann für ein Nachmittagskonzert, für das er am Sonntag, den 16. Februar 1919 die han-noverschen Musiker Geyer, Risch und Wiericke engagiert hatte.[92] Im Kleinbürger- und Arbeitermilieu wurde die Geselligkeit aber weiterhin in den traditionellen Vereinen gepflegt. Der Wunstorfer Männer-Turnklub etwa veran-staltete am Sonntag, den 1. August 1920, einen *Ausflug mit Damen* nach Steinhude. Im Ratskeller sollte sich in gemütlicher Runde an einer Kaffeetafel gelabt werden, hinterher lockte das *Tanzkränzchen*.[93]

In Steinhude dürften verschiedene Tanzkulturen auf-einandergetroffen sein. Der Wunstorfer Männer-Turnver-ein „mit Damen", die Steinhuder und andere ländliche Vereine tanzten Walzer, Rheinländer oder Schieber, in Schaumburg-Lippe womöglich auch noch den „Achttou-rigen", doch auf den Wintervergnügen oder Stiftungsfe-sten der Seglervereine oder im Strandhotel mit seinem großstädtischen Publikum wurden sicher schon die neuen, aus den USA stammenden Tänze wie „Shimmy" oder Char-leston aufs Parkett gelegt.[94]

Die Welle der Vergnügungsveranstaltungen eröffnete nicht nur für die Wirte eine neue Einnahmequelle. Ende 1920 erließ der Steinhuder Gemeinderat eine Vergnü-gungssteuer, die aber auch beschränkend wirken konnte. Für *fremde Spielleute, Konzerte, Kinos usw.* mußte der be-treffende Wirt 20 Mark pro Aufführung zahlen, bei an-schließendem Tanz sogar 50 Mark. Falls jedoch ein Stein-huder Verein als Veranstalter auftrat, ermäßigte sich die Steuer auf 15 bzw. 25 Mark. Auch für andere *Lustbarkeiten* waren Steuern zu zahlen: für die erste im Jahr 30 Mark, für die zweite 50 und für jede weitere 75 Mark. Bei Zuwi-derhandlungen drohten dem Wirt Geldstrafen von bis zum fünffachen der hinterzogenen Steuer. Die seit Januar 1920 auf 23.30 Uhr festgesetzte Polizeistunde wurde im März 1924 auf ein Uhr nachts verschoben.[95]

Auch an den anderen Touristenzielen am Steinhuder Meer, am Weißen Berg und am Großenheidorner Strand entfaltete sich geselliges Leben bei Musik und Tanz, und es blieb nicht mehr auf den Sonntag beschränkt. Ludwig Brü-manns „Blaue Grotte" warb in den 20er Jahren sogar mit täglichem Konzert, und Hans Burgdorf, Inhaber des Gro-ßenheidorner Strandhotels, versprach ebenfalls *täglich Tanztee*.[96] Auch als das Strandhotel in Steinhude im Som-mer 1932 von der neuen Pächterin Malve Bredthauer übernommen wurde, beeilte sie sich sogleich, die Gäste durch *jeden Samstag und Sonntag Tanz* zu ködern.[97]

Daß öffentliches Tanzen noch Empörung hervorrufen konnte, zeigte sich im Jahre 1930. Der Gastwirt Rintel-mann, der sein 1920 eröffnetes Café 1928 zum Hotel erweitert hatte, errichtete zwischen seinem Haus an der Marktstraße (heute „An der Friedenseiche") und dem dazu gehörenden Kaffeegarten eine Tanzdiele. Bald berichteten Bürgermeister Kloppenburg und Oberlandjäger Meyer, daß sich viele Nachbarn über das Tanzen und die damit ver-bundene Unruhe beklagt hätten. Da der Tanzboden zur Straße nur durch eine ein Meter hohe Einfriedung abge-grenzt war, war *allen Straßenpassanten Gelegenheit gege-ben, ohne weiteres die Tanzenden zu beobachten* – was zusammen mit dem Geräuschaufkommen angeblich *größ-ten Anstoß* erregte. Da also die Errichtung einer *Tanzdiele*

Tanztee unter freiem Himmel vor dem Großenheidorner Strandhotel (Stadtarchiv Wunstorf; freundliche Genehmigung und Repro: Rudi Diersche, Steinhude).

an einer öffentlichen Straße ... nicht geduldet werden könne, mußte Rintelmann die Tanzfläche wieder entfernen, und zudem 20 Reichsmark Geldstrafe wegen Übertretung der genannten Polizeiverordnung zahlen. Immerhin hatte er für ein *Konzert* am 5. Juli die Verlängerung der Polizeistunde beantragt und genehmigt bekommen. Einige Wochen vorher hatte Rintelmann deswegen Ärger gehabt: Am Sonntag, den 8. Juni hatte Oberlandjäger Meyer bei einer Kontrolle das Gasthaus noch um 1 Uhr 40 nachts voller Fremder gefunden, die lauthals das Deutschlandlied sangen. Da Meyer in Zivil war, fürchtete er bei persönlichem Auftreten tätliche Angriffe auf ihn und ließ Rintelmann deshalb verbreiten, die Polizei sei im Anrücken, während er aus sicherer Beobachtungsposition die weitere Entwicklung abwartete. Binnen einer halben Stunde war das Ziel erreicht, die Kneipe leer. Da der Gastwirt glaubhaft machen konnte, daß er sich vergebens bemüht hatte, seine betrunkenen Gäste loszuwerden, berichtete Meyer den Vorfall zwar dienstbeflissen an die Bückeburger Staatsanwaltschaft, legte aber gleichzeitig ein gutes Wort für Rintelmann ein.[98]

Polizeilicherseits gab es so einige Schwierigkeiten mit dem anwachsenden Tourismus. 1925 hielt der Steinhuder Gemeinderat für Nachtwächter Pape die Polizeigewalt bei dem großen Fremdenverkehr Steinhudes für *unbedingt erforderlich*. Allerdings war Pape auch ohne eine Bestellung zum Hilfsbeamten der Staatsanwaltschaft zur vorläufigen Festnahme befugt. Im Mai 1930 wandte sich das Landjägereihauptamt in Bückeburg an Landrat Seebohm, weil es in Steinhude nicht möglich sei, vorläufig festgenommene Personen in sicheres Gewahrsam zu bringen; gegenwärtig sei nur ein mehrere Stunden in Anspruch nehmender Transport von Übeltätern nach Wunstorf möglich. Steinhude mit seinen 2.500 Einwohnern und dem stetig zunehmenden Fremdenverkehr müßte über mindestens zwei Arrestzellen verfügen. Außerdem sei die Einstellung eines Nachtpolizeibeamten dringend notwendig, da in letzter Zeit *Roheitsdelikte* sich gerade zur Nachtzeit häuften. Vorerst wurde jedoch nur der seit 1927 beschäftige Nachtwächter Friedrich Rintelmann weiterverpflichtet und mit einer Dienstmütze als Symbol seiner Autorität versehen.[99]

Segler anderer Reviere, die bei Regatten zu Gast am Steinhuder Meer waren und den Abend nach einer Wettfahrt feuchtfröhlich begingen, spielten der ortsansässigen Bevölkerung zuweilen einige Streiche, wie in der Nacht zum 5. August 1931: Ein Einbahnstraßenschild am Alten Winkel wurde entfernt, ein Schild des Strandhotelpächters Willecke mit der Aufschrift *Parken nur für Gäste des Strandhotels* an der Kirchentür aufgestellt. Der Ackerwa-

Von der Terrasse des Strandhotels beobachten dessen Gäste den Flug des Luftschiffs „Graf Zeppelin" über das Steinhuder Meer (Hermann Beckedorf, Steinhude).

gen einer im Alten Winkel wohnenden Witwe wurde ent-wendet und mit einem Automaten aus dem Ratskeller beladen, der dann mitten auf der Straße vor der Aalräu-cherei Schweer & Kuckuck abgestellt wurde. Eine Bestäti-gung dafür, daß etwa 15-20 Segler aus Hamburg, Bremen, Berlin und Wien, die nach Mitternacht vom FSV-Segler-heim aus singend und lärmend durch den Ort gezogen waren, die Übeltäter waren, sah der Ortspolizeibeamte darin, daß der Fürstlich-Schaumburg-Lippische Seglerver-ein die entstandenen Kosten übernahm. Dessen Mitglieder wurden aufgefordert, auf fremde Gäste besser aufzupas-sen, damit *derartige Ausschreitungen in Zukunft unterblei-ben*.[100] Der Vorfall zeigt: Noch hatte sich der Flecken nicht an alle Aspekte seiner Rolle als Fremdenverkehrsort gewöhnt.

Wassersport wird Volkssport

Während das Segeln lange Zeit von Angehörigen des gehobenen Bürgertums ausgeübt wurde, fanden auch weniger begüterte Menschen am Steinhuder Meer Mittel und Wege, sich wassersportlich zu betätigen. Keiner Aus-rüstung bedarf das Schwimmen, das seit dem 19. Jahrhun-dert als zunehmend wichtig für die Sicherheit auf dem Wasser, für Hygiene, Gesundheit und Körperkraft erachtet wurde. Der erste Schwimmverein in Hannover wurde 1892 gegründet: der Hannoversche Schwimm-Club (HSC).[101] Der zweite, der Schwimmsport-Verein Neptun von 1895, der Mitglied im Deutschen Flottenverein war, entdeckte auch das Steinhuder Meer als Austragungsort für Schwimm-Wettkämpfe. 1909 gewann der Verein gegen auswärtige Konkurrenz ein 3.000-Meter-Wettschwimmen um den Ehrenwanderpreis des Fürsten Georg. Auch am Wettschwimmen vom 7. August 1910 nahm „Neptun" teil. Anmeldungen zur Teilnahme waren aber auch aus Braunschweig, Hamburg und Leipzig eingegangen. Wie 1909 wurde wieder am Wilhelmstein gestartet und als Ziel das Strandhotel angeschwommen.[102]

Schon ab 1907 fanden auf dem Steinhuder Meer die jährlichen Regatten der hannoverschen Rudervereine statt, die vorher seit 1892 auf der Leine gerudert worden waren. Die Stadt Hannover hatte für die Ruderregatta eigens einen Pokal gestiftet. Zur Organisation war der „Ausschuß hannoverscher Rudervereine" gegründet worden. Ein Marineoffizier durfte in diesem Komitee zu dieser Zeit nicht fehlen, und so gehörte ihm auch Konteradmiral Thiele an.[103]

Nach dem Ersten Weltkrieg erlebte der Wassersport einen großen Aufschwung. Dieser verdankte sich den neuen Freizeitpotentialen und der wachsenden Sportbegeisterung. Rudern und vor allem Paddeln waren die Wassersportaktivitäten der kleinen Leute, die sich kein Segelboot leisten konnten. Für eine gemütliche Ruderpartie standen 1926 in Steinhude 26 Ruderboote bereit, die von zehn Vermietern angeboten wurden.[104] Die mehr sportlich orientierten Besucher brachten sich die leicht transportierbaren und billigen Faltboote mit, die auch in der Steinhuder Meerbahn mitgenommen werden konnten. Ein Faltboot-Sportler berichtete über den Bootstransport im *Bähnle* mitleidig: *Wie in Erinnerung an die vielen Faltboote, die schon in seinen mißhandelten Leib herein- und herausgequetscht worden sind, schleicht es mitunter brütend und stöhnend dahin wie eine Schnecke den Weg.*[105] Eine entscheidende Neuerung war die Bespannung der Boote mit einer Gummihaut statt mit Leinen, das Wasser aufgesaugt hatte. Die neue Haut machte die Faltboote leichter und schneller und deswegen beliebter.[106]

Gerade die Paddler lebten jedoch auf dem Meer nicht ungefährlich. So meldete der Hannoversche Anzeiger am 25. September 1930 ein Bootsunglück, dem zwei 19- und 21jährige hannoversche Paddler zum Opfer gefallen waren. Trotz stürmischen Wetters und dem Verbot, sich weiter als 1.500 Meter vom Ufer zu entfernen, waren sie in die berüchtigten Deipen gefahren und nicht wieder zurückgekehrt. Vor ihnen waren 1930 bereits fünf weitere Paddler umgekommen. *Bei stürmischem Wetter kann sich in den Deipen kaum ein Paddelboot halten,* wußte der Anzeiger. *Ganz ungefährlich, selbst bei stärkstem Sturm*

seien nur die Boote der Berufssegler, denen noch nie ein Unfall zugestoßen sei.

Doch stellten die Deipen für so manchen Wassersportler auch eine Herausforderung, ein Abenteuer, eine Probe seines Mutes und Könnens dar. Über eine Fahrt von Steinhude ans Nordufer durch die Deipen bei *steifem Westwind* berichtet ein Faltbootfahrer: *Mein Kahn ist schwer wie ein voller Möbelwagen. Ich weiß nicht, ob das gut oder böse ist, merke aber schon, daß es nicht besonders gut ist. Der Kahn jumpt wie ein fauler Balken, kann nicht schnell genug steigen; eh sich der volle Wanst dazu entschlossen hat, sitzt die Welle schon auf Deck und fährt einem klatschend ins Gesicht. Das löst zunächst Verwunderung, dann helle Freude aus. Man lernt im Nu ‚mit loser Bindung in der Hüfte' die Welle unter dem Kahn wegzudrücken und jeder neuankommenden, die sich wacker Mühe gibt, mich umzuschmeißen, mit herrlich-wiegender Bewegung von der Hüfte aus zu begegnen. So rauscht man sicher-glücklich durch diesen schäumenden Tanz, an dem sich der Kahn wie ein Lämmerschwanz beteiligt. Die ungewohnte Arbeit macht mich schnell müde und so muß ich, da ich gerade mitten in den Deipen bin, nun doch meinen Kurs ändern. Jetzt markiert der Stander am Bug Wasserhuhn, die Wellen gehen lang über das Boot hinweg, das Mannloch ist herrlich umflossen. Man möchte singen vor Lust, aber noch verstopft das Meer mit herzhaften Spritzern den Mund. Ich kreuze eine Regattaboje, die einsam auf den Wellen schaukelt und habe gleich dahin-*

Die Yacht des kleinen Mannes: Im Leih-Ruderboot durfte sich mancher Familienvater für ein Stündchen als Kapitän fühlen (Stadtarchiv Wunstorf, Album Promenadenbau).

ter die Deipen passiert. Es wird ruhiger, und freundlich schieben mich die Wellen ins Lager.[107]

Dort, bei der im Juli 1932 stattfindenden Jugendwoche des Deutschen Kanuverbandes, erlebte der Wassersportler *schöne Tage; frohes gemeinsames Erleben machte die Lagermannschaft zur glücklichen Familie.*[108] Geprobt wurden unter anderem richtiger Sitz im Boot, richtige Paddelhandhabung, Kenterübungen. Der Mardorfer Wilhelm Meyer hatte eine Ausschankgenehmigung für alkoholfreie Getränke für die Kanuwoche erlangt; außerdem wollte er die Teilnehmer für 35 Pfennig mit einem *zusammengekochten* Mittagessen verpflegen. Sein Konzessionsantrag wurde nicht nur vom Kanuverband, sondern auch von der Arbeitsgemeinschaft für hannoversche Jugendpflege unterstützt. Offenbar zufrieden mit Meyers Verköstigung setzten sich die Kanuten hinterher dafür ein, daß er als *Mitökonom* eines Kanuheims *entsprechende Vollkonzession* erhalte. *Der Fremdenverkehr seitens der Paddler und Segler, der Personen, die sich im Kanulager zur Erholung aufhalten, die an den dort stattfindenden Kursen teilnehmen, nimmt ständig zu,* begründete die Bielefelder Geschäftsstelle des Verbandes ihr Anliegen. Darüberhinaus sei es auch ein Interesse der Mardorfer, daß Meyer die *Genehmigung zum Bierausschank* bekomme. Gerade in der letzten Zeit sei ein zunehmender Reiseverkehr aus der Bielefelder Gegend zum Steinhuder Meer nachweisbar, der sich vorwiegend aus Turnsportlern und Kanuten zusammensetze. Der Kreisausschuss genehmigte allerdings zunächst nur den Ausschank von Milch und Kaffee.[109]

Anfang August 1937 fanden auf dem im Jahr zuvor eröffneten Maschsee in Hannover und auf dem Steinhuder Meer die Deutschen Kanumeisterschaften statt.[110] Schon 1936 hatten die Kanuten in Mardorf einen Holzbau als eigenes Kanuheim errichtet, der nach dem Krieg durch ein Steingebäude ersetzt und 1965 erweitert wurde. Das Haus ist als Wanderheim des Landesverbandes Niedersachsen des DKV nach wie vor ein beliebtes Ziel vor allem der hannoverschen Kanusportler.[111]

Auch die Segler trieben die Entwicklung ihres Sports voran. Verdienste dabei erwarb sich wieder einmal Karl Siebrecht, der den Schülerturnverein des hannoverschen Ratsgymnasiums zum Segeln ans Steinhuder Meer holte und ihm seinen Bootsschuppen als Seglerheim zur Verfügung stellte. Von 1925 bis 1950 waren die Gymnasiasten in „St. Einhude", wie sie es nannten, ansässig.[112]

Seit 1925 wurde eine „Steinhuder-Meerwoche" veranstaltet, zu der Segler von weither kamen. 1928 fanden hier die Olympia-Qualifikationen der 12-Fuß-Jollen statt. Solche überregionalen und nationalen Ausscheidungsfahrten und Regatten wurden auch als Werbefaktor für den Fremdenverkehr angesehen. Das mit Segelbooten noch zart betupfte Meer hatte eine große Anziehungskraft für Touristen, glaubt man einem schon 1926 im Hannoverschen Kurier erschienen Artikel: *Was wäre das Steinhuder Meer ohne Segelsport? Eine langweilige Wasserfläche! Die Segelboote aber beleben in günstiger Weise das Landschaftsbild und ziehen viele Besucher an.*

Der Autor verfocht allerdings einschlägige Interessen: Seine Behauptung war eine Lanze im Streit um die Höhe der Gebühren, die für das Befahren des Sees zu zahlen waren. Die Segelvereine machten die Gebührenhöhe zu einer Prestigefrage und zu einem Politikum. Schon für Faltboote wurde eine Gebühr von 15 Mark erhoben – so lohnte sich nur eine regelmäßige Benutzung.[113] Für Segelboote hatten die Meereseigentümer die vor dem Krieg fünf Mark betragenden Abgaben auf 55 Reichsmark im Jahr angehoben. Dies versalzte nach Meinung des Artikel-Autors den Seglern die Freude an ihrem Sport, dessen Zweck und Ziel doch sei, Körper und Geist gesund zu halten, *um dem durch die wirtschaftlichen Nöte unserer Zeit bedingten Lebenskampf gewachsen zu sein, nicht zuletzt zu Nutzen und Frommen unseres Vaterlandes.* Er verglich die Segelgebühren mit der Automobilsteuer, die immerhin für den Straßenbau verwendet werde. Dagegen sei auf dem Steinhuder Meer nicht einmal ein Rettungsdienst eingerichtet, der vielmehr von den Seglern selbst verrichtet würde. Dabei trage der Segelsport ganz erheblich zur Verstärkung des Ausflugverkehrs am Meer bei und schaffe Lebensunterhalt für viele Menschen. Deswegen solle doch die schaumburg-lippische Regierung die „emporblühende" Fremdenverkehrsindustrie nicht durch solch hohe Gebühren untergraben.[114]

In der Folgezeit ließen sich die Meereseigentümer dazu bewegen, die Segelgebühren auf 25 Reichsmark zu ermäßigen. Doch infolge der Weltwirtschaftskrise keimte der Streit wieder auf. 1933, nach der Machtübernahme der Nationalsozialisten, schien die Zeit günstig, endlich das Steuer herumzureißen. Der Segelclub Hannover forderte die Hofkammer zur Herabsetzung der Gebühren auf den Vorkriegssatz auf. Zur Untermauerung diente nicht nur der übliche Verweis auf die hohen Kosten durch die Fahrt zum Segelrevier, für das Winterlager und zur Überholung des

Die Segelboote aber beleben in günstiger Weise das Landschaftsbild und ziehen viele Besucher an. Ölgemälde um 1930, signiert W.F. Gohlisch (Karl-Hermann Ristow, Wunstorf; Repro: Boedtger, Wunstorf).

Bootes, sowie auf die Abgabenfreiheit bei allen preußischen Revieren, vor allem wurden nationale Zielsetzungen beschworen: *In der heutigen Zeit, wo das Wirtschaftsleben alt und jung bis auf das Äußerste in Anspruch nimmt, braucht das Deutsche Volk Licht und Sonne, Sport und Spiel in freier Natur. Regierungen und Länder seien berufen, durch Großzügigkeit, durch Bereitstellung von Mitteln am Aufbau des Vaterlandes, an der Gesundung unseres Volkes und der Wirtschaft mitzuarbeiten durch: Förderung des Sports und Spiels zu Wasser und zu Lande.*[115] Nun konnte sogar auf

höchste Protektion des Sports durch die Reichsregierung verwiesen werden, die ihn durch den „Reichsausschuß für Leibesübungen" pflege. Kräftig übertrieben wurde dabei die Rolle des Segelsports, der zwar vor dem Krieg ein Spiel begüterter Klassen gewesen sei, heute aber *volkstümliche Bedeutung* habe. Dies versuchte der Club durch eigenwillig interpretierte Zahlen zu belegen: In der Arbeitsgemeinschaft der Wassersportverbände seien alle Wassersportzweige mit insgesamt 325.000 Mitgliedern und 36.000 Booten vertreten – die meisten dieser Boote waren freilich die kleinen Falt- und Ruderboote der weniger Begüterten. *Der größte Teil des Deutschen Volkes pflegt den Sport, er ist vertreten in Ruderclubs, Schwimmvereinen, Faltboot- und Segelclubs, und hat längst erkannt, dass bei Ausübung dieser Sportarten Kraft und Lebensmut und Arbeitsfreudigkeit gewonnen wird.* Das klang bereits nach Kraft-durch-Freude-Ideologie, wie auch die Behauptung, durch Pflege von Sport und Kameradschaft werde erreicht, was das Volk so notwendig brauche: *Führernaturen mit gestählten Nerven, Männer mit weitem Blick und starkem Willen.*[116]

Die Hofkammer bestritt dies zwar nicht, ließ sich aber zunächst nicht zu einer weiteren Gebührensenkung bewegen. Das Meer sei ein mit hohen Steuern belastetes Vermögensobjekt, antwortete sie im Mai 1933. Sowohl dem Club wie auch dem Deutschen Wassersportverband (Berlin) gegenüber gab die Hofkammer einen erheblichen Rückgang der Fischerei-Pachteinnahmen an, die durch Fremdenverkehr und Segelsport von 12.000 RM vor dem (Ersten Welt-)Krieg auf 6.000 RM nach dem Krieg gesunken seien; zum Ausgleich dafür müßten die Segelgebühren dienen. Der Verband hatte übrigens die Befreiung von allen Abgaben für den Segelsport beansprucht: Die frühere *sozialdemokratisch eingestellte Landesregierung von Schaumburg-Lippe* habe den Segelsport als Einnahmequelle angesehen, *vielleicht im Glauben, jeder Bootsbesitzer sei ein reicher Mann.* Der Fremdenverkehr am Meer sei ohnehin schon rückläufig, als Folge des niedrigen Wasserstandes, der zu Fischsterben und dadurch zu Gesundheitsschäden, insbesondere Hautausschlägen bei den Badenden führe, was Dr. Bredthauer aus Steinhude bezeugen könne. Der Segelsport aber sei wertvoll *zur Erlernung der Selbstzucht und Unterordnung sowie Stählung des Mutes und der Entschlusskraft.*[117] – Auch der Segelsport sollte dazu dienen, die Tugenden des Dritten Reiches auszubilden. Schließlich ließ sich die Hofkammer durch die schaumburg-lippische Landesregierung im Februar 1934 erweichen, die Gebühren nochmals zu senken, auf nunmehr 20 Reichsmark.[118]

Betrachtet man die bei der Hofkammer gemeldeten Mitgliederzahlen der auf dem Steinhuder Meer beheimateten Segelvereine, konnte weder von einer „volkstümlichen Bedeutung" des Segelns die Rede sein, noch schien die Wirtschaftskrise einen besonderen Einfluß auf die Vereinsentwicklung gehabt zu haben: Zwischen 1928 und 1933 blieb die Mitgliederzahl der vier auf dem Steinhuder Meer beheimateten Vereine HYC, FSV, Steinhuder Yachtclub und Segelclub Hannover nahezu konstant bei insgesamt rund 90 Aktiven.[119] Die Selbständigen und Freiberufler, die zu dieser Zeit noch den Segelsport betrieben, gehörten

Frauen nur als Galionsfiguren? Foto aus dem 1939 erschienenen Prospekt „Steinhuder Meer" des Landes-Fremdenverkehrsverbandes Niedersachsen-Weserbergland (Stadtarchiv Wunstorf).

offensichtlich nicht zu den von der Krise besonders Betroffenen. Immerhin mögen die Segelgebühren ein Grund dafür gewesen sein, daß sich der HYC und der StYC umorientierten: Im Hinblick auf den bevorstehenden Maschseebau benannte sich der HYC 1933 in „Hannoverscher Yachtclub" um und schloß sich 1934 mit dem StYC zusammen. Der so gebildete Club errichtete sich 1936 am Maschsee ein neues Domizil – allerdings ohne das alte aufzugeben – und erlebte eine *Blütezeit* bis zur Zerstörung des hannoverschen Heimes 1943.[120]

Tourismus in der Weltwirtschaftskrise

Der Sommer 1929 war heiß und trocken, und die Wunstorfer Zeitung konnte ein *Rekordjahr im Steinhuder Fremdenverkehr* vermelden, was auch auf die Neueinrichtungen der letzten Jahre mit Strandbad und Jugendherberge sowie auf eine verstärkte Tätigkeit des Verkehrsvereins zurückgeführt wurde. Der durchschnittliche Sonntagsbesuch wurde auf 8.000-9.000 Fremde beziffert. Insgesamt zählte man 100.000 Fahrgäste zum Wilhelmstein oder ans Nordufer. Zwischen 10.000 und 11.000 Gäste übernachteten in der Jugendherberge. An den „Rekordsonntagen" des 14. und 21. Juli und des 1. September seien 4.000-5.000 Bootskarten verkauft und von der Steinhuder Meerbahn 2.400 Personen nach Steinhude, 2.800 sogar zurück nach Wunstorf befördert worden (was darauf hindeuten könnte, daß nicht wenige Menschen durchs Hohe Holz zu Fuß nach Steinhude wanderten, den Rückweg aber mit der Kleinbahn fuhren, oder durchs Moor ans Nordufer wanderten und per Boot nach Steinhude übersetzten). Die Meerbahn habe aber nur den kleineren Teil der Besucher transportiert, so die Zeitung, *der größere Teil kam in Autobussen und mit Fahrrädern.*[121]

Doch sollten diese Zahlen 1930 nicht durch neue Rekordzahlen übertroffen werden. Vielmehr ging der Fremdenverkehr zurück, und dieser Trend setzte sich auch in den folgenden Jahren fort. Was war geschehen?

Der „Schwarzen Freitag", der New Yorker Börsenkrach im Oktober 1929, war das Startsignal für eine schwere Weltwirtschaftskrise. Deutschland hatte die Folgen des Ersten Weltkriegs noch nicht überwunden und war durch Inflation, Reparationszahlungen aufgrund des Versailler Vertrages und harte innergesellschaftliche Konflikte wirtschaftlich bereits stark geschwächt. Die Weltwirtschaftskrise traf Deutschland daher besonders schwer. Die Arbeitslosenquote stieg von 8,5 % im Jahre 1929 über 14,4 % im Jahre 1930 bis hin zu 29,9 % im Jahre 1932 – das entsprach rund 5,6 Millionen registrierten Arbeitslosen, zu denen wahrscheinlich über eine Million nicht gemeldeter Erwerbsloser zu rechnen sind. In Hannover wurden im Juli 1932 54.742 Arbeitslose gezählt, dazu kamen noch 25.944 Wohlfahrtserwerbslose. Die Erwerbstätigen mußten Kurzarbeit und Lohnkürzungen hinnehmen, viele kleine Händler und Gewerbetreibende traf der sich anschließende Rückgang der Kaufkraft und der Preisverfall erheblich.[122] Die Verzweiflung und Perspektivlosigkeit vieler Menschen führte unter anderem zu einem erdrutschartigen Wahlerfolg der NSDAP bei den Reichstagswahlen 1930: Die Hitler-Partei konnte die Zahl ihrer Reichstagsmandate von 12 auf 107 verbessern.

Der Alltag der meisten Menschen war von Sorgen und Entbehrungen gekennzeichnet. Am härtesten getroffen waren die vielen Arbeitslosen. Auch ihr Lebensrhythmus war verändert: Das Arbeitsleben hatte die freie Zeit wertvoll gemacht hatte, nun gab es sie im Übermaß. Die früher übliche Freizeitaktivität wurde mangels finanzieller Mittel schrittweise aufgegeben, stattdessen schlossen sich die

Arbeitslosen Vereinen und Verbänden an, in denen sie Ihresgleichen trafen. Insbesondere die verschiedenen Kampfbünde der Rechten und der Linken wirkten als Sammelbecken, in denen viele Arbeitslose Gemeinschaft, Sinn und neuen Halt fanden – und Ziele, für die sie auf der Straße zum Teil blutig stritten. Aufmärsche und Straßenschlachten gehörten bald zum alltäglichen Bild der letzten Jahre der Weimarer Republik.

Der Fremdenverkehr sollte von diesen Entwicklungen nicht unberührt bleiben. Schon am 1. Juli 1930 meldete die Leine-Zeitung aus Hannover, daß die üblichen Feriensonderzüge wegen ungenügender Beteiligung in diesem Jahr ausfielen. In diesem Jahr beförderte auch die Steinhuder Meerbahn 21.000 Personen weniger als im Vorjahr; zusammen mit dem Rückgang im Güterverkehr betrug die Mindereinnahme im Vergleich zum Jahre 1929 100.000 Reichsmark. Aber das war erst der Anfang: Die Personenbeförderungszahlen der Kleinbahn sanken von 553.000 im Jahr 1929 auf 322.000 im Jahre 1933 – mithin 231.000 Fahrgäste weniger als vier Jahre zuvor.[123] In Steinhude habe das Jahr 1930 noch recht gut begonnen, berichtete Dr. Bredthauer vom Verkehrsverein Steinhude bei der Sitzung des „Studienausschusses zur wirtschaftlichen Erschliessung des Steinhuder Meeres" am 25. Oktober des Jahres. Bis Juli seien sogar 3.000 Bootsfahrkarten mehr als im Vorjahr verkauft worden. Den dann erfolgten Rück-

Scheinbar unbeschwertes Strandleben, den eigenen Gesang ersetzt das Koffergrammophon, das vielleicht den Schlager „Wochenend und Sonnenschein" ertönen läßt – der Hannoveraner Hans Koch mit Freunden am Steinhuder Meer, 1930 (Stadtarchiv Hannover, Sammlung Werner Heine; Repro: Hoerner, Hannover).

gang um 20 % lastete er ungünstigem Wetter an. Bredthauer stellte jedoch auch fest, daß der Verzehr immer
mehr zurückgegangen sei, da die Leute sich möglichst
alles mitbrächten.[124] Offenbar reagierten die Erholungssuchenden im ersten Jahr der Weltwirtschaftskrise noch
nicht mit einem Verzicht auf einen Ausflug ans Steinhuder
Meer, sondern mit einem Zurückschrauben des Konsums
vor Ort – statt in Steinhude Aalbrötchen zu kaufen, brachten sie sich Butterbrote mit. Bei der gleichen Besprechung
meinte Dr. Finkenwirth, der die Industrie- und Handelskammer Hannover und den Verkehrsverband Niedersachsen-Kassel vertrat, daß Reisen in die Nähe sich größerer
Beliebtheit erfreuten, da weite Reisen immer unmöglicher
würden. Es gelte daher, die Werbung zu effektivieren. Aber
im weiteren Verlauf der Krise mußten die Menschen auch
tiefere Einschnitte an ihren Wochenendgewohnheiten vornehmen, was auch am Steinhuder Meer verspürt wurde.
Ein Opfer wurde das einstmals ehrgeizige Projekt der Großenheidorner. Der Rückgang der Besucherzahlen führte
1932 zum Bankrott der Strandbad-GmbH.

Im Sommer 1932 erreichte die allgemeine Politisierung,
die von immer stärkerer Militanz geprägt war und sich
mehr und mehr in Gestalt von Machtdemonstrationen
äußerte, auch am Steinhuder Meer einen Höhepunkt.
Reichspräsidenten- und Reichstagswahlen im März, April,
Juli und November sorgten mit den ständigen Wahlkämp-
fen permanent für Unruhe. Auch am zweiten Junisonntag
warf die kommende Reichstagswahl ihre Schatten voraus,
wie die Wunstorfer Zeitung berichtete. Sie meldete *gewaltigen Verkehr* zum Steinhuder Meer, der sich besonders ab
Mittag *ins ungemessene steigerte.*[125] Bei den Radfahrabtei-
lungen, die *mit Kampfrufen durch Wunstorfs Straßen* fuhren, handelte es sich um hannoversche Reichsbanner-
Angehörige, also Mitglieder des sozialdemokratischen
Kampfbundes, der sich den Schutz der Republik auf die
Fahnen geschrieben hatte. Die Reichsbannerleute veranstalteten an diesem Wochenende in Steinhude ein Zeltlager. Bei der Anfahrt der ersten Abteilung schon am Samstag hatte sich gezeigt, wie aufreibend die Not dieser Jahre
war: *Auf der Fahrt nach Steinhude hatte die Kolonne vielerlei Pech. Fortwährend mußten Flickkolonnen zurückbleiben.
Der größte Teil der jungen Reichsbannerleute ist arbeitslos
und so können die Fahrradschläuche und Decken nur unter
großen Opfern erneuert werden. Die stark abgenutzten Rei-
fen und Decken brachten viele, viele Pannen.*

In Steinhude angekommen, wurde nach *kurzer Propa-
gandafahrt* Quartier im von Vorkommandos schon einge-

richteten Zeltlager bezogen und anschließend der Ort
besichtigt. Für den Proviant der Reichsbanner-Jungen hatten *einige Spender* gesorgt, und so konnte der Koch seine
ersten Künste zeigen, und *zwar eine Bouillon, bei der man
sogar nicht einmal die Augen zählen konnte,* wie der sozialdemokratische „Volkswille" hinterher berichtete – und
damit offenbarte, wie sich Arbeiter während der Weltwirtschaftskrise kulinarische Genüsse vorstellten. Am Sonntag
war das Mittagessen, zu dessen Bereitung 15 Mann *Kien-
äppel* zur Feuerung hatten suchen müssen und 10 Mann
zum Kartoffelschälen abkommandiert waren, *sogar sehr
reichhaltig: Es gab Erbsen mit Speck und Fleisch und Spar-
gel, und außerdem Kopfsalat.* Bei solch verlockendem
Angebot mußte sich ein Arbeitsloser nicht zweimal zur
Teilnahme auffordern lassen.

Außer durch Versorgungsarbeiten und die übliche Propaganda wurde das Zeltlager durch ein umfangreiches
Sportprogramm geprägt. *Nach dem Wecken wurde zunächst einmal ein Waldlauf gemacht, an den sich gymnasti-
sche Übungen anschlossen.... Im Laufe des Vormittags wurden dann noch allerlei Spiele veranstaltet.* In der Freizeit
sprangen die meisten angesichts der großen Hitze ins Wasser. Die Rückfahrt der rund 300 Reichsbannerleute am späten Sonntagnachmittag beschrieb der „Volkswille" als ein-
drucksvolle Machtdemonstration: *In Steinhude und in all
den Dörfern und auch in Wunstorf ist die Bevölkerung nicht
aus dem Staunen herausgekommen. Man merkte es den
Republikanern an, wie freudig überrascht sie waren, daß die
Reichsbannerkameraden auf ihrem Posten sind und wer von
der Landbevölkerung zu den Nazis rechnete, das sah man an
den Gesichtern, die immer länger und länger wurden, als
dieser Trupp vorbeifuhr.*

Daß die Fahrt und das Zeltlager des Jung-Reichsbanners
eine Provokation für die örtlichen Anhänger der Nationalsozialisten darstellte, hatte sich bereits in der Nacht zum
Sonntag gezeigt. Ein Reichsbanner-Kamerad war in der
Nähe des Lagers von SA-Leuten überfallen und zusam-
mengeschlagen, sein Fahrrad demoliert worden. Der Verletzte konnte sich noch zum Lager schleppen, wo er
zusammenbrach. Nach ärztlicher Versorgung mußte er mit
einem Rettungswagen nach Hannover gebracht werden,
wie der „Volkswille" berichtete.[126]

Die nationalsozialistische „Niedersächsische Volkszeitung" präsentierte allerdings eine andere Darstellung der
Ereignisse um das Zeltlager. In einem Punkt stimmten
allerdings beide Zeitungen überein: Die örtliche Polizei
habe sich untätig gezeigt und keine Versuche unternom-

Die Sozialistische Arbeiterjugend Hannover-Nordstadt/Hainholz beim Zeltlager am Weißen Berg, 14. Juli 1929 (Sammlung Karl Borchert im Archiv der Arbeiterjugendbewegung Oer-Erkenschwick; Abzug von Kay Schweigmann-Greve, Hannover).

men, das Geschehen oder die Namen Beteiligter festzustellen. Das NS-Blatt schrieb: *Die sattsam bekannten Wegelagerer-Horden dieser eigenartigen Republikschützer lagerten in der Nacht zum Sonntag auf einem Grundstück, das der Gemeinde gehört. Es dürfte interessant sein, einmal festzustellen, wer hierzu die Erlaubnis gegeben hat. In der Nacht zum Sonntag versuchten die Wegelagerer, von dcm hohen Schornstein der Lederfabrik die dort gehißte Hakenkreuzflagge zu stehlen!* Dabei sei jedoch ein Reichsbannermann abgestürzt und bald darauf seinen tödlichen Verletzungen erlegen. Weiterhin behauptete die Zeitung, der Reichsbanner habe in Großenheidorn einen NS-Parteigenossen überfallen und einen Bauernhof gestürmt.[127]

Von einem zu Tode Gestürzten oder dem angeblichen Überfall auf den Bauernhof wurde jedoch in anderen Zeitungen nichts gemeldet. Die Leine-Zeitung schrieb am 15. Juni, zwischen Ausflüglern aus Hannover, die verschiedenen politischen Parteien angehörten, sei es zu Auseinandersetzungen gekommen. Dabei habe ein Arbeiter aus Limmer, *der überfallen zu sein angibt,* ernstliche Rükkenverletzungen erlitten und sei mit einem Unfallwagen der Feuerwehr nach Hannover transportiert worden.

Zwei Wochen nach dem Reichsbanner-Lager gelang den Nationalsozialisten eine ungleich größere Machtdemonstration am Weißen Berg. Mehrere tausend Teilnehmer, darunter viele SA-Männer aus *Nah und Fern* kamen zu einer von der Ortsgruppe Wunstorf der NSDAP veranstalteten „Sonnenwendfeier". Solche Feiern führten angeblich germanische Traditionen weiter. Die dabei übliche „Feuerrede" hielt der hannoversche NS-Aktivist und Reichstagsabgeordnete Berthold Karwahne, der sich bald nach der Machtübernahme zu führenden Funktionen bei der NSBO und der „Deutschen Arbeitsfront" hochboxte und auch hohe kommunale Ämter in Hannover bekleidete. Karwahne war durch seinen drastisch-demagogischen Redestil bei seinen Parteigenossen besonders beliebt und trat vor allem bei Massenveranstaltungen als „Paradepferd" der NSDAP auf. In seinen Reden spuckte er Gift und Galle gegen die Republik und nahm dabei derbe Bilder zuhilfe, so wenn er das parlamentarische System mit einem Schweinetrog verglich, vor dem *bald die linke, bald die rechte Seite der hungrigen Mäuler fortgedrängt würde,* oder indem er die Republik als einen *buntbemalten Blumentopf* bezeichnete, aus dem es stinke *wie die Pest.* Da das Symbol der Sonnenwende gern als Fanal für eine Zeitenwende bemüht wurde, dürfte Karwahne nach einer deftigen Republikschmähung eine baldige glanzvolle Zukunft unter einer nationalsozialistischen Herrschaft beschworen haben.[128]

Zweiter Höhepunkt des Abends war das Abbrennen eines Sonnenwendfeuers und eines Feuerwerks. Umrahmt wurde das Fest von einer großen Tombola, von Sprechchören und Musik. Nur die geplante Aufführung der Rütli-Szene aus Schillers „Wilhelm Tell" mußte wegen starken Regens ausfallen. Dennoch hinterließ die Feier einen *starken Eindruck,* wie die Wunstorfer Zeitung mitteilte. Zum Gelingen der Veranstaltung hatten auch zahlreiche Lebensmittelspenden *aus hiesigen Geschäfts- und Landwirtschaftskreisen, sowie den umliegenden Ortschaften* beigetragen. Gefördert wurde die NS-Veranstaltung auch von der Steinhuder Meerbahn, die ermäßigte Rückfahrkarten zum Preis von einer Mark ausgab und zwei Sonderzüge einsetzte, und von den Steinhuder Schiffern, die verbilligte Motor- und Segelbootsfahrten zum Weißen Berg leisteten: Hin- und Rückfahrt kosteten nur 55 Pfennig.[129]

Ein gutes Geschäft machten die Steinhuder Schiffer auch weitere zwei Wochen später, als Steinhude der Ort einer mindestens ebenso großen Veranstaltung wurde: Der „Stahlhelm", der antidemokratische, den Rechtsparteien zuneigende „Bund der Frontsoldaten", hielt am 9. und 10. Juli 1932 seinen „Gautag" in Steinhude ab. Die Zahl der *meist zu Fuß, in Trupps per Rad oder auf Motorrädern, auf Lastkraftwagen und in Autos* angereisten Stahlhelmer schätzte die Wunstorfer Zeitung auf 3.000 Mann, die *in den Straßen Steinhudes ein seit langem nicht mehr gesehenes glänzendes militärisches Bild,* so die Zeitung, darboten. Am Samstag lauschten die Weltkriegsveteranen auf einem Deutschen Abend Begrüßungsansprachen und einem Konzert der Stahlhelm-Bundeskapelle. Mit *fröhlichem Gesang* verbrachte man die Zeit bis zehn Uhr abends, als die Besichtigung eines Biwaks des Jung-Stahlhelms Hannover anstand. Den Abend beschloß militärisch-zünftig ein Zapfenstreich und ein Feuerwerk auf dem Meere – eine frühe Ausgabe des „Steinhuder Meeres in Flammen". Der Sonntag begann mit einem Feldgottesdienst, dem die obligatorischen Fahrten zum Wilhelmstein folgten. Nachmittags schenkten die Mannen in Paradeaufstellung einer Rede des Heidegau-Führers, Rittmeister a.D. von der Wense Gehör, die in der Feststellung gipfelte, der Weg aus der Wirtschaftskrise seien die Arbeitsdienst- und die Wehrpflicht, und das deutsche Heer müsse in den Wirtschaftsprozeß eingegliedert werden.

Und noch ein weiteres Ereignis stand bevor: *War der Verkehr am Sonnabend schon ein gewaltiger, so steigerte er sich am Sonntage ins Ungemessene und während die Stahlhelm-Kolonnen durch die Straßen marschierten, drängte sich auf den Fußwegen eine Menschenmenge, wie sie in der Anzahl Steinhude wohl noch nicht gesehen hat. Anlaß dazu bot neben dem schönen Wetter und dem militärähnlichen Schauspiel vor allem auch die Meldung, daß der ehemalige Kronprinz des Deutschen Reiches sein Erscheinen zugesagt hatte. Ihm zu Ehren, der beim Publikum sich allgemein noch großer Sympathien erfreut* und *der überall lebhaft begrüßt* wurde, führten Segelboote auf dem Meere vor dem Strandhotel, wo der Hohenzollern-Erbe abgestiegen war, *eine Art Reigen vor.*[130]

Tourismus im „Dritten Reich"

‚Das Auge Niedersachsens', so hat einmal ein poetisch veranlagter Kopf das Steinhuder Meer betitelt. Möglich, daß er recht hat, auch wenn das Wasser grün und zuweilen sogar unheimlich schwarz schimmert, während die Niedersachsen für ihre Augen doch noch immer blau bevorzugen.[1]

Erholung und Fremdenverkehr im Griff des NS-Regimes

Schon bald nach der Machtübergabe an die Nationalsozialisten nahmen diese auch den Fremdenverkehr fest in den Griff, um ihn *in den Dienst der nationalsozialistischen Idee* zu stellen.[2] Durch zwei Reichsgesetze von 1933 und 1936 wurde das Fremdenverkehrswesen zentralisiert, hierarchisiert und gestrafft, so daß der NS-Staat bis in den letzten Winkel des kleinsten Touristenortes hineinbefehlen konnte. Weil das auch für den Fremdenverkehr am Steinhuder Meer galt, ist es notwendig, die Neuorganisation kurz zu erklären.

Im Juni 1933 wurde das Gesetz über den Reichsausschuß für Fremdenverkehr verkündet. Vorsitzender dieses Ausschusses, der zur *Zusammenfassung und Leitung* der Fremdenverkehrsförderung gebildet wurde, wurde bezeichnenderweise der „Reichsminister für Volksaufklärung und Propaganda", also Goebbels. Neben Vertretern der Reichsressorts und der Landesregierungen sollten im Ausschuß die neu zu bildenden Landesverkehrsverbände vertreten sein und hier ihre Weisungen empfangen. Die Fremdenverkehrsgemeinden wurden zum Beitritt zu den Landesverkehrsverbänden (LVV) aufgefordert; wer dieser Aufforderung nicht Folge leistete, hatte mit Konsequenzen zu rechnen, z.B. der Verweigerung der Unterstützung von Fremdenverkehrsunternehmungen. Verkehrsvereine mußten die Mitgliedschaft im LVV erwerben.

Vor Ort hatten Gemeinden und Kreise die Zusammenfassung und Leitung aller Fremdenverkehrsmaßnahmen zu übernehmen. Die Verkehrsvereine mußten von der Gemeinde anerkannt werden und sich unter ihre Führung stellen. Die *Nutznießer* des Fremdenverkehrs wiederum, also die Hotels, Gaststätten oder Beförderungsbetriebe,

Der Neue Winkel in Steinhude, im Hintergrund die frühere Lederfabrik (Stadtarchiv Wunstorf; freundliche Genehmigung und Repro: Rudi Diersche, Steinhude).

mußten Mitglieder der Verkehrsvereine werden. Als Fremdenverkehrsgemeinden wurden jene Orte bestimmt, bei denen die Übernachtungszahlen 25 % der Einwohnerzahl überstieg oder die einen erheblichen Ausflugsverkehr hatten.

Trugen diese Bestimmungen bereits die Züge eines Zwangssystems, so diktierte das „Reichsgesetz über den Reichsfremdenverkehrsverband" von 1936 eine weitere Straffung der Tourismus-Organisation. Der bisherige „Bund Deutscher Verkehrsverbände und Bäder" (BDVB) wurde umgewandelt in den „Reichsfremdenverkehrsverband" (RFVV), die neugebildeten Landesfremdenverkehrsverbände (LFV) wurden durch Umlagen finanziert, die die einzelnen Fremdenverkehrsgemeinden als nunmehrige Pflichtmitglieder der LFV aufzubringen hatten.[3]

An die Spitze der Fremdenverkehrsverbände sollten *führende Parteigenossen* treten; Präsident des RFV wurde der vormalige bayrische Wirtschaftsminister und Präsident des Bundes Deutscher Verkehrsvereine und Bäder, Hermann Esser, ein Nationalsozialist der frühen Stunde, der die Parteimitglieds-Nr. 2 trug. „Verbandsführer" des LFV Niedersachsen wie auch des LFV Weserbergland blieb der hannoversche Regierungspräsident Dr. Muhs. Als Ziele der NS-Fremdenverkehrspolitik wurden vor allem *hohe nationale Gesichtspunkte* genannt: *Die Vertiefung der Heimatliebe* und *die Hebung des Verständnisses der verschiedenen Landschaften untereinander*[4], aber auch die Vermittlung von *Freude, Erholung und Kraft* an die Volksgenossen. Den *sorgsamst* und *pfleglichst* zu behandelnden Ausländern gegenüber oblag dem Fremdenverkehr eine *diplomatische Sendung*, es wurde angestrebt, *ihnen ein nationalsozialistisches deutsches Reich der Ehre und Freiheit vor Augen zu führen, in dem die Waffen des Friedens geschmiedet werden und allenthalben in Stadt und Land Ruhe, Ordnung und Sicherheit herrschen.* Der Fremdenverkehr wurde instrumentalisiert für die Ziele der Außenpolitik und der Propaganda.[5]

Mit den scheinbar alle Welt umfassenden Zielgruppen der Deutschen und der Ausländer waren in Wirklichkeit jedoch nicht alle Menschen gemeint. Für „Nichtarier", insbesondere für Juden, galten andere Regeln. Bereits 1934 ließ der Bund Deutscher Verkehrsverbände und Bäder Listen erstellen, welche Fremdenverkehrsorte die Aufnahme von „Nichtariern" grundsätzlich ablehnten. Mithilfe dieser Listen sollten die Auskunfts- und Reisebüros die Reisenden entsprechend informieren können.[6] Auf Vorschlag der Reichsbahn sollten jedoch Werbeprospekte,

die Mitteilungen enthielten wie *Juden unerwünscht* oder der Ort Soundso sei *judenfrei*, nicht ins Ausland verschickt werden, so eine vertrauliche Mitteilung an die einzelnen Verbandsmitglieder im November 1935.[7] Im Juli 1938 wurden die Fremdenverkehrsgemeinden unterrichtet, daß ausländische Touristen Anstoß an Hinweisschildern genommen hätten, die die Aufnahme von Juden in *unnötig scharfer Form* ablehnten. Deshalb sollte der Besuch von Juden *ohne besondere Gehässigkeit* zurückgewiesen werden: Es sei zweckmäßig, den Wortlaut *Juden ist der Eintritt verboten* durch die Formulierung *Juden sind hier unerwünscht* zu ersetzen.[8]

Auch am Steinhuder Meer griff die Neuorganisation bald durch; allerdings zeigte sich, daß eigenwilligen oder couragierten Dienststellen ein gewisser Spielraum verblieb und es Jahre dauern konnte, bis alle NS-Maßnahmen durchgesetzt waren. Hier traf die Definition der „Fremdenverkehrsgemeinde" zweifellos auf Steinhude und Mar-

Zur „schönen Umgebung" Hannovers gehörte als wichtiges Ziel auch das Steinhuder Meer. Abbildung aus der Verbandszeitschrift Weserbergland-Niedersachsen, Juli 1935.

dorf zu. Aber auch an die Gemeinde Großenheidorn erging im März 1934 die Aufforderung, dem LVV Niedersachsen beizutreten. Der Landesverkehrsverband Weserbergland hatte zuvor die Orte südlich des Steinhuder Meeres dem LVV Niedersachsen überlassen. Da die Abneigung der Betroffenen ignoriert wurde und beide Verbände ein und denselben Vorsitzenden hatten, den Regierungspräsidenten Dr. Muhs, konnte die Transaktion problemlos vonstatten gehen.[9]

Der Landrat konnte zwar mit der Begründung, es sei nicht gerechtfertigt, daß Großenheidorn den gleichen Beitrag entrichte wie Steinhude, die Halbierung des Großenheidorner Beitrags auf 25 RM erreichen, erhielt dafür aber im Gegenzug ebenfalls den Appell zum Beitritt. Der Kreis fügte sich, und da die Wirtschaftskrise noch nicht überwunden war, übernahm er neben seinem Beitrag (ab Oktober 1934 250 RM) auch den Großenheidorns.[10] Auch Mardorfs Eigenbrötelei war nun zu Ende; die Gemeinde trat ebenfalls 1934 dem LVV bei.[11]

Zeitweise hatte der Kreis Stadthagen sogar seinen Austritt aus dem Verband erklärt, nachdem Landrat Seebohm mehrmals erfolglos um eine Senkung des Kreisbeitrages gebeten hatte, der für 1936 sogar 400 RM betragen sollte. Doch auf Druck des Oberpräsidenten der Provinz Hannover, der die schaumburg-lippische Landesregierung auf die hohe politische Bedeutung des Fremdenverkehrs hinwies, erwirkte diese den Wiederbeitritt des Kreises. Dabei versuchte der Landrat, dem Unausweichlichen den Anschein von Freiwilligkeit zu geben, obwohl die Mitgliedschaft infolge des Gesetzes von 1936 inzwischen pflichtmäßig war. Immerhin hatte sich der Stadthäger Widerstand gelohnt, denn der Beitrag wurde vom Landesfremdenverkehrsverband auf nunmehr 100 Mark festgelegt.[12]

Der straffe Zugriff und der gesteigerte Aufwand kosteten Geld. 1936 wurden die Beitragssätze kräftig angehoben: Steinhude zahlte für das Rechnungsjahr 1936 150 RM; außerdem mußten die Gemeinden eine Umlage für den RFV aufbringen – für Steinhude waren das 75 RM und für Großenheidorn 20 RM. Großenheidorn mußte außerdem zur Reklametätigkeit des Verkehrsvereins Steinhude 150 RM beisteuern.[13] Wegen dieser Gemeinschaftswerbung gab es dann auch wieder Probleme mit Mardorf, das Verpflichtungen in Höhe von 200 RM an den Steinhuder Verkehrsverein nicht nachkommen wollte. Nachdem mehrere Bemühungen der Steinhuder gescheitert waren, traten sie ihre Forderungen an Mardorf an den Landesverband ab.[14]

Hagenburg wiederum konnte die Erklärung zur Fremdenverkehrsgemeinde rückgängig machen: Seitdem der Kanal verschlammt und sein Befahren mit Booten nicht mehr möglich sei, sei ein *erheblicher Ausflugsverkehr* nicht mehr aufzuweisen; vom 1. April bis zum 30. September 1936 habe es nur 100 Übernachtungen gegeben, so Bürgermeister Reinhard, der deshalb beim Oberpräsidenten die Aufhebung des Status einer Fremdenverkehrsgemeinde erreichte.[15]

Zur Erfüllung ihrer Fremdenverkehrsaufgaben konnten die Gemeinden die am Tourismusgeschäft beteiligten Gewerbetreibenden heranziehen. Steinhude erhob solche Beiträge laut Ortsstatut von 1934, betreffend Hebung und Förderung des Fleckens Steinhude. Die Höhe des Betrages wurde alljährlich vom Gemeinderat festgesetzt und mußte vom Landrat genehmigt werden.[16]

1937 wurde der nun zusammengefaßte Landesfremdenverkehrsverband Niedersachsen-Weserbergland in Verbandsgebiete, die durch Gebietsausschüsse vertreten wurden, eingeteilt. Großenheidorn und Steinhude wurden dem Gebiet Steinhuder Meer zugeschlagen, zusammen mit den in der Nähe des Meeres liegenden Fremdenverkehrsgemeinden der Kreise Nienburg, Neustadt und Rinteln (mit der Gemeinde Sachsenhagen). So wurde die Jahrzehnte später verwirklichte politische Ausgliederung der beiden Orte aus dem Schaumburger Territorium auf der Ebene des Fremdenverkehrsorganisation vorweggenommen. Zum Vorsitzenden des Gebietsausschusses Steinhuder Meer wurde der Steinhuder Arzt Dr. Bredthauer ernannt.[17] Bei der ersten Sitzung am 16. Oktober 1937 im Strandhotel behandelten er, die Landräte der Kreise Neustadt, Nienburg und Bückeburg, ein Vertreter der Steinhuder Meerbahn sowie der stellvertretende Verbandsführer Freise und Geschäftsführer Fischer die Werbemaßnahmen für 1938.[18]

Modernes Marketing

Nicht zu verkennen ist, daß die Tourismusförderung durch die NS-Organisationen einen kräftigen Modernisierungsschub erlebte, der vor allem durch ein modernes Marketing gekennzeichnet war. Die Fremdenverkehrsverbände intensivierten z.B. die Veranstaltung von Festen und Ausstellungen, bei denen sich die verschiedenen Tourismusgebiete präsentieren konnten, und organisierten Tagungen, die der Schulung der Funktionäre und der mit dem Fremdenverkehr befaßten Behördenvertreter dienen sollten.

Gemeinschaftsanzeige „Steinhuder Meer" 1938
(Originalgröße)

Anzeige Steinhuder Meer für 1939 in Originalgröße.

Werbeanzeigen für das Steinhuder Meer, die unter anderem in rheinischen, westfälischen, Bremer und Hamburger Zeitungen erschienen. Geworben wird mit den Möglichkeiten für körperliche Aktivitäten (Tätigkeitsberichte des LFV Nds./Weserbergl. 1937/38 und 1939/40, Archiv des Landkreises Hannover in Neustadt a. Rbge., KA NRÜ 93).

Dabei wurden auch alle Medien eingesetzt, einschließlich des Films. Zudem wurde versucht, die Verschönerung der Touristenorte durch Wettbewerbe zu fördern. Gesteigert wurde schließlich auch die Anzeigenwerbung und die Herausgabe von Prospekten und Führern. So wurde Ende 1937 ein Prospekt „Das Steinhuder Meer bei Hannover" in einer Auflage von 30.000 Exemplaren gedruckt, ein weiterer mit 20.000 Exemplaren im Sommer 1939. Die Annoncenwerbung für das Steinhuder Meer wurde außer in Hamburg verstärkt im Ruhrgebiet aufgenommen, so in Gelsenkirchen, Essen und Wuppertal.[19]

Im April 1935 fand in der Kuppel des hannoverschen Provinzialmuseums eine Verkehrsausstellung statt, die das Ziel hatte, die „Volksgenossen" zum Reisen und Wandern in der engeren Heimat anzuregen.[20] Bei einer Schulung der Landesverkehrsverbände Niedersachsen und Weserbergland im November wurden Vorträge gehalten zu Themen wie *Deutsche Fremdenwerbung – ein politischer Faktor* oder über *Erfahrungen bei K-d-F-Fahrten.*[21] Dazu fanden Besichtigungen von Reisebüros und Gaststätten statt, eine Fotoausstellung und Filmvorführungen. Der Landesverband betrieb zum Zweck der Filmwerbung einen eigenen Verleih und zeigte bei der Weserbergland-Ausstellung

1936 in Berlin Werbestreifen mit den Titeln „Märchenland" und „Sonnenschein".[22]

Ein „Kulturfilm", der laut Wunstorfer Zeitung vom 5. November 1936 *den Fremdenverkehr nach unserem niedersächsischen Binnenmeer erheblich befruchten* werde, wurde mit Mitteln des LFV Niedersachsen-Weserbergland auch über das Steinhuder Meer gedreht. Der Film mit dem Titel „Das letzte Boot im Herbst" wurde von Herbert Dreyer realisiert, der vormals Darsteller am hannoverschen Schauspielhaus gewesen war und in Berlin eine Kulturfilm-Firma betrieb. Zusammen mit dem Kameramann von Friedel, der als Teilnehmer einer Himalaya-Expedition bekanntgeworden war, und der Kulturfilmerin Patrix hatte Dreyer die Arbeit der Steinhuder Fischerbauern und die Landschaft des Steinhuder Meeres gefilmt. Im Kino lief der Streifen als Vorfilm von „Treffpunkt Paris". Der Film erhielt die wichtigsten Prädikate für Kulturfilme: „Zur Vorführung an allen Feiertagen zugelassen", „jugendfrei", „volksbildend", „Lehrfilm" und „künstlerisch wertvoll", und sollte auch auf der Weltausstellung in Paris 1937 *als einer der besten deutschen Kulturfilme* gezeigt werden.

Zu sehen waren Fischerfrauen beim Netzflicken, Fischer beim Auslegen der Köder und beim Einholen der

Fischkörbe, Torfstecher im Moor – aber kein einziger Tourist, keine Badeszene, keine Gaststätte, kein Sportsegelboot. Er konnte daher den Eindruck einer unberührten Landschaft erwecken, einer Landschaft, in der ihre Bewohner noch im Einklang mit der Natur leben – schließlich wurde der Torf noch mit der Hand gestochen! Kein Bild aber, das zeigte, daß nur wenige Kilometer von den Torfstechern entfernt die Firma Dyckerhoff den Torf großflächig unter Maschineneinsatz abbaute und die Moor-Natur dabei zerstörte. Ein solcher „Kulturfilm" schien bestens geeignet, Besucher anzulocken, die eine von moderner Zivilisation und Industrie unberührte Landschaft suchten oder volkskundliche Interessen hatten.[23]

In den Medien hatte das Traditionelle und „Bodenständige" wieder Konjunktur, als Gegengewicht zu den zielstrebig vorangetriebenen Modernisierungen. Dies zeigt auch die verklärende Beschreibung der Schaumburg-Lipper in der Heimatbeilage des Stadthagener Kreisblatts: *Des Sonntags kommen sie aus ihren Dörtern in den bunten selbstgewebten Trachten, weiten Halskrausen und schwarzseidenen Mantillen und gehen gerade und frisch durch die Straßen von Steinhude und Bad Rehburg. Dann steigen sie in die alten robusten Fischerkähne, die aus der Ferne aussehen, wie alte Wickingerschiffe und klöhnen mit ihren Onkeln und Vettern, die hier dem Aalfang obliegen und sich anschauen lassen, als ob sie wirklich am Meere großgewor-* den wären. *Und neugierig bestaunen sie die vielen kleinen Segelboote, die wie Möwen um die Wickingerschiffe herumfliegen und auf denen die junge Welt aus Hannover in den neuesten Strandmoden kokettiert.*[24] Der Autor konstatierte den hergebrachten kulturellen Gegensatzes zwischen Stadt und Land, der doch auch am Steinhuder Meer in Auflösung begriffen war.

Für die Werbung wurden die einzelnen Fremdenverkehrsgemeinden auch von der Reichszentrale eingespannt. Für das Jahr 1938 gab RFV-Präsident Esser das vor allem im Ausland zu propagierende Motto *Reist in das fröhliche Deutschland* aus, das das Bild des innen wie außen aggressiven NS-Staates übertünchen sollte. Im Schreiben des LFV Niedersachsen-Weserbergland vom 16. November 1937 wurden die Schaumburger Mitgliedsorte an Wilhelm Busch und Münchhausen erinnert. Aber auch an Volksfeste, Volksbräuche, Sagen und Anekdoten könne angeknüpft werden, um *die deutsche bodenverwurzelte Fröhlichkeit zu Ehren zu bringen.* Forsch wurde auf schnelles Anpacken gedrängt, jeder Bürgermeister sollte bis zum 1. Dezember melden, wie *er in seinem Ort das fröhliche Deutschland zur Wirklichkeit werden läßt.*[25]

Der Flecken Steinhude richtete zur Förderung des Fremdenverkehrs 1938 einen Wettbewerb aus, bei dem die jeweils schönsten Privathäuser, Gaststätten und Fremden-

Ausflugsgesellschaft im Auswanderer, die Frau in der Mitte hinten trägt Lindhorster Tracht (Hermann Beckedorf, Steinhude).

heime ermittelt werden sollten. Am Wettbewerb beteiligten sich jedoch nur Privathäuser und als einzige Gaststätte das Café Rintelmann. Den ersten Preis für das „schönste Privathaus" bekam schließlich D. Lange in der Bahnhofstraße 126. Bestrebt, mit gutem Beispiel voranzugehen, erhielt der örtliche Tourismusfördercr Dr. Bredthauer für sein Haus in der Graf-Wilhelm-Straße einen der beiden dritten Preise. Hinterher wertete Bürgermeiser Oetting den Wettbewerb als guten Erfolg.[26] Zum Schützenfest kramten die Steinhuder wieder die alten Legenden vom hessischen Überfall auf Schaumburg-Lippe heraus, der mit zeitgenössischen Uniformen und Kanonen humorig nachgespielt wurde.[27]

„Kraft durch Freude"

Zur inhaltlichen Ausgestaltung der NS-Zielsetzungen in Freizeit und Fremdenverkehr wurde im November 1933 die „NS-Gemeinschaft Kraft durch Freude" gegründet. Diese Unterorganisation der Pseudo-Gewerkschaft „Deutsche Arbeitsfront" (DAF) sollte die Deutschen auch nach Arbeits- oder Dienstende erfassen, ihre Freizeitgestaltung kontrollieren und auf die NS-Zielsetzungen ausrichten. Der Zweck von Wanderungen und Fahrten war auch, daß sich die verschiedenen „Volksstämme" besser kennenlernten; durch Pflege des Gemeinschaftsgedankens wiederum sollte die „Volksgemeinschaft" zusammengeschweißt werden, die – in der NS-Propaganda – an die Stelle des Klassenkampfes zu treten habe. Damit diente KdF also der Stabilisierung des NS-Regimes. Entspannung, Erholung und Urlaubsfreude sollten der Hebung der Volksgesundheit und dadurch der Leistungssteigerung und der Stählung für zukünftige Aufgaben dienen.[28] DAF-Führer Robert Ley beschrieb das mit dem Bild, KdF überhole die menschliche Arbeitskraft so, wie von Zeit zu Zeit ein KFZ-Motor zu überholen sei.[29] Auch bemühte Ley immer wieder einen angeblichen Hitler-Ausspruch, um die Bedeutung von Entspannung und Erholung hervorzuheben: Nur mit einem Volk, das gute Nerven habe, könne „große Politik" gemacht werden. Dahinter stand auch die Behauptung, das deutsche Volk habe den Ersten Weltkrieg wegen zu schwacher Nerven verloren.[30]

Das Angebot von KdF reichte von Tanzveranstaltungen und verbilligten Theater- oder Konzertkarten über Sportveranstaltungen und -einrichtungen zu Ausflügen, Kurzurlauben und Schiffsreisen – alles subventioniert durch DAF-Gelder, die aus geraubtem Gewerkschaftsvermögen

stammten. So sollte Ende 1937 die erste Italienfahrt des Gaues Hannover mit dem Dampfer „Sierra Cordoba" stattfinden, die nur 150 Reichsmark kosten sollte.[31] Solche Schiffsreisen trugen maßgeblich dazu bei, den KdF-Mythos zu begründen, die Deutschen zu einem „Volk der Seefahrer" gemacht und vor allem Arbeitern einen Auslandsurlaub crmöglicht zu haben. Zwar war in Wirklichkeit nur ein kleiner Teil der KdF-Schiffspassagiere Arbeiter, aber KdF errang große Popularität.[32]

Die weitaus meisten KdF-Fahrten waren jedoch ein- bis zweitägige Kurztouren; an solchen nahmen etwa 1937 knapp zehn Millionen Menschen teil.[33] Wie die Schiffsreisen wurden auch solche Ausflüge subventioniert; die Teilnahme an Sonntagsfahrten kostete zwischen einer und fünf Reichsmark. Nicht zuletzt aufgrund der günstigen Preise waren KdF-Reisen und -Ausflüge sehr attraktiv. Etliche Teilnehmer sahen aber auch die Gelegenheit zu amourösen Abenteuern, und so spottete der Volksmund über manchen Urlauber, er habe zuviel Kraft durch Freude verloren.[34]

Auch am Steinhuder Meer entfaltete die „NS-Gemeinschaft Kraft durch Freude" ihre Aktivitäten. Das „Amt Schönheit der Arbeit" etwa, dessen Devise war *Der deutsche Alltag soll schön werden*, wollte Steinhude zum „Musterort" ausbauen.[35] Vor allem aber veranstaltete KdF Ausflugsfahrten ans Steinhuder Meer. Über solche Fahrten gibt eine Beschwerde der KdF-Kreisdienststelle Goslar über das Strandhotel vom Juli 1938 Aufschluß. Für mehrere hundert Angehörige der „Reichswerke Hermann Göring" hatte die Organisation einen Betriebsausflug nach Steinhude organisiert. Die Ausflügler waren mit einem Sonderzug der Steinhuder Meerbahn angereist, mußten jedoch wegen starken Regens sogleich das gebuchte Strandhotel aufsuchen. Das Hotel war jedoch für den unerwartet frühen Ansturm noch nicht hergerichtet – im Unterschied zu anderen Steinhuder Gaststätten, die auf das schlechte Wetter rechtzeitig reagiert hatten. Nicht lange, nachdem die Reichswerker sich gemütlich niedergelassen hatten, mußten 140 von ihnen ihre Plätze schon wieder räumen und draußen im Regen warten, da das Strandhotel einen weiteren Betrieb bewirten mußte. Außerdem beschwerte sich der Goslarer Kreiswart über schlechtes, z.T. verdorbenes Essen und katastrophale Sanitäreinrichtungen. Die Beschwerde des KdF-Funktionärs blieb nicht ohne Folgen; langwierige Überprüfungen begannen, an denen auch schaumburg-lippische Regierungsstellen und der Landesfremdenverkehrsverband beteiligt waren. Schließlich wurde das traditionsreiche Etablissements geschlossen und zwangsversteigert.[36] Neuer Betreiber wurde der Pächter des hannoverschen „Löwenbräus", Carl Ehlers.[37]

„Kraft durch Freude" betrieb auch die erste Segelschule auf dem Steinhuder Meer. Zunächst war die Schule in Steinhude beheimatet. Im April 1938 erbat die Schulleitung, am Strandhotel einen Steg für zehn Schiffe erbauen zu dürfen; allerdings verfügte die Schule zunächst nur über drei 15qm-Boote, dazu noch ein Motor- und ein Ruderboot. Außerdem wurde die kostenlose Erlaubnis zum Befahren des Meeres beantragt. Während der Steg genehmigt wurde, mochten die Meereseigentümer eine Gebührenbefreiung nicht bewilligen. Lediglich für das Motorboot wollte man auf die Gebührenzahlung verzichten, wenn es der Hofkammer für Kontrollfahrten auf dem See zur Verfügung gestellt würde. Im Ende 1938 erstellten Prospekt „5 Jahre Kraft durch Freude" des NS-Gaues Westfalen-Nord berichtete das dortige Sportamt, an den im abgelaufenen Jahr erstmals veranstalteten 19 Segellehrgängen hätten insgesamt 261 Segelschüler *aus allen Gauen des Reiches* teilgenommen, die *nach uns zugegangenen Berichten unvergleichlich schöne Stunden verlebt* hätten.[38]

Aber schon im Januar 1939 ließ die Kanzlei des Gauleiters Westfalen-Nord die Hofkammer wissen, daß KdF die Segelschule nicht mehr betreibe, stattdessen sei sie vom Deutschen Hochseesportverband Hansa (DHH) übernommen worden. Auch der DHH führte mit der Hofkammer einen Papierkrieg um die Befreiung von den Gebühren für die inzwischen um sechs Segelboote vergrößerte Schulflotte. Ein Ende September 1939 geforderter Verzicht auf die 225 RM betragende Gebührensumme wurde mit der Stillegung des Schulbetriebs infolge des Kriegsausbruchs und mit einer Gemeinnützigkeit der Schule begründet; die Hofkammer wies das Ansinnen jedoch zurück: Der Schulbetrieb und daher auch die Einnahmen der Schule seien im ganzen Sommer sehr gut gewesen.[39] Später, während des Krieges, verlegte die Schule ihren Lehrbetrieb auf den Wilhelmstein.[40]

Am Ende der dreißiger Jahre gingen die KdF-Ausflugs- und Reiseteilnehmerzahlen wieder zurück, und die etablierten Kur- und Bäderorte in Deutschland konnten sich rühmen, „KdF-frei" zu sein – bei den wohlhabenderen Urlaubern aus dem Bürgertum und ihren Gastgebern in Hotels und Restaurants waren die KdF-Touristen unbeliebt. Aber durch KdF, den größten deutschen Fremdenverkehrsanbieter, war der Tourismus zur Industrie und zum Massentourismus gemacht worden. Zur Popularität des NS-Regimes dürfte KdF erheblich beigetragen haben.

Das Landjahrheim Mardorf

In einer Geschichte des Fremdenverkehrs und der Erholung am Steinhuder Meer muß auch über das NS-„Landjahrheim" am Mardorfer Strand berichtet werden. Die besonderen Bedingungen des Meeres, die es für Touristen attraktiv machten, boten auch der nationalsozialistischen Indienstnahme, „Erziehung" und Ausbildung der Jugend vielfältige Möglichkeiten. Vor allem für das Schwimmen und Rudern, aber auch zur Erfrischung nach anstrengendem Dienst, war ein Lager oder eine Ausbildungsstätte direkt am Meer ideal. Außerdem wurde das Landjahrheim Mardorf in der Strand-Gaststätte „Seestern" eingerichtet, die vor und nach dem „Dritten Reich" ein beliebtes Touristenziel war. Zudem lernten Jugendliche aus anderen Teilen Deutschlands, so aus Rheinland-Pfalz, das Steinhuder Meer kennen. Ob sie es allerdings in guter Erinnerung behielten, ist angesichts der übereifrigen und brutalen Landjahrführer zu bezweifeln.

Die Nationalsozialisten propagierten das „Landjahr" als eine *neue Art völkischer Gemeinschaftserziehung*, knüpften jedoch an eine aus der Lebensreform hervorgegangene Einrichtung der Weimarer Republik an. Im Anschluß an die 8. Volksschulklasse wurden Jugendliche für acht Monate aufs Land „verschickt" und in dort geschaffenen Heimen untergebracht. Dort sollte die Naturverbundenheit der städtischen Jugend gestärkt, ihre körperliche Entwicklung und Verfassung gefördert und der Abwanderung der Landjugend in die Stadt entgegengewirkt werden. Ihr Dienst bestand darin, halbtags – außer in der Erntezeit – den Bauern in der Landwirtschaft zu helfen, aber auch, entsprechend der nationalsozialistischen Bestrebungen, in vormilitärischen Übungen wie Märschen und Geländeläufen, Wacheschieben und Kleinkaliberschießen.[41]

Im Jahre 1935 verpachtete Gastwirt Ostermeyer seinen „Seestern" für das Landjahrheim des Kreises Neustadt. Aber bereits bei der Einweihungsfeier, bei der in Anwesenheit des Mardorfer Gemeinderats offenbar schon perfekte Disziplin demonstriert werden sollte, erfuhren die Jungen eine rohe Behandlung. Im Laufe der kommenden Monate nahm der Drill durch die Landjahrführer exzessive Züge an, so daß sich Eltern beschwerten und die Gendarmerie die Vorfälle untersuchte. Aus Oberlahnstein, dem Herkunftsort eines der Jungen, wurde sogar eine Kommission nach Mardorf geschickt. Was bei den Untersuchungen bekannt wurde – soweit die Jungen, die noch ein halbes Jahr in Mardorf bleiben mußten, nicht vor Angst schwie-

Einst Landjahr- und Marine-HJ-Heim, heute griechisches Restaurant: Der frühere „Seestern" am Nordufer (Foto: Fesche).

gen – war ungeheuerlich und auch mit den autoritären zeitgenössischen Erziehungsvorstellungen kaum noch vereinbar. Der Neustädter Landrat Specht berichtete an den Regierungspräsidenten, es sei im Lager *in einem Umfange geprügelt worden, der das zulässige Maß meines Erachtens stark überschreitet.* Lager- und Gruppenführer schlugen mit Gummiknüppeln und Fäusten auf die 14-15jährigen ein und ließen sie mit bereits wundgescheuerten Ellenbogen robben. Ein Junge wurde ins Meer geschickt und mußte danach durchnäßt Posten stehen. Auf einen anderen Jungen hatte es sein Gruppenführer offenbar besonders abgesehen, da er einen kleinen Teil des abzugebenden Privatgeldes für sich behalten hatte. Der Junge mußte die ganze Nacht Wache stehen und zwischendurch auch noch einen Lauf nach Schneeren und zurück mit geschultertem Spaten absolvieren. Dabei verletzte er sich am Ohr. Als er

erschöpft zusammenbrach, wurde er mit Fußtritten zum Weiterlaufen gezwungen. Außerdem wurde ihm vor Augen mehrerer Führer ein *Einlauf* gemacht und der After mit Benzin gewaschen. Der Junge kam schließlich zur Behandlung ins Neustädter Krankenhaus.

Auch wurden die Jungen gegeneinander aufgehetzt und zum Schlagen von Kameraden gezwungen. Unzureichende Verpflegung, was nächtliche Einbrüche in die Vorratskammer provozierte, Psychoterror und Schlafentzug vervollständigten die grausame „Ausbildung" der Jungen. Zugleich wurde der Kontakt zu ihren Eltern behindert – so wurden sie unter Druck gesetzt, nichts über die Zustände in Mardorf zu berichten.

Aufgrund des durch diese Zustände verursachten Bildes des Mardorfer Landjahrheims in der Öffentlichkeit war es offenbar nicht mehr haltbar. In den Worten des Landrats Specht: *Bei aller Anerkennung der Vorzüge einer straffen Zucht und der Schwierigkeiten, mit denen die Führer in der ersten Zeit des Lagers zu kämpfen hatten, muß festgestellt werden, daß die Jungens teilweise unangemessen und roh behandelt worden sind und daß der Glaube an die Güte der nationalsozialistischen Neuschaffung der Landjahrheime bei der Bevölkerung und bei den Angehörigen der Jungens zum Teil Schaden gelitten hat.*

Der Pachtvertrag mit Ostermeyer wurde nicht verlängert; ab 1936, als per Reichsgesetz *die gesamte deutsche Jugend ... in der Hitler-Jugend zusammengefaßt* wurde, diente der „Seestern" als HJ-Heim.[42]

Die Marine-HJ am Steinhuder Meer

Die „Hitler-Jugend" und der „Bund Deutscher Mädel" (BDM) veranstalteten häufig Zeltlager am Steinhuder Meer; damit knüpften die NS-Organisationen an die Freizeit-Traditionen der verschiedenen Jugend-Organisationen und politischen Vereinigungen der Weimarer Republik an. Ein Zeltlager veranstalteten z.B. im Juli 1938 die Jungbanne 1/15 und 2/15 aus Minden, deren Angehörige offenbar auch in den Genuß der Bademöglichkeiten kommen sollten.[43] Doch eigneten sich Binnengewässer wie das Steinhuder Meer für höhere Ziele.

Nachdem bereits die Steinhuder Hitlerjugend als „Marine-HJ" organisiert war, ein Heim im Sandbrinke 211 erhalten und von den Meereseigentümern das gebührenfrei Benut-

Kutter der Steinhuder Marine-HJ (Stadtarchiv Wunstorf; freundliche Genehmigung und Repro: Rudi Diersche, Steinhude).

zen des Meeres gewährt bekommen hatte, sollte auch am Nordufer eine Marine-HJ-Station errichtet werden. In zwei das Projekt vorbereitenden Briefen an die Hofkammer vom März und April 1937, bei denen die HJ-Funktionäre um die kostenlose Benutzung des Meeres baten, wurden die Ziele der Marine-HJ verdeutlicht. Es ging um den Aufbau einer starken Kriegsmarine, für die im gesamten Reich gearbeitet werden mußte, auch in küstenfernen Regionen: *Die Marine-HJ muß in Verfolgung der ihr aufgegebenen vormilitärischen Erziehungsaufgaben die im Binnenlande vorhandenen Möglichkeiten einer wassersportlichen Arbeit weitgehendst ausnutzen.*[44]

Die Mardorfer Station sollte im freigewordenen „Seestern" eingerichtet werden. Hier sollten jeden Monat achttägige Lehrgänge stattfinden; ein Vertrag, der seitens der Meereseigentümer das gebührenfreie Befahren des Meeres zu *seesportlichen Übungen* zusicherte, wurde mit dem HJ-Bann 276 in Wunstorf abgeschlossen. Schon im Herbst 1937 hatte die Mardorfer Marine-HJ zwei zehnriemige Kutter, eine Segeljolle und zwei Beiboote (Dingis) „zu Wasser gebracht", denen im Frühjahr eine Motorrettungsjolle und ein 14riemiger Kutter folgen sollte; alle Kutter konnten auch besegelt werden. 1938 beherbergte die Station laufend ca. 50 Schüler aus Hannover, Braunschweig und der weiteren Umgebung des Steinhuder Meeres. Neben ausgiebigem Ruderdrill wurden im großen Schulungsraum des Heimes auch folgende Unterrichtsthemen behandelt: *Deutschlands Nährstand und Wehrstand zur See, Grundregeln des Winkens und Morsens, Schiffs- und Bootsbau, Seemännische Hilfsmittel und seemännische Arbeiten, Steuermannskunde.* Zum Abschluß des Lehrgangs fand eine Prüfung statt, die bei erfolgreichem Bestehen die Tür für Führungsaufgaben in der HJ öffnete.[45]

Ein geschickter Schachzug gelang der Marine-HJ dadurch, daß zusammen mit der DLRG die Schule zu Rettungsdiensten im Steinhuder Meer erweitert wurde. Das Rettungswesen am Meer war lange Zeit nicht zufriedenstellend geregelt. Bisher standen zur Rettung von verunglückten Seglern das dritte Passagierschiff der Motorbootsbetriebsgenossenschaft und zwei Boote von Privatleuten zur Verfügung. Diese waren jedoch gerade für Sturmfahrten mit zu schwachen Motoren ausgerüstet. Die Meereseigentümer betrachteten die Rettung als private Angelegenheit der Nutzer, vor allem der Segler selbst, die dazu jedoch nur bedingt in der Lage waren.[46]

Da auf dem Steinhuder Meer *insbesondere pötzlich auftretende Unwetter* oft Unglücksfälle ausgelöst hätten, wie der DLRG-Bezirksleiter Kesselhut in seiner Ansprache zur Eröffnung der Rettungsstation betonte, konnte die Einrichtung auf breite Zustimmung rechnen. Zum flotteren In-See-Stechen erwies sich eine Fahrrinne als notwendig, die in einer Länge von 20 Metern und in einer Breite von zehn Metern auszubaggern die Hofkammer erlaubte. Das Gerät dazu stellte das schaumburg-lippische Landesbauamt zur Verfügung. Von der Leistungsfähigkeit der Rettungsstation berichtete der Hannoversche Anzeiger am 9. Mai 1938: *Auf das Kommando ,Boote klar machen zur Rettungsfahrt' sausten die Lehrgangsteilnehmer in die Schuppen, legten Schwimmwesten an, bestiegen die Boote und machten sie fahrfertig. Das ganze Manöver dauerte nicht ganz drei Minuten! In knapp zehn Minuten wird die Rettungsmannschaft auf solche Art die Meeresmitte erreichen. Ein in den nächsten Tagen eintreffendes Motorboot wird die Strecke wesentlich schneller zurücklegen.*

Der ständigen Überwachung des Meeres diente ein 21 Meter hoher Mast mit „Krähennest", das wie die gesamte Rettungsstation außer im Winter auch dann besetzt sein sollte, wenn keine Lehrgänge in der Marine-HJ-Station stattfanden.

Den Erfolg der Arbeit der Marine-HJ dokumentiert die Zulassung dreier weiterer Boote im Oktober 1938, obwohl die Bootsflotte nun weit über den vertraglich vereinbarten Umfang hinausgewachsen war.

Auch Marine-HJ-Einheiten aus dem größeren Einzugsbereich des Meeres fanden sich am Steinhuder Meer ein und erreichten Gebührenbefreiung. So plante der HJ-Bann 143 aus Altena/Westfalen für die zweite Juli-Hälfte 1938 ein Lager für 30 „Mann" mit drei Dingis, das *für den Nachwuchs der Kriegsmarine dringend erforderlich* sei.[47]

Hannoversche Marine-HJ rudert für Deutschland (Hannoverscher Anzeiger vom 21. Oktober 1937; Repro: Hoerner, Hannover).

Die Teilstillegung der Steinhuder Meerbahn

Einschneidende Veränderungen standen auch bei der Steinhuder Meerbahn an. Zweifellos war sie noch eines der wichtigsten Verkehrsmittel der Touristen ans Steinhuder Meer, auch noch während der Weltwirtschaftskrise, als bei mehreren Großausflügen und Großveranstaltungen Hunderte oder gar Tausende von Menschen mit der Kleinbahn befördert wurden. Im Fremdenverkehr war die Steinhuder Meerbahn weiterhin sehr engagiert; so arbeitete die Bahn mit den örtlichen Fremdenverkehrsvereinen zusammen und gehörte später zu den fördernden Mitgliedern des Landesfremdenverkehrsverbandes.[48] Bei einzelnen Ausflugsvorhaben richtete sie Sonderzüge ein, gewährte Fahrpreisermäßigungen und leistete auch organisatorische Hilfestellung. Als Ende Mai 1933 der Eisenbahnverein Detmold mit rund 1.000 Personen eine Vereinssonderfahrt ans Meer unternehmen wollte, wurde die StMB bei der Hofkammer vorstellig, um für die Eisenbahner Fahr- und Eintrittspreisermäßigungen zu erwirken, wobei auf die eigene Tarifsenkung auf 50 % verwiesen wurde.[49] Sogar um 60 % wurde wie bei der Reichsbahn der Fahrpreis für den 25. Juni 1933 verbilligt: An diesem Tag war die Neuauflage der Sonnenwendfeier am Weißen Berg geplant; Sonderzüge waren vorgesehen. Zur Feier, bei der wieder ein buntes Programm geboten werden sollte – u.a. *alte Volkstänze* der NS-Frauenschaft Schneeren-Mardorf *in alten niedersächsischen Trachten* und Liedvorträge des Lehrergesangvereins Hannover – hatte der veranstaltende Sturm 36/13 der NSDAP vollmundig 10.000 Teilnehmer angekündigt. Doch waren die höheren Gewalten der NS-Veranstaltung offenbar nicht günstig: Am 23. Juni teilte die Reichsbahn der Hofkammer mit, es seien wegen des anhaltend schlechten Wetters nur fünf Fahrkarten verkauft worden; der Einsatz von Sonderzügen lohnte sich also nicht mehr. Schließlich kamen immerhin noch rund 1.800 Menschen. Jedoch fuhren nur 148 mit der Steinhuder Meerbahn – angesichts der Preissenkung ein schlechtes Geschäft. Der Rest war mit Fahrrädern und Lastwagen zum Weißen Berg gefahren.[50] Das touristische Standbein der Kleinbahn war stark wetterabhängig, und wenn spontan größere Mengen von Menschen zum Meer aufbrechen wollten, erschien es diesen ratsam, auf eigene Verkehrsmittel zurückzugreifen, für die kein so großer logistischer Aufwand nötig war.

Zug der Steinhuder Meerbahn am Bahnhof Steinhude (Hermann Beckedorf, Steinhude).

Eine Aktionärsversammlung beschloß schließlich am 4. Juli 1935 die Stillegung der Strecke Rehburg/Stadt-Uchte. Was war geschehen? Das Kleinbahnunternehmen befand sich wieder einmal in einer schweren wirtschaftlichen Krise, genauer: der schwersten seit Bestehen. Nachdem sich die Bahn in den Nach-Inflationsjahren wieder soweit erholt hatte, daß Betriebsüberschüsse erzielt wurden und erhebliche Instandsetzungen am Oberbau und an den Fahrzeugen vorgenommen, sogar drei neue Lokomotiven beschafft werden konnten, begann 1930 der erneute Abstieg infolge der Weltwirtschaftskrise. Schon Ende 1929, noch bevor die Auswirkungen der Krise spürbar wurden, hatte eine Betriebsprüfung durch das Landesfinanzamt Hannover und einen unabhängigen Gutachter zwecks Veranlagung zur Vermögenssteuer düstere Zukunftsperspektiven für die

Kleinbahn ergeben. Auf der Hauptstrecke von Wunstorf bis Uchte waren immer noch 50.000 Schwellen zu erneuern. Ebenso mußte eine große Anzahl Lokomotiven und Waggons ersetzt werden, ohne daß die notwendigen Finanzmittel vorhanden waren. Nach einer Streckung der erforderlichen Erneuerungen auf zehn Jahre sei mit einer Verschuldung von 750.000 Reichsmark zu rechnen. *Eine Rentabilität der Steinhudermeerbahn ist demnach auf lange Sicht nicht zu erwarten und deshalb zu prüfen, welchen Erlös das Unternehmen im Falle einer Veräußerung erbringen würde.* Doch auch hierfür waren die Aussichten schlecht: *Ein Erwerber der Bahn wird sich kaum finden, solange die Strecke von Rehburg bis Uchte, deren Betriebskosten die auf der Strecke von Wunstorf bis Rehburg erzielten Überschüsse absorbieren, weiter betrieben werden muß. Auf der Haupt-*

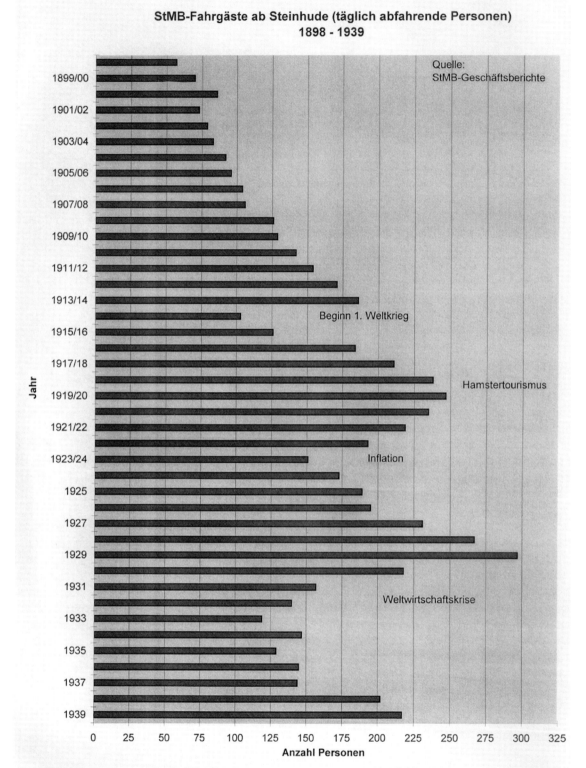

StMB-Fahrgäste ab Steinhude (täglich abfahrende Personen)
1898 - 1939

Quelle:
StMB-Geschäftsberichte

Jahr: 1899/00, 1901/02, 1903/04, 1905/06, 1907/08, 1909/10, 1911/12, 1913/14, 1915/16, 1917/18, 1919/20, 1921/22, 1923/24, 1925, 1927, 1929, 1931, 1933, 1935, 1937, 1939

Beginn 1. Weltkrieg

Hamstertourismus

Inflation

Weltwirtschaftskrise

Anzahl Personen

Diese Graphik verdeutlicht den Einfluß der großen historischen Ereignisse auf den Steinhuder Fremdenverkehr (Graphik: Hardy Krampertz).

strecke lohnte sich also nach wie vor nur die Touristenbeförderung. Sowohl den Finanzbeamten wie dem Gutachter erschien offenbar nur der Abbruch und die Verschrottung der Bahn einen kalkulierbaren Wert zu erbringen, der jedoch nur noch einen Bruchteil des einstigen Neubauwertes betragen würde – nach Schätzungen des Finanzamts keine 200.000 RM![51]

Die Wirtschaftskrise bewirkte dann einen starken Rückgang nicht nur des Personen-, sondern auch des Güterverkehrs. So ging mit dem Konkurs der Steinhuder Lederindustrie ein wichtiger Kunde verloren, und der Umschlag auf dem Weserlöschplatz in Stolzenau wurde immer geringer. Auch wurde der Bahn die Postbeförderung mehr und mehr entzogen und auf posteigene Kraftfahrzeuge umgestellt. Vor allem aber wurde die Steinhuder Meerbahn durch den Beschluß der Consolidierten Alkaliwerke AG Westeregeln (der Vorgängerin der Salzdetfurth AG) getroffen, ihr Werk Bokeloh zu schließen. Angesichts der zahlreichen deutschen Kaliwerke sei Bokeloh ohne Zukunft. Damit verlor die Kleinbahn ab 1932 ihren einzigen Großverfrachter mit einer jährlichen Verkehrsleistung von 80.000-95.000 Tonnen, was eine Jahreseinnahme von 100.000-120.000 Reichsmark erbracht hatte. Außerdem verzeichnete der Vorstand eine immer stärkere Konkurrenz durch den Kraftverkehr. Das infolge der Krise zusammengeschmolzene Güteraufkommen wurde immer mehr von Lastkraftwagen bewältigt. Im Personenverkehr war zwar auch eine Abwanderung auf das Fahrrad zu beobachten, vor allem aber auf das Motorrad und das Auto. Laut Vorstand spielten zudem eine *wesentliche Rolle die allerorten auftauchenden privaten Autobusbesitzer und Gelegenheitsfahrer mit notdürftig ausgestatteten Lastkraftwagen,* die Gesellschaftsfahrten von Hannover nach Steinhude veranstalteten. Schließlich wirkte sich für die Überlegung, den Betrieb auf der Strecke Rehburg-Uchte einzustellen, auch die Verlegung des Kreissitzes von Stolzenau nach Nienburg infolge der Zusammenlegung beider Kreise aus.[52]

Der Vorstand sah in der Teilstillegung offenbar die einzige Alternative zur Aufgabe des gesamten Betriebes. Seinem Vorschlag folgten die Aktionäre, und mitten im Sommerfahrplan 1935 stellte die Kleinbahn ihren Betrieb westlich von Rehburg ein. Anschließend wurde die Strecke abgebrochen und das Abbruchmaterial sowie ein Teil des Fahrzeugparks verkauft: Drei Lokomotiven landeten auf der Insel Sylt, fünf Personen- und mehrere Güterwagen kaufte die Langeooger Inselbahn. Vom Verkaufserlös sollte die Steinhuder Meerbahn modernisiert werden, und bald beförderte auf der nun verkleinerten Strecke ein neuer Dieseltriebwagen die Passagiere, der zusammen mit einem bereits 1933 angeschafften, benzingetriebenen Schienenbus den Dampflokpark ergänzte. Die Beförderungszahlen sanken in den Jahren 1936 und 1937 zwar weiter, aber ab 1938 kehrte sich die Tendenz wieder um. Im gleichen Jahr wurde die bisherige Aktiengesellschaft in eine GmbH umgewandelt, deren Gesellschafter die vormaligen Aktionäre waren.[53] Der Krieg begünstigte die positive Entwicklung zusätzlich. Doch waren die Weichen für die Zukunft der Kleinbahn bereits gestellt.[54]

Bis zum Krieg riß der Autozustrom zum größten Binnensee Niedersachsens nicht ab. Schon im Februar 1938 konnte die Zeitschrift des Landesfremdenverkehrsverbands vorhersagen: *Zum Wochenende kommt Auto um Auto angetost, so daß man an schönen Sommertagen Tausende von Menschen in dem Dünensand des Nordwestufers gelagert sehen kann.*[55] Schon vor dem Zweiten Weltkrieg war der Motorisierungsgrad im Freizeit- und Fremdenverkehrsbereich beträchtlich; die Massenmotorisierung stand aber noch bevor. Trotz aller Unzulänglichkeiten in der Straßenverbindung priesen Reise- und Wanderführer schon damals das Steinhuder Meer als sehenswertes Ausflugsziel für den Kraftfahrer an. Der Gau VI des Deutschen Automobilclubs gab eine Zusammenstellung empfehlenswerter Touren heraus und schlug als erste eine Rundfahrt ums Steinhuder Meer von Hannover aus vor, die über Neustadt, Schneeren, Mardorf, Rehburg, Loccum, Bad Rehburg, Hagenburg, Steinhude, Wunstorf und Seelze führen sollte und 101 km lang war.[56] Offenbar ging es nicht mehr darum, sich in Muße die einzelnen Orte und ihre Sehenswürdigkeiten anzuschauen, in Mardorf ein Bad zu nehmen, zum Wilhelmstein zu fahren oder anderen zeitraubenden Beschäftigungen nachzugehen, sondern darum, möglichst viele Stationen wie Perlen an einer Kette aufzureihen. Eine neue Freizeitbeschäftigung war entstanden, die Autotour ohne eigentliches Ziel, um des Unterwegsseins willen. Der alte romantische Drang aufs Land war noch lebendig, dem Streben nach unmittelbarer Naturerfahrung hatte sich aber das nach Mobilität zugesellt. Bezeugt ist eine solche Autotour durch eine Himmelfahrt 1934 geschriebene Postkarte des stolzen Fahrers einer Opel-1,3-Liter-Limousine aus dem Celler Raum. Seine Tour führte ihn auch in das Steinhuder-Meer-Gebiet: Im Loccumer Bahnhofshotel aß er zu Mittag, Kaffeepause wurde in Steinhude gemacht – zwei von zahlreichen Stationen auf der rund 200 km langen Fahrt.[57]

Wochenendhäuser für Wohlhabende – eine Promenade fürs Volk

Hinter uns liegt das mit grünem Schilf überwucherte Ufer, dazwischen lachen fröhlich eine Anzahl buntester Wochenendhäuser, und wo der Strand mühselig frei geworden ist, tummeln sich die ‚Badegäste'.[58]

In Gestalt von Ufergrundstücken und Wochenendhäusern schuf sich der wohlbetuchte Teil der „Wochenendbewegung" feste Plätze; Stück um Stück einer vermeintlich „unberührten Natur" wurde privatisiert und diente als regelmäßiges Zweitdomizil für die angenehmere Seite des Lebens. Die Urformen dieser Anwesen der Freizeitpendler entstanden bereits um die Jahrhundertwende. „Wilden" Bauten wie dem des Hannoveraners Flockermann wurde durch eine Verordnung vom 24. Dezember 1899 entgegengetreten, wonach Wochenendhäuser genehmigungspflichtig waren.[59] Der Architekt und spätere Seglervereinsvorsitzende Karl Siebrecht hatte in Erwartung *erheblicher baupolizeilicher Widerstände sein Sommerhäuschen 1906 als das erste seiner Art* errichtet. Deshalb

bekam es weder ein festes Fundament noch einen Schornstein. Nach Übertreten der Türschwelle stand man sogleich in der Stube, von der aus man in die kleine Küche und in drei Kämmerchen gelangte. Über eine Leiter war der Boden zu erreichen, von dem durch Bretterwände zwei weitere Kammern abgeteilt waren.[60] Bald baute Siebrecht ein zweites Strandhaus, so daß er in der Lage war, eines seinem Segelverein als provisorisches Vereinsheim zur Verfügung zu stellen. Die Siebrechtschen Häuser bildeten mit anderen vor dem ersten Weltkrieg entstandenen die erste kleine Strandhauskolonie „Lüttjen Deile".

Einer der ersten Siedler am Ostenmeer war der Wunstorfer Architekt Freiherr von Wangenheim-Sonneborn, der ebenfalls Mitglied des Fürstlich-Schaumburg-Lippischen Seglervereins war; die Hofkammer gestattete ihm im Mai 1913 die Anlage eines 40-50 Meter ins Meer ragenden Anlegestegs.[61]

Auch Bahlsens Architekt Arend hatte am Nordufer einige Dutzend Sommerhäuser bzw. *Häuser für Sportsfreunde* vorgesehen, die großenteils sehr locker zwischen den Hotels, Kur-, Boots- und Badehäusern verteilt sein sollten. Für die Grundstücke waren die unterschiedlichsten

Die ersten Strandhäuser am „Steenewark" nordöstlich des alten Steinhuder Ortskerns, Postkarte, 1916 (Hermann Beckedorf, Steinhude).

Größen gedacht; die Bandbreite reichte von 660 qm bis 6000 qm.

Doch erst mit dem Entstehen der „Wochenendbewegung" nach dem Ersten Weltkrieg kam der Wochenendhausbau richtig in Mode. Den anfangs oft nur laubenartigen Gebäuden folgten bald massivere und großzügigere. Aufgrund der bald großen Nachfrage nach Ufergrundstücken stiegen die Grundstückspreise steil an, und die Käufer oder Pächter konnten nur noch schmale Strandstücke erwerben.

Schlicht war anfangs der erste Bau des Schriftstellers Frank Thiess am Ostenmeer, der jedoch im Laufe der Jahre sein Grundstück verdoppelte und die Zahl seiner Bauten auf drei vergrößerte. Diese erhielten ein sehr individuelles Gepräge: Nach eigenen Entwürfen des Schriftstellers baute der Steinhuder Tischlermeister Röver *mit der Sorgfalt eines mittelalterlichen Meisters* Häuser, Treppen, Möbel. Das große Haus mit einem Kamin in der Diele konnte durch eine Wand geteilt werden, die sich vom Zimmer seiner

Frau verschieben ließ. Nicht nur die Strandhäuser, der gesamte, 5.000 m² große „Erlengrund" erhielt dieses individuelle und für Steinhuder-Meer-Verhältnisse opulente Gepräge; die gesuchte „unberührte Natur" war dabei allerdings von Thiess und seiner Frau verändert worden: *Es war ein blühender Garten geworden. Wo einst Schilf und Sumpfgras standen, hatte Florence Rosenbeete, Frühlings-, Sommer-, Herbstblumen, Birken und Trauerweiden gesetzt. Es gedieh alles. Da waren Obstbäume, Bohnen und Erdbeeren im Gemüsegarten. Rasenflächen für unsere Spiele, ein Sportplatz für mein Training. Alles umgeben von dichtem Gesträuch und einer Reihe riesiger Erlen, nach denen wir unseren Besitz getauft hatten.*[61a]

Bei Thiess handelte es sich jedoch weniger um ein „Wochenendhaus" im engeren Sinne, da er mit seiner Frau das gesamte Sommerhalbjahr dort lebte. Er erinnerte sich an eine allmähliche Akzeptanz und sogar Beliebtheit bei den Einheimischen: *Nachdem sie gemerkt hatten, daß wir von ihnen keine Vorteile erschleichen wollten, machten sie*

193

Haus Erlengrund des Schriftstellers Frank Thiess, der von 1923 bis zum durch Geldnot erzwungenen Verkauf 1937 am Steinhuder Ostenmeer wohnte (Stadtarchiv Wunstorf; freundliche Genehmigung und Repro: Rudi Diersche, Steinhude).

sich nicht das geringste daraus, daß hinter den dichten Hekken unseres Bereichs unser Freiheitsbewußtsein sich seiner eigenen Form bediente. So gab es zwischen ihnen und uns im Laufe der Jahre nie die geringste Verstimmung. Wir kannten viele, besuchten sie daheim, da wir von ihnen die Milch bezogen, freuten uns an ihren weißblonden Kindern und bewunderten ihre Pferde und Rinder.[62] Allerdings verbrachten dort viele Freunde und Bekannte der Thiess' ein Wochenende oder einige Ferienwochen, so z.B. der spätere UFA-Regisseur Harald Braun oder Thiess' Verleger Gustav Kiepenheuer.[63]

Da seine Bücher im Dritten Reich nicht verkauft werden durften, geriet Thiess in Geldnot und mußte seinen Steinhuder Besitz, seine *Insel glückhaften Friedens*[64] 1937 verkaufen, offenbar weit unter Wert, denn der Käufer, ein hannoverscher Arzt, wußte Thiess' Lage auszunutzen.[65]

Im Gegensatz zur sehr persönlich geprägten Gestaltung des Thiesschen Besitzes standen die standardisierten Strandhäuser Flügels am Großenheidorner und Wehrmanns am Mardorfer Ufer. Wehrmann bot einfache, eingeschossige Wochenendhäuser mit Flachdach, *zu vermieten auf Wochen, Monate und Jahre an,* sowie den Bau von sol-

chen Häuschen, *nach gegebenen und eigenen Entwürfen.*[66] Im Norduferplan des Gartenarchitekten Hübotter spielte eine Strandhaussiedlung eine wichtige Rolle als Ordnungszelle, um die Landschaft vor weiteren Zerstörungen zu bewahren. Im Westabschnitt des Planbereichs war eine Siedlung von zunächst 14 Wochenendhäusern auf 800-1.200 qm großen Grundstücken geplant. Diese wurden schon bald von Steinhuder Handwerkern unter Führung des Tischlermeisters Röver gebaut. Einer der hier siedelnden *Naturfreunde* war Hübotter selbst, andere der Zahnarzt Dr. Mayring, Dr. Fromhold, der Schwiegervater von Rudolf Hillebrecht, sowie der Schokoladenfabrikant Bernhard Sprengel.[67]

Flügel, der nach anfänglichem Geschäftserfolg seine Strandbau-GmbH auch auf den Thumsee bei Bad Reichenhall ausdehnte, bekam bald Probleme mit der von Jahr zu Jahr stärkeren Uferverschlammung vor seiner Siedlung, die im Volksmund bald „Flügelhorst" genannt wurde. Er klagte, daß seine Pächter wegen der katastrophalen Wasserverhältnisse nur noch die Hälfte der Pacht zu zahlen bereit seien, und leistete deshalb Widerstand gegen die Heranziehung seines Unternehmens zu Wegebaukosten. Im September 1938 gab er als – seit Jahren um 40 %

gesenkte – Jahresmieten für seine komplett eingerichteten Strandhäuser Beträge zwischen 120 und 400 Mark an. Nach Abzug von Betriebskosten wie Grundstückspachten, Instandhaltungskosten und Steuern verbliebe ihm so für die 13 vermieteten Großenheidorner Häuser Einnahmen in Höhe von 1.395 Mark im Jahr.[68]

In den dreißiger Jahren war der Wochenendhausbestand bereits auf einige Hundert angewachsen. Durch die Wochenend-Siedlungen wurden mehr und mehr „Fremde" aus den Städten und aus sozialen Schichten seßhaft, die am Steinhuder Meer nicht oder wenig vertreten waren. Das zeigt auch die Auswertung eines Bestandsverzeichnisses für Steinhude und Großenheidorn, das 1938 wegen der nun als erforderlich erachteten Numerierung der Häuser angelegt wurde. Von den erfaßten 202 Steinhuder Wochenendhäusern waren mit 92 fast die Hälfte in der Hand von Hannoveranern, immerhin ein Viertel (51) in der Hand von Steinhudern, fünf gehörten Großenheidornern, sechs weiteren Schaumburg-Lippern (aus Stadthagen, Bückeburg, Obernkirchen und Hagenburg), vier bzw. drei gehörten Neustädter und Wunstorfer Eigentümern. Die übrigen Eigentümer waren weithin verstreut; einige kamen aus dem Raum Minden-Herford-Bielefeld, dazu eine Heilbronnerin mit zwei Häusern und ein Berliner mit einem Haus. Die knapp 80 Großenheidorner Strandhäuser waren fast ausschließlich in hannoverscher Hand.

Ein Bild ohne große Überraschungen zeigt die Verteilung der Steinhuder Häuser auf Berufe und damit die soziale Zugehörigkeit: 23 Häuser waren das Eigentum von Unternehmern, davon 17 Fabrikanten. Diese kamen vor allem aus Hannover und Steinhude: der hannoversche Reinigungsunternehmer Stichweh, die Steinhuder Textil- und Lederfabrikanten, auch der Steinhuder Gesundheitsschuhhersteller Birkenstock oder der Gartenmöbelfabrikant Thiele; aber auch der Poggenhagener Torffabrikant Dyckerhoff, der Wunstorfer Holzhändler Kraft. Der Stadthagener Zigarrenkistenfabrikant Hans Werner Bosse besaß am gegenüberliegenden Ufer, westlich von Mardorf, ein Strandhaus, das er seinen Betriebsangehörigen als *Erholungsheim* zur Verfügung stellte, bis es 1944 beschlagnahmt wurde.[69]
28 der Steinhuder Wochenendhäuser gehörten Kaufleuten und Händlern, zehn einheimischen Landwirten und neun dem Architekten Flügel bzw. seiner „Strandbau-GmbH", die am Großenheidorner Ufer 15 weitere Strandhäuser besaß. Zehn gehörten verschiedenen Handwerksmeistern, neun leitenden Angestellten (Direktoren, Prokuristen), acht Ärz-

Bootstaufe bei Hübotters – aus Wilhelm Hübotters gezeichnetem Erinnerungsbuch „Monte Bianco" (Ruth und Peter Hübotter).

ten, sechs Akademikern, neun Beamten zumeist des höheren bzw. gehobenen Dienstes (dabei auch ein NS-Gauamtsleiter), weitere sieben Architekten und Ingenieuren, vier Rechtsanwälten und Notaren. Neun Häuser waren im Besitz von Vereinen (v.a. Segelvereinen), Unternehmen (Elektrizitätswerk Minden-Ravensberg) oder Institutionen wie der Kavallerieschule Hannover. Bei immerhin 26 der Häuser firmierte eine „Ehefrau" als Eigentümerin, wofür man steuerliche Gründe vermuten darf. Eher aus dem Rahmen der Strandhaus-Eigentümer fällt die zweimalige Berufsangabe „Weber" – diese einheimischen Besitzer dürften ihre Häuser vermietet haben.

Die Strandhaus-Siedlung verlief lange Zeit nahezu ungeplant, einheitliche Bebauungsvorschriften und -pläne gab es kaum. Dem schaumburg-lippischen Landesbauamtsleiter Dürkop war sowohl das planlose Bauen von Strandhäusern und das Verbauen der Uferabschnitte wie auch die

Bauart vieler einzelner Häuser ein Dorn im Auge. Sein „Wirtschaftsplan für die Strandbebauung zwischen Steinhude und dem Ostenmeer" aus dem Jahre 1942 war aber auch deutlich von der NS-Ideologie durchdrungen: *Die unter dem Einfluß der Weltanschauung der Inflations- und Systemzeit von 1918 bis 1933 stehende Entartung der Baukunst findet gerade in den zwischen Steinhude und dem Ostenmeer entstandenen Wochenendsiedlungen sinnvollen Ausdruck, wobei in diesen Siedlungen der meist wohlhabenden Volksschichten das jüdische Element stark hervorgetreten ist. Häßliche Baukörper mit oft verunstaltenden Aufbauten beherrschen das Wochenendsiedlungsgebiet neben nur wenigen erträglichen oder schönen Bauten. Die völlig planlose Besiedlung des Meeresufers durch die Wochenendsiedler liess ein wildes Durcheinander aller möglichen Bautypen und Größen der Häuser entstehen.*

Ideologisch geprägt war auch die Mißbilligung der Gartengestaltung bei den Wochenendhäusern: *Städtischen Gärtnereien entstammende Bepflanzungen der Grundstücke (Durcheinander von Pyramidenpappeln, buntblättrigen Gehölzen und Blumenbeeten) drohen die bodenständige Uferbepflanzung mehr und mehr zu verdrängen.*[70]

Die Vorbilder für das Bauen im ländlichen und „naturnahen" Bereich wurden während des Nationalsozialismus aus den Ideen der Heimatkunst- und Heimatschutzbewegung bezogen. „Bodenständigkeit", Harmonie und Ordnung waren die Architektur- und Landschaftsarchitektur-Ideale der Baubehörden der NS-Zeit, die durch den Wirtschaftsplan durchgesetzt werden sollten.

Konkretisiert finden sich diese Ideale auch in den Bauvorschriften für Mardorf von 1940/41. Die Nachfrage nach Grundstücken war groß, das Interesse an klingender Münze offenbar ebenfalls: Ein großes, dreieinhalb Kilometer langes Areal von der Mardorfer Warte bis zum Hotel Weißer Berg wurde zur Bebauung für Wochenendhäuser, Ferienheime und Gaststätten freigegeben – und damit der in vielen Ausflugsbeschreibungen gerühmte Kiefernwald mit den Heideflächen und den „Schwarzen Bergen" preisgegeben.[71] Die Bauten waren dafür *der Eigenart des Landschaftsbildes und dem Baumbestand einzuordnen*, die Außenwände *in Fachwerk- oder in Blockbauweise zu errichten*, wobei das Fachwerk *in Anlehnung an die heimische Bauweise zu gestalten und aus Eichenholz herzustellen* war. Fenster waren mit Sprossen zu unterteilen. Das Dach sollte außerhalb des Waldbestandes mit Rohr oder Stroh gedeckt sein, innerhalb des Waldes waren braune bzw. *bodenständige* Ziegel erlaubt. Um die Bebauung nicht allzu dicht werden und Platz für Bäume zu lassen, sollten die Parzel-

len mindestens 1500 qm groß sein. Einfriedigungen waren als Hecken oder Holzzäune zu gestalten, und angesichts bereits eingerisser Zustände war es notwendig, Stacheldraht ausdrücklich als *unzulässig* zu bestimmen. Vor allem auf Gaststätten zielte die Bestimmung, Werbe- und Firmenschilder zu verbieten.[72] Der große Sturm auf das Gelände blieb jedoch aufgrund des Krieges zunächst aus; erst eineinhalb Jahrzehnte später begann die gänzliche Umgestaltung der Norduferlandschaft.

Während also die wohlhabenden Steinhuder-Meer-Enthusiasten sich ihr Uferstückchen sicherten, hatten gerade deswegen die minderbemittelten Besucher immer größere Schwierigkeiten, ans Wasser zu gelangen – und das vor allem in Steinhude, dem einzigen Ort direkt am Meer. Schon in Dieckhoffs Oberweser-Reiseführer von 1921 heißt es über den aufstrebenden Flecken: *Leider hat es die Gemeinde versäumt, sich selbst rechtzeitig Gelände am See zu sichern, das ganze Ufer ist in Privatbesitz, und andere Leute haben nur noch bei den Gasthäusern Zutritt.* Im Ortskern Steinhudes waren diese Privateigentümer die einsässigen Steinhuder Fischer, an den Rändern des Fleckens die Wochenendhausbesitzer. Wer aber einen Spaziergang am Wasser unternehmen wollte oder wem das Geld für eine Gaststätte nicht so locker in der Tasche saß, der war in Steinhude fehl am Platz. Der Steinhuder Lehrer Garberding mahnte 1931 in den „Heimatblättern", es sei zwar *zu verstehen, wenn immer gerade die schönsten Teile einer Landschaft von Spekulanten und kapitalkräftigen Leuten erworben* würden, dies dürfe aber nicht zum Schaden der Allgemeinheit geschehen. Er forderte eine umfassende Planung aus *sozialen Gründen*, andernfalls träfe ein, was ein Fremder prophezeit habe: *In 30 Jahren werden die minderbemittelten Volksschichten die Hälse recken müssen, wenn sie hier ein wenig Wasser sehen wollen.* Der Steinhuder Verkehrsverein sei deshalb schon seit Jahren um den Bau von Promenaden und Wegen bemüht.[73]

Bis diese Bemühungen belohnt wurden, sollten aber noch einige Jahre vergehen. Landrat Seebohm hatte zwar schon 1930 auf einer Sitzung des Studienausschusses Pläne angekündigt, die den ungehinderten Zugang zum Meer ermöglichen sollten, gleichzeitig aber betont, daß die Gemeinden mit der Finanzierung überfordert seien.[74] Der weitere wirtschaftliche Niedergang verhinderte jedoch zunächst ein Fortkommen der Angelegenheit.

Ende 1936 kam wieder frischer Wind in die Sache des Promenadenbaus. Im Strandhotel fand am 13. November eine Sitzung der „Arbeitsgemeinschaft Steinhuder Meer"

Luftaufnahme vom Ostenmeer, Februar 1938. Wo vorher nur Wiesen und schilfbewachsene Ufer waren, entstanden nun mehr und mehr Wochenendhäuser und Stege; an der Ecke oben rechts das Großenheidorner Strandhotel (Niedersächsisches Landesinstitut/Medienpädagogik).

statt. Der Vorsitzende des Landesfremdenverkehrsverbands Niedersachsen, Fischer, legte in seiner Einladung dazu an Landrat Gebbers großen Wert auf dessen Teilnahme, *da die Fremdenverkehrsorte am Steinhuder Meer – und dies trifft besonders auf Steinhude zu – äußerlich einen denkbar schlechten Eindruck machen.* Zu den notwendigen Schritten zählte er vor allem den Bau einer Strandpromenade, *die bis jetzt von jedem Gast vermißt wurde.* Schon wenige

Wochen später schickte die NSDAP-Ortsgruppe Steinhude eine Skizze nebst Kostenvoranschlag vom ersten Promenadenabschnitt vor dem Strandhotel an Gebbers, der auch Ortsgruppenleiter in Bückeburg war. Der öffentliche Spazierdamm sollte dadurch entstehen, daß man den Platz dafür dem Meer abgewann. Für den 160 Meter langen Abschnitt wurden Kosten von 14.500 RM kalkuliert; 10.000 RM wurden als Zuschuß vom Kreis Stadthagen

Plan der Arbeitsgemeinschaft für Ortsgestaltung (AfO), der die 1941 noch dünne Strandbesiedelung zwischen Mardorfer Warte und Weißem Berg zeigt; eingezeichnet auch das HJ-Heim (Privatarchiv Peter Hübotter, Hannover).

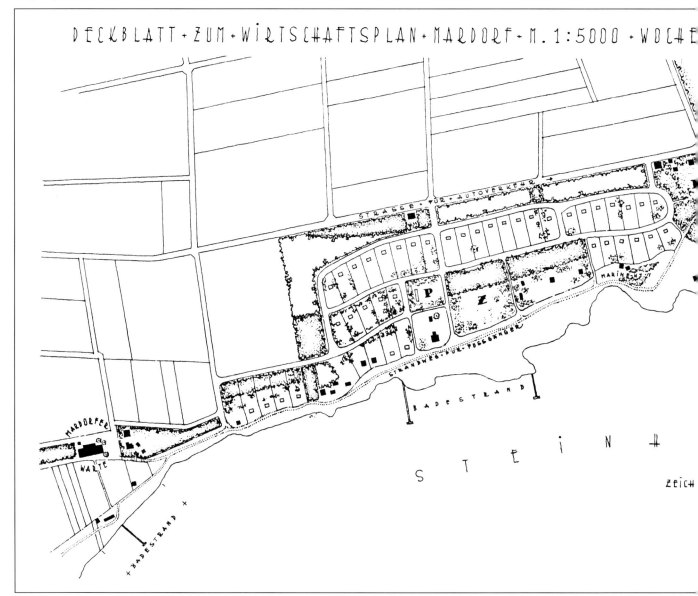

gewährt, den Rest zu übernehmen erklärte sich die Gemeinde Steinhude bereit. Im Frühjahr 1937 schrieb der Landrat an die Landesregierung in Bückeburg: *Mit dem Bau der Promenade soll so schnell als möglich begonnen werden, damit Arbeitslose beschäftigt werden können und damit die Promenade noch vor Beginn der Saison fertiggestellt wird.*[75]

Ein entsprechender Antrag auf Zuweisung von 16 Arbeitslosen wurde vom Arbeitsamt jedoch mangels Arbeitsloser abgewiesen; stattdessen wurden private Unternehmer beauftragt. Mit einem vom Steinhuder Arbeitsdienstlager

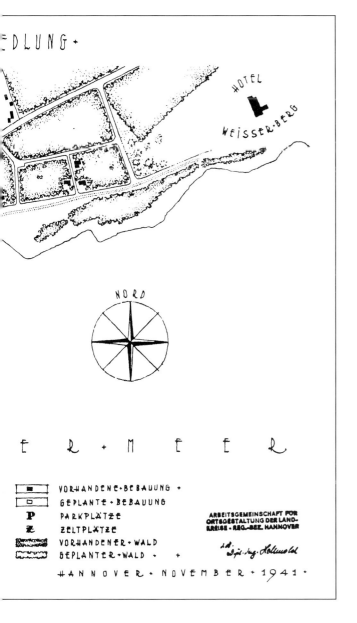

ausgeliehenen Eimerkettenbagger wurde der benötigte Sand vom Grund des Meeres zur Baustelle befördert.[76] Im Juli 1937, immerhin zum Saisonhöhepunkt, war der erste Abschnitt fertig, die Promenade vor dem Strandhotel – dem damit ein Stück seiner Exklusivität genommen war. Vom weiteren Fortgang der Arbeiten berichtete Fischer 1939 in der Juli-Ausgabe der Verbandszeitschrift „Weserbergland-Niedersachsen". *Mit geringstmöglichen Mitteln –* die Pläne stammten vom Leiter des Landesbauamts in Bückeburg, Dürkop, – *sei aus dem Meer ein Damm gehoben, der in einem eleganten Schwung einen bequemen Promenadenweg vom Strandhotel zum Ratskeller schafft.*[77] Noch 1939 wurde die Promenade fertiggestellt. In der Folgezeit bemühten sich die Anlieger, ihre ehemaligen Hinterfronten, die nun zu zweiten Vorderfronten geworden waren, optisch den Blicken der Fremden entgegenkommend zu gestalten.[78] In Gestalt der Promenade war nicht nur ein Spazierdamm für die breite Bevölkerung, sondern gleichzeitig ein Wellenbrecher vor dem Steinhuder Ortskern geschaffen worden.

Als schließlich im Jahre 1940 abgerechnet wurde, beliefen sich die Kosten auf 62.200 Reichsmark, von denen ein Drittel die Gemeinde Steinhude, zwei Drittel der Kreis aufgebracht hatte. 25.000 Mark der Kreismittel stammten übrigens aus dem Etatposten *für die Unterstützung notleidender Gemeinden*[79] und waren damit wohl zweckentfremdet, stellte sich der Flecken doch in den Augen Fischers als *die weitaus leistungsfähigste Gemeinde am Steinhuder Meer* dar. Die weiteren Ausführungen Fischers lassen durchblicken, daß er wahrscheinlich großen Druck auf Flecken und Kreis ausgeübt hatte, um den Promenadenbau voranzutreiben: Er habe sich gefreut, bei einer Besprechung *diese Dinge so erörtern zu können, daß sie bei den maßgebenden Stellen einen Widerhall fanden, der dann zur Tat wurde.* Die Gemeinde *mußte mit beiden Händen zupacken, um die ihr vom Fremdenverkehr gestellten Probleme aus seinen gegebenen Verhältnissen zu lösen, d.h. Steinhude mußte seinen Gästen eine Promenade am Meer bieten.*[80]

Im bereits erwähnten Wirtschaftsplan des Landesbauamts von 1942 war zur weiteren *Hebung des Fremdenverkehrs* sogar die Fortführung der Strandpromenade bis zum Großenheidorner Strandbad geplant. Dieser Strandweg, der zum Teil am Ufer, teilweise aber auch auf weiteren Dämmen verlaufen sollte, sollte *reizvolle wechselnde Bilder zwischen Meer und Strandbebauung* vermitteln und *die Schönheiten der Natur* erschließen. Gleichzeitig sollten die verschiedenen Bebauungsgebiete für Fußgänger auf kür-

199

Entwurf für eine Postkarte von W. Walla, ca. 1940. Der Künstler wählte für die untere Bildhälfte einen Blickpunkt vom Obergeschoß oder Dach der Lederfabrik. Möglicherweise wegen des Krieges nicht in Druck gegangen (Historisches Museum Hannover, Repro: Gottschalk).

Die Steinhuder Promenade: *Der Damm vermittelt durch die Art seiner Anlage, mit den Fischerbooten, die in seinem Schutze liegen, und den dort zum Trocknen aufgehängten Fischernetzen sowie den Holzbrücken, die in munterer Weise seinen Zug unterbrechen, eine besonders malerische Stimmung* (Weserbergland-Niedersachsen, Juli 1939; Postkarte von Heinrich Gehle, Wunstorf).

zester Strecke miteinander verbunden und Zugänge zu den Strandbädern hergestellt werden. Außer einem Wohnsiedlungsgebiet für den Flecken und weiteren Wochenendsiedlungen bei den Strandbädern Steinhude und Großenheidorn sollte im Anschluß an den Steinhuder Ortskern eine Fläche mit größeren und repräsentativen Bauten geschaffen werden. Hier sollten Gemeinschaftshäuser von Wassersportvereinen, Betriebserholungsheime, Bauten für die Marine-HJ und für die KdF-Organisation entstehen sowie ein Gemeinschaftshaus der NSDAP mit Wassersport und Bademöglichkeiten. Der Grunderwerb für diesen Bau wurde als *nicht zu schwierig* angesehen, da zwischen dem Lagerhaus (der ehemaligen Lederfabrik) und dem HYC-Heim unbebaute Grundstücke und solche *mit baufälligen und abbruchreifen Wohnlauben vorhanden sind.*

Die Entwicklung der vorangegangenen 25 Jahre, die *viel Unheil* angerichtet habe, sollte mit diesem Plan aufgehalten

und in *richtige Bahnen* gelenkt werden. Zur Ausführung kam es jedoch nicht mehr, der Krieg hielt eine weitere Entwicklung Steinhudes als Freizeit- und Erholungsort auf.[81]

Hinter anderen niedersächsischen Fremdenverkehrsgebieten, die stärker auf Dauergäste ausgerichtet waren, blieb das traditionell stärker auf Ausflügler spezialisierte Steinhuder Meer mit seinen Übernachtungszahlen weit zurück. Immerhin stiegen diese Zahlen in der zweiten Hälfte der 30er Jahre deutlich an. In Steinhude waren außerhalb der Jugendherberge und des Strandhotels rund 165 Fremdenbetten in Pensionen, Gaststätten und privaten Fremdenzimmern vorhanden, im Strandhotel kamen noch einmal 67 Betten dazu. Die meisten Privatvermieter hatten zwischen 2 und 5 Betten anzubieten, einige Hotels und Pensionen hatten 11, 12 oder sogar 16 Betten. Die Zimmer in den Gasthäusern kosteten zwischen 3,50 und 4 RM pro

201

Nacht, im Strandhotel gab es auch teurere für 6 Reichs-mark.[82] Außerhalb Steinhudes waren die größten Häuser mit 40 Betten das Strandhotel in Großenheidorn, wo außerdem noch 45 weitere Betten in Fremdenheimen und Gasthäusern angeboten wurden, das Hotel Weißer Berg mit 22 Betten und die Mardorfer Warte.[83] Insgesamt zählte man am Steinhuder Meer (außer Jugendherbergsgästen und den nicht bekannten Übernachtungen in Seglerheimen, aber inklusive KdF-Urlauber):

	„Fremde"	Übernachtungen
1936:	12.148	27.313
1937:	8.643	34.858
1938:	14.737	41.706

Damit blieb aber der Übernachtungs-Tourismus im Ver-gleich zum Ausflugsverkehr und zu anderen Erholungsge-bieten weit zurück. Im gleichen Zeitraum stiegen etwa die Übernachtungen in den Deister-Orten von einer halben auf eine dreiviertel Million an.[84]

Krieg

Im Spätsommer 1939 befand sich der Inhaber des Badeho-tels auf dem Weißen Berg, Richard Fischer, bereits seit drei Jahren im Streit mit dem Kreisausschuß über die Konzessi-onssteuerzahlung. Er hatte das Hotel von seinem Vor-gänger in angeblich *ziemlich heruntergewirtschaftetem* Zustand übernommen und erhebliche Aufwendungen zur Wiederherrichtung vornehmen müssen. Deshalb und auf-grund ungünstiger Witterung war 1936/37 offenbar kein Überschuß erzielt worden. Um das Haus mit Gastzimmer, Klubzimmer, großem Garten und Saal (außer selten benutztem Saal 103 Tische und 426 Stühle) sowie neun Fremdenzimmern mit 18 Betten und noch einem Ver-kaufspavillon dicht am Strand bewirtschaften zu können, entstanden Fischer während vier bis fünf Monaten im Jahr hohe Personalkosten: Außer den an Spitzentagen zusätz-lich beschäftigten Aushilfen gehörten eine Köchin, ein Kellner, ein Zimmermädchen, ein Aufwaschmädchen und ein Hausmädchen zur ständigen Belegschaft, die wie-derum nicht immer ausgelastet war. So waren während der Betriebsprüfung durch das Finanzamt Nienburg/Weser Ende Juli 1938 nur zwei der Fremdenzimmer belegt. Das Badehotel hatte also ähnliche Probleme wie das Steinhu-der Strandhotel, und Fischer mußte mehrmals um Teilerlaß oder Stundung der Steuern bitten.

Der Kriegsausbruch verschlechterte seine wirtschaftli-che Situation weiterhin, wie er dem Kreis im Februar 1940 schrieb: *Dass eine sofortige Zahlung durch die eingetre-tenen Verhältnisse infolge des Krieges nicht erfolgen, werden Sie wohl selbst begreifen, denn mein Betrieb ist infolge der Einschränkungen und Lahmlegungen seit 27. auf 28. August vorigen Jahres vollständig erledigt. Ich hatte im vorigen Jahre am 27. August mit einem sehr guten Geschäft gerech-net, mich infolgedessen mit Waren soweit es möglich war, diese zu beschaffen, sehr gut eingedeckt, genügend Aus-hilfspersonal bestellt, infolge der eingetretenen Lage, stand ich mit all meinen Leuten, bald allein auf weiter Flur, meine Einnahmen an diesem Sonntag reichten nicht mal aus das Aushilfspersonal zu bezahlen, mein ständiges Pers. hatte nichts anderes zu tun, als Kuchen zu essen, damit nichts umkam, nicht zuletzt der Braten, aber was half es, gegen derartige Gewalten ist man machtlos.*[85]

Diese offenbar als schicksalhaft empfundenen „Gewalten" bescherten dem Steinhuder-Meer-Tourismus einen großen Einbruch – wie schon der Erste Weltkrieg. Die Besucher blieben aus, die Gastronomen baten um Erlaß oder Stun-dung von Steuern und anderen Verpflichtungen. So man-cher wurde zur Wehrmacht einberufen, wie etwa der Inha-ber des Strandhotels Großenheidorn im Sommer 1941.[86]

Bald bewirkte der Krieg jedoch einen Fremdenzustrom ganz anderer Art: Es kamen die Verwundeten und die Aus-gebombten. Die Pensionen, sofern sie nicht ihren Betrieb einstellten (die Zahl der in den Steinhuder Pensionen und Fremdenheimen verfügbaren Betten sank von 165 auf 120) wurden z.T. von Wehrmachtseinheiten als Lazarette und Erholungsheime requiriert, so z.B. das Café Rintel-mann, das 1945 als „Flakerholungsheim Steinhude" 28 Betten zur Verfügung stellte. Die Kosten für diese Beher-bergung wurden nicht von den „Gästen", sondern nach Kriegsende vom Kriegssachschadenamt mehr schlecht als recht übernommen.[87]

In der privilegierten Situation, den von Luftangriffen bedrohten Städten in ein relativ sicheres Refugium am Steinhuder Meer ausweichen zu können, sah sich so man-cher Strandhausbesitzer. Zwar warf einmal ein englisches Flugzeug 150 Brandbomben über Mardorf ab, woraufhin ein Wohnhaus und zwei Scheunen abbrannten,[88] doch sonst konnte man sich die Auswirkungen des von den Nationalsozialisten entfesselten Krieges aus sicherer Ferne ansehen. Wilhelm Hübotter erinnerte sich daran, wie seine Familie die schweren Bombenangriffe auf Hannover vom

Weißen Berg aus verfolgte. *An einem Frühmorgen nach einer solchen Nacht war das ganze Meer voll Asche und die verkohlten Programme von den Konzerten im Opernhaus und Ratsgymnasium lagen herum.*[89]

Durch die lebensnotwendigen Bedürfnisse der Ausgebombten und Evakuierten wurden die Beherbergungskapazitäten des Steinhuder Meeres nun voll beansprucht: Sie brauchten ein Dach über dem Kopf. Nach den großen Bombenangriffen auf Hannover im Herbst 1943, als Zehntausende obdachlos wurden, setzte der Druck außer auf Hotels und Gaststätten auch auf Wochenendhäuser ein. Diese galten als „Doppelwohnungen" im Sinne der „Verordnung zur Wohnraumversorgung der luftkriegsbetroffenen Bevölkerung" vom 21. Juni 1943. Da der Kreis Stadthagen auch für die Unterbringung von Bombengeschädigten aus dem „Gau" Westfalen-Nord zuständig war, kamen zudem Familien aus dem schwer getroffenen Ruhrgebiet, aus Recklinghausen oder Gelsenkirchen ans Steinhuder Meer.[90]

Schon im November 1943 war die Strandhauskolonie am Großenheidorner Ufer *durch die Evakuierung ... stark besetzt.*[91] Im Juni 1944 wies der NSDAP-Kreisleiter den Landrat an, die zur Einquartierung der Ausgebombten zur Verfügung zu stellenden Wochenendhäuser erfassen zu lassen. Allerdings hatte Steinhude schon im Mai ein Verzeichnis der nur am Wochenende oder überhaupt nicht bewohnten Strandhäuser erstellt; Großenheidorn lieferte eine solche Liste Ende Juni. Anschließend wurde die Beschlagnahmung dieser Häuser verfügt. Bei der Bestandsaufnahme ergab sich jedoch, daß manche Häuser nur bedingt dauerhaft bewohnbar waren. Vor allem den älteren fehlte es an festen Fundamenten, ausreichend dicken Wänden und Schornsteinen. So mußte geprüft werden, ob die Häuser auch im Winter brauchbar waren.

Ab Anfang 1945 kamen zu den Ausgebombten auch die Flüchtlinge aus den östlichen Reichsgebieten. Der Druck auf die einzelnen Wochenendhäuser wurde so stark, daß es mitunter zu Auseinandersetzungen um diese kam. Dabei wußten sowohl Eigentümer als auch Wohnraumsuchende zuweilen durchaus Privilegien zu beanspruchen oder zu verteidigen. Eine Besitzerin erhob erfolgreich Einspruch gegen die Beschlagnahme ihres Häuschens, das sie an einen Dr. T., Pächter der Jagden in Steinhude und Großenheidorn, vermietet hatte. Sie verwies auf den Erlaß des „Reichsjägermeisters" (also Göring, der als Reichsluftmarschall auch für den Luftkrieg zuständig war), wonach holzgebaute Häuser, die vorwiegend Jagdzwecken dienten, von der Beschlagnahme freizustellen seien. Karl Siebrecht,

Landseiten-Ansicht aus den letzten Jahren des alten Steinhuder Strandhotels, in das bald auch Militär einquartiert wurde. Die hannoversche „Löwenbräu"-Gaststätte des Inhabers Ehlers wurde 1943 durch Bomben zerstört (Hermann Beckedorf, Steinhude).

der zwei Häuser besaß, in Hannover *total ausgebombt* war, aber ein Notquartier bewohnte, verwahrte sich gegen die Requirierung seines älteren Häuschens mit der Begründung, er sei 70 Jahre alt, im Wiederaufbau Hannovers tätig und lege großen Wert darauf, sich in Steinhude am Strand zeitweise erholen zu können. Ein hannoverscher Arzt hatte es für seine Familie samt drei schwangeren Schwestern auf das größere Haus Siebrechts abgesehen und begründete dies folgendermaßen: *In der wenigen freien Zeit, die mir zur Verfügung steht, kommt für mich als langjährigen Segler nur Steinhude in Frage.* Aber nicht er oder der Angestellte des „Reichsnährstandes", dessen hannoversche 6-Zimmer-Wohnung durch den Angriff vom 9. Oktober 1943 zerstört worden war, wurde schließlich einquartiert, sondern eine fünfköpfige Familie aus Herten.[92]

Während des Krieges wurden 800 Störungs Flosse in's Meer gelegt - die für uns sehr praktisch waren

Im Krieg wurde das Meer zu Tarnungszwecken mit 800 Radarstörungs-Flößen bedeckt; Zeichnung von Wilhelm Hübotter aus seinem Erinnerungsbuch „Monte Bianco" (Ruth und Peter Hübotter, Hannover).

Die ursprünglich nur für den beschränkten Zweck der Sommer- und Wochenendherberge gebauten Strandhäuser wurden nun zu Dauerbehausungen, die z.T. noch Jahre nach Kriegsende das verlorene Heim ersetzen mußten. So bat ein Rentner, der seit 1942 sein Mardorfer Wochenendhaus besaß, noch 1950 um ein Baudarlehen in Höhe von 600,- Mark: *Nach dem großen Angriff auf Hannover 1943 wurden meine Frau und ich evakuiert und bewohnen wir seitdem das Wochenendhaus ständig. Da es ursprünglich nur für die Sommermonate gedacht war und daher nur aus Nut- und Federholz besteht, das mit den Jahren rissig geworden ist, ist ein Aufenthalt im Winter nur erträglich, wenn reichlich Feuerung zur Verfügung steht. Da ich als Rentner unmöglich soviel Kohlen kaufen kann, eine zusätzliche Brennstoffbeschaffung durch Torfstechen oder Holzfällen infolge einer soeben überstandenen Bruch-Operation*

ebenfalls völlig unmöglich ist, bin ich gezwungen, mein Haus so schnell wie möglich wetter- und winterfest zu machen und zwar durch Verkleidung mit fertigen Platten und deren Verputzung. Die Geldmittel hierzu kann ich jedoch als Rentner nicht aufbringen und bitte daher dringend, mir ein Baudarlehen in der oben angeführten Höhe zu gewähren. Die Rückzahlung des Darlehens könnte so erfolgen, daß ich in den Wintermonaten DM 20,- und in den Sommermonaten ca. DM 50,- zurückzahle.[93]

Statt einem weiterem Aufblühen des Fremdenverkehrs und dem touristischen Ausbau des Meeres bescherte der Nationalsozialismus den völligen Zusammenbruch des Tourismus am Steinhuder Meer. Statt Badespaß, Segelsport, Entspannung oder Geselligkeit suchenden Touristen kamen die Verwundeten, die Ausgebombten und die Flüchtlinge. Ida Frank aber, die einstige Inhaberin des Steinhuder Licht- und Luftbades, teilte das Schicksal der anderen deutschen Juden. Sie wurde am 28. Juli 1942 in das Konzentrationslager Theresienstadt deportiert.[94]

Die Nachkriegszeit

In den ersten Nachkriegsjahren war der freizeit- und erholungsorientierte Fremdenverkehr so gut wie tot. Der Alltag der Menschen war von materieller Not geprägt. An Wochenend- oder gar Urlaubsreisen war kaum zu denken; dafür hätte innerhalb Deutschlands auch die notwendige Infrastruktur in Gestalt von Verkehrsmitteln oder Hotels und Pensionen nicht zur Verfügung gestanden. Noch 1950 waren 22 % aller Fremdenbetten in der Bundesrepublik Deutschland zweckentfremdet,[1] am Steinhuder Meer dürfte die Situation kaum besser gewesen sein. Das Steinhuder Strandhotel, das 1945 von der britischen Besatzungsmacht beschlagnahmt worden war, brannte zudem im Mai 1946 nieder. Wochendhäuser, Pensionen, Hotels und Seglerheime waren beschlagnahmt oder mit Flüchtlingen belegt.

Badefreunde und zumeist wilde Zelter fanden sich aber bald wieder am Steinhuder Meer ein. Das Sportamt der Stadt Hannover veranstaltete Sommerlager am Steinhuder

Meer.[2] Einige Unternehmen boten ihren Mitarbeitern Unterkünfte für ein erholsames Wochenende am Nordufer an. Schon 1949 hatte das Baubüro Hannover der „Preussag" einen Antrag auf Genehmigung einer am Weißen Berg bereits errichteten transportablen Baracke mit Kochnische und *Trockenabort* gestellt, die die Möglichkeit eines Erholungsurlaubs für Preussag-Mitarbeiter bieten sollte. Zwar entsprach der Bau nicht der Mardorfer Ortssatzung, wurde jedoch vorläufig als soziale Einrichtung geduldet, bis er 1954 wieder abgerissen wurde. Das hannoversche Unternehmen Pelikan richtete in der Mardorfer Warte ein „Günther-Wagner-Erholungsheim" ein.[3]

Nach der Währungsreform und der Gründung der Bundesrepublik zog es an den Sommerwochenenden wieder Tausende nach Steinhude oder ans Nordufer, auch wenn letzteres nach wie vor schwer zu erreichen war: Wer von

Das nach 1950 neu errichtete Strandhotel; links daneben, von Bäumen verdeckt, die 1924 gebaute Strandhalle. Davor gut zu erkennen der erste Abschnitt der Ende der 30er Jahre angelegten Promenade (Hermann Beckedorf, Steinhude).

Neustadt aus auf direktem Weg durchs Moor wandern wollte, durfte nicht vor Knüppeldammbrücken, morastigen Sumpflöchern oder schienenbekrönten Dämmen der Torfbahn zurückschrecken. Die Dyckerhoffschen Torfwerke hatten begonnen, mithilfe von Kohlenasche einen Weg herzustellen und das erste Stück mit 200 Alleebäumen bepflanzt. Für ihre Wegeunterhaltung und -verbesserung erhielt die Firma vom Kreis die Erlaubnis, einen Wegezoll zu erheben: 10 Pfennig für Fußgänger, 20 Pfennig für Radfahrer.[4] Für eine Weiterführung des Moordammes in den Folgejahren hatte die Firma jedoch nicht genügend Kapazitäten frei, so saß Anfang 1956 die Mardorfer begannen, in freiwilligem Arbeitseinsatz den Dyckerhoff-Leuten entgegenzuarbeiten.[5]

Zur Erholung ans Steinhuder Meer! lautete die Parole, die im April 1950 die Hannoversche Allgemeine Zeitung ausgab, die einen *fröhlichen Strom* von Besuchern vorhersagte. Eine ansehnliche Zahl von Zimmern stünde wieder zur Verfügung und auf allen anderen Gebieten versuche man mit Erfolg, selbst *Friedensmaßstäbe* zu durchbrechen.[6] Ein Prospekt aus dem Jahre 1953 nennt für Steinhude bereits 272 Fremdenbetten sowie zehn weitere im

Hagenburger Gasthaus Wilhelmstein, bei Preisen zwischen 2,50 bis 5 DM pro Nacht bzw. 6 bis 10 DM für Vollpension.[7] Steinhude dominierte nach wie vor im gastronomischen Bereich: Schweers-Harms Fischerhus bot *behagliche Gasträume im alten niedersächsischen Stil* an, das Haus am Meer – das *Wein-Café-Restaurant für den anspruchsvollen Gast* – lockte mit täglichem Tanz ab 20 Uhr *im einmalig schönen Garten* oder in der *eleganten Trianon-Tanzbar,* Musik vom *Bar-Duo Harry Maass.*[8]

In den Jahren des aufkommenden Italien-Tourismus pries das Fremdenverkehrsgewerbe das Meer als die *hannoversche Adria* an, die den Vorteil habe, schneller erreichbar zu sein als das ferne Mittelmeer. Für die immer zahlreicheren Autotouristen war der Weg zum Meer *sowieso nur Vorortverkehr.*[9]

Ab Anfang der 50er Jahre wurde insbesondere das Nordufer des Steinhuder Meeres immer stärker besiedelt und verändert, obgleich es seit 1950 – wie schon 1939 das Südufer – als Landschaftsschutzgebiet ausgewiesen worden war.[10] Feste Einrichtungen wie Zelt- bzw. Campingplätze und Wochenendhäuser verwandelten das Land-

Morgens am Steinhuder Ratskeller-Anleger: Die für den Touristen-Ansturm bereitstehende Auswanderer-Flotte (Hermann Beckedorf, Steinhude).

Regatta der H-Jollen (Stadtarchiv Wunstorf).

schaftsbild der einst als „unberührt" gepriesenen Wald-
und Heidelandschaft in ein dicht besiedeltes Ferien- und
Freizeitgelände. Dazu kam die notwendige touristische
Infra- und Suprastruktur in Form von Wegen und Stegen,
gastronomischen Einrichtungen, Verkaufsbuden. Der
Oberkreisdirektor des Landkreises Neustadt a. Rbge., Homann, stellte sich sogar ein „Bad Mardorf" vor.[11] Diese
äußere Verwandlung ging einher mit einer Veränderung
der Besucherstruktur: Hatte in den 20er und 30er Jahren
eindeutig der eintägige Badetourismus dominiert, so hielten sich seit den 50er Jahren mehr und mehr die Camper,
Segler, Kurzurlauber und Feriengäste am Nordufer auf. Die
Verkehrsanbindung zum Nordufer wurde durch den Bau
der Straße Mardorf-Weißer Berg 1957/58 verbessert.

Mit der Errichtung von kleinen Verkaufsbuden suchten
zu Beginn der 50er Jahre manche Leute eine Erwerbsmöglichkeit am Weißen Berg. Dabei wurden auch manche
„wilde" Verkaufsstände errichtet. Infolge des kriegsbeding-
ten Endes des Erholungstourismus war hier eine Lücke
entstanden, in die viele Menschen drängten, die sich in
Notlagen befanden. Im Februar 1951 bekundete der Landrat gegenüber dem Regierungspräsidenten seine Absicht,
nur noch im Kreisgebiet wohnende Verkaufsbudenbesitzer
zuzulassen.[12] Bald war eine regelrechte *Ladenstraße* entstanden.[13]

Nach und nach öffneten auch die alten Gast- und Beher-
bungsstätten wieder – z.T. in veränderter Funktion – und
neue entstanden. 1948 eröffnete Oskar Brümann seine auf
einem Kiesberg 200 Meter östlich der Alten erbaute Neue
Moorhütte, die er bis 1963 betrieb, während er die Alte
Moorhütte in andere Hände übergab. Der „Seestern", der

vor dem Krieg als Marine-HJ-Heim und nach dem Krieg als Flüchtlingsheim gedient hatte, trat im Juni 1955 wieder *in den Kreis gastlicher Stätten*. Für die Gäste war auch *ein gepflegter Strand geschaffen* worden, ein Anleger war geplant.[14] Die Mardorfer Warte wurde modernisiert und in eine Jugendherberge, die zweite am Steinhuder Meer nach der 1927 eröffneten Steinhuder, umgewandelt. Hier standen die 180 Betten zur Verfügung. Erhöhte Attraktivität gewann das Meer für Mitglieder des DJH dadurch, daß in Absprache mit der Fürstlichen Hofkammer und der Gemeinde Steinhude ein halber Fahrpreis für Fahrten übers Meer gewährt wurde.[15] In Steinhude erstand bis 1953 das Strandhotel in neuer, schmuckloser und erheblich flacherer Gestalt.[16]

Auch für den Segelsport wurde das Steinhuder Meer immer wichtiger. Der Deutsche Segler-Verband ließ in steigendem Maße seine Jollen-Meisterschaften hier austragen. Ein *großer Erfolg* war die Austragung der deutschen Meisterschaft in der 15 qm H-Jolle, die *dem Revier viele neue Freunde* gewann.[17] Dies galt auch international: Der seit 1951 in „Schaumburg-Lippischer Seglerverein" (SLSV) umbenannte frühere FSV begründete 1959 eine Finn-Dinghy-Regatta mit sechs Wettfahrten, die mehrmals anderen Nationen zur Olympia-Ausscheidung diente.[18] 1961 wurden auf dem Steinhuder Meer die Deutschen Meisterschaften im Kanu-Segeln ausgetragen, bei denen U. Schumann vom Rintelner Kanu-Club die Meisterwürde errang.[19] Die zunehmende Bedeutung des Segelns machte sich auch in der Zahl der auf dem See zugelassenen Boote bemerkbar: 1964 waren von der Fürstlichen Hofkammer 796 Boote genehmigt, der größte Teil davon private Sportsegelboote – ein mehrfaches des Vorkriegsbestandes.[20]

Der Vormarsch des Automobils

Auf den Straßen aber wird wieder Wagen an Wagen die Wochenendler und Kurgäste heranbringen, wußte die Hannoversche Allgemeine Zeitung vor Beginn der Saison 1950. Dagegen wurde die Steinhuder Meerbahn als das *wie ein gemütliches Überbleibsel aus besseren Zeiten anmutende Bimmelbähnchen* bezeichnet, das *unter der Last erholungsuchender Hannoveraner* ächze.[21] Am Nordufer fehlte ein solches Verkehrsmittel weiterhin. Aber auch für Autos war diese Seite des Meeres immer noch ein *unzugängliches Kleinod der Natur*. Durchs Moor konnten nur Fußgänger

oder Radfahrer – nicht ohne Mühen – das Meer erreichen. Autofahrer, die über Schneeren und Mardorf ans Meer fuhren, hatten Glück, wenn sie am Ziel nicht im Schlamm oder Sand steckenblieben. Die Unzugänglichkeit bewirkte lange Zeit den Schutz des „Kleinods", war aber dem Fremdenverkehrsgewerbe ein Dorn im Auge. Deshalb wurde nun auch die Nordufer-Landschaft konsequent für das Auto hergerichtet. Moorhüttenwirt Brümann ließ mit 17 Lastzügen Asche anfahren, um das letzte, 400 Meter lange Wegstück zur Alten Moorhütte befahrbar zu machen. Auch für eine feste Verbindung von der Alten zur Neuen Moorhütte sorgte er – war das Gedeihen seiner Gasthäuser doch von guter Erreichbarkeit abhängig.[22] Ein Neustädter Fabrikant, der am Weißen Berg ein Wochenendhaus besaß, wurde vom Verkehrsverein als *Idealist* gelobt, weil er einen Waldweg mit eigenen Mitteln befahrbar gemacht hatte, und zum Ehrenmitglied ernannt.[23] Fußgänger wurden dagegen beiseitegedrängt. Der Landkreis Neustadt mahnte deshalb bei der „Arbeitsgemeinschaft für Ortsgestaltung", die mit der Aufstellung eines Wirtschaftsplans für Mardorf befaßt war, die Ausweisung von Wanderwegen an: *Früher war die jetzt ausgebaute Meerstraße Holzabfuhrweg und Wanderweg. Heute kommt sie als Fußgängerweg nicht mehr in Betracht. Gerade die sehr zahlreichen Ausflügler, die von Steinhude mit Booten nach Mardorf übersetzen, müssen Gelegenheit haben, sich auf ruhigen Wanderwegen ergehen und erholen zu können.*[24]

Drastisch zeigt auch ein Bericht des Mardorfer Verkehrsvereinsvorsitzenden Dr. Hübner über die Pfingsttage 1954 die Verkehrsverhältnisse am Nordufer und die mitunter aggressive Konkurrenz der verschiedenen Verkehrsteilnehmer, die sich doch eigentlich erholen wollten. *Schon am Pfingstsonnabend setzte ein beängstigender Fahrrad-Motorrad- und Autoverkehr zum weißen Berg ein. Die Fahrdisziplin war grauenvoll. Fahrradtrupps bis zu vier Menschen nebeneinander waren keine Seltenheit. Entsprechend waren auch die Fahrradstürze und Verletzungsfolgen. Größere Unfälle hatten sich aber nur zwei ereignet, die eine schwere und eine leichte Gehirnerschütterung zur Folge hatten. Der Verkehr staute sich in beiden Fahrtrichtungen an den Abzweigungen zum Meer, so daß Hübner einmal sechs Minuten warten mußte, um von der Meer- auf die Dorfstraße zu kommen. In den Abendstunden trieben die Mardorfer noch ihre Kühe in die verkehrsreichen Straßen, was sich am zweiten Pfingsttag, als alles nach Hause strömte, mehr als verkehrsstörend bemerkbar machte. Die bedrängten Radfahrer machten ihrem Ärger Luft: Auf der Meerstraße stauten sich die Fahrradkolonnen, welche heran-*

Das Auto demonstriert seine Überlegenheit: Bis zum Wilhelmstein konnte die Kleinbahn nicht fahren. Winterfoto aus den 50er Jahren (Hermann Beckedorf, Steinhude).

nahenden Kfz's nicht etwa Platz machten, sondern die Insassen beschimpften und, das habe ich selbst erlebt, Steine ins Auto durch das geöffnete Schiebedach warfen. Konfliktträchtig war auch die enge Durchfahrt zwischen dem Badehotel Weißer Berg und der Gaststätte „Kiefernklause". *Hier standen sich laufend Fahrzeuge gegenüber und keiner wollte ausweichen, sofern ein Ausweichen überhaupt möglich ist.* Hinweisschilder, zum Teil unübersichtlich aufgestellt, habe niemand beachtet, auch nicht, wenn es sich um Sperrschilder handelte wie vor der Düne. Wer auf diese wolle, fahre *rücksichtlos* dorthin.

Um den nun zur „Meerstraße" gewandelten früheren Gemeindeweg entstanden schon bald Diskussionen um zulässige oder notwendige Fahrgeschwindigkeiten. Ins Kreuzfeuer der Kritik geriet dabei vor allem der Kreis-Naturschutzbeauftragte Sagatz, der die zunächst gepflasterten Kopfsteine als *natürliche Bremse* gelobt und verteidigt hatte. Dies wiederum stieß beim Verkehrsverein Mardorf auf *Befremden*, Sagatz wurde als *Landplage* bezeichnet. Dagegen reagierte die Jahreshauptversammlung des Vereins 1956 mit Beifall auf ein Schreiben der Straßenver-

kehrsdirektion Hannover, die angekündigt hatte, daß noch im gleichen Jahr das *berüchtigte Katzenkopfpflaster* abgeschafft würde.[26] Nachdem die Straße asphaltiert war, mußten bald Geschwindigkeitsbeschränkungen erlassen werden – nachdem solche bundesweit nahezu abgeschafft worden waren. Im April 1959 bat die Landkreis-Hauptabteilung die Ordnungsabteilung um Begrenzung der Höchstgeschwindigkeit auf 40 km/h, *um zu vermeiden, daß sie als Rennstrecke benutzt wird und um den Erholungssuchenden die Möglichkeit zu geben, die Straße möglichst gefahrlos zu überqueren.* Der vom Sagatz geforderten Herabsetzung auf 25 km/h wurde jedoch eine Absage erteilt.[27]

Wo das Straßennetz gut ausgebaut ist, fahren viele Autos, wohin viele Autos kommen, dort benötigt man Parkplätze. Die Beschwerden über wildes Parken häufen sich von Jahr zu Jahr, ihnen wurde mit polizeilichen Mitteln Rechnung getragen, aber auch mit der Einrichtung von festen Parkplätzen, deren Flächen von Bebauungsplan zu Bebauungsplan wuchsen.

Angesichts Straßenbau und Massenmotorisierung schien auch die althergebrachte Personenbeförderung im „Auswanderer" in Gefahr. Dies wurde deutlich beim Streit um die Unterhaltung des einst von der Steinhuder-Meergesellschaft errichteten Anlegers am Weißen Berg. Jahrzehntelang war dieser der Landepunkt der Masse der Norduffer-Besucher gewesen, die vorher mit der Steinhuder Meerbahn nach Steinhude gefahren waren. Den Aufbau des Steges im Frühling und den Abbau im Herbst übernahm der Steinhuder Berufsseglerverein, das Holz lieferte der Pächter des Weiße-Berg-Hotels. 1957 war der Pächter des Weiße-Berg-Hotels, Richard Fischer, der Auffassung, nicht mehr auf die Wasserfahrzeuge der Berufssegler angewiesen zu sein, da sein Haus bequem mit Autos über die neue Meerstraße erreichbar sei.[28] Den gleichen Eindruck hatte der Kreis Neustadt zwei Jahre später. Das Verschwinden des Steges konnte jedoch schließlich abgewendet werden.

Das Ende der Kleinbahn

Wie während des Ersten Weltkriegs entwickelte sich auch während des Zweiten ein Tourismus der Not, der an den Beförderungszahlen der Steinhuder Meerbahn ablesbar ist. Der Hamster-Tourismus, der Beutezug nach den im zerstörten Hannover knappen und teuren Lebensmitteln, bescherte jetzt der Kleinbahn die höchsten Personenverkehrszahlen ihrer Geschichte. Nachdem schon 1944 der bisherige Rekord des Jahres 1918 übertroffen worden war, – auf der halben Strecke! – wurden in den drei Jahren 1946 bis 1948 jeweils über eine Million Fahrgäste gezählt. Die Hamsterer tauschten Schmuck, Teppiche und andere Wertgegenstände gegen Fleisch, Eier, Milch oder Gemüse ein und sammelten die Reste auf den abgeernteten Feldern.[29]

Vier Wochen vor der Währungsreform wurde im Mai 1948 das 50jährige Jubiläum der Steinhuder Meerbahn gefeiert, mit gespendetem Kuchen, einer auf verschlungenen Wegen aus Holland besorgten Gulaschkanone und mit von den Gästen mitgebrachten Tellern und Bestecken.[30] Nach der Währungsreform begann das lange Ende der Kleinbahn. In der Stadt verkauften die Händler die vorher verbotenerweise gehorteten Lebensmittel und Waren, auch der Schwarzmarkt verschwand. Der Sturm der Hungrigen aufs Land ebbte ab, die Fahrgastzahlen der Bahn gingen zurück. Fünf Jahre nach der Reform – die wie die Inflation starke finanzielle Einbußen für die Steinhuder Meerbahn gebracht hatte – fuhren nur halb so viele Menschen mit der Kleinbahn wie 1948. Außerdem waren in den Kriegs-

und Nachkriegsjahren die Bahnanlagen einem weiteren Verschleiß preisgegeben, dem nicht durch Erneuerungsarbeiten entgegengewirkt worden war – dazu hatten die Mittel gefehlt. So waren bei den Waggons nicht wenige Fenster- und Türscheiben zerbrochen und notdürftig mit Brettern vernagelt;[31] besonders hatten aber die Gleise gelitten. Auch wenn diese Ausgangsbedingungen schlecht waren, brachten die 50er Jahre zunächst eine zeitweilige Wiedergesundung der Bahn.[32] Das Stammkapital wurde im Dezember 1950 auf 346.000 DM festgesetzt, als Rechtsnachfolger der Länder Preußen und Schaumburg-Lippe war das neugegründete Land Niedersachsen mit 169.000 DM beteiligt. 1949-1951 wurde das Kaliwerk Sigmundhall wiederaufgebaut, da durch die deutsche Teilung der ostdeutsche Kalibergbau nicht mehr zur Verfügung stand. Damit besaß die Bahn wieder einen Großverfrachter, der die Güterverkehrsbilanz deutlich aufbesserte. 1952-1954 wurde die Umstellung von Dampf- auf Dieselantrieb vollzogen, wodurch die Betriebskosten gesenkt werden konnten.

Ebenso entwickelte sich der Personenverkehr nach 1953 wieder günstig, und zwar auch auf der Schiene, obwohl seit 1951 wieder Omnibusse eingesetzt wurden, die ebenfalls beträchtliche Menschenmengen transportierten. Auch im anbrechenden Zeitalter der Massenmotorisierung erwies sich die Kleinbahn für bestimmte Aufgaben als überlegen, so als im Sommer 1952 6.000 Teilnehmer eines Bremer Betriebsausfluges von Wunstorf mit Sonderzügen ans Steinhuder Meer befördert werden mußten.[33] Für solche Massentransporte wurden bis zu zehn Waggons von zwei Lokomotiven gleichzeitig gezogen.

Angesichts der wachsenden Konkurrenz durch den Straßenverkehr wurde seit 1951 erneut über eine Umspurung der Bahn auf Normalspur diskutiert, wobei auch eine vorläufige Teilumspurung der Strecke Wunstorf-Steinhude in Erwägung gezogen wurde. Steinhuder-Meer-Besucher sollten ohne Umsteigen von Hannover bis Steinhude durchfahren können. Im Güterverkehr wurde das Problem der verschiedenen Spurweiten durch den Einsatz von Rollböcken gelöst, auf die die Normalspurwaggons aufgebockt wurden. Um Touristen eine umsteigelose Fahrt nach Steinhude zu ermöglichen, setzte die Bundesbahn gemeinschaftlich mit der Steinhuder Meerbahn geräumige Gelenkbusse von Hannover aus ein.

Zusätzlich zur Umspurung sollte auch eine Herausnahme der Streckenführung aus Klein-Heidorn vorgenommen werden, da sich hier der Straßenverkehr den Platz mit

Festlich geschmückt, doch angeschlagen: Steinhuder Meerbahn-Triebwagen zum 50jährigen Jubiläum im Mai 1948 (Steinhuder Meerbahn-Archiv, Wunstorf).

der auf der Dorfstraße entlanggeführten Bahn teilen mußte. Zahlreiche Unfälle führten regelmäßig zu Vorwürfen an die Adresse der verantwortlichen Behörden und stellten die *Kleinbahn unter Anklage,* ein Oberamtsrichter stellte fest, der Bahnkörper auf der Dorfstraße sei *verkehrswidrig im höchsten Grade.*[34] Daß die auch zur Kreisstraße gewidmete Dorfstraße, die neben dem anschwellenden Freizeit-, dem Berufspendel- und dem landwirtschaftlichen Verkehr auch den Fliegerhorst Wunstorf bedienen mußte, nicht für alle ihr aufgebürdeten Verkehrsarten ausgelegt war, steht außer Zweifel. Doch zeigt die Unfallgeschichte jener Jahre, daß auch ohne Kleinbahn auf enger Dorfstraße Unfälle am laufenden Band „produziert" wurden. Vor allem nach Aufhebung des Tempolimits 1953 schnellten die Unfallzahlen in die Höhe (bundesweit 1953: 8.800, 1956: 12.900 Verkehrstote)[35]. Die Schuldzuweisung, die hier die Kleinbahn traf, richtete sich andernorts gegen den LKW-Verkehr, obwohl die Statistiken eine überwiegende Unfallbeteiligung von PKW belegten. Doch der Individualverkehr mit Privat-KFZ galt als das Verkehrsmittel der Freiheit schlechthin und erfuhr deshalb eine besondere ideologische Unterstützung.[36]

Den Überlegungen zur Umspurung und Verlegung der Kleinbahn fehlte jedoch bald wieder die finanzielle Grundlage. Eine Teilumspurung nur bis Steinhude galt als unpraktikabel, die Kosten für die gesamte Strecke bis Rehburg wurden auf 2,5 bis 3 Millionen Mark kalkuliert. Außerdem ging in der zweiten Hälfte der 50er Jahre sowohl der Personen- wie der Güterverkehr wieder zurück, so daß erhebliche Einnahmeausfälle zu verkraften waren. Der Gütertransport litt unter der Entscheidung des Bokeloher Kaliwerks, einen Großteil der Transporte zu Schiff ab Sachsenhagen auf dem Mittellandkanal abzuwickeln. Nach einem erneuten Höhepunkt bei der Personenbeförderung im Jahre 1957 (mit 1.038.000 Fahrgästen) sank das Fahrgastaufkommen in den folgenden Jahren stetig, wobei die sinkenden Kleinbahntransportzahlen nicht durch in gleichem Maße steigende Bustransportleistungen kompensiert wurden. Der Touristenzustrom ans Steinhuder Meer nahm jedoch im gleichen Zeitraum zu. Die Erholungssuchenden reisten nur mit anderen Verkehrsmitteln an, sprich: mit dem Automobil.

Ohne Umspurung und Streckenverlegung waren die Zukunftsperspektiven der Kleinbahn jedoch düster. Ende 1958 vertraten die niedersächsischen Ministerien für Wirtschaft und Verkehr und für Finanzen, letzteres als Gesellschafter der Bahn, in Erlässen die Auffassung, das Unternehmen solle liquidiert werden. Personen- und Güterverkehr könnten problemlos auf die Straße verlegt werden. Die Gesellschafterversammlung der Bahn mochte sich jedoch den Forderungen nach Auflösung des Unternehmens nicht anschließen. Vor allem die Kreise und Gemeinden im Einzugsgebiet der Bahn wollten ihr Verkehrsmittel erhalten. Stattdessen wurde mit großer Mehrheit ein Vorschlag der Betriebsleitung angenommen, der eine Umstellung des Betriebes vorsah. Unter anderem sollte der Personenverkehr Wunstorf-Rehburg mit Omnibussen betrieben werden, der Güterverkehr vorerst noch auf der Schiene verbleiben. Diese Umstellung wurde auf mehrere Jahre verteilt durchgeführt und im Januar 1964 zum Abschluß gebracht. Ein letzter *Gefühlskompromiß*[37], beschlossen auf einer Gesellschafterversammlung im September 1963, zwei Zugpaare für den Berufspendelverkehr weiterzubetreiben, brachte Betriebsverluste von 8.000 Mark im Monat.

Der letzte Personenzug der Steinhuder Meerbahn auf der Strecke Rehburg-Wunstorf fuhr am 18. Januar 1964 – eine Ära war damit beendet, die in ihren Anfangsjahren den Steinhuder-Meer-Tourismus zur Blüte gebracht hatte. Übrigens fuhr auf dieser letzten Fahrt neben Gesellschaftern und Eisenbahnfreunden auch der langjährige Lokführer Wöltje mit, der auch die erste Fahrt der Bahn im Jahre 1898 miterlebt hatte.[38] Die Zeitungsberichterstattung jener Jahre drückt viel Wehmut über das Ende des *Aalexpreß* aus.

Das letzte Wort über die Zukunft der Bahn war aber zu dieser Zeit noch nicht gesprochen. Hoffnung nährte bei Eisenbahnfreunden und verschiedenen Gesellschaftern – v.a. bei den Steinhudern – ein Gutachten, daß der niedersächsische Finanzminister in Auftrag gegeben hatte. Das Ministerium selbst hatte den Vorschlag gemacht, den Betrieb bis Steinhude auf Normalspur umzustellen und eine 50prozentige Beteiligung des Landes an den mittlerweile auf 4-5 Millionen Mark geschätzten Kosten in Aussicht gestellt, sofern die profitierenden Gemeinden ebenfalls ihren Anteil tragen würden. In Steinhude war man sofort bereit dazu: Noch im Januar 1964 beschloß der Rat einstimmig eine dem Gesellschaftsanteil entsprechende Beteiligung in Höhe von 90.000 DM.[39]

Noch bevor das mit Spannung erwartete Gutachten des Braunschweiger Oberregierungsrats Hoffmann vorlag, planten Hamburger und hannoversche Eisenbahnfreunde, die die Kleinbahn in ihren letzten Jahren „entdeckt" hatten, die *Steinhuder-Meer-Bahn als rollendes Museum, als erste deutsche Museumsbahn.*[40] Auf der landschaftlich reizvollsten Teilstrecke von Steinhude bis Rehburg sollte eine von Amateuren betriebene Dampfeisenbahn verkehren, die an Sonn- und Feiertagen eine besondere Touristenattraktion darstellen würde. Die Eisenbahnfreunde, die bereits in Verhandlungen über den Ankauf einiger Dampflokomotiven standen, verwiesen auf den großen Erfolg englischer und schwedischer Vorbilder. Allerdings war das Projekt abhängig vom Ergebnis des Gutachtens. Würde sich der Bau einer normalspurigen Bahnverbindung Wunstorf-Steinhude nicht lohnen, so würde auch die noch betriebene Güterverkehrsstrecke nach Rehburg stillgelegt und abgebrochen werden.

Hoffmann legte sein Gutachten im September 1964 vor. Er argumentierte, daß der touristische Personenverkehr auf der Strecke Wunstorf-Steinhude beträchtlich weiter anwachsen würde, wenn nach Vollspur-Ausbau ein Durchfahren von Hannover nach Steinhude möglich wäre. Diesen Erholungsverkehr hielt Hoffmann für besonders fördernswert, weil der Erholungsraum Steinhuder Meer vor den anderen Naherholungsgebieten des Großraums Hannover die große, dem Baden, Rudern und Segeln dienende Wasserfläche voraus habe. Die Verbesserung und Erleichterung des Erholungsverkehrs sah Hoffmann als den Hauptzweck einer Umspurung an; daß dieser saisonabhängige Verkehr allein jedoch noch nicht wirtschaftlich sei, begründete er mit dem Beispiel der Tegernseebahn, die als Erholungsverkehrsmittel für den Ballungsraum München zum Tegernsee eine ähnliche Funktion erfülle wie die Steinhuder Meerbahn. Trotz eines ansehnlichen Verkehrsaufkommens von 700.000 Personen jährlich erziele die bayrische Bahn keine Überschüsse und sei auf die Gewinnabführung des Omnibusverkehrs angewiesen.

Einen wirtschaftlichen Betrieb einer Normalspur-Strecke Wunstorf-Steinhude hielt Hoffmann für die von ihm erwartete Situation einer Bevölkerungszunahme im Großraum, einer Auflockerung des Ballungszentrums Hannover und einer entsprechenden Ausweitung des Berufspendelverkehrs für möglich. Allerdings beschrieb er auch die Folgen einer Verbesserung der verkehrlichen Infrastruktur in Gestalt von Bodenspekulation, zusätzlich notwendigem Ausbau des touristischen Angebots, Errichtung neuer Wohnsiedlungen. Keine Illusionen machte er sich über die Auswirkungen auf den Kraftverkehr, der sich eher noch steigern werde. Für die Streckenführung schlug Hoffmann drei Varianten vor, deren dritte der Steinhuder-Meerbahn-Chronist Rogl 20 Jahre später als immer noch realisierbar bezeichnete: eine Weiterführung der normal-

Heute noch denkbar: Die von Hoffmann vorgeschlagene Variante c,
die eine Durchfahrt von Hannover
nach Steinhude ermöglichen würde.
Die Varianten a) und b) führten
dicht am westlichen Ortsrand Klein-
Heidorns entlang und hatten
summiert jeweils längere Neu- und
Umbaustrecken (Steinhuder Meerbahn-Archiv Wunstorf).

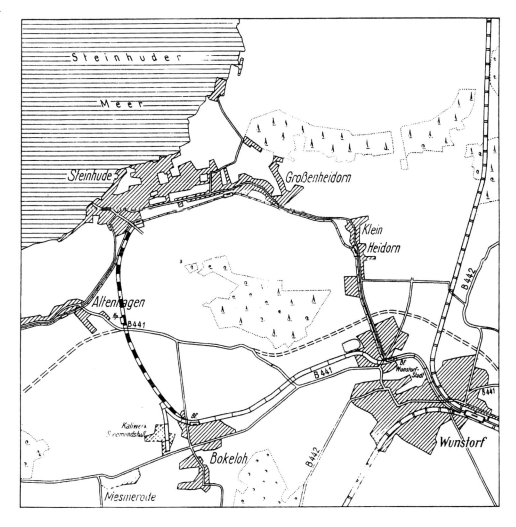

AUSBAU DER STRECKE WUNSTORF – STEINHUDE ZUR NORMALSPURBAHN
LÖSUNG: C

Neubaustrecke 4,1 km
Umbaustrecke 0,0 km

Betriebslänge Wunstorf Bf.
– Steinhude 9,8 km

spurigen Güterverkehrsstrecke Wunstorf-Bokeloh über
Altenhagen nach Steinhude.[41] Dafür wäre nach Hoffmann
zwar eine längere Neubaustrecke als bei den anderen beiden Varianten notwendig, allerdings keine Umspurung.
Einen eventuellen vollspurigen Ausbau auch der Strecke
Steinhude-Rehburg, vor allem für den Güterverkehr,
machte Hoffmann abhängig von der späteren Entwicklung
der Bevölkerungs- und Gewerbestruktur im Großraum
Hannover.[42]

Vor dem Hintergrund der verkehrspolitischen Weichen
stellung für den Straßenverkehr wurde die Realisierung
der Vorschläge Hoffmanns für zu teuer gehalten. Gleichzeitig drängte insbesondere die Gemeinde Klein-Heidorn
auf Entfernung der Bahn aus ihrem Ort, wobei sie sich bis
an den Bundesverkehrsminister wandte: Auf der aus ihrer
Sicht *gefahrvollsten Straße Deutschlands* wurden von 1960
bis 1965 sieben Verkehrstote und 39 Schwerverletzte gezählt.[43]

So wurde das Auto zum Verkehrsmittel Nr. 1 auch der Steinhuder-Meer-Besucher. Eine 1963 vorgenommene Zählung stellte einen Anteil von 61,9 % Ausflüglern fest, die mit dem PKW nach Steinhude kamen, gegenüber 19,4 % Radfahrern und 15 % mit öffentlichen Verkehrsmitteln Angereisten, wobei die Befragten auch Busse von Gesellschaftsfahrten dazuzählten.[44] Einige Jahre später schätzte der Geograph Hirt den Anteil der mit privaten PKW anreisenden Steinhuder-Meer-Besucher bereits auf 90 %, gegenüber 5-7 % Busbenutzern.[45] So zählte man allein am Südufer, am Pfingstsonntag, dem 24. Mai 1969 6.184 Personenwagen, die zusammen mit 41 Omnibussen 20.477 Menschen an die schaumburg-lippische Seite des Meeres gebracht hatten.[46]

Im Sommer des folgenden Jahres wurden die Schienen der Steinhuder-Meer-Bahn abgetragen, die bis dahin noch dem Güterverkehr bis Rehburg gedient hatte. Heute befördert die Steinhuder Meerbahn ihre Fahrgäste mit Bussen und betreibt auf der Schiene nur noch die Normalspurstrecke zum Bokeloher Kalischacht für den Güterverkehr. Gerade in den letzten Wintern erwies sich angesichts des monatelang zugefrorenen Mittellandkanals, daß die Bahnstrecke für das Kaliwerk weiterhin eminent wichtig ist. Im Busbetrieb befördert das Unternehmen jährlich zwei bis drei Millionen Fahrgäste; neben dem Berufspendel- und dem Schülerverkehr ist der Steinhuder-Meer-Tourismus nach wie vor ein wichtiger Schwerpunkt der Gesellschaft. Allerdings ist geplant, die Steinhuder-Meer-Bahn in einer größeren Gesellschaft des Kommunalverbands Großraum Hannover namens „Regiobus" aufgehen zu lassen.[46a] Ihr Jubiläumsfest im Jahre 1998 wird für das Unternehmen gleichzeitig das Abschiedsfest sein.

Die Campingwelle

Auch die Campingwelle war ein Ausdruck der Massenmotorisierung und förderte diese. Das Mardorfer Ufer entwickelte sich in den 60er Jahren zum *größten Campingplatz Nordwestdeutschlands*.[47] Dieser war durch die trotz beträchtlicher Kosten von Neustadt durchs Tote Moor bis zum Weißen Berg gebaute Moorstraße auch verkehrsmäßig optimal zu erreichen.[48]

Zunächst kamen die Touristen mit Zelten, und sie fanden noch keine diesem Ansturm gewachsene Zeltplatzkapazitäten vor. Ein ausgewiesenes Zeltgelände gab es zwischen der „neutralen Zone" und dem Weißen-Berg-Gelände des Wirtschaftsplans der AFO. 1940 und 1941 waren durch Verordnungen des Landrats das Zelten und damit verbundene Verrichtungen wie Lagerfeuer-Anzünden und Abkochen außerhalb der dafür vorgesehenen Zeltplätze verboten worden. Außerdem war das gemeinschaftliche Übernachten von männlichen und weiblichen Personen nicht gestattet, außer bei Ehepaaren und Familienangehörigen.[49]

Nun häuften sich bald die Klagen über die *Plage des wilden Zeltens* – so ein Strandhaus-Bewohner –, gegen das von der Gemeinde Mardorf und von der Polizei nichts unternommen werde.[50] Der Stadthagener Holzfabrikant Bosse schrieb im Januar 1950, in den vergangenen Sommern hätten *Scharen von Menschen* auf seinem Grundstück gezeltet. Dabei hätten die Bewohner seines zur Unterbringung von Flüchtlingen beschlagnahmten Hauses die Zeltenden gegen Entgelt versorgt, Holz gefällt und zur Erweiterung des Strandes Sand von einem nahen Hügel aufgefahren.[51] Im Sommer 1949 waren zahlreiche Jugendliche wegen *verbotswidrigen Zeltens* am Weißen Berg von der Polizei namentlich festgestellt worden. Die daraufhin an die Jugendämter der Wohnorte verschickten Briefen mit der Bitte um Verwarnung der Übeltäter zeigen das bereits wieder große Einzugsgebiet des Meeres: Die jungen Leute kamen unter anderem aus Hannover, Bielefeld, Bad Oeynhausen, Vlotho, Minden, Oldenburg, Bremen, Braunschweig, Bad Münder und näheren Orten der Landkreise Hannover und Nienburg.[52]

Der größte Zeltplatz am Steinhuder Meer wurde auf einer Länge von mehreren hundert Metern östlich des Weißen Berges angelegt; dort war auch ein Zeltplatz für die *organisierte Jugend* abgeteilt. Ebenso war ein Campingplatz extra für Autofahrer eingerichtet worden.[53] Die aus den USA nach Europa geschwappte Camping-Welle war die neue Reiseform der 50er und 60er Jahre: Automobilisiertes und „technisiertes Zelten", das für Fernweh einerseits und Geldmangel andererseits einen gemeinsamen Nenner fand, die „Seßhaftigkeit auf Rädern".[54] Die Devise „Eigener Herd ist Goldes wert" ließ sich nun auch in der „unberührten Natur" befolgen.

Anfang 1959 lagen sechs Zulassungsanträge für Zeltplätze vor, doch konnte der Landkreis als Untere Naturschutzbehörde keine Notwendigkeit zur Einrichtung weiterer Zeltplätze erkennen. Die bereits vorhandene Zeltplatzfläche würde die Aufnahme von 3.000 Zelten gestatten, eine Zahl, die bisher in der Hochsaison *nicht zu einem Viertel* erreicht worden sei. Es widerspräche aber *dem Wesen eines Landschaftsschutzgebietes, wenn dieses nach und nach in einen einzigen Zeltlagerplatz verwandelt würde.*[55]

Zeltgelände am Weißen Berg, 50er Jahre (Hermann Beckedorf, Steinhude).

Der Camping-Boom nahm in den 60er Jahren weiter zu. 1962 wurden auf vier der sechs Campingplätze am Nord- und Südufer rund 30.000 Übernachtungen durch 13.600 Camper gezählt, wobei allerdings 26.200 Übernachtungen auf den größten Platz entfielen.[56] Die Wohnwagen wurden oftmals aufgebockt und eingezäunt zur Zweitwohnung. Bald hatte fast das ganze Nordufer den Charakter eines einzigen großen Campingplatzes, nur unterbrochen von den noch festeren Wochenendhäusern. Für erholungssuchende Ausflügler blieb dabei kaum noch Platz.[57] Kritiker begannen auf die Folgen dieser Phänomene hinzuweisen: So beklagte der Großraum-Beigeordnete Falke in einem *Campingwelle schwappt über* betitelten Artikel in der HAZ den *Landschafts-Ausverkauf*[58], und registrierte damit dü-

ster eine Folgewirkung der touristischen Stadtflucht in die Landschaft, wie sie später auch der Schweizer Tourismuskritiker Jost Krippendorf in seinem Buch „Die Landschaftsfresser" analysierte.

Die Camper machten auch noch 1974 mit zusammen 34 % (22 % im Wohnwagen, 12 % im Zelt) der Übernachtungen den größten Anteil der mehrtägigen Besucher des Steinhuder Meeres aus, gegenüber 26 %, die im eigenen Wochenendhaus, und 27 %, die in Pensionen, Gaststätten und Hotels übernachteten.[59]

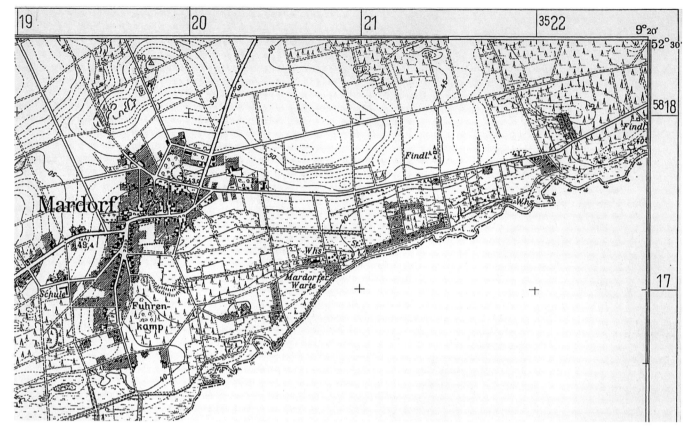

Ein Blick auf die beiden Kartenausschnitte zeigt das Wachstum der Wochenendsiedlungen am Nordufer zwischen 1960 und 1990 (Kartengrundlage: 1 : 25.000, 3521 (1960/1990). Vervielfältigt mit Erlaubnis des Herausgebers: Landesvermessung + Geobasisinformation Niedersachsen (LGN) 52-542/98).

Die Entwicklung der Wochenendsiedlungen

Die augenfälligsten und nachhaltigsten landschaftlichen Veränderungen am Nordufer entstanden jedoch durch die Wochenendsiedlung. Nach der Währungsreform und der Gründung der Bundesrepublik setzte mit dem steigenden Wohlstand auch die Bautätigkeit wieder ein. Zu den ersten, die sich für ein regelmäßiges Wochenende am Steinhuder Meer die entsprechende Behausung errichteten, gehörte 1951 der spätere Mardorfer Verkehrsvereinsvorsitzende Dr. Hübner. Ab Mitte der 50er Jahre begann dann ein wahrer Ansturm von Baulustigen auf den Mardorfer Strand. Bald schossen hier Wochenendhäuser *wie Pilze aus dem Boden.*[60] Bis die Arbeitsgemeinschaft für Ortsgestaltung (AfO) 1955 mit dem „Wirtschaftsplan" für die Gemeinde Mardorf eine Art Flächennutzungsplan vorgelegt hatte, der auch die Ausweisung von Wochenendsiedlungen vorsah, kam es zu Auswüchsen wilden Bauens. Nicht wenige der ungenehmigten

Wochenendhäuser mußten bald wieder abgerissen werden. Der Direktor der Niedersächsischen Landesstelle für Naturschutz und Landschaftspflege, Dr. Preising, klagte bei einem Vortrag, oft reichten die Mittel der Baulustigen nicht, um so schön zu bauen, daß sich die Häuschen dem Landschaftsbild einfügten; man mauere und zimmere frisch drauflos, um nur ein Dach über dem Kopf zu haben.[61]

Eine dem Erschließungsplan der AfO beiseitegestellte neue Ortsatzung regelte noch einmal die Baugestaltung im Ufergebiet. Dabei durfte trotz der inzwischen erfolgten Unterschutzstellung der Landschaft dichter gebaut werden, Landeigentümern und Wochenendhaus-Interessenten zur Freude. Zwar hieß es, die Lage im Landschaftsschutzgebiet und das Ziel der Erhaltung des Waldcharakters erfordere eine *stark aufgelockerte Bebauung,* aber die Mindestgrundstücksgröße wurde auf 1.200 qm (vorher 1.500 qm) reduziert. Wo vorher vier Häuser erlaubt waren, durften nun also fünf stehen.[62] Erst 1959 wurde ein Land-

216

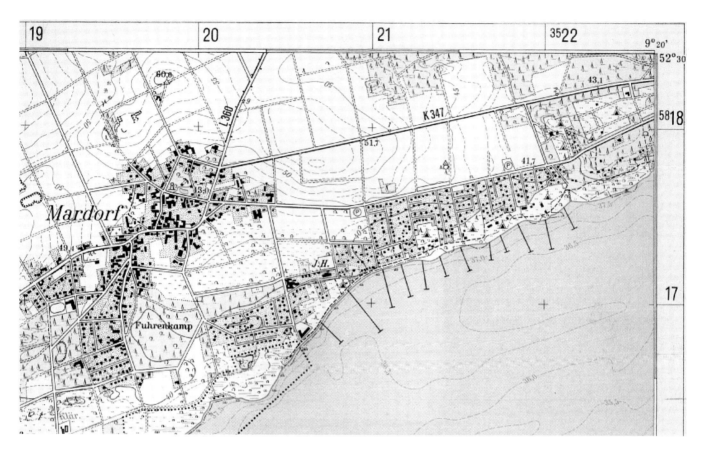

schaftspflegeplan für das Wochenendsiedlungsgebiet bei dem Hildesheimer Landschaftsarchitekten Dr. Werkmeister in Auftrag gegeben; Gemeinde und Verkehrsverein Mardorf verbanden mit dem Plan die Hoffnung, daß jetzt endlich Ordnung in dieser Gegend einkehren werde.[63]

Den Vorschriften zum Trotz zeigte sich bald eine bunte Vielfalt und Eigenwilligkeit der Häuser. Hirt ermittelte am Nordufer 50 % eingeschossige Holzhäuser, 32 % massive Bauten, 11 % zweigeschossige Häuser und 7 % sehr primitive Bauten mit Wohnlaubencharakter. Insbesondere die älteren, wohnlaubenartigen Häuser stellten nach seiner Beobachtung „mitunter Prachtexemplare von Um- und Anbauten dar", denn das Wochenendhaus biete neben der Erholung die Möglichkeit „zur Entfaltung schöpferischer Aktivitäten".[64]

Auch der Weiße Berg selbst schien von einer Parzellierung für private Grundstückserwerber bedroht. Im Hinterland hatte eine Aufteilung und Wochenendsiedelei bereits begonnen, obwohl das Gebiet im Flächennutzungsplan nicht als Wochenendsiedlungsgebiet vorgesehen war.[65] Die Gemeinschaft der Seegersschen Erben war zum Zwecke der Erbteilung zum Verkauf des Geländes bereit. Aufgrund der Einstufung als Landschaftsschutzgebiet und infolge des öffentlichen Interesses sei das Gelände *von uns in kaum einer Form benutzbar*, betonten die Erben in einem Brief ans Finanzamt im Dezember 1956. Hinzu kam, daß die Hofkammer 1957 die Einziehung der Gebühren (20 Pf pro Fahrgast zum Weißen Berg), die von der Erbengemeinschaft zur Sauberhaltung des Weißen Berges und für die Unterhaltung des Landungssteges aufgewendet wurden, aufkündigte. Bei dem Ansturm der Touristenscharen, die *dem Weißen Berg nichts weiter bringen als Butterbrotpapier und leere Sardinendosen*[66], war die Sauberhaltung jedoch eine unverzichtbare Aufgabe.

Breite Kreise forderten nun den Erwerb des Geländes durch die öffentliche Hand. Gartenarchitekt Hübotter erfuhr als einer der ersten von den Verkaufsabsichten der Erbengemeinschaft, da er mit deren Rechtsanwalt befreundet war und von diesem gebeten wurde, eventuelle Kaufinteressenten vorzuschlagen. Sogleich wandte er sich an verschiedene Regierungsstellen wie auch an den hannoverschen Stadtbaurat Hillebrecht, dem er vor Augen hielt, daß das *erstrangige Erholungsgebiet zu 90 % von Stadthannoveranern im Sommer in Anspruch genommen* werde. Doch obwohl Hübotter die Forderungen der Erbengemeinschaft – etwa 400.000 DM, laut Presse 450.000 DM[67] – für ziemlich niedrig erachtete, da sich Seegers über den realen Wert des Geländes wegen der Landschaftsschutzbestimmungen nicht klar sei, fanden sich keine öffentlichen Gelder für den Erwerb des Geländes.[68]

Der Andrang der Baulustigen, die *beinahe täglich* im Gemeindebüro vorsprachen, verleitete auch andere Grundstückseigentümer dazu, ihr für eine erträgliche wirtschaftliche Nutzung kaum noch geeignetes Land in harte D-Mark einzutauschen. Ein Landwirt begründete 1956 seine Absichten zum Verkauf von 6.300 qm Land damit, daß *die landschaftliche Geschlossenheit und die Verschönerung des Nordufers ... durch die Freigabe bzw. Bebauung meines Grundstücks mit Wochenendhäusern hergestellt würde.*[69] Hier mußte der Landkreis jedoch einen Riegel vorschieben – das Grundstück war nicht zur Bebauung vorgesehen. Noch 1962 klagte Oberkreisdirektor Homann, er habe keinen Überblick mehr über die Bautätigkeit von Wochenendhäusern im Landschaftsschutzgebiet Nordufer.[70] 1963 bildete dann das Wochenendhausgebiet *ein fast 3,5 km langes geschlossenes Band.*[71] 1967 betrug die Gesamtzahl der Mardorfer Wochenendhäuser bereits 450.[72] Da die Gemeinde Mardorf 1965 nur 155 Wohnhäuser aufwies, lag das Übergewicht der Gebäude schon deutlich auf der Seite der Wochenendsiedler.[73] Eigentümer waren 33 % Kaufleute und Unternehmer, 26,9 % Angestellte und Beamte, 8,5 % selbständige Akademiker, aber auch 20 % Handwerker und sogar 6,2 % Arbeiter.[74] Der gestiegene Wohlstand äußerte sich in der breiteren Teilnahme am Freizeitkonsum – gleichzeitig aber auch in einem verstärkten Landschaftsverbrauch. Heute stehen rund 600 Wochenendhäuser am Nordufer.[75]

Der Aufbau dieses Wochenendgebietes ging schneller als seine infrastrukturelle Anbindung, und so hingen die Häuser vorerst noch im leeren Raum: Straßen und Zuwegungen fehlten und mußten z.T. in Privatinitiative hergerichtet werden. Von der Müllabfuhr wurde das Gebiet erst ab

1960 angefahren. So wundert es nicht, wenn der Naturschutzbeauftragte Sagatz im Februar 1960 einen Fund von Hunderten von Blechdosen, die in der Nähe des Weißen Berges vergraben waren, meldete.[75a] Auch eine Kläranlage fehlte bis 1965, als eine zentrale Schmutzwasserkanalisation und eine biologische Abwasserreinigung gebaut wurde. Der Standpunkt der Kläranlage war südlich des Mardorfer Ortskerns und südwestlich des Wochenendhausgebietes, so daß die Abwässer statt ins Meer in den Nordbach geleitet werden konnten, *um Gefahren für das Erholungsgebiet und den Badebetrieb zu vermeiden.* Bei Auslegung der Kläranlage war von 5.500 Einwohnergleichwerten (EGW) ausgegangen worden, 2.000 für das Dorf, 3.500 für das Wochenendgebiet. Doch bald erwies sich die Anlage als zu klein. Da zum Wochenendgebiet auch die Hotels, Gaststätten, Kioske, Vereinsheime und andere öffentliche Bauten gehörten, an Spitzentagen mit bis zu 30.000 Besuchern die alte Anlage beinahe zusammenbrach und der Vorfluter erheblich verschmutzt wurde, erschien eine Anlage mit der Kapazität von 30.000 EGW notwendig, die schließlich mit Unterstützung von Bund, Land und Großraum gebaut wurde.[76]

Aber auch am Südufer, in den Gemeinden Steinhude und Großenheidorn, wurden weitere Wochenendhäuser gebaut. In der Presse wurde die Entwicklung mit Besorgnis beobachtet, zu der auch das Gerücht beitrug, das Großenheidorner Strandhotel würde an einen Yachtklub verpachtet: *Immer mehr wird der Zugang zum Meer eingeengt. Parzellen werden von Privatseite Stück um Stück angekauft, mit einem hohen Zaun umgeben, und wieder sind einige 100 m Meeresufer für die Allgemeinheit unzugänglich geworden. Warnschilder künden einen bissigen Hund oder andere abschreckende Dinge an, damit niemand etwa wagt, einmal über den Zaun hinweg ans Meer vorzudringen.*[77] Zwischen 1951 und 1965 wurdem in Steinhude und Großenheidorn 128 Wochenendhäuser gebaut, allerdings war hier, vor allem in Steinhude, die Baudichte bereits vor dem Krieg viel größer als am Nordufer.[78]

Auch in Hagenburg wurden zeitweise große touristische Ambitionen wach. So wurde Ende der 50er Jahre ein Wochenendhaus-Gebiet am Hagenburger Kanal geplant; jedes Haus sollte gleichermaßen mit dem Auto wie mit einem Boot erreichbar sein.[79] Noch 1966 forderte der Hagenburger Bürgermeister Busch, im Großraum-Verbandsplan auch Wochenendgebiete in der Nähe des Hagenburger Kanals auszuweisen.[80]

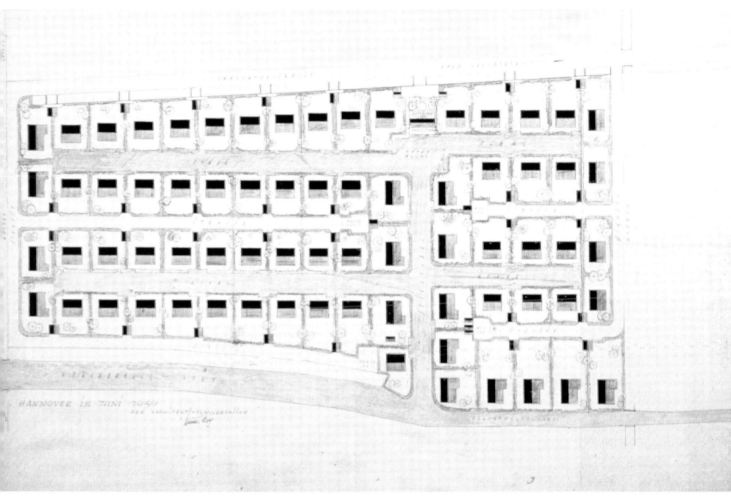

Planung für ein Wochenendhausgebiet am Hagenburger Kanal 1959 mit Wasserweg-Anbindung für jedes Haus (StAB S 1 A 32004).

Ökologische Bedrohungen

In den sechziger Jahren kamen auf das Steinhuder Meer neue Herausforderungen zu. Im November 1962 stellte Regierungsbaurat Schneider, der Leiter des Hannoverschen Wasserwirtschaftsamtes, einen *aufsehenerregenden Plan*[81] vor: Das Steinhuder Meer sollte die Funktion eines Hochwasser-Rückhaltebeckens für die Leine bekommen. Deren Lauf war zwischen Schloß-Ricklingen und Neustadt durch zahlreiche Mäander gehemmt, was bei Hochwasser zu weitflächigen Überschwemmungen führte. Der Plan sah vor, die Leine zu begradigen und bei Poggenhagen durch einem fünf Kilometer langen Kanal mit dem See zu verbinden. Der Wasserzu- und -ablauf sollte durch ein Schleusensystem geregelt werden. Zunächst schien der Plan gerade auch aus touristischer Sicht sehr attraktiv, mußte doch rund um das Meer ein Wall gezogen werden, um im Bedarfsfall eine zusätzliche Aufnahme von 50 Millionen Kubikmeter Leinewasser zu ermöglichen. Auf diesem Wall hätte eine Promenade rund um das Meer geführt werden können dicht entlang am Nord- und Südufer, an den westlichen und östlichen Ufern durch Moor und Wiesen, was in bisher unzugänglichen Gebieten *ausgezeichnete Spaziergänge* erlauben würde. Nicht einmal geträumt haben dürften die Wassersportler von den Möglichkeiten, die dieser Plan eröffnete: Von Hannover oder Neustadt aus würde man über die Leine und den Kanal bis ins Steinhuder Meer paddeln oder segeln können, so der durchaus

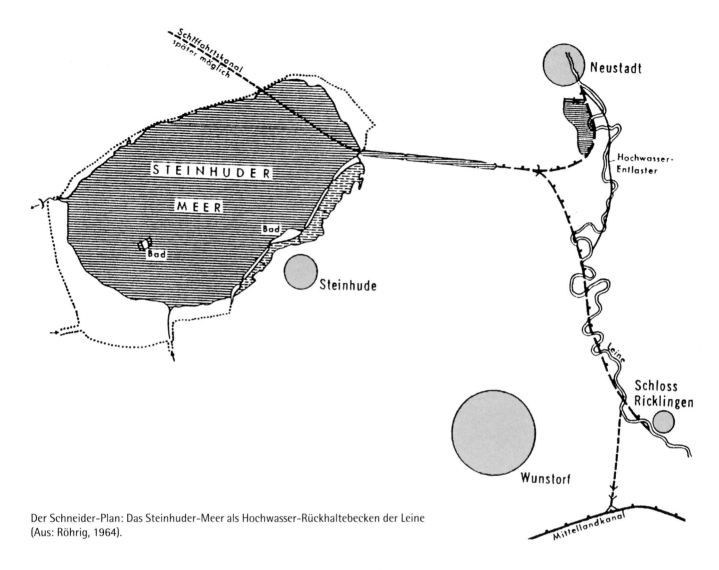

Der Schneider-Plan: Das Steinhuder-Meer als Hochwasser-Rückhaltebecken der Leine (Aus: Röhrig, 1964).

begeisterte Berichterstatter der HAZ vom 9. Oktober 1963. Die Kosten lägen einschließlich Leine-Begradigung relativ niedrig, verglichen mit anderen niedersächsischen Rückhaltebecken. Auch für die Landwirtschaft werde sich das Projekt vorteilhaft auswirken, da 10.000 Hektar Land in Zukunft überschwemmungsfrei blieben.

Doch lösten die geplanten weitreichenden Eingriffe in den natürlichen Wasserhaushalt heiße Diskussionen aus, an deren Ende der Schneider-Plan schließlich wieder in der Schublade verschwand. Dabei konnte auf die am Dümmer gemachten negativen Erfahrungen verwiesen werden. Der Dümmer war zwischen 1942 und 1953 eingedeicht worden, um die umgebende landwirtschaftliche Fläche vor

Überschwemmungen zu schütze. Die Nachteile überwogen die Vorteile bei weitem: Das Wasser des Sees war schwer belastet, Fauna und Flora vom Untergang bedroht.[82] Dem Steinhuder Meer hätte das gleiche Schicksal gedroht, zumal sein Wasser durch das chemisch hochbelastete Leinewasser verschmutzt und im Laufe der Zeit sogar verdrängt worden wäre. Schneider hielt dem allerdings entgegen, daß nach der Realisierung des Plans das Leinewasser durch inzwischen eingebaute Klärwerke wesentlich sauberer sein würde. Daß diesem Ingenieur-Projekt das Wissen um ökologische Zusammenhänge fehlte, zeigten auch später gemachte Erfahrungen mit der Rückhaltung des Wassers im Meer. Durch Verwallung und Herstellung eines niedrigen Pegels verblieb der gesamte Anfall von Schwebstoffen und Getreibsel, der vorher bei Hochwasser auf die umliegenden Wiesen abgelagert wurde, im See. Dadurch wurde die Verschlammung des Meeres gefördert, die folgenden Zersetzungsprozesse bewirkten für Fauna und Flora zuweilen tödlichen Sauerstoffmangel.[83] Auch gegen eine Begradigung der Leine erhoben sich bald Bedenken: Man nähme ihr so die *Nieren,* die der Selbstreinigung dienten.[84]

Belastungen war das Meer auch durch die Einrichtung zweier Kläranlagen ausgesetzt, was offenbar als mit dem Fremdenverkehr vereinbar angesehen wurde. 1965 wurde die Kläranlage Großenheidorn, 1967 die Kläranlage Bad Rehburg in Betrieb genommen. Die Abwässer dieser Anlagen wurden zwar weitgehend von organischen Substanzen und Stickstoffverbindungen befreit, kaum jedoch von Phosphaten, deren Eintrag ins Meer ab 1969 Algenblüten hervorrief. Der Höhepunkt dieser Entwicklung war eine Blaualgen-Dauerblüte von Mai bis November 1971, bei der der gesamte See mit einer zwei Zentimeter dicken Algenschicht bedeckt war. Abgesehen von den schweren ökologischen Störungen, die solche Algenblüten auslösen, setzen die Blaualgen auch Gifte frei, die bei badenden Menschen starke Hautentzündungen verursachen können. Mit den Abwässern erfolgte auch eine Zufuhr von Fäkalcolibakterien, Salmonellen sowie Typhus- und Paratyphusbakterien. An allen Probeentnahmestellen wurden damals die geltenden Grenzwerte mehrfach überschritten, wenn auch nicht in der Badesaison. Ab 1972 wurden dann die Abwässer aus der Kläranlage Großenheidorn über das Tote Moor in die Leine abgeleitet, ab 1976 die Bad Rehburger Abwässer in den Südbach.[85]

Im November 1965 schrieb der Landkreis Neustadt a. Rbge. an den Verband Großraum Hannover, das Nordufer sei den Anforderungen an ein Erholungsgebiet, dessen Bedeutung über den Nahbereich hinausgeht, nicht mehr gewachsen, eine Sanierung sei notwendig. Eine Maßnahme zur Neuordnung des Ufergebietes hatte der Landkreis gemeinsam mit der Gemeinde Mardorf bereits eingeleitet: Die Entschilfung von 78.000 qm Uferfläche auf einer Länge von 3,5 km zur anschließenden Aufspülung mit 100.000 cbm Sand, zur Schaffung von Badestränden und einer vier Kilometer langen Uferpromenade. Hierfür beantragte der Landkreis eine finanzielle Beihilfe vom Großraum in Höhe von 200.000 DM.[86] Auch vorher wurden immer wieder kleinere Flächen entschilft, so an den Strandbädern, an Wochenendhaus- und Segelvereins-Grundstücken. Doch die Beseitigung des Schilfgürtels in

weiten Bereichen hat fatale Folgen: Die biologische Reinigungskraft des Schilf-Filters wurde stark vermindert. Hinzu kommt, daß mit dem Rückgang der Landwirtschaft das Schilf an anderen Stellen nicht mehr wie früher im Winter regelmäßig abgeerntet wurde. Dadurch kam es zu einer verstärkten Bildung von kaum abbaubarem Zelluloseschlamm.[87]

Die Entwicklung des Rettungsdienstes

So flach das Steinhuder Meer auch ist, so tückisch zeigt es sich dem unerfahrenen oder leichtsinnigen Bootsführer, und die größte Gefahr, die den Seglern oder Paddlern droht, resultiert aus der Unterschätzung des Gewässers. Schon Hermann Löns meinte fälschlich, manch kleine Mergelgrube habe eine *schlimmere Chronik als dieses weite Wasser,* dachte allerdings mehr an Badende, die *unendlich weit* in den See hineinwaten könnten, auch wenn sie des Schwimmens nicht kundig seien.[88] Schon seit der Jahrhundertwende gab es wiederholt Klagen über mangelnde Rettungsdienste am Steinhuder Meer; seit jedoch der Bootsbetrieb in der Nachkriegszeit immer intensiver wurde, ereigneten sich regelmäßig Unglücksfälle. Den zuständigen Behörden, vor allem den Meereseigentümern, wurden immer wieder – nicht zu Unrecht – Vorwürfe gemacht, das Rettungswesen auf dem See zu vernachlässigen.

Das Problem des Rettungswesens auf dem Steinhuder Meer wurde in den Jahren 1953/54 erneut angepackt. Aus den bescheidenen und provisorischen Anfängen Mitte der 50er Jahre sollte sich allmählich ein professioneller Rettungsdienst entwickeln, der vor allem der Initiative der Deutschen Lebens-Rettungs-Gesellschaft (DLRG) zu verdanken ist.

Nach Vorgesprächen des DLRG-Bezirks Hannover mit den Segelvereinen und der Gemeinde Steinhude schritten die Lebensretter 1954 zur Tat. Das erste Wasserfahrzeug war ein mit einem Rasenmähermotor zum Motorboot umgerüstetes U-Boot-Dingi, das die Gesellschaft in Emden erstanden hatte. Ein zweites Boot, fünf Meter lang und mit einem 9-PS-Motor ausgestattet, wurde von einer Bremer Bootswerft geliefert. Vorerst bekamen die beiden Boote, die von Fürstin Bathildis zu Schaumburg-Lippe im September 1954 auf die Namen „Seeschwalbe" und „Seeadler" getauft wurden, einen Liegeplatz am Steg des Hannoverschen Yacht-Clubs in Steinhude. Auf dem benachbarten Gelände des Strandbades wurde auch die erste behelfs-

Das Steinhuder Strandbadgelände in den sechziger Jahren. Vorn links am Gelände (mit Flagge) der 1958 errichtete DLRG-Beobachtungsturm; Prospektfoto (Friedrich-Wilhelm Apitius, Barsinghausen).

mäßige Station eingerichtet, als deren Ausguck anfangs eine ausgediente Rutschbahn fungierte. Von dieser aus war allerdings nur ein kleiner Teil des Sees zu übersehen. Da auf dem Meer aufgrund seiner Bedingungen kaum Bade-, dafür aber zahlreiche Bootsunfälle passierten, waren eher als Rettungsschwimmer geschickte Bootsführer gefragt. Das Führen der Motorboote mußten die Rettungsschwimmer aber erst erlernen und dabei einige *bittere Erfahrungen* machen, so Bezirksleiter Orthmann in seiner Rückschau zehn Jahre nach der Eröffnung. Hilfe bei der Bootsführerausbildung leistete in den ersten Jahren der Steinhuder Wasserschutz-Polizeimeister Hirthe. Später veranstaltete auch der DLRG-Landesverband Niedersachsen seine Bootsführer-Lehrgänge auf dem Steinhuder Meer.

Zur Sicherung der großen Wasserfläche reichte eine Station jedoch bei weitem nicht aus. Deshalb nahm die DLRG das Angebot der Fürstin an, ihr zwei Räume auf dem Wilhelmstein zur Verfügung zu stellen. Bei der Herrichtung wurden die Lebensretter vom langjährigen Inselverwalter Adam unterstützt, der selber ein alter DLRG-Lehrscheininhaber war. Als Schlafgelegenheit waren amerikanische Feldbetten organisiert worden, der Turm der Festung diente als Ausguck. Mithilfe stationärer Ferngläser war ein weitaus besserer Überblick übers Meer möglich als von der Steinhuder Station. Da die Boote sich schon bald als zu langsam erwiesen hatten, wurde 1955 ein

neues Boot, der „Seefalke" mit einem 25-PS-Motor beschafft und der „Seeadler" mit einem 30-PS-Motor ausgerüstet. Am Maifeiertag des gleichen Jahres fand der erste große Einsatz statt, bei dem zwei Menschen vor dem sicheren Tod durch Ertrinken gerettet wurden.

Nach und nach gelang es, die Ausstattung der Stationen weiter zu verbessern. 1958 konnte sogar eine Fernsprechverbindung vom Wilhelmstein zur Steinhuder Station mittels eines 4.800 Meter langen Seekabels hergestellt werden – die erste Telefonverbindung des Wilhelmsteins mit dem Festland überhaupt. Im gleichen Jahr errichtete das Technische Hilfswerk Wunstorf für die Steinhuder Station einen dringend benötigten sieben Meter hohen Aussichtsturm. Bald konnten beide Stationen mit gut bestückten Sanitätsschränken und Wiederbelebungsgeräten versehen werden. 1963 wurde das Boot „Wilhelmstein" mit 40 PS angeschafft.

Die Erfolgsbilanz bis zum Ende diesen Jahres war schon beachtlich: Bei 29.400 geleisteten Wachstunden waren 33 Menschen vor dem Ertrinken gerettet und 262 gekenterte oder beschädigte Boote geborgen worden. Die Bilanz Orthmanns wußte auch kuriose Episoden zu berichten, so die von den durchnäßten Vatertagsausflüglern, die ihre Hosen zum Trocknen an einem Mast aufzogen und in langen Unterhosen den Wilhelmstein bevölkerten.[89]

Da die beiden Stationen im südlichen Teil des Meeres noch nicht ausreichten, für den gesamten See die notwendige Übersicht und schnelle Präsenz am Unglücksort zu gewährleisten, wurde Anfang der sechziger Jahre eine dritte Station am Nordufer in Aussicht genommen. Doch dauerte es bis Juli 1968, bis die Station bei der Alten Moorhütte, deren Wirt ein Grundstück zur Verfügung gestellt hatte, ihren Betrieb aufnehmen konnte.[90] Nachdem im Mai ein Segler ertrunken war, hatte ein Steinhuder Arzt in einem Leserbrief das immer noch ungenügende Rettungswesen auf dem Meer als einen *Skandal* beschimpft und die zuständigen Behörden der Lethargie bezichtigt: *Wie viele Opfer hat sich nun schon im Laufe der letzten Jahre dieses heimtückische Gewässer geholt, wie viele sollen noch daran glauben, ehe das mal die Indolenz der Verantwortlichen rührt oder kümmert? Die Todesfalle* Steinhuder Meer werde nur ausgebeutet, die Opfer aber ohne Warnung ihrem Schicksal überlassen.[91]

Unglücksfälle und folgende Proteste wie dieser waren offenbar notwendig, den weiteren Ausbau des Rettungswesens auf dem Meer voranzutreiben. Dazu gehörte auch ein Sturmwarnsystem, das aus mehreren Blinkleuchten bestand, die auf die Sturmwarnung des Wetteramts Langenhagen hin eingeschaltet wurden.

Doch nicht wenige Segler oder Paddler ignorierten Wettermeldungen und Bojen, fuhren in die tückischen Deipen oder wagten sich unerfahren aufs launische Meer. Dem DLRG waren die Bootsunfälle am wenigsten anzulasten. Die Anerkennung, die seine Arbeit fand, kommt auch darin zum Ausdruck, daß der Landessportbund Niedersachsen sein beim Kanuheim Mardorf liegendes Rettungsboot ab 1966 ebenfalls dem DLRG zur Verfügung stellte. Damit verfügte die Gesellschaft über vier Boote, deren stärkstes ein ebenfalls 1966 angeschafftes 60-PS-Boot war. Die Boote waren mittlerweile mit Funkgeräten ausgestattet. Auf diese Weise konnten die Boote von der Steinhuder Zentrale besser zu einem Unglücksort gesteuert werden, was bei der weiten, unübersichtlichen Wasserfläche vom Boot aus schwierig war. Lobenswert war das Engagement der Gesellschaft auch bei Ausbau der eigenen Einrichtungen. Als für die Steinhuder Zentrale ein neues Gebäude errichtet werden sollte, brachte der DLRG die Hälfte der notwendigen Kosten durch Eigenmittel und eigene Arbeit auf; der Rest stammte von den Kreisen Neustadt und Schaumburg-Lippe sowie vom Verband Großraum Hannover. Bis 1970 stellten sich die Rettungsleistungen der Lebensrettungsgesellschaft eindrucksvoll dar: Bei über 68.000 Wachstunden waren 567 Bootsbergungen erfolgt, 812 Hilfeleistungen im Wasser vorgenommen und 104 Lebensrettungen geleistet worden.[92]

Ende 1978 konnte ein Vertrag über die Wasserrettung unterzeichnet werden, den der Landkreis Hannover, der Großraum-Verband, die Städte Neustadt und Wunstorf sowie die DLRG und die Wettfahrtvereinigung Steinhuder Meer erarbeitet hatten. Letztere sollte vorwiegend für die Rettung bei Regatten zuständig sein und mit der DLRG zusammenarbeiten, die den Rettungsdienst an Wochenenden und während der Sommerferien ausübt. Während der übrigen Zeit übernimmt die Feuerwehr Wunstorf mit einem Feuerlösch- und Wasserrettungsboot den Dienst.[93]

223

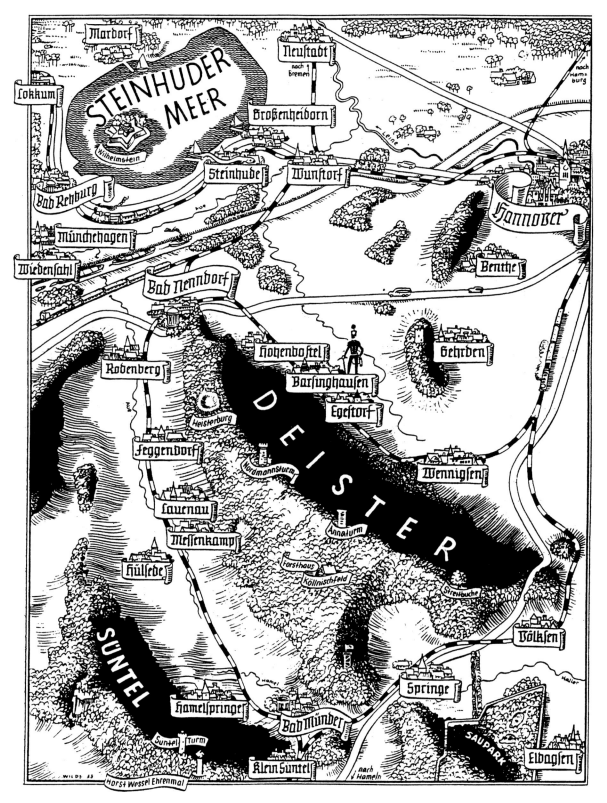

Steinhuder Meer und Deister – bereits in den 30er Jahren die Erholungsschwerpunkte des Großraums Hannover (Aus: Weserbergland-Niedersachsen, Juni 1938).

Erholungsgebiet im Großraum Hannover

Schon lange bevor der „Großraum Hannover" als öffentlich-rechtlicher Verband installiert wurde, nahm er in den Köpfen von Bürgern, Planern und Politikern Gestalt an. Die vielfältigen Verflechtungen zwischen der Stadt Hannover und ihrem Umland bedurften der Ordnung und Planung, und nicht selten fehlte es auch an einem dem Ausbau dieser Beziehungen gewidmeten Finanzbudget. Auch die an der touristischen Erschließung des Steinhuder Meeres Beteiligten dachten in diese Richtung: Zum Ausbau des „Wannsees von Hannover" sollte die Großstadt finanziell beitragen. So hatte der Neustädter Landrat Lichtenberg 1930 vorgeschlagen, daß die Stadt Hannover einen Beitrag zu den Kosten für einen verbesserten Zugang zum Steinhuder Meer in Gestalt einer Uferpromenade tragen solle.[1] Eine bereits in den dreißiger Jahren existierende Großraum-Körperschaft hätte möglicherweise auch den damals diskutierten Radweg von Hannover ans Steinhuder Meer realisieren können, dessen Verwirklichung an der Uneinigkeit der beteiligten Landkreise und an mangelnden Finanzen scheiterte. Fühlbar war das Fehlen öffentlicher Mittel auch, als der Weiße Berg 1957 zum Verkauf stand.

Raumordnung und Landschaftsplanung

Die Raumordnung, die planerisch Gebietsfunktionen zuweist, wurde in den 1960er Jahren bundesweit wie auch im „Großraum Hannover" auf eine gesetzliche Basis gestellt, 1965 ein Bundesraumordnungsgesetz verabschiedet.[2] Schon vorher rief der niedersächsische Landtag am 14. Dezember 1962 durch das „Gesetz zur Ordnung des Großraums Hannover" einen Großraum-Verband ins Leben. Dessen Zielsetzung war, die Probleme des Ballungsraumes mit über einer Million Einwohnern durch regionale Planung zu lösen.[3] Zu den Verbandsgliedern gehörte nicht nur der Kreis Neustadt und damit Mardorf, sondern auch ein Teil des Landkreises Schaumburg-Lippe: die Südufer-Gemeinden Steinhude und Großenheidorn sowie – im Gegensatz zu heute – Altenhagen und Hagenburg.[4] Damit gehörte von Anfang an auch das Steinhuder Meer zum Verbandsgebiet, dessen Bedeutung für die Stadt bzw. den Ballungsraum Hannover in den Erholungsmöglichkeiten

lag – und auch in den Naturpotentialen, die einst die Unzugänglichkeit und Abseitigkeit des Gebietes bedingt und seine Entwicklung gehemmt hatten.

Im Zuge des sich seit Ende der 60er Jahre ausbreitenden Umwelt- und Naturschutzdenkens spielte die Einrichtung von Erholungs- und Naturschutzgebieten eine wichtige Rolle. Der 1972 beschlossene Verbandsplan wies mit 450 qkm von 2.275 qkm rund ein Fünftel der Gesamtfläche des Großraums als Großerholungsgebiete aus. Eine solch großräumige Festlegung war erforderlich, weil Erholungsgebiete im Gegensatz zu Baugebieten später kaum zu erweitern sind, also eine Vorsorgeplanung zu leisten war.[5] Das Erholungsgebiet Steinhuder Meer genoß dabei Vorrang vor den anderen Erholungsgebieten wie der Südheide oder dem Deister; hier war die größte Vielfalt an Erholungs- und Freizeitqualitäten zu finden. Im Verbandsplan wurde das Gebiet – in Übereinstimmung mit dem Bundes-Naturpark- und dem Landesraumordnungsprogramm – bereits als „Naturpark Steinhuder Meer" ausgewiesen.[6]

Am Steinhuder Meer stellte sich der neugeschaffenen Behörde allerdings ein ganzes Bündel von Problemen. Die einstmals gepriesene „unberührte Natur" war durch die starke, ungeregelte Erholungsnutzung arg gebeutelt, der ursrpünglich natürliche Charakter der Landschaft weitgehend zerstört worden.[7] Es gab als Folge der schon seit den 20er Jahren geschaffenen Strukturen zu wenig Platz am Ufer für die anströmenden Besuchermassen, die Bebauung vor allem am Nordufer trug chaotische Züge, die Verkehrsinfrastruktur war unzulänglich, die vorhandenen gastronomischen und hygienischen Einrichtungen zeichnete oft ein schlechter Standard aus.

Dabei wurden die Steinhuder-Meer-Gemeinden immer mehr vom Fremdenverkehr abhängig und erlebten einen Strukturwandel. Noch stärker als Steinhude, das sich schon seit Jahrzehnten auf den Fremdenverkehr eingestellt hatte, erfaßte dieser Wandel Mardorf. Die Nordufergemeinde war bis dahin immer noch überwiegend landwirtschaftlich strukturiert gewesen. Die geringe Bodenqualität eröffnete der Landwirtschaft in Mardorf jedoch kaum Entwicklungschancen. Da das abgelegene Dorf auch wenig attraktiv für andere Gewerbe- oder Industriezweige war,

Verbandsplan: In der Erholungsplanung des Großraums spielten das Steinhuder Meer und der bereits geplante Naturpark eine wichtige Rolle (Aus: Gartenamt 5/71, S. 209).

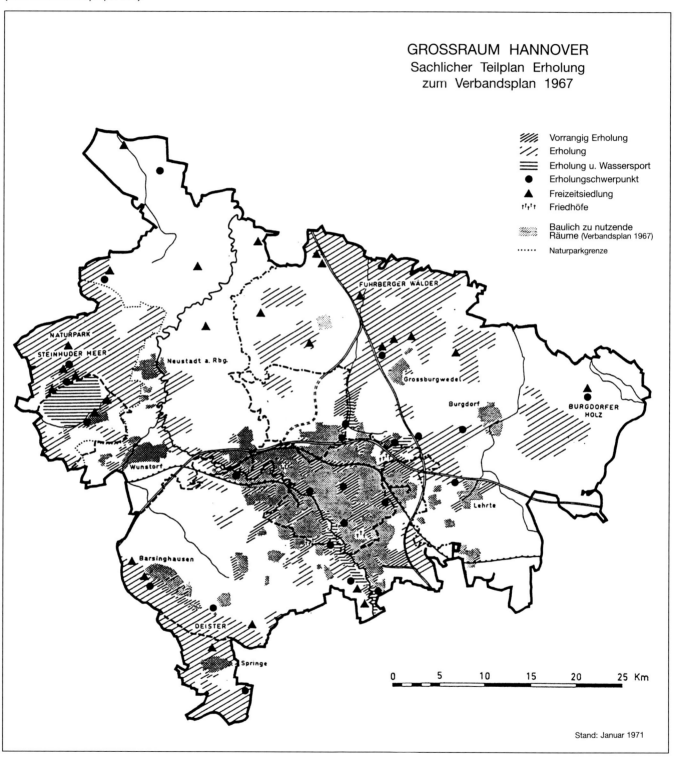

GROSSRAUM HANNOVER
Sachlicher Teilplan Erholung
zum Verbandsplan 1967

Vorrangig Erholung
Erholung
Erholung u. Wassersport
Erholungschwerpunkt
Freizeitsiedlung
Friedhöfe
Baulich zu nutzende Räume (Verbandsplan 1967)
Naturparkgrenze

NATURPARK
STEINHUDER MEER
Neustadt a. Rbg.
FUHRBERGER WÄLDER
Grossburgwedel
Burgdorf
BURGDORFER HOLZ
Wunstorf
Lehrte
Barsinghausen
DEISTER
Springe

0   5   10   15   20   25 Km

Stand: Januar 1971

blieben nur zwei Erwerbsmöglichkeiten übrig: das Berufspendeln in andere Orte oder der Fremdenverkehr. Von 1961 bis 1968 wuchs die Zahl der Auspendler um 163 % von 110 auf 290 Personen. Für die Bauern lag es nahe, ihre unwirtschaftlichen Flächen zu verpachten oder zu verkaufen. In ihrem Interesse wurden deshalb Flächen für den Wochenendhausbau ausgewiesen, wodurch allerdings große Bereiche des Nordufers der erholungssuchenden Öffentlichkeit entzogen wurden.[8]

Die Planungs- und Finanzstrategie des Großraums zum Ausbau des Nordufers verfolgte daher im Wesentlichen drei Punkte: Freimachen des Uferbereiches für die Allgemeinheit, Anlegen eines Wanderweges und Grundstückserwerb an Erholungsschwerpunkten. Zur Festschreibung der Ziele erarbeitete der Großraum gemeinsam mit der Gemeinde Mardorf einen Flächennutzungsplan.[9]

Nun konnte endlich verwirklicht werden, was schon seit Jahren diskutiert und gefordert worden war: die Überführung des Weißen Berges in die öffentliche Hand. Der Großraum-Verband erwarb das begehrte Gelände zum Preis von 1,8 Millionen Mark.[10] Die arg mitgenommene Düne mußte bald durch Halt bietende Pflanzen, Treppen sowie eine Aussichtsplattform wieder hergerichtet werden.[11] An die bereits erwähnten Strandaufspülungen anschließend mußte auch ein neuer Uferweg angelegt werden, da der alte, der teils durch Böschungen und unwegsames Sumpfgelände führte, unbrauchbar geworden war. Notwendig waren auch umfangreiche landschaftspflegerische Maßnahmen in Gestalt von Durchforstungen, Schutz- und Neuanpflanzungen unter anderem von 2.000 Bäumen. Die Kosten verteilten sich auf den Landkreis Neustadt a. Rbge. und auf den Großraum-Verband, dazu kamen noch Bundesmittel aus dem Naturparkprogramm, Mittel der Gemeinde Mardorf sowie private Gelder einiger örtlicher Fremdenverkehrs-Gewerbetreibender.[12] Zur Abrundung wurde der neue Uferweg vom Verkehrsverein Mardorf durch 50 neue Bänke und holzverkleidete Papierkörbe möbliert.[13]

Als im September 1968 das neugestaltete Nordufer eingeweiht wurde, schwärmte die Hannoversche Presse, das Nordufer sei von der Schattenseite des Meeres zu einem Ferienparadies geworden, und die Hannoversche Allgemeine lobte, das Steinhuder Meer sei ein Musterbeispiel für die Wirkungsmöglichkeiten des Verbands Großraum Hannover geworden.[14]

Infolge der zunehmenden Motorisierung wie auch durch die Ausbaumaßnahmen des Großraums nahm der PKW-Verkehr zum Weißen Berg erheblich zu, weshalb auch weiterer Parkraum geschaffen wurde. Die neue 1967/68 gebaute Moorstraße zur Erschließung des Nordufers von Neustadt her sorgte jetzt für eine gute Erreichbarkeit. Eine Zählung vom 9. bis zum 11. Juni 1973 ergab insgesamt 14.650 Kraftfahrzeuge mit 32.450 Besuchern. Dem Großraum blieb nichts übrig, als sich an der Einrichtung von Parkplätzen zu beteiligen. Bis 1975 finanzierte der Verband Parkraum für 1.200 Autos am Nordufer.[15]

Ab 1974 wurde schließlich anstelle des alten, baufälligen Badehotels am Weißen Berg das Restaurant Weiße Düne gebaut. Gleichzeitig wurde ein neuer Campingplatz mit 360 Stellplätzen und 80 Zeltplätzen nördlich der Meerstraße angelegt, da Ersatz notwendig war für den zwischen Badehotel und Alter Moorhütte gelegenen Campingplatz Isensee, der gemäß einer Bestimmung des Verbandsplans von 1972 zur Freihaltung einer hundert Meter breiten Uferzone weichen mußte.[16]

Ebenso wie für Mardorf wurde vom Großraum auch ein Flächennutzungsplan für Steinhude und die anderen Südufergemeinden erstellt. Mitte der sechziger Jahre sah die touristische Lage in Steinhude nicht gerade rosig aus: Die Verweildauer der Touristen war kurz, die Übernachtungszahlen gingen zurück. Waren 1964 noch 43.455 Übernachtungen gezählt worden, sanken die Zahlen 1965 auf 34.266 und 1966 auf 31.180 Übernachtungen[17] – was auf das schlechte Wetter zurückgeführt wurde, aber auch strukturelle Ursachen hatte: Wie am Nordufer stand der Öffentlichkeit nur wenig Platz am Ufer zur Verfügung, die Verkehrsanbindung ließ zu wünschen übrig. Überdies begannen die Abwässer der Kläranlage Großenheidorn das Meer zu verschmutzen.

Es galt, die Probleme zu lösen und die Touristen nicht nur anzulocken, sondern auch zum längeren Bleiben zu bewegen. Ehrgeizig engagierte die Gemeinde einen der populärsten bundesdeutschen Stadtplaner, den Verfasser des Buches „Die autogerechte Stadt", Prof. Hans Bernhard Reichow, der zuvor den Wunstorfer Stadtteil „Barne" geplant hatte.[18] Seine Biographie wies aber auch dunkle Flecken aus der NS-Zeit auf: Nach dem Überfall auf die Sowjetunion hatte er sich Gedanken über Siedlungsplanung und Städtebau im „Neuen Deutschen Osten" gemacht.[19] Der Hamburger Architekt sollte ein Gesamtentwicklungskonzept für den Flecken erarbeiten. Schon in ersten Diskussionen mit der Gemeinde und dem Großraum-Verband unterstrich Reichow die Notwendigkeit, den Verkehr flüssig zu halten und genügend öffentlichen Parkraum herzustellen.[20]

Noch vor der Umgestaltung: Das Steinhuder „Ratskellergelände". Das Ratskellergebäude, der Pavillon und je ein Haus zur Rechten und zur Linken des Geländes wurden 1972/73 abgerissen und daraufhin eine Grünanlage und Ladenzeilen mit Imbißbuden und Souvenirshops zu beiden Seiten des Platzes angelegt (Hermann Beckedorf, Steinhude).

Die Bedingungen für eine touristische Aufwertung Steinhudes waren gut. So war die Finanzsituation Steinhudes günstig: Die Pro-Kopf-Verschuldung lag 1967 bei 308 DM, weit unter dem Landesdurchschnitt von 485 DM pro Einwohner. Der Fremdenverkehr trug erheblich zum Gesamtsteueraufkommen bei. Der Haushalt Steinhudes ermöglichte erhebliche Aufwendungen für Straßenbau und Kanalisation.[21] Mit dem Verband Großraum Hannover stand eine Institution zur Verfügung, die sowohl Planungshilfe leisten als auch Projekte finanziell unterstützen konnte. Der Großraum erwarb das Strandhotel und sagte die Übernahme des Honorars für Reichow sowie von 80 % der Kosten für eine Uferpromenade zu – Steinhude war *des Großraums liebstes Kind*.[22]

Im Jahre 1970 legte Reichow schließlich das Ergebnis seiner Arbeit vor. Er sah Steinhudes Zukunft als die eines Kur- und Erholungzentrums, für das der Ort entsprechend attraktiv gestaltet werden müsse. Vom Kurcharakter versprach er sich Folgeeffekte z.B. in Gestalt von Erholungsheimen. Den Kern seiner Planung bildete eine Kette von neun achtgeschossigen Hochhäusern *in noch genügend großen rhythmischen Abständen* von der Bahnhofsstraße bis zum Ostenmeer, beiderseits der Achse – von Reichow „Basisstraße" genannt – Kirchstraße (heute Am Anger) – Kamerun – Bleichenstraße. Diese Hochhäuser sollten Apartmentwohnungen für Hannoveraner aufnehmen, die in Steinhude eine Zweitwohnung beziehen wollten. Reichow begründete dies mit einem allgemeinen Trend zur Zweitwohnung in Ballungsräumen, der etwa in Schleswig-Holstein bereits in vollem Gange sei. Der Verkehr sollte von einer Umgehungsstraße aus in drei *Einstößen* in die verschiedenen Ortsteile geleitet werden: zum *Kurgebiet* beim Strandhotel, zum Ortskern durch die Bahnhofsstraße und zur Badeinsel über den Hermann-Löns-Weg. Um die erwarteten zahlreichen Autos aufnehmen zu können, war eine Kette von Parkplätzen geplant, einer davon direkt auf der Badeinsel, vom Badebetrieb getrennt durch Bepflanzung und eine künstliche Düne.[23]

Reichows monumentale Pläne wurden in dieser Gestalt nicht verwirklicht, aber der Gedanke von Apartment-Großbauten trug Früchte. Auf dem von der Gemeinde in den fünfziger Jahren erworbenen Strandbad-Gelände, das nur noch als Zelt- und Campingplatz sowie vom DLRG

genutzt wurde, plante die Nordland-Bau-AG einen Komplex mit 80 Apartmentwohnungen und einem Hallenschwimmbad. Da der Haushalt des Fleckens im Jahre 1970 mittlerweile einen Fehlbetrag von 400.000 DM aufwies, war eine Zwei-Millionen-Einnahme aus dem Grundstücksverkauf sehr verlockend, außerdem paßte der Apartment-Bau zu der Absicht, Steinhude zu einem Kur-, Sport- und Erholungszentrum auszubauen, wie es im Vertragsentwurf mit der Nordland-Bau-AG hieß.

Um die Nutzung dieses Geländes, eine der wenigen Uferflächen Steinhudes in öffentlichem Eigentum, entbrannte eine hitzige Diskussion zwischen dem Großraum-Verband und der Gemeinde Steinhude, die sich durch manche Vorstellungen der Regionalplanung bevormundet fühlte.[24] Die Vertreter des Großraums hatten erhebliche Bedenken gegen die geplante Nutzung des Grundstücks, da es als für die Allgemeinheit zu entwickelnder Uferbereich in öffentlicher Hand galt. Besonders in Harnisch geriet der Beigeordnete Falke: Mit Verweis auf das Landesraumordnungsprogramm stellte er fest, daß eine Entwicklung Steinhudes zum Kurort nicht vorgesehen sei. Falke fand es *unerträglich,* daß Steinhude im Gegensatz zur Verbandspolitik, Uferflächen für die öffentliche Hand zu erwerben, den *Ausverkauf seiner Ufer* betreibe. Er kriti-

Die Steinhuder-Meer-Landschaft wird immer mehr zur Freizeit- und Ferien-Landschaft: Großanleger, künstlicher Badestrand, Restaurant Weiße Düne, Campingplatz (Tourismusverband Hannover Region e.V.).

sierte dabei auch die hohen von den Steinhudern verlangten Grundstückspreise, die die Bodenspekulation am Meer allgemein in die Höhe zu treiben drohten.

Der Beigeordnete Weyl nahm eine vermittelnde Position ein. Der Erwerb eines Apartments sei für die weitaus meisten Leute zu teuer: Ein mittleres koste schon 50.000-60.000 DM, ein großes über 100.000 DM. Wenn die Apartments aber vermietet würden, wäre Steinhude solchen Schichten, die sich kein Wochenendhaus leisten könnten, für einen größeren Teil des Jahres erschlossen, damit wäre der Bebauung eine soziale Rechtfertigung gegeben.[25]

Der Verband entwickelte für die Bebauung des Geländes mit Apartmentwohnungen ein Alternativ-Konzept mit Miet- statt Eigentums-Apartments; die DLRG-Station bekam einen Platz auf dem Dach des Neubaus. Dies wurde schließlich vom Steinhuder Gemeinderat gebilligt.[26] Mit der von den Steinhudern größtenteils in Eigenleistung aufgespülten und vom Großraum mit der notwendigen Infrastruktur bestückten Badeinsel wurde eine wesentlich größere öffentliche Fläche geschaffen.

Heute sind die Apartments allerdings weitgehend mit Dauermietern belegt; wegen der geringen Größe der Wohneinheiten wird der Bau „Scheidungsbunker" genannt.[27]

Noch exponiertere Großneubauten blieben dem Ort jedoch erspart. Zeitweise hatte Gemeindedirektor Kluge mit einem Hochhausbau auf dem Gelände des 1972 abge-

rissenen Ratskellers geliebäugelt, das ein Düsseldorfer Makler plante. Nicht nur der Großraum-Verband, auch die Presse konnte dieser Vorstellung nichts abgewinnen: *Gewaltakte, ein Miniatur-Miami etwa, sollte es am freundlich gekräuselten Binnenmeer nicht geben,* mahnte die Hannoversche Allgemeine Zeitung.[28]

Übrigens hatte der Großraum-Verband nicht grundsätzlich etwas gegen Apartmenthäuser, die eine neue Zweitwohnform gegenüber den flächenverbrauchenden Wochenendhäusern darzustellen schienen.[29] Am Weißen Berg sah eine Planung des Verbandes Terrassentürme mit Hotel, Restaurant und 550 Apartmentwohnungen vor, die zusammen mit einem zeitgemäßen „Automatenrestaurant", Hallenbad und weiteren Spiel- und Sportanlagen ein Erholungszentrum bilden sollten, das auch von Tagesbesuchern genutzt werden konnte. Dieses Zentrum würde nur zwei Hektar Fläche in Anspruch nehmen, begründete Verbandsdirektor Ziegler das Projekt, während eine gleiche Anzahl Wohnungen in den bislang gebauten und nur den privaten Besitzern zur Verfügung stehenden Wochenendhäusern 60 Hektar Fläche verbrauchten. Ein weiteres Ferienzentrum mit Segelschule und Bootshafen war auch im Bereich der Alten Moorhütte in Aussicht genommen.[30] Der Verband stieß mit seinem Projekt jedoch auf breiten Widerstand. Ein Bündnis verschiedener Verbände und Vereine, so der Niedersächsische Heimatbund, der DGB-Niedersachsen und der BUND erhoben Protest; schließlich verhinderte der Regierungsprä-

Künstliche Landschaft auch am Südufer: Die 1974 eröffnete Badeinsel (Tourismusverband Hannover Region e.V.).

sident die Großanlage, die durch ihre Dimension Gesicht und Charakter des Nordufers stark verwandelt hätte.[31]

Der Apartmentboom jener Jahre brachte dafür am Nordufer einen nicht unumstrittenen Komplex von 48 Apartments in Verbindung mit dem Kurhotel, das 1971/72 westlich der Mardorfer Warte gebaut wurde und Ausdruck Mardorfer Kurort-Bestrebungen war; Käufer – u.a. aus Hannover, Wolfsburg, Bielefeld, Herford und Minden – fanden sich recht schnell. Die Apartments wurden als notwendig erachtet, um dem Hotelrestaurant eine ökonomische Basis zu geben.[32] Ähnlich dachte der Betreiber der Neuen Moorhütte und ließ bei der Erweiterung des Hauses acht Apartments einbauen, die schnell von Gästen aus dem Ruhrgebiet und Berlin bezogen wurden.[33]

Am Südufer sollte eine neue Promenade am Ufer entlang bis zum Hagenburger Kanal angelegt werden. Die nur 600 Meter lange Steinhuder Promenade war an schönen Tagen regelmäßig überfüllt. Das Projekt sollte zur Entlastung Steinhudes beitragen und konnte, zusammen mit der notwendig gewordenen Entschlammung und Wiederschiffbarmachung des Hagenburger Kanals, auch eine touristische Wiederbelebung Hagenburgs in die Wege leiten. Im September 1968 wußte die Hannoversche Allgemeine Zeitung sogar zu berichten, der Verband, der Landkreis Schaumburg-Lippe und der Flecken Hagenburg beabsichtigten eine Umgestaltung des Hagenburger Ufers ähnlich dem Nordufer mit Sandstrandflächen, Campingplätzen, Feriensiedlungen und einem Zentrum für Wassersport. Noch 1973, nachdem das Meer in das Alleineigentum des Landes übergegangen war, wurde die Aufspülung der Hagenburger Uferwiesen und deren Ausbau zu einem Feriengebiet erwogen.[34] Die Gebietsreform und das folgende Ausscheiden Hagenburgs und Altenhagens aus dem Großraum-Verband beendete solche Überlegungen.

1972/1973 wurde dann die Uferpromenade von Steinhude bis Hagenburg gebaut, die Kosten dafür betrugen 1,35 Millionen Mark.[35] Sie wurde bald zu einem der beliebtesten Spazierwege am Steinhuder Meer und ein weiteres Element eines Rundwanderweges um den See. Der Spazierweg brachte aber auch Verluste für die Natur: Nachdem bald nach Bekanntwerden der Promenadenpläne die vorgesehene Uferfläche zur Ablagerung von Bauschutt und anderem Unrat mißbraucht worden war,[36] fiel dem Bau dann ein Teil eines Erlenbruchwäldchens zum Opfer, in dem man den Schlamm aus dem betreffenden Uferbereich deponiert hatte. Naturschützer hatten erfolglos vor einer solchen Folge gewarnt.[37]

Zwar künstlich, aber kinder- und familienfreundlich: die Steinhuder Badeinsel (Bildarchiv des Landkreises Hannover, Foto: Christian Stahl).

Bis 1974 hatte der Großraum-Verband also durch zahlreiche Maßnahmen die Voraussetzungen für die Naherholung am Steinhuder Meer entscheidend verbessert. Jedoch hatte der Verband nicht alle Entwicklungen bestimmen können. Um den Erfolg der Maßnahmen, die Zufriedenheit und die Bedürfnisse der Steinhuder-Meer-Besucher genauer zu ermitteln und daraus Folgerungen für die weitere Planung und die zukünftige Politik zu ziehen, gab der Verband 1974 eine empirisch-soziologische Untersuchung in Auftrag. Die Auswertung sollte auch Möglichkeiten und Chancen von Angeboten außerhalb der Sommermonate erbringen.[38] Der Autor, der Soziologe Peter Deckert, wertete dazu die Ergebnisse einer Befragung von 2.440 Besuchern an sechs ausgewählten Tagen aus.

Da mehr als Dreiviertel der Befragten eine gute Zufriedenheit äußerte, schien kein Anlaß zu grundsätzlichen konzeptionellen Änderungen gegeben. Abgesehen von den natürlichen Grenzen der Belastbarkeit würde eine „Überentwicklung" auch den Reiz des Meeres für den Besucherstamm mindern, so Deckert. Viele Besucher fürchteten Nebenfolgen zusätzlicher Angebote, schon jetzt gab es Klagen über den „Massentourismus" (16 % der Besucher) und die Uferverschmutzung. Der Schwerpunkt der zukünftigen Arbeit solle daher in der Erhaltung der natürlichen Qualitäten liegen, der Charakter der Landschaft dürfe nicht durch weitere Erschließungsmaßnahmen verändert werden.[39]

Die regionale Herkunft der Besucher verteilte sich folgendermaßen: Aus der Stadt Hannover kamen 24 %, aus dem Landkreis Hannover 18 %, aus dem übrigen Niedersachsen 24 %, aus dem übrigen Bundesgebiet 33 %, aus dem Ausland 1 %.[40] Fundamental verändert hatte sich in den letzten Jahrzehnten unter dem Einfluß der Individualisierung die Gesellung der Besucher: Zu 45 % kamen sie mit ihrer Familie, mit Ehe- oder nichtehelichen Partnern kamen 24 %, 23 % mit Freunden oder Bekannten. 9 % traten allein auf, nur 3 % kamen mit einer Reisegruppe, und nur 1 % mit einem Verein oder im Rahmen eines Betriebsausflugs. Dies war deutlich anders als am Ende des letzten Jahrhunderts; anders auch als in den 20er und 30er oder teilweise noch in den 50er Jahren, als es große Betriebs- oder Vereinsausflüge gab mit z.T. mehreren hundert Teilnehmern. Betriebsausflüge gibt es jedoch heute kaum noch, zumal sie in der veröffentlichten Meinung einen schlechten Ruf genießen: Es wird unterstellt, daß sie die Leistungsfähigkeit der betreffenden Unternehmen oder Verwaltungen einschränkten. Die Individualisierung drückt sich auch in der Erlebnisorientierung aus: 58 % bevorzugten die „einsame Natur", während nur 14 % lieber unter Menschen sein wollten, der Rest war unentschieden.[41] Die Fremdenbuch-Einträge hatten dagegen den Drang zur Geselligkeit oder auch zur Partnersuche bezeugt.

Bei den Aktivitäten der Besucher dominierte 1974 der Spaziergang am Ufer: 64 % gaben dies an. An zweiter Stelle des Besucherinteresses stand das Kaffeetrinken oder Essen in einem Lokal. Die Segler stellten einen großen Besucheranteil dar: 26 % waren gekommen, um im eigenen Boot zu segeln, 4 % segelten in einem gemieteten Boot. 11 % der Besucher waren Mitglied eines Segel- oder Yachtclubs.[42] Zum Segeln im eigenen Boot waren 37 % der Nordufer-Besucher, aber nur 15 % der Südufer-Gäste gekommen.[43] Auch das Fahren mit einem Tret-, Ruder- oder Elektroboot (15 %) und mit eigenem Ruder-, Paddel- oder Schlauchboot (3 %) gehörte zu den wasserbezogenen Aktivitäten. 20 % der Besucher wollten sich sonnen, lagern oder im Freien aufhalten. In früheren Zeiten beliebte Unternehmungen am Meer spielten dagegen keine so große Rolle mehr: Baden im Meer war nur noch von 16 % der Besucher gefragt, eine Überfahrt zum Wilhelmstein, einst nahezu das einzige Ziel eines Steinhuder-Meer-Besuches, gaben gar nur neun Prozent der Besucher als Aktivität an.[44]

Der Wilhelmstein trotzt allen Stürmen: Die Festungsinsel blieb bis heute Eigentum des Hauses Schaumburg-Lippe und verschafft ihm weiterhin Einnahmen aus dem Fremdenverkehr. Die Luftaufnahme vom 11. August 1969 veranschaulicht aber auch, wie künstliche Hindernisse im Meer strömungsberuhigte Zonen schaffen (Niedersächsisches Landesinstitut/Medienpädagogik).

Von den mehrtägigen Besuchern, die insgesamt 44 % ausmachten, übernachteten 41 % im Wohnwagen, im Zelt oder im Boot, 27 % im Privatquartier, in einem Hotel oder einem Gasthof, 26 % im Wochenend- oder Ferienhaus.[45] Immerhin gab ein „nicht zu gering zu achtendes Besucherpotential" aus Ballungszentren außerhalb Niedersachsens an, es würde Gefallen an längerem Aufenthalt finden: 29 % der Besucher waren an einem Urlaubsaufenthalt interessiert, 14 % möglicherweise interessiert.[46] Alles in allem konnten sich der Großraum-Verband aber auch die Ufergemeinden in ihrer Arbeit bestätigt fühlen.

Territoriale Neuordnungen

1972 erreichte Steinhude die Anerkennung als Staatlicher Erholungsort. Im Jahr darauf endete eine Epoche: Die Beteiligung einer ehemals feudalherrlichen Privatverwaltung am Steinhuder Meer, das Gegenstand regionaler und überregionaler Interessen war, war nicht mehr zeitgemäß. Das Land Niedersachsen, als Rechtsnachfolger des früheren Freistaats Schaumburg-Lippe bereits Eigentümer einer – ideellen – Meereshälfte, erwarb die dem schaumburg-lippischen Fürstenhaus seit der Domanialteilung 1920 verbliebene Hälfte des Steinhuder Meeres im Januar 1973 für rund 7,5 Millionen Mark (nicht jedoch die Insel Wilhelmstein). Die ohnehin schwierig zu vereinbarenden Behördenaufgaben wie Wasserwirtschaft, Landschaftspflege und Naturschutz, Erholungsplanung und Bauaufsicht, Gefahrenabwehr oder Jagd- und Fischereiaufsicht wurden nicht mehr durch eine umständliche Mitverwaltung durch die Fürstliche Hofkammer zusätzlich erschwert. Die Landesregierung führte so ihre Politik fort, die niedersächsischen Binnenseen in ihr Eigentum zu übernehmen und so gemäß der Landesplanung als Erholungsgebiete zu sichern; schon vorher gehörten die übrigen großen Gewässer wie der Dümmer, das Zwischenahner Meer, der Bederkesasee und andere dem Land.[47]

Die Neuordnung des Steinhuder-Meer-Gebietes wurde ergänzt durch den am 7. Februar 1974 geschlossenen Vertrag über die Gebietsreform. Diese hob den Status der niedersächsischen Dörfer als selbständige Gemeinden auf und faßte sie in Samtgemeinden zusammen oder bezog sie als Ortsteile in die Städte ein. Zudem wurden durch die Reform kleinere Kreise zu größeren zusammengefaßt und manche Kreisgrenzen verändert. Am Steinhuder Meer wurden die ehemals schaumburg-lippischen Südufergemein-

den Steinhude und Großenheidorn der Stadt Wunstorf zugeschlagen, die wiederum wie der gesamte ehemalige Kreis Neustadt a. Rbge. von nun an dem neugebildeten Landkreis Hannover angehörte. Begründet wurde die neue Zuordnung Großenheidorns und Steinhudes vor allem mit den Erholungsinteressen der Bewohner der Landeshauptstadt und des Landkreises Hannover: Nur so war sicherzustellen, daß die notwendigen Finanzaufwendungen zur Förderung dieses Gebietes von den das Meer in erster Linie nutzenden Kommunen auch zur Verfügung gestellt würden.[48]

Auch auf der Ebene des Grundstückseigentums hatte sich mittlerweile einiges getan. Der Verband Großraum Hannover hatte bis 1975 insgesamt 54 Hektar zur Sicherung und Freihaltung der Uferbereiche für die Öffentlichkeit erworben[49] und Finanzleistungen von rund 2,6 Millionen Mark für das Steinhuder Meer aufgewendet, davon 400.000 Mark als Beihilfen für die Anliegergemeinden. Außerdem hatte der Verband 5,3 Millionen Mark für den Erwerb von Grundstücken ausgegeben, die der Öffentlichkeit zur Erholung dienen sollten.[50] Dadurch waren bis 1975 von der Uferlinie 3,86 km am Nordufer und infolge des Promenadenbaus 3,4 km am Südufer öffentlich zugänglich gemacht worden.[51]

Tourismus im „Naturpark"

Formen der contemplativen Erholung und des mehr ästhetischen Landschaftserlebnisses können sich nicht mehr entwickeln, da die begrenzt zur Verfügung stehenden Flächen bereits in ihrer Aufnahmefähigkeit überlastet sind.
(Großraum-Planer Seyfang 1975)[52]

Die Deckert-Studie belegte wieder einmal die wichtige, alles überragende Attraktivität des Naturerlebnisses für die Steinhuder-Meer-Besucher. So wenig verwunderlich das bei einem am Rande eines Ballungszentrums liegenden Naturraum erscheint, so paradox verhält sich dieser Befund dazu, daß eben diese Anziehungskraft die Natur am Steinhuder Meer schleichend zurückdrängt und zu erdrücken droht.

Aber auch Landwirtschaft, Torfabbau und wasserwirtschaftliche Maßnahmen bedrohten das Steinhuder Meer in mehrerlei Hinsicht. 1973, zu einer Zeit, als auch allgemein verstärkt über Umweltprobleme diskutiert wurde, wurde von Fischern, Seglern, Naturschützern und Meeranwohnern die „Notgemeinschaft Steinhuder Meer" gegründet.

Diese wandte sich an Landesregierung und Behörden mit Eingaben, Maßnahmekatalogen und Berichten, die folgenschwere Wasserbaumaßnahmen und andere Eingriffe abwenden sollten. Außerdem initiierte und finanzierte die Notgemeinschaft das im April 1974 abgehaltene Steinhuder-Meer-Symposium der Forschungsstelle Steinhuder Meer e.V., die im Jahre 1968 zur Erforschung der Limnologie des größten deutschen Flachsees gegründet worden war.[53]

Den Beginn der das Meer schädigenden Eingriffe setzte Fischermeister Schweer in einem Bericht der Notgemeinschaft vom April 1974 auf das Jahr 1956 an, als die Trockenlegung des Meerbruchs im Westen des Sees begann. Seither sei der Wasserspiegel im Sommer stark gesunken, da ein wichtiges Wasserreservoir verlorengegangen war. Tatsächlich war seit Beginn der Pegelmessungen auf dem Wilhelmstein ab 1874 der Mittelwert gesunken: Im Durchschnitt der Jahre 1955-1973 lag er um 17 cm tiefer als der Mittelwert der Jahre 1874-1955 – bei einem Flachsee wie dem Steinhuder Meer eine beträchtliche Dimension.[54]

Als weitere Konsequenz nannte Schweer das Verschwinden des riesigen Krautbestandes im Westenmeer, woraufhin eine zehnjährige Hungerperiode für den Fischbestand folgte. Die Sandentnahmen und Aufspülungen für die Erholungseinrichtungen Badeinsel, Norduferstrände und Süduferpromenade hätten darüberhinaus *die wertvollsten Laichplätze im Gewässer vernichtet.* Geklagt wurde auch über die große Zahl von 4.000 Segelbooten, auf denen mindestens 10.000 Menschen Segelsport trieben, und die auf das Doppelte zu veranschlagenden Besuchermengen am Wochenende: *Sie alle lassen Müll und Abfall zurück, den man am schnellsten loswird, wenn man ihn ins Meer wirft. Der Meeresgrund ist jetzt schon übersät mit Plastiktüten, Eisbechern, Damenstrümpfen und anderen nicht faulbaren Stoffen. Und Jahr für Jahr wird mehr dazu geworfen, ohne daß etwas verrottet.*[55]

Um die hochempfindlichen Moor-, Ufer- und Schilfflächen im Steinhuder-Meer-Gebiet vor der Zerstörung zu bewahren, erreichte die in den sechziger Jahren gegründete „Faunistische Arbeitsgemeinschaft Steinhuder Meer/Untere Leine" seit 1970 die Ausweisung mehrerer Naturschutzgebiete im Westen und Osten des Meeres.[56] Zuerst wurde das Naturschutzgebiet „Ostufer" ausgewiesen, dem 1981 die Schutzgebiete „Meerbruch" und „Wulveskuhlen" folgten; 1991 wurde schließlich noch das Wunstorfer Moor zum Naturschutzgebiet erklärt. Nur das bereits 1962 ausgewiesene Naturschutzgebiet Hagenbur-

ger Moor hat einen anderen Entstehungshintergrund: Hier waren es die genannten Entwässerungsmaßnahmen der fünfziger Jahre – die auch den einst berühmten „schwimmenden Wiesen" den Garaus gemacht hatten – die zur überfälligen Unterschutzstellung führte, über drei Jahrzehnte nach den ersten Vorstößen dazu.[57] Heute stehen rund 65 % der Uferlinie des Steinhuder Meeres unter Naturschutz.[58]

Nach der Ramsar-Konvention von 1971 (benannt nach dem iranischen Konferenzort) wurde 1975 eine Fläche von 5.775 ha des Steinhuder Meeres und seiner Uferbereiche zum „Feuchtgebiet internationaler Bedeutung" erklärt.[59] Hier brüten, rasten oder überwintern zahlreiche Wat- und Wasservögel, viele auf dem Durchzug von oder nach südlichen Lebensräumen. Dabei machen in Spitzenzeiten bis zu 10.000 Wasservögel pro Tag Rast am Steinhuder Meer. Manche der hier anzutreffenden Vogelarten gelten als hochgradig bestandsgefährdet oder vom Aussterben bedroht, z.B. der Kormoran, die Spießente, die Große und die Zwergrohrdommel, die Moorente – die sogar weltweit vom Aussterben bedroht ist – und der Goldregenpfeifer.[60] Darüberhinaus ist das Meer mit seinen Randbereichen auch wichtiger Lebensraum für andere Tierarten, so für Amphibien und Reptilien, für Schmetterlinge und Libellen, sowie für ufer- und moortypische Pflanzen wie Erlen, Gelbe Schwertlilien, Schlangenwurz, Pfeifengras und verschiedene Torfmoose.[61]

Die internationale Bedeutung des Feuchtgebietes und die Lage der Naturschutzgebiete innerhalb des Erholungsraumes Steinhuder Meer, das bei schönem Sommerwetter bis zu 50.000 Besucher am Tag anzieht, sorgt jedoch immer wieder für Probleme und Konflikte. Die Grenzen der Naturschutzgebiete schützen die Natur keineswegs vollkommen, zumal sie allzuoft von Touristen mißachtet werden. Ein Gutachten im Auftrag der Bezirksregierung ergab 1982, daß Vögel bereits gestört und verscheucht werden, wenn Boote nur an der die Naturschutzgebiete begrenzenden Bojenkette entlang fahren, ohne in sie einzudringen.[62] Dabei war die etwa bei Reihern gemessene mittlere Fluchtdistanz, also die Entfernung, ab welcher Vögel vor den sich annähernden Booten flüchten, bei Segelbooten deutlich geringer als bei den kleiner erscheinenden Kanus.[63] Die Gutachter konnten an zwei Dritteln ihrer Beobachtungstage Übertretungen der NSG-Grenzen durch Segler, Surfer, Paddler oder Badende feststellen; seltener, dafür aber länger wurde das Naturschutzgebiet Ostufer außerdem noch durch die Fischerei gestört.[64]

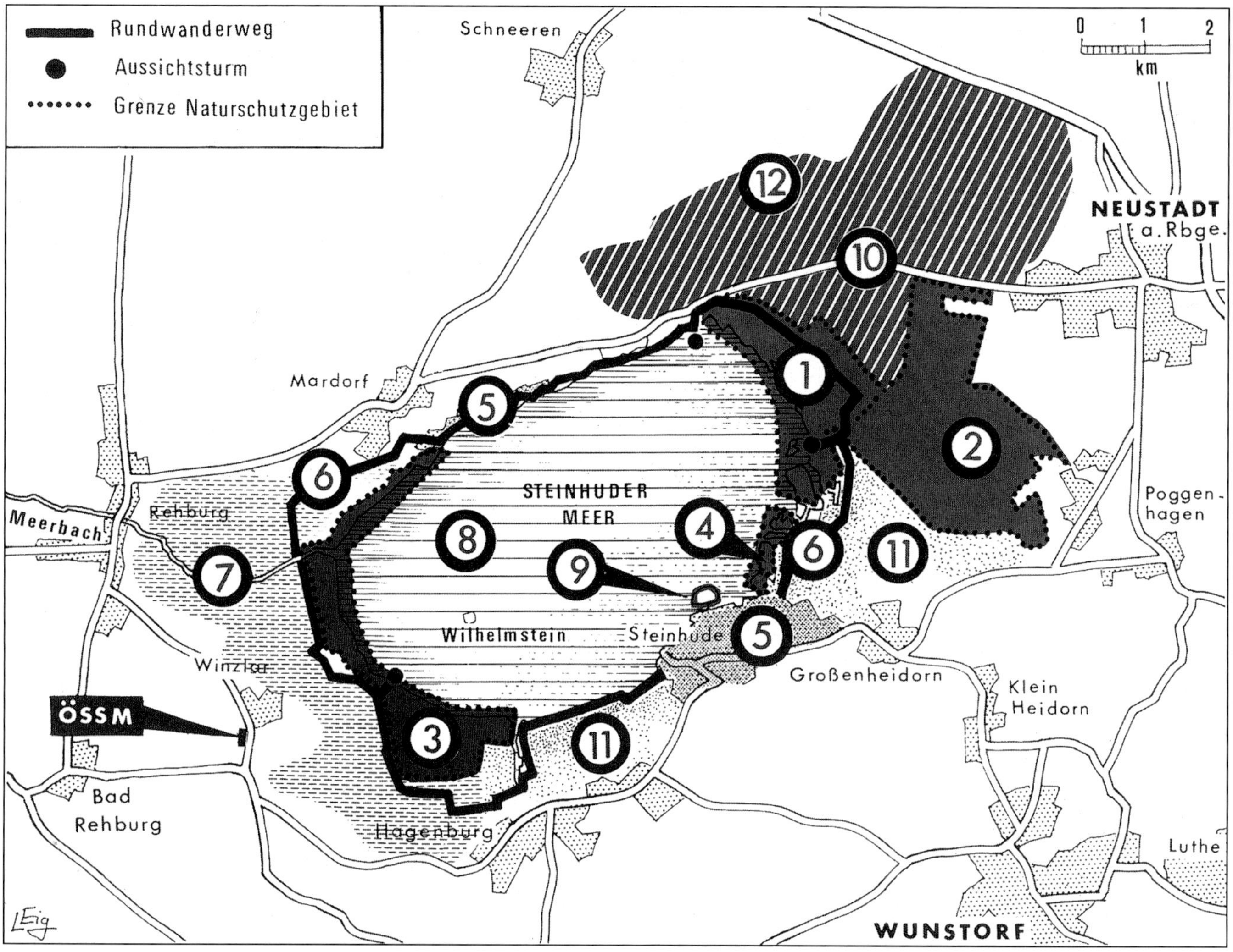
Rundwanderweg
Aussichtsturm
Grenze Naturschutzgebiet
Schneeren
0 1 2
km
NEUSTADT
a.Rbge.
Mardorf
STEINHUDER
MEER
Meerbach
Rehburg
Poggen-
hagen
Wilhelmstein
Steinhude
Großenheidorn
Klein
Heidorn
Winzlar
ÖSSM
Bad
Rehburg
Hagenburg
Luthe
WUNSTORF
1
2
3
4
5
6
7
8
9
10
11
12

1 Naturschutzgebiet Ostufer Steinhuder Meer
Verlust von Flora und Fauna durch Verbuschung und Tourismus

2 Naturschutzgebiet Wunstorf Moor
Substanzverlust durch Entwässerung und Abtorfung

3 Naturschutzgebiet Hagenburger Moor
Verlust hochmoortypischer Lebensräume durch Bewaldung

4 Naturschutzgebiet Wulveskuhlen
Verlandung durch menschliche Eingriffe

5 Steinhude und Mardorf
Massentourismus und Uferzerstörung

6 Rundwanderweg
Beeinträchtigung durch Massentourismus und Fehlverhalten

7 Meerbruch
Artenschwund durch intensive Landwirtschaft

8 Steinhuder Meer
Überlastung durch Wassersport

9 Badeinsel
Veränderung der Strömungsverhältnisse im Steinhuder Meer

10 Totes Moor
Großflächige Moorzerstörung durch industriellen Torfabbau

11 Landschaft am Südufer
Drastischer Artenschwund durch intensive Landwirtschaft und touristische Erschließung

12 Moorrandbereiche
Lebensraumverlust durch Abtorfung, Landwirtschaft und Trinkwasserentnahme

Information zur Natur- und Landschaftsgefährdung der Ökologischen Schutzstation Steinhuder Meer (Aus der ÖSSM-Selbstdarstellung: „Neue Wege im Naturschutz").

Wie zu Wasser, so zu Lande: Viele der an Spitzentagen bis zu 300 Besucher pro Stunde, die die zum Teil durch Naturschutzgebiete führenden Wanderwege benutzen, verstoßen gegen die Naturschutzbestimmungen und verlassen die gekennzeichnete Route. Teilweise sind die von den Touristen verursachten oder zumindest genutzten Trampelpfade stärker frequentiert als die zugelassenen Wege. Dabei entstehen Trittschäden in Gestalt von vegetationsfreier Fläche. Ziele der Trampelpfadbenutzer sind z.B. Hochsitze von Jägern wegen der dort zu erwartenden Aussicht, Heide- oder sonstige attraktive Flächen, wo Pflanzen abgerissen werden, oder gemütliche Plätzchen für ein Picknick, wo dann oft Abfälle hinterlassen werden.[65] Rund 10 % der Gäste gaben zudem bei einer Befragung an, im brandgefährdeten Moor geraucht zu haben, wobei jedoch mit einer nicht zu niedrigen Dunkelziffer zu rechnen ist.[66]

1974 (zwei Jahre nach Gründung des Naturparks Dümmer mit einer Größe von 472 qkm)[67] wurde schließlich der Naturpark Steinhuder Meer gegründet. Er beruht auf einer Vereinbarung zwischen den drei Landkreisen Schaumburg, Nienburg und Hannover und dem Großraum Hannover und wird getragen vom Landkreis Hannover.[68] Der Naturpark beschränkt sich nicht auf das Steinhuder Meer und seine Uferzonen, sondern umfaßt im Norden den Grinder Wald, im Nordwesten das Schneerener und das Rehburger Moor, im Südwesten die Rehburger Berge und ihre Ausläufer, im Süden die Waldgebiete Hagenburger Holz und Schier, reicht im Südosten bis vor die Tore Wunstorfs, umfaßt im Osten das Tote Moor und bezieht im Nordosten den Forst „Klostertannen" bis zum Dorf Mariensee ein.[69] Damit umfaßt der Naturpark insgesamt 310 km², von denen 6,5 % Naturschutz- und 65 % Landschaftsschutzgebiete sind. Mit dieser Ausdehnung des Naturparks wurde sowohl der Forderung nach Vernetzung von Schutzgebieten und Naturräumen Rechnung getragen wie auch dem Umstand, daß die Kurz- und Langzeiturlauber, begünstigt durch die große Mobilität, ihren Aktionsradius ausdehnen, sei es um der zeitweiligen Überfüllung am Meer auszuweichen, sei es der Abwechslung wegen.

Das überwiegende Bestehen aus Natur- und Landschaftsschutzgebieten ist eine durch das Bundes- und das Landesnaturschutzgesetz gebotene Voraussetzung für die Erklärung des Areals zum Naturpark. Da eben diese Gesetze als Zweck von Naturparken die menschliche Erholung festlegen, sind Konflikte vorprogrammiert. Kein Wunder also, wenn das Niedersächsische Landschaftsprogramm von 1989 fordert, in den Naturparken solle *beispielhaft eine sinnvolle Synthese zwischen den Belangen von Naturschutz und Landschaftspflege und der Erschließung von Naturschönheiten für die Erholungssuchenden*[70] verwirklicht werden. Mit anderen Worten: Naturparke sollen die Quadratur des Kreises bewerkstelligen.

Anfangs war der Naturpark wenig populär. So stellte der Flächennutzungsplan für die Stadt Wunstorf 1982 fest, der Begriff „Naturpark" habe sich nicht durchgesetzt, die Gemeinden verwendeten in ihrer Informationspolitik den Begriff „Erholungslandschaft Steinhuder Meer", der für das Erleben der Touristen realistischer sei.[71] Durch die erfolgreiche Arbeit des Naturparks dürfte diese Einschätzung inzwischen überholt sein: 1984 bekam der Naturpark Steinhuder Meer den ersten Preis im Bundeswettbewerb der Naturparke, der unter dem Thema: *Naturparke zwischen Naturschutz und Erholung – vorbildliche Konfliktlösungen* stand. Das Bundesministerium für Ernährung, Landwirtschaft und Forsten belohnte unter anderem die *Sicherung bedeutsamer Feuchtgebiete am Steinhuder Meer unter gleichzeitiger Vorsorge für die Entwicklung und Ordnung des starken Naherholungsverkehrs aus dem Großraum Hannover.*[72]

Konkreter erläutert der Leiter des Amtes für Naturschutz des Landkreises Hannover, Siegfried Siebens, der auch gleichzeitig Geschäftsführer des Naturparks Steinhuder Meer ist, die Maßnahmen des Naturparks. Ausgehend vom Grundsatz, daß ein wirkungsvoller Naturschutz eher durch Angebote an die Besucher als durch Verbote zu erreichen ist, wurde ein Konzept der Besucherlenkung entwickelt. Ein kostenloser Buspendelverkehr von den Auffangparkplätzen am Nord- und Südufer zu den verschiedenen Erholungseinrichtungen, begleitet von Straßen- und Wegesperrungen bis hin zu Vollsperrungen des Steinhuder Ortskerns am Wochenende, soll den Autozustrom mindern. Angesichts dessen, daß Wanderer in der Vergangenheit bei einem nur teilweise ausgebauten Wegenetz eigene Wege suchten und austraten, wurde vom Naturpark ein etwa 30 km langer Rundwanderweg ums Meer angelegt, der auch mit dem Fahrrad zu benutzen und an den Europawanderweg X E1 angeschlossen ist. Dem Bedürfnis der Besucher, von diesem Weg abzuweichen und in die Naturschutzgebiete einzudringen, wurde durch das „Honigpottsystem" entgegengekommen, extra errichtete Aussichtsplattformen und -türme mitten im Naturschutzgebiet, von denen aus die Tierwelt ebenso wie der Bootsbetrieb auf dem Steinhuder Meer beobachtet werden kann. Für die Radwanderer wurden zusätzlich Rastplätze und Fahrradabstellplätze eingerichtet. Darüberhinaus werden den an der Natur und an ökologischen Zusammenhängen interessierten Besuchern durch die Naturpark-Informationsstelle in Mardorf und mittels geführter Wanderungen entsprechende Angebote gemacht, die auf großen Zuspruch stoßen. Dritte Grundbedingung für das Funktionieren der Besucherlenkung ist die ständige Pflege und Betreuung der Einrichtungen, etwa durch regelmäßiges Leeren der Abfallkörbe, Reparaturen, und die Überwachung durch einen Naturschutzwart.[73]

Mit diesem Konzept gewann der Naturpark Steinhuder Meer 1995 zum zweiten Mal nach 1984 den Ersten Preis beim nun 5. Bundeswettbewerb Deutscher Naturparke. Unter dem Thema *Vorbildliche Gestaltung und Nutzung von Gewässern für die landschaftsbezogene und umweltverträgliche Erholung* hatten elf der 85 Naturparke in der Bundesrepublik teilgenommen. Mit der Goldmedaille belohnt wurden die *wirksame Besucherlenkung zum Schutz ökologisch sensibler Gebiete in den Uferbereichen und auf der Wasserfläche* des Meeres, und die Förderung des Umweltbewußtseins der Besucher durch Einrichtung von Informationszentren sowie Bildungs- und Öffentlichkeitsarbeit, aber auch die Renaturierung des „Brut- und Rastgebietes Meerbruch" im Westen und von Hochmoorflächen im Osten des Meeres.

Bei der Bewertung wurde berücksichtigt, daß die Naturschutz-Belange nicht den vielfältigen Erholungsangeboten untergeordnet seien; da die Lenkungsmaßnahmen nicht ausschließend, sondern im Gegenteil einladend wirkten, seien die Naturschutzbereiche sogar in das Erholungsangebot einbezogen. Trotzdem würden die Naturschutzgebiete geschützt und durch Programme des Landkreises und des Bundes weiterentwickelt. Insbesondere wurde dabei die *Wiederherstellung eines Lebensraums für Wat- und Wasservögel im Brut- und Rastgebiet Meerbruch* und die Rekultivierung angrenzender Moorflächen gelobt.[74]

Die zweite Säule der Naturschutzarbeit am Steinhuder Meer ist die Ökologische Schutzstation Steinhuder Meer (ÖSSM) in Winzlar, deren Wegbereiter die Faunistische Arbeitsgemeinschaft Steinhuder Meer/Untere Leine war.[75] Während der Naturpark Verwaltungs-, Infrastruktur-, Überwachungs- und Öffentlichkeitsarbeit leistet, bestehen die Aufgaben der ÖSSM in Bildungs- und naturwissenschaftlicher Arbeit, in Pflegemaßnahmen und in der Koordinierung des Naturschutzes am sogenannten „Stationstisch". An diesem sind außer dem Verein die Bezirksregierung und die unteren Naturschutzbehörden der Landkreise Hannover, Schaumburg und Nienburg beteiligt. Die Bezirksregierung ist mit einer Außenstelle, der „Naturschutzstation Steinhuder Meer" im Haus vertreten. Die festangestellten und ehrenamtlichen Mitarbeiter der ÖSSM erstellen regelmäßige Berichte und Gutachten an die Bezirksregierung über die ökologische Situation am Meer und erforderliche Pflege- und Entwicklungsmaßnahmen.

Im Verein Ökologische Schutzstation sind mehrheitlich Vertreter der lokalen Naturschutzorganisationen vertreten, sowie die oben genannten Behörden und, als kooperierende Mitglieder, der Naturschutzbund (Nabu) und der BUND (Bund für Umwelt- und Naturschutz Deutschland). Außerdem gehören noch die örtlichen Landwirte dem Verein an.

An die Öffentlichkeit wendet sich die Station mit einer Dauerausstellung im Winzlarer Domizil – einem Bauernhaus, das mit Mitteln des Landes Niedersachsen gekauft und in vorwiegend ehrenamtlicher Arbeit unter ökologischen Gesichtspunkten saniert worden ist. Die Nutzung von Regenwasser und Solarenergie oder der Verzicht auf Holzschutzmittel demonstriert ökologische Prinzipien und ergänzt so sinnfällig die ständige Ausstellung zur Natur von Meer und Moor. Selbst konzipierte Sonder- und Wanderausstellungen setzen das Programm fort, wie 1997 die Ausstellung „Steinhuder Meer im Wandel". Diese unterrichtet über Entstehung und Entwicklung des Meeres, ökologische Zusammenhänge und Fremdenverkehrsentwicklung. Die ÖSSM bietet auch geführte Wanderungen und Radtouren durch den Naturpark an. Wöchentlich finden Führungen von Schulklassen statt, die Zahl der sonstigen Exkursionen beträgt rund 125 pro Jahr. Zur Unterbringung der Schulklassen, die z.T. aus anderen Bundesländern kommen, arbeitet die ÖSSM mit der Jugendherberge Mardorf zusammen.[76]

Die 1994 wiedereröffnete Jugendherberge erweitert die ökologische Bildung insbesondere für Schüler und Jugendliche. Hier können mit Jugendgruppen Projektwochen veranstaltet und „Themenzweige" erarbeitet werden zu allgemeinen Umweltfragen, aber auch zum Steinhuder Meer und den angrenzenden Lebensräumen wie Moor, Feuchtwiesen oder Wald. Dabei arbeitet die Jugendherberge mit anderen Institutionen zusammen, so mit dem Naturpark, der ÖSSM oder dem Regionalen Umweltbildungszentrum Steinhuder Meer/Deister.[77]

Wassersportprobleme

1976 kamen die ersten Windsurfer, zusammen etwa dreißig, aufs Steinhuder Meer – Vertreter eines neuen Sports, der zuerst in den USA, Australien und an der französischen Atlantikküste ausgeübt worden ist. Anfangs wurde diese Entwicklung noch kritisch beäugt, und der Landkreis neigte zu der Meinung, den Surfsport auf dem Meer zu verbieten – angesichts der hohen Belastung durch Segler befürchtete man Schlimmes, zumal man nicht ahnen konnte, welche Dimensionen das weitaus kostengünstigere Surfen eines Tages annehmen würde. Die Entscheidung darüber lag allerdings bei der Bezirksregierung, die sich dem Zug der Zeit nicht verschließen wollte. Zudem waren von den Surfsportlern günstige Nebeneffekte für das Fremdenverkehrsgewerbe zu erwarten. So wurde den Surfern ohne Bootsführerschein ein etwa einen Quadratkilometer umfassendes Gebiet vor dem Weißen Berg gewährt. Diejenigen Surfer, die über eine Befähigung zum Führen eines Bootes verfügen, dürfen auch die zum Segeln freigegebene Fläche des Meeres befahren.[78] Heute betreiben rund 1.200 Surfer ihren Sport am Steinhuder Meer.[79]

Die durchaus beachtliche sportliche Erfolgsbilanz der Segelvereine am Steinhuder Meer und des Reviers selbst kann hier nicht weiter verfolgt werden. Mehrmals mischten Segelsportler vom Steinhuder Meer bei Deutschen Meisterschaften wie auch bei Olympiaden vorn mit.[80] Für eine Reihe von Bootsklassen galt das Meer als das beste Inlandssegelrevier Deutschlands, ebenso rangierte das Meer bei internationalen Regatten in Deutschland an erster Stelle. Pro Jahr finden über 20 offizielle Regatten mit jeweils zwei bis sechs Wettfahrten auf dem Meer statt, zusammen also rund 100 Wettfahrten.[81]

Die sportlichen Erfolge trugen sicherlich zur steigenden Attraktivität des Steinhuder Meeres auch für Freizeitsegler bei. Im August 1969 war die Bootszahl auf rund 2.000 angewachsen, vor allem Jollen, Finn-Dinghis und kleine Kajütboote. Monatlich kamen 60-70 neue Boote hinzu.[82] Mit wachsendem gesellschaftlichem Wohlstand änderten auch die traditionellen Kanusportvereine ihren Charakter und nahmen mehr und mehr den Segelsport ins Programm auf. Die Kanu- und Segelgilde Hildesheim etwa, deren Mitglieder sich früher ausschließlich dem Kanusport gewidmet hatten, besaß 1970, *der Entwicklung folgend*, auch 25 Segelboote.[83]

Noch steiler als in den 60er Jahren schnellten die Zahlen in den 70er Jahren in die Höhe. Von fast 3.000 gezählten Booten im Januar 1973 wuchs die Anzahl auf 6.005 zugelassene Wasserfahrzeuge im Jahre 1978.[84] Immer stärker wurde die Inanspruchnahme des Meeres durch die Segler und die mehr oder weniger notwendigen Stege, Molen, Wochenendhäuser, Seglerheime, Motorboote, und durch den von ihnen verursachten Straßenverkehr. 1975 sah Großraum-Planer Seyfang das Meer von der Gefahr der unkontrollierten Verschmutzung des Wassers durch Abfälle bedroht, v.a. durch die steigende Zahl der Kajütboote, die ganztägig und auch über Nacht auf dem Wasser bleiben können. Aufnahmefähige und ausreichende Entsorgungslagen am Ufer fehlten damals weitgehend.[85]

1976 kamen die ersten Windsurfer ans Steinhuder Meer (Wilhelm Bartling, Schneeren).

Zu den gemeldeten Booten gehörten 1976 auch 24 Motorrettungsboote (zumeist im Eigentum der Segelvereine; Motorboote sind zwar nur zu Polizei- oder Rettungszwecken sowie zur gewerblichen Personenbeförderung erlaubt), 253 Tret- und Ruderboote und 25 Auswanderer; außerdem waren noch etwa rund 500 Kleinwasserfahrzeuge mit Segelfläche unter 6 Quadratmeter auf dem Meer.[86]

Würden alle Boote gleichzeitig zu Wasser gelassen, könnte man das Steinhuder Meer trockenen Fußes überqueren, schrieb die Hannoversche Allgemeine 1978.[87] Daß alle Segler zugleich einen Törn unternehmen, ist nicht zu befürchten, aber: Wie viele Boote gleichzeitig sind im

Sommer 1997: Niedriger Wasserpegel, durch Stege strömungsberuhigte Zonen, unzufriedene Segler (Foto: Fesche).

Durchschnitt und an Spitzentagen zu erwarten? Mithilfe von Befliegungen wurde schließlich ein „Gleichzeitigkeitsfaktor" von 30 % ermittelt. Bei einer besegelbaren Fläche von rund 20 qkm, also 2.000 ha (Rest Berufssegler, NSG, Fischerei, Bade- Surf- und andere Ausschlußflächen), wurde eine Höchstgrenze von 6.300 zuzulassenden Booten kalkuliert, so daß sich bei dem angenommen Faktor etwa 2.000 Boote gleichzeitig auf dem See befinden würden – pro Hektar eines.

Fast, aber nicht ganz so hoch ist heute die Anzahl der das Steinhuder Meer befahrenden Boote, obwohl keine Zulassungsbeschränkung besteht: Aufgrund der „Verordnung zur Regelung des Gemeingebrauchs am Dümmer und Steinhuder Meer" darf jeder ein Boot zu Wasser lassen, sofern es nicht länger als 7,60 m ist. Zwar gibt es Verträge mit den Stegbetreibern, die eine Höchstzahl Boote pro Steg festlegen, aber es können auch Boote über Slipanlagen aufs Wasser gebracht werden.[88]

Ist Segeln angesichts solcher Zahlen noch als Privilegiertensport zu bezeichnen? Der Segelclub Garbsen sah sich genötigt, diesem „Vorurteil" entgegenzutreten, das Zuschüsse aus der Garbsener Stadtkasse für ein Clubheim verhinderte. Internationale Regatten seien nur einem kleinen Kreis finanzstarker Segler vorbehalten, deren Segelclubs *wahre Prachtbauten* als Vereinsheime besäßen. Dagegen stünden aber unzählige *Freizeitsegler*, die ihr Hobby und das erforderliche Boot vor allem durch große Arbeitsleistung, Verzicht auf andere Hobbies oder Güter, durch Zusatz-Erwerbsarbeit und den Kauf von Gebraucht-Segelbooten ermöglichten.[89] – Der gestiegene Wohlstand zeigt sich auch in einer größeren Verbreitung des Segelsports, ähnlich wie bei der Wochenendsiedlung. Die in den 20er

240

Jahren übliche Gleichung Segler = Begüterte ist heute nicht mehr möglich, aber ein „Jeder-kann-mitmachen" gilt ebensowenig.

Wenn Seglern am Steinhuder Meer „immer eine Handbreit Wasser unterm Kiel" gewünscht wird, dann ist das hier durchaus wörtlich zu nehmen. Die Wassersportler klagen schon seit Jahren über den niedrigen Pegel und über die Verschlammung des Steinhuder Meeres, die ihnen außer der Überfüllung mit Booten und Surfern den Spaß an ihrem Sport verderben. Im Juni 1997 berichtete die HAZ gar über eine Rettungsaktion, bei der die Wasserschutzpolizei einen vermißten Segler mit seiner Tochter wiederfand, der im Schlamm des Westenmeers steckengeblieben war. Es verwundert daher nicht, wenn eine neuere Untersuchung einen Rückgang des Segelns ermittelt.[90]

Ursachen und Konsequenzen in der angemessenen Ausführlichkeit und Genauigkeit zu beschreiben, ist auf diesen Seiten nicht möglich, darum nur soviel: Solange die Mardorfer noch ihr Vieh zum Weiden ins Meer trieben, solange die Steinhuder das „Laas" ernteten, also bis ins 20. Jahrhundert, konnte sich das Schilf nicht im heute bekannten Ausmaß ausbreiten – die Schilfsäume waren schmaler, Schilfinseln gab es kaum.[91] Nach Aufgabe der Schilfnutzung dehnte sich die Ufervegetation aus Schilf, Rohrkolben und Binsen im Ostteil des Meeres mehr und mehr aus, das Vordringen der Verlandungszone geschieht seither schneller. Im Westen verlandet der See auf andere Weise: Hier lagert sich die bereits bei mäßigem Wind aufgewirbelte „Treibmudde", die sich aus abgestorbenen Pflanzen zusammensetzt, zu einer Mächtigkeit von zwei bis drei Metern ab. Für eine „Verlandungsvegetation" aus Wasserschierlingsried und Bittersüß bietet sie den notwendigen Nährboden und wird allmählich festes Land.[92] Bei Sturm können im gesamten See weit mehr als 100.000 m³ Treibmudde in Bewegung geraten. Als Folge der Eindeichung lagert sich bei Hochwasser nicht mehr wie vorher ein Großteil der Schwebstoffe und des Getreibsels auf den überfluteten Wiesen ab, sondern verbleibt im See, die Menge des Schlamms steigt. Die einstige Verlandungsgeschwindigkeit des Meeres von 100 Metern im Jahrtausend hat sich heute auf 400 Meter pro Jahrtausend erhöht.[93]

Zur Sedimentablagerung kommt es aber auch in künstlich geschaffenen, vor Wellen und Strömung geschützten Bereichen: in den einst berüchtigten Deipen, in Baggerlöchern, die bei der Sandentnahme für Dämme und Badestrände entstanden sind, in Schilfdurchstichen sowie in den für den Segelsport geschaffenen Hafen- und Steganla-

gen. Die zunehmende Aufschlammung kann mehrere Zentimeter bis Dezimeter im Jahr betragen.[94] Wenn dann noch der Niederschlag gering ausfällt, geraten Segler und andere Wassersportler in Schwierigkeiten, aber auch der Fischbestand leidet.

Immer wieder wurde mit hohem Kostenaufwand Schlamm aus dem Meer gepumpt, was das Problem angesichts des jährlich neuen großen Schlammaufkommens nicht löst. Zudem stellt sich das Problem der Entsorgung des Schlamms: Die Deponierung im ufernahen Bereich kann nur eine Zwischenlösung sein, zumal sie zum Absterben der Vegetation, z.B. von Erlen und Birken führt. An Flächen zur Lagerung des Schlamms mangelt es, und die weitere Verwendung ist noch ungeklärt. Verhandlungen mit der Neustädter Torffabbau-Firma ASB, die nahe gelegen ausreichend Flächen zur Verfügung hätte, konnten noch nicht zum Abschluß geführt werden.[95] Lokal im Meer abgelagerter Schlamm könnte in den natürlichen Transportkreislauf des Sees zurückgespült werden, wodurch Folgeprobleme wie bei der Deponierung entfielen.[96]

Der Regierungspräsident setzte jedoch auf Entnahme von Schlamm in der Größenordnung des jährlichen Neuanfalls. Ende 1996 wurde eine landeseigene Fläche nördlich der Moorstraße am Nordufer zur Zwischenlagerung auserkoren; erhöhte Steggebühren der Segler sollten zur Kostendeckung verwendet werden, womit die meisten Segler offenbar einverstanden waren. Wenige Tage, nachdem Regierungspräsident Greifelt zum Dank zum Freyfischer ernannt worden war, brach zweimal der Damm, der die Deponiefläche im Moor eindeichen sollte, und ein großer Teil des Schlamms floß zurück ins Meer. Daraufhin mußte die Bezirksregierung das vorläufige Aus für die Meer-Entschlammung konstatieren.[97]

Historische Alternativen zum Straßenverkehr?

Nach wie vor bereitet der Straßenverkehr zum Steinhuder Meer Probleme. Zwar ist das Steinhuder Meer mittlerweile optimal an das Fern-, Landes- und Kreisstraßennetz angebunden, aber als Folge der Massenmotorisierung und der durch sie geschaffenen Strukturen mußte Deckert 1974 feststellen: *Voraussetzung für einen Besuch des Steinhuder Meeres ist im allgemeinen der Besitz eines Autos. Bevölkerungsgruppen, die auf Grund ihrer materiellen Lebenslage oder ihrer physischen Konstitution von der Nutzungsmöglichkeit eines PKW ausgeschlossen sind, sind demzufolge unter den Besuchern nur schwach vertreten.*[98] 86 % der Besucher reisten mit PKW an, während am Südufer 13 %, am Nordufer sogar nur 8 % mit Öffentlichen Verkehrsmitteln kamen! Der Massenandrang vor allem privater KfZ mit seinen an schönen Wochenenden oder bei besonderen Veranstaltungen regelmäßigen Verkehrsstaus stellte zugleich eine *erhebliche Minderung des vorhandenen Erholungspotentials* dar.[99]

Ein Verkehrschaos wurde z.B. beim Eisfest im Januar 1997 verursacht. Wieder einmal waren die meisten Besucher mit dem Auto angereist. Am Sonntag staute sich der Verkehr von der Autobahnanschlußstelle Wunstorf-Luthe bis nach Steinhude. Besucher, die umweltfreundlichere öffentliche Verkehrsmittel vorzogen, mußten sich in überfüllte Busse drängeln und z.T. stehend eine anderthalbstündige Rückfahrt nach Wunstorf erdulden. Die Schlangen tausender Abgase emittierender Autos, die gestreßten Anwohner und Touristen verwiesen erneut auf eines der drängendsten Probleme des Steinhuder-Meer-Tourismus.[100] Für zukünftige Veranstaltungen ist die Einrichtung von Parkplätzen auf dem Fliegerhorst Wunstorf und von dort ein Park-&-Ride-Service geplant. Ein zügiges Vorankommen der Busse soll durch einseitige Parkverbote in den Straßen

Israelische Schülergruppe 1981 im Auswanderer (Bildarchiv Landkreis Hannover, Foto: Christian Stahl).

gewährleistet werden.[101] Doch stellen diese Maßnahmen nur eine Handhabung, keine Lösung des Problems dar.

Um die Verkehrs- und Nutzungsstruktur am Steinhuder Meer für Planungszwecke zu erkunden, wurde 1992 vom Niedersächsischen Wirtschaftsministerium, von der Bezirksregierung und vom Kommunalverband Großraum Hannover eine „Grundlagenuntersuchung" zum Naherholungsverkehr in Auftrag gegeben.[102] An Spitzentagen weisen danach die Ortsdurchfahrten Hagenburg, Steinhude und Großenheidorn über 10.000 Autos am Tag auf, bzw. mehr als 600 pro Stunde. Am stärksten belastet sind dabei die Altenhäger Straße in Hagenburg und die von der B 441 in den Ort führende Straße Im Sandbrinke in Steinhude. Dabei „profitiert" Hagenburg nicht von der starken Belastung, denn hier handelt es sich fast ausschließlich um Durchgangsverkehr nach Steinhude, das 51 % der Besucher des Steinhuder Meeres als Ziel haben.[103] Der Parkraum ist trotz Ausbaus weiterhin knapp, an manchen Tagen übersteigt die Nachfrage das Angebot. Etwa 3.300 öffentliche Stellplätze stehen zur Verfügung, 1.800 am Süd-, 1.500 am Nordufer, zu denen noch Privatparkplätze etwa bei Vereinsheimen zu rechnen sind. Diese stehen oft einem Ansturm von 12.000, manchmal sogar 15.000 KFZ gegenüber. Würde jedes der Autos nach zwei bis zweieinhalb Stunden seinen Abstellplatz wieder frei machen, würde der Parkraum reichen, die durchschnittliche Abstelldauer beträgt aber vier Stunden. Die Folge ist auch ein starker Parksuchverkehr.[104]

Da jedoch ein Großteil der Besucher aus dem Nahbereich stammt, aber nur ein geringer Teil wassersportorientiert ist und daher der Mitnahme eines Sportgerätes bedarf, stellen die Autoren der Grundlagenuntersuchung die These auf, daß eigentlich fast jeder Steinhuder-Meer-Besucher mit einem öffentlichen Verkehrsmittel anreisen könnte, zumal so ein höherer Erlebniswert und eine streßfreiere Fortbewegung möglich ist. Eine Verkehrsbefragung vom 2. Mai 1993 ergab eine potentielle Verlagerungsfähigkeit auf Öffentliche Verkehrsmittel von 11.000 der insgesamt 12.500 Besucherfahrten. Um dies zu erreichen, wäre eine Förderung des ÖPNV durch Maßnahmen wie zeitliche und räumliche Angebotsverdichtung, günstige Tarife, Komfortsteigerung, aber auch einschränkende Maßnahmen im motorisierten Individualverkehr notwendig. Die Planungsgemeinschaft regte zur Attraktivitätssteigerung des ÖPNV schließlich die Reaktivierung historischer Bahnen an: der Torfbahn für das Nordufer, der Steinhuder Meerbahn am Südufer.[105] Für die letztere böte sich die seinerzeit vom Gutachter Hoffmann vorgeschlagene Strekkenführung über Bokeloh und Altenhagen nach Steinhude an. Entsprechende Initiativen seitens der Steinhuder Meer bahn oder des Kommunalverbands Großraum Hannover sind jedoch in Zeiten knapper Kassen nicht zu erwarten, vielmehr wird auf Privatinitiative gehofft.[106]

Angebot und Nachfrage heute

Besucherbefragungen ergaben, daß Dauergäste informierter und sensibler der Natur und ökologischen Problemen gegenüber sind als Tagesgäste. Oftmals haben sie sich vor dem Urlaub über Kultur und Natur ihrer Ferienregion informiert und verhalten sich eher wie Einheimische. Zudem zeigen sie auch eine größere Lernbereitschaft als die Tagesbesucher.[107] Nach wie vor wird das Steinhuder Meer aber mehrheitlich von Tagesausflüglern besucht, deren Anteil etwa Zwei Drittel der Gesamtbesucherzahl beträgt.

Dadurch bleibt das Tourismusgeschäft am Meer weiterhin abhängig von schwer kalkulierbaren Faktoren wie z.B. schönem Wetter. Die Bettenauslastung dagegen ist gering und liegt etwa 7,5 % unter dem niedersächsischen Durchschnitt.[108] Die gewerblichen Angebote für die Besucher stehen daher auf einer unsicheren wirtschaftlichen Basis, zumal Tagesausflügler weit weniger Geld am Ort ausgeben als Langzeiturlauber, die sich vollständig vor Ort versorgen müssen.[109] Die Versuche, dennoch an den Tagesausflüglern zu verdienen, verdeutlichen die aufgereihten Souvenirshops, Süßigkeitenständen und Fischbrötchenbuden, die vor allem das Steinhuder Ratskellergelände zieren; doch wird diese „Jahrmarktatmosphäre" von vielen Touristen als störend empfunden.[110]

Erhebungen des Fremdenverkehrsbüros Steinhude zeigen, daß etwa 1994 62 % der Übernachtungsgäste höchstens drei Tage in Steinhude, Großenheidorn oder Hagenburg blieben. 1994 blieben 22,5 % bis zu sieben Tage am Meer. Länger als sieben Tage blieben 1994 15,1 %; 2,5 % länger als 14 Tage.[111] Auch diese Zahlen zeigen die Dominanz des Kurzzeittourismus, der wiederum vom Naherholungsverkehr in den Schatten gestellt wird: 1992 waren 61 % der Besucher am Nordufer und sogar 71 % der Besucher am Südufer Tagesbesucher.[112]

Die Bettenkapazität ist in Steinhude innerhalb der letzten eineinhalb Jahrzehnte deutlich gestiegen: Gab es hier 1978/79 noch 451 Betten, so waren es im Oktober 1995 590 Betten.[113] 201 wurden von 14 gewerblichen Anbietern, also Hotels, Gaststätten und Pensionen angeboten, 389 in Privatzimmern und Ferienhäusern oder -wohnungen.

In Mardorf ist die Bettenzahl zwar etwas kleiner, doch liegt hier ein Schwerpunkt bei den Übernachtungen auf dem Campingsektor. Von den insgesamt 454 Betten werden 118 im gewerblichen Bereich gestellt, auf privater Seite steht also fast die dreifache Zahl zur Verfügung. Die agrarische Prägung Mardorfs erzeugte ein besonders für Familien mit Kindern attraktives Angebot: „Ferien auf dem Bauernhof"; die Zahl von 125 Betten im November 1995 wird bei weiteren Strukturveränderungen noch wachsen. Zur Beherbergungskapazität Mardorfs sind noch die 164 Betten der Jugendherberge zu zählen.[114] Die mit dem Platz am Bannsee insgesamt vier Campingplätze am Nordufer wiesen Mitte der 80er Jahre insgesamt 745 Stellplätze auf.[115]

Hagenburg und Großenheidorn sind eher Zaungäste beim Ringen um Urlaubsgäste. Immerhin boten in Hagenburg 1994/95 sieben Privatvermieter 40 Betten an, außerdem standen 46 Betten in zehn Ferienwohnungen oder -häusern zur Verfügung. Ähnliche Kapazitäten für Urlauber waren in Großenheidorn vorhanden: 13 Privatvermieter hielten hier 52 Betten bereit, dazu kamen noch 44 Betten in elf Ferienhäusern bzw. -wohnungen.[116]

Um die Frage, inwieweit die Orte Steinhude und Mardorf vom Tourismus abhängig sind, zu beantworten, wäre eine eigene, eingehende Untersuchung notwendig. Einen großen Anteil der Erwerbsbevölkerung der beiden Orte machen Berufspendler aus. Anderseits gibt es doch nicht wenige, die im gastronomischen Bereich, im Einzelhandel oder in anderen Dienstleistungsbereichen (z.B. Personenschiffahrt, Anbieter von Freizeitanlagen) arbeiten, wenn auch z.T. nur saisonweise oder nebenberuflich. Vom Fremdenverkehr profitieren rund 400 der 420 Steinhuder Gewerbetreibenden.[117] Die Nebeneinkünfte und Saisonarbeitsplätze, die in manchen Familien bereits seit Jahrzehnten eine wichtige Rolle im privaten Etat spielen, sind oftmals nicht wegzudenkende Faktoren des errungenen Lebensstandards.

So gibt es in Steinhude neben den Hotels und den 82 privaten Anbietern von Übernachtungsmöglichkeiten, neben der traditionellen, vom Berufsseglerverein getragenen Personenschiffahrt unter anderem drei Bootsverleihe, drei Wassersportgeschäfte, eine Yacht- und Surfschule, 35 Gaststätten,

Auswanderer am Anleger vor dem 1986 umgebauten Strandhotel Steinhude, das seitdem den Namen „Strandterrassen" trägt. Postkarte um 1990 (Heinrich Gehle, Wunstorf).

Cafés, Fisch- und andere Restaurants, 17 Fischimbißstände, sechs Aalräuchereien, elf weitere Schnellimbisse und -restaurants, eine Minigolfanlage, einen Reiterhof, Souvenirshops.[118] Neben den Erwerbseinkünften und den gewerblichen Umsätzen sind auch die Einnahmen der Stadt Wunstorf insbesondere aus dem Gewerbesteueraufkommen in die Rechnung einzubeziehen. Ein Satzungsentwurf der Wunstorfer Stadtverwaltung sieht neuerdings eine Fremdenverkehrsabgabe aller am Tourismus Verdienenden in Höhe von 6,6 % der Einnahmen vor, durch die ein Zufluß in die Stadtkasse in Höhe von 370.000 Mark erhofft wird. Damit soll ein Teil der städtischen Ausgaben für den Fremdenverkehr gedeckt werden, die 1996 740.000 Mark betrugen.[119]

Noch stärker als in Steinhude und Großenheidorn sind in Mardorf die Einnahmen aus Landverkauf und -verpachtung zu berücksichtigen. So manche Mardorfer Landwirte können notwendige betriebliche Investitionen nur aus den Pachteinnahmen für die Wochenendgrundstücke finanzieren.[120] Hier, am Nordufer, sind die größten Flächenumnutzungen und Grundstücks-Besitzwechsel am Steinhuder Meer zu verzeichnen. Demgegenüber ist das Dienstleistungsangebot in Mardorf deutlich geringer als in Steinhude. Immerhin gibt es neben neun Hotels, Gaststätten oder Pensionen noch 43 Privatanbieter von Fremdenbetten, 27 Restaurants, Cafés und Gaststätten, fünf Imbisse. Dazu kommen drei Sportgeschäfte für Segeln, Surfen oder Camping, vier Boots- und drei Fahrradverleihe, ebenfalls einen Reiterhof, eine Naturheilpraxis usw.[121] Eine vor allem Mardorf betreffende Fremdenverkehrsabgabe ist auch in Neustadt geplant.

Eine deutliche Verbesserung seines Angebots für Besucher in puncto Vielfalt und Qualität gelang Steinhude am Ende der 80er Jahre dadurch, daß gleich zwei Museen eröffnet wurden: 1987 das Spielzeug- und Kinderwelt-Museum, das in der alten Steinhuder Volksschule von 1880 eingerichtet wurde, und 1989 das Fischer- und Webermuseum in einem 1850 errichteten Bauernhaus im Neuen Winkel.[122] In beiden Häusern wird die ständige Ausstellung durch wechselnde Sonderausstellungen ergänzt, und vor allem im Fischer- und Webermuseum ist es dem Ort möglich, seine eigene Geschichte und ebenso die heutige Rolle zu thematisieren, wie beispielsweise mit der Ausstellung zum 75jährigen Jubiläum des Berufsseglervereins 1995. Mit beiden Einrichtungen stärkte der Flecken seine Attraktivität für historisch oder volkskundlich interessierte Besucher, die bereits durch den historischen Ortskern, die Windmühle „Paula" und die vor allem von hier aus unternommenen Fahrten zum Wilhelmstein vorhanden war. Die geplante Revitalisierung des Scheunenviertels wird die kulturelle Seite Steinhudes, auf der der Ort dem Konkurrenten Mardorf eindeutig überlegen ist, weiter ausbauen. Zusätzlich gibt es auch Überlegungen, den Ende 1994 von der Langeooger Inselbahn zurückgekauften Personenwaggon der Steinhuder Meerbahn in Steinhude aufzustellen und dort möglicherweise sogar eine Ausstellung zur Geschichte der Kleinbahn zu präsentieren.

Einige Großveranstaltungen ergänzen das Angebot: so das jährlich im August stattfindende „Festliches Wochenende" mit dem „Steinhuder Meer in Flammen", bei dem zu einem Korso mit illuminierten Booten auch ein Feuerwerk gezeigt wird; das mehrmals im Jahr stattfindende Badeinsel-Fest „Sunset-Jazz" oder der „Fischerkreidag" im Mai. Dabei handelt es sich um ein traditionelles Fest der Steinhuder Fischer, das seit Gründung der Steinhuder Fischer-Gesellschaft Mitte des 18. Jahrhunderts begangen wurde, um zunächst Gesellschafts-Interessen zu besprechen und Streitigkeiten zu schlichten. Anschließend wurde getrunken und getanzt. Seit 1978 wird der Fischerkreidag als Straßenfest wieder gefeiert, auch, um den Touristen oft vermißte Unterhaltung zu bieten und Besucher anzulocken. Außer der Ernennung des „Freyfischers" – ein einst vom Landesherrn als Lohn für treue Dienste jährlich vergebenes Privileg, das auch einen abgabefreien Fischzug und einen freien Torfstich enthielt – zeigen die Fischer ihre Fertigkeit im Netzeflicken und veranstalten Torfkahnregatten; Aalessen, Musik und Tanz ergänzen das Programm.[123]

In Mardorf steht kulturellen und Bildungsinteressen lediglich das kleine Heimatmuseum zur Verfügung, das nur nebenamtlich betreut und selten geöffnet wird, sowie die Informationsstelle des Naturschutzparks. Stärker als am Südufer werden hier die sportlichen Möglichkeiten ausgenutzt, die große Zahl von Stegen bzw. Bootsliegeplätzen und das Surfareal am Weißen Berg demonstrieren das bereits optisch; zwei Freibadeplätze ergänzen diese Ausrichtung. Ein Großteil der Erholungs- und Fremdenverkehrseinrichtungen befindet sich in der Wald- und Dünenlandschaft des Nordufers; auch ist das alte Dorf Mardorf durch einen Grüngürtel vom Freizeit- und Tourismusschwerpunkt am Ufer getrennt, was die Qualität des Naturerlebnisses der Gäste steigern dürfte und gleichzeitig die Einheimischen den „Trubel" weniger stark verspüren läßt.

Seit Beginn der Saison 1997 ist das lang geplante Haus des Gastes, das den historischen Dorfkern Mardorfs als touristisches Zentrum aufwerten soll, in Betrieb. Hier befinden sich Gemeinschafts- und Konferenzräume, eine Bücherei und die Touristeninformation. Bei wöchentlichen Gästebegrüßungen soll durch Videofilme das touristische Angebot der Region gezeigt werden.[124]

Das Freizeitangebot am Steinhuder Meer wird seit Mitte 1997 durch einen Golfplatz erweitert, der sich nördlich an den alten Ortskern von Mardorf anschließt. Auch hier wurden ehemals landwirtschaftlich genutzte Flächen für eine Freizeit- bzw. Erholungsnutzung umgewandelt. Eine Besonderheit des Golfplatzes ist sein offener Charakter – er soll der Öffentlichkeit zur Verfügung stehen, also das Spielen zu preiswerten Tagesgebühren ermöglichen, ohne Mitglied eines Golfclubs zu sein. Mit dieser in Niedersachsen einmaligen Regelung sollen auch Urlauber von der Einrichtung profitieren können.[125]

Der Alte Winkel in
Steinhude zu Anfang
des Jahrhunderts
(links), im Jahre 1959
(unten) und 1998
(rechts): Über ein
halbes Jahrhundert
nahezu unverändert,
geschah eine frem-
denverkehrsorien-
tierte Umgestaltung
erst in jüngster Zeit
(Links: Hermann
Beckedorf, Stein-
hude; unten: Nieder-
sächsisches Landes-
institut/Medienpäd-
agogik; rechts: Foto:
Fesche).

Ausblick

„Abschied vom Fischbrötchen-Tourismus", „Öko-Hotel bedroht alten Dorfkern", „Fünfgeschossiger Turm geplant" und andere Schlagzeilen der letzten Zeit bezeichnen eine Aufbruchstimmung, die den örtlichen Fremdenverkehr ins dritte Jahrtausend tragen soll. Schon jetzt geht es nicht mehr darum, in alten Rivalitäten etwa zwischen Mardorf und Steinhude die Nase vorn zu behalten, sondern sich innerhalb einer stärker werdenden Konkurrenz im deutschen und europäischen Raum zu behaupten. So sind seit der deutschen Wiedervereinigung Besucher-Orientierungen hin zu den attraktiven Gewässern der Mecklenburger Seenplatte zu beobachten. Der erwähnte Golfplatz, Hotelplanungen mit Tagungsräumen und Seeblick-Restaurant oder das computergestützte Informations- und Reservierungssystem IRS sollen Gegengewichte schaffen.

Zur Expo 2000 in Hannover wird das Steinhuder Scheunenviertel als zentrale Anlaufstelle mit dem Ziel Information, Unterhaltung und Besucherlenkung eingerichtet.[126] Es wird damit gerechnet, daß rund zwei Millionen Weltausstellungsbesucher das Steinhuder Meer aufsuchen werden, das doppelte einer normalen Saison.[127] Die Fremdenverkehrs-Gewerbetreibenden hoffen auf gute Geschäfte – aber das Steinhuder Meer steht vor einer schweren Belastungsprobe. Die Chance, aber auch das Erfordernis, ein alternatives Verkehrsmittel zur Verfügung zu stellen, ist bereits verpaßt.

Dies sollte Anlaß sein für eine Rückbesinnung: Würden nicht die Menschen, die das Steinhuder Meer vor 100 oder noch vor 75 Jahren entdeckt und als „Paradies", als „unberührte Natur" empfunden haben, es heute uninteressiert links liegen lassen, entzaubert, wie es ihnen heute vorkommen müßte: Gezähmt, gebändigt und eingedeicht, die Ufer entschilft und verbaut, privatisiert oder zur öffentlichen Grün-, Freizeit- oder Promenieranlage umfunktioniert, der See ein Surf- und Segelwasserbecken, in Interessenssphären und Funktionsbereiche aufgeteilt, der Wasserstand reguliert und ein politischer Kompromiß, das Gebiet ans Verkehrsnetz angeschlossen wie an einen Tropf?

Doch wären dies romantische und anachronistische Klagen, aus historischen Quellen destilliert – wenn auch die Kritik an mancher Fehlentwicklung berechtigt ist. Die Bedingungen der Gegenwart sind jedoch geprägt durch die Lage des Meeres am Rande eines Ballungszentrums und seine jederzeitige Erreichbarkeit für zehntausende Menschen durch allgegenwärtige Verkehrsmittel. Eine „unberührte", sich selbst überlassene Natur ist deshalb nicht denkbar. Daß aber die Nutznießer, die Ausflügler und Touristen, wie auch die Verwalter und Gestalter des Steinhuder Meeres sich Gedanken über ihr Handeln machen, dazu möchte dieses Buch anregen.

Abkürzungsverzeichnis

ADB	Allgemeine Deutsche Biographie
AFO	Arbeitsgemeinschaft für Ortsgestaltung
BDM	Bund Deutscher Mädel
BDVB	Bund Deutscher Verkehrsverbände und Bäder
DHH	Deutscher Hochseesportverband Hansa
DKV	Deutscher Kanuverband
DRB	Deutscher Radfahrerbund
DSV	Deutscher Seglerverband
FSV	Fürstlich Schaumburg-Lippischer Seglerverein
HAZ	Hannoversche Allgemeine Zeitung
HP	Hannoversche Presse
HYC	Hagenburger, seit 1933 Hannoverscher Yachtclub
KdF	NS-Organisation „Kraft durch Freude"
KGH	Kommunalverband Großraum Hannover
KrAH	Archiv des Landkreises Hannover in Neustadt a. Rbge.
LFV	Landesfremdenverkehrsverband, -verbände
LVV	Landesverkehrsverband, -verbände
NHP	Neue Hannoversche Presse
NLI	Niedersächsisches Landesinstitut für Fortbildung und Weiterbildung im Schulwesen und Medienpädagogik
NSBO	Nationalsozialistische Betriebszellen-Organisation
ÖSSM	Ökologische Schutzstation Steinhuder Meer
RFV	Reichsfremdenverkehrsverband
SLSV	Schaumburg-Lippischer Seglerverein (bis 1937 FSV)
StAB	Niedersächsisches Staatsarchiv Bückeburg
StMB	Steinhuder Meerbahn
Verf.	Verfasser
VGH	Verband Großraum Hannover
WBG	Weiße-Berg-Gesellschaft
WWA	Wasserwirtschaftsamt
WZ	Wunstorfer Zeitung

Anmerkungen

Anmerkungen zu
„Das Steinhuder Meer"

1   Vgl. Ochwadt 1975, S. 350f.
2   Mandel, S. 21. Vgl. auch die verschiedenen, bei Seedorf/Meyer, S. 295 genannten Entstehungstheorien.
3   Kohl, abgedruckt bei Ochwadt 1975, S. 283f.
4   Vgl. Spilcker, S. 576.
5   So die Bezeichnungen von Praetorius auf der von ihm gezeichneten Karte (abgebildet auf Seite 18).
6   Wiegmann, S. 64f.
7   Kohl, bei Ochwadt 1975, S. 264f.
8   Kohl, bei Ochwadt 1975 S. 283.
9   Mandel, Karte auf S. 21. Bodenwertzahlen nach Schneider, S. 221.
10 Zit. bei Ochwadt 1975, S. 241.
11 Vgl. Schneider, Teil I, Tabelle S.132.
12 So Kohl, bei Ochwadt 1975 S. 287.
13 Schneider, Teil I, S. 221.
14 Mandel, S. 120, Schneider 1995, S. 117.
15 Bei Ochwadt 1975 S. 261.
16 Hodann, Ehrenhild: in: Schaumburg-Lippesche Heimatbätter 1965, Nr. 11.
17 Kohl, bei Ochwadt 1975, S. 287.
18 Vgl. die „Geschichte der Steinhuder Leinen-Industrie Gebr. Bretthauer" in: Die Heimat, Heimatbeilage z. Stadthagener Kreisblatt, 1.12.1931.
19 Schr. v. 10.10.1881, in: StAB L102B 3024.
20 Vgl. Salemke.
21 Brief der Witwe Meuter v. 24.2.1902, in: StAB K2 S 455.
22 Wunstorfer Zeitung, 4.5.1892.
23 Ochwadt 1975, S. 221 u. 314.
24 Ebd., S. 225-227.
25 Ebd., S. 203f.
26 StAB L 15, 62, Bd. VII.
27 Bei Ochwadt 1975, S. 323f.
28 Arthur Conrad Ernsting 1753/54, zit. bei Ochwadt 1971, S. 54.
29 Großes Landes-Adressbuch.
30 So für das 17. Jahrhundert berichtet von Schnath, S. 148.
31 Vertrag auszugsweise abgedr. bei Ochwadt 1975, S. 327ff.
32 Vgl. Ochwadt 1975, S. 216ff. u. Dannenberg, S. 27-30.
33 Vgl. dazu Steinwascher.
34 Das Gutachten in StAB K2 S 443, abgedr. bei Ochwadt 1975, S. 232-234.
35 Ochwadt 1975, S. 246f.
36 Akten zur Trockenlegung in StAB K2 S443.
37 Abgedr. bei Ochwadt 1975, S. 314.
38 Freudenthal, S. 57.
39 Globus, 28.4.1899.
40 Vgl. Ochwadt 1975, S. 365f.

Anmerkungen zu
„Die Anfänge des Steinhuder-Meer-Fremdenverkehrs"

1   Zu den Vorläufern des Tourismus vgl. Knebel, S. 15-19; Spode 1993, S. 3f.
2   A.C. Ernsting zit bei Ochwadt 1971, S. 53.
3   Vgl. zum Lusthäuschen Ochwadt 1975, S. 91-94.
4   Zu Graf Wilhelm u. der Erbauung des Wilhelmsteins s. Ochwadt o.J., Tiemann; Streik bei Ochwadt 1975, S. 94f.
5   Vgl. Journal von und für Deutschland, 5. Jg. 1788, Bd. 1, S. 90-92 (Auszug aus Schmalz).
6   Arno Schmidt, S. 135.
7   Vgl. ebd., S. 120ff.
8   So der Titel der ersten beiden Bücher, die die Zeiträume von 1767 bis 1814 und von 1814 bis 1823 umfassen. Im folgenden wird auf Einzelbelege der Einträge i.d.R. verzichtet; die Auflistung der Fremdenbücher im Quellenverzeichnis erlaubt die Zuordnung der zitierten Einträge zu den entspr. Archivsignaturen.
9   Vgl. Ochwadt 1975, S. 383; Tiemann, S. 40.
10 Vgl. zu Wallmoden: ADB Bd. 40, S. 756-761, zu Wangenheim ADB Bd. 41, S. 149ff., sowie zu den Verwandschaftsverhältnissen v. Wangenheim, S. 694-696 u. S. 709.
11 Vgl. Eintrag ins Fremdenbuch in StAB F2 Nr. 2148, 23.6.1773; Brief Zimmermanns an Herder v. 17.6.1773, in: Bei der Wieden, S. 97; Herder an Graf Wilhelm, in: Herder, S. 32.
12 Zimmermann, Bd. 3, 10. Kapitel, S. 462f.
13 Wilhelm Graf zu Schaumburg-Lippe, Bd. III, Nr. 518 (Brief v. 20.8.1775).
14 Diese und folgende Besucherzahlen: Auszählung der Fremdenbuch-Einträge durch den Verf.
15 Gresky, S. 256.
16 Herder an Gräfin Maria, 22.6.1775, in: Herder, S. 195.
17 Gräfin Maria an Herder, 1.9.1774, abgdruckt bei Ochwadt 1975, S. 163f.
18 Brief an J.C. Dieterich, in: Bei der Wieden, S. 94.
19 Lichtenberg, Schriften u. Briefe Bd. 1, S. 197.
20 Neutsch, S. 147.
21 Knocke/Thielen, S. 101.
22 Vgl. Sellmann.
23 Zitat bei Tiemann, S. 45; ebd. S. 42-45 Schilderung der Belagerung.
24 Zu Jerome vgl. Ochwadt 1975, S. 194 u. Anm. Nr. 165, S. 398.
25 Tiemann, S. 42.
26 Meyer, S. 43ff.
27 Gruner, S. 178f.
28 Vgl. Ochwadt 1975, S. 201, S. 211 u. S. 214.
29 Tiemann, S. 46.
30 StAB F2 2149.
31 Schröter, S. 116.
32 Vgl. Arno Schmidt, S. 134.
33 Abgedr. bei Ochwadt 1975, S. 211.
34 Abgedr. ebd., S. 214.
35 Abgedruckt ebd., S. 215.
36 Krohn, S. 12ff.
37 Gruner, S. 14f (Reisemotive) u. S. 178f. (Wilhelmstein).

38 Tiemann, S. 41.

39 Gotthelf, S. 51f.

40 Das letzte Zit. aus Hann. Magazin v. 22. April 1816, übrige aus Hann. Magazin v. 15. April 1816.

41 Ebd.

42 Zaretzky, Otto: Aus den früheren Zeiten der Seeprovinz, in: Beilage zur Sch.-Lippeschen Landeszeitung 28.2.1920.

43 Schneider, Teil I, S. 22.

44 Vgl. Brief an J.P. Kaltenhofer v. 20.9.1772, in: Schriften und Briefe, Bd. IV, S. 90. Vgl. auch Schwarzwälder, S. 133, der aus Reisebeschreibungen dieser Zeit als Preis für die 120 km lange Strecke Bremen-Hannover 2 Reichstaler zzgl. Trinkgeld und Gepäckkosten ermittelt hat.

45 Spilcker, S. 578.

46 P.F. Weddigens Neues fortgesetztes Westph. Magazin, 1798/99, S. 369-374.

47 Gruner, S. 181-184.

48 StAB K2 W 136.

49 Chronik des Fleckens Steinhude, 1873/1874.

50 Zum Bau der Eisenbahnstrecke vgl. Schneider 1995; Besucherauszählung im Fremdenbuch durch den Verf.

51 StAB L 15, 62, Bd. V, Pätz' Antwort auf Schreiben Oberst Funcks vom 3.12.1859.

52 E. Sägelken, abgedr. bei Ochwadt 1975, S. 252.

53 Vgl. Baedeker 1889, S. 36.

54 Wunstorfer Zeitung v. 1.5. u. 22.5.1891.

55 Freudenthal, S. 54.

56 Puritz, S. 110ff.

57 StAB K2 W 148.

58 Olbers als Gast entdeckt von Tiemann, S. 41.

59 Hann. Magazin, 15. April 1816, Forts. ebd., 22. April 1816.

60 Hannoversche Anzeigen, 23. Juni 1797.

61 Droste, S.47.

62 Ebd., S. 46.

63 Ebd., S. 39.

64 Zit. ebd., S. 40.

65 Hann. Magazin, 15. April 1816, Forts. ebd., 22. April 1816.

66 P.F. Weddigens Neues fortgesetztes Westphälisches Magazin zur Geographie, Historie und Statistik, 1. Bd., 3. Stück. Wesel 1798/99, S. 364-374.

67 bei Ochwadt 1975, S. 252.

68 Brief Oberstleutnant Barckhausens an die Fürstliche Rentkammer vom 14.8.1852, in StAB L 15, 62, Bd. 2.

69 StAB K2 S 252

70 StAB L 15, 62, Bd. V, Pätz' Antwort auf Schreiben Oberst Funcks vom 3.12.1859.

71 Vgl. du Mesnils Beitrag: „Die Stadt Wunstorf. Ein historisch-topographischer Versuch" im Vaterländischen Archiv des Historischen Vereins für Niedersachsen, Jg. 1836, S. 36-38; über den Apotheker u. Hofrat vgl. Mandel, S. 388f. u. Leine-Zeitung v. 29.7.1995.

72 StAB L102B 3024.

73 Vgl. Knebel. S. 35f.

74 s. Ochwadt 1975, S. 255.

75 Ochwadt 1975, S. 221f, Meyer, S. 43.

76 Meyer, S. 95-97.

77 Weserland 1913/14, S. 125.

Anmerkungen zu
„Die Auswirkungen der Industrialisierung"

1 Knocke/Thielen, S. 123.

2 Vgl. Wehler, Übersicht 71, S. 512.

3 Mlynek/Röhrbein, S. 355f.

4 Mlynek/Röhrbein, S. 357.

5 Lessing 1989, S. 51f.

6 Ders. 1969, S. 20.

7 Buschmann, S. 273.

8 Ebd., S. 276.

9 Ebd., S. 342.

10 Capelle, S. 132.

11 Buschmann, S. 343.

12 Ebd. S. 344.

13 Rothert, S.36.

14 Löns zitiert bei Dupke, S. 113.

15 Vgl. Radkau, S. 533-544, Zitat S. 535.

16 Hann. Anzeiger, 2.9.1898.

17 Radkau, S. 537.

18 Lessing, Der Lärm. Wiesbaden 1908, S. 14f., zit. bei Birkefeld/Jung, S. 49.

19 Vgl. zu Lessing vor allem Marwedel.

20 Krabbe, Lebensreform, in: Von „Abwasser bis Wandern", S. 190.

21 In: Vanselow (Hg.), S. 34-38.

22 Der Naturfreund 1930, S. 217.

23 Der Naturfreund 1911, S. 138.

24 Nahrstedt, S. 79.

25 Ebd. S. 271. Siehe auch S. 17.

26 Henning, S. 75.

27 Vgl. Achten, S. 14.

28 Rothert, S. 35f. Zur Kirche Achten, S. 43-45.

29 Wunstorfer Zeitung, 22.4.1891.

30 Achten, S. 96ff.

31 Reulecke, S. 143.

32 H. Löns, Straßenbahn und Volksgesundheit, Beilage zum Hann. Tageblatt v. 6.5.1905.

33 Lüder, S. 22.

34 Ebd., S. 97-99.

Anmerkungen zu
„Der Wilhelmstein als Touristenattraktion"

1 Mitteilung Manns an Hofmarschallamt vom 30.5.1878, ebenso wie die Verfügung vom 12.3.1874 in StAB K2 S 252.

2 StAB F2 Nr. 2169.

3 StAB K2 Nrn. S 252 und 252a.

4 Siehe die Statistik im Anhang.

5 Baedeker 1072, S. 252f.

6 Baedeker 1883, S. 306f.

7 Postkarte von 1894 aus Wunstorf in: StAB K2 S 252a.

8 Vorgang um Diebstahl in StAB K2 S 252a; vgl. auch Tiemann, S. 41 u. S. 53.

9 Vgl. Dwertmann, S. 75.

10 Vgl. zum Transportboot Adolph Georg die Verzeichnisse der Fremdenfahrten und Salemke, S. 404f.

11 StAB K2 S 252c.

12 Vgl. z.B. das vertrauliche Schreiben der kgl.-hann. Landdrostei v. Dezember 1847, in Backhauß/Fesche, S. 124.

13 Vgl. zur Nedden in: Röhrbein (Hg.), Maschsee, S. 28.
14 StAB F2 2158.
15 Vgl. Niedersächsisches Institut für Sportgeschichte Hoya (Hg.), S. 255.
16 Hann. Touristenverein, Jahresbericht 1888. Dort auch Mitgliederverzeichnis, das die folgende Auszählung ermöglichte.
17 Ulmenstein an Ballerstedt, 28.7.1897, in: StAB K2 S 252a.
18 StAB K2 S 252b.
19 Hübner, S. 173.
20 Ebd., S. 241.
21 Ochwadt 1975, S. 259, S. 286f. u. S. 278.
22 Bei Ochwadt S. 317.
23 StAB K2 S 252, 252a, 252b, 252c und F2 2169, 2170, eigene Auszählungen und Berechnungen.
24 Hofkammer, Acta Steinhuder See 8, betr. Gesuch des Kellerwirts Hansing, Steinhude.
25 StAB K2, Nr. S 252a.
26 Zum Prozeß StAB K2 Nr. S 473/1.
27 StAB Orig. K Nr. 186.
28 Zahlreiche Gesuche in StAB K2 S 454 und S 455.

Anmerkungen zu „Mit dem Fahrrad ans Steinhuder Meer"

1 Salvisberg, Vorwort.
2 Alle Einträge in: StAB F2 2158.
3 Hoerner, Gewerbe-ABC, S. 130f.
4 Anfang Juni 1891 in der Wunstorfer Zeitung veröffentlicht.
5 WZ v. 13.9.96.
6 Franke, S. 45.
7 WZ v. 23.8.96.
8 Wunstorfer Zeitung v. 26.8.1896.
9 Franke, S. 45.
10 Ebd.
11 WZ v. 24.5.1896.
12 Statuten in genannter Reihenfolge in StAB L 102B 4537, 4540 und 4545.
13 Lt. Brief v. Behrens an Landratsamt v. 4.10.1897, in StAB L102b, Nr. 3621.
14 Hg. v. Salvisberg.
15 Ebd. S. 58.
16 Ebd. S. 57.
17 Löns, Mit der Steinhuder Meerbahn, Hann. Anzeiger v. 24.5.1898. Tagebuch K. Behrend, Eintrag v. 29.5.1909.
18 Beide Belege in: StAB F2 2160.
19 Hannoverschen Anzeiger v. 17.3.1928
20 Nachrichtendienst des Deutschen Gemeindetages, 11.10.1933, Ausschnitt in: KrAH KA NRÜ 84.
21 Weserbergland – Niedersachsen 10/1937, S. 24.
22 KrAH KA NRÜ 84, Protokoll der JHV vom 8.2.1933.
23 Ebd., Schr. vom 11.7.1939 u. vom 31.7.1939.
24 StAB L102B 1538.
25 Ebd.; Gesetz v. 31.7.1939, RGBl. I, S.966.
26 Deckert, Tabelle 9, S. 30.
27 Vgl. HAZ v. 25.1.1996.
28 Nds. Sozialministerium: Radfernweg Hannover-Steinhuder Meer-Dümmer, Ausgabe Hannover 1990.

Anmerkungen zu „Die Steinhuder Meerbahn und ihre Folgen"

1 Im Buch wird die heute übliche, wenn auch nicht korrekte Schreibweise benutzt. Da es sich nicht um eine Steinhuder Bahn handelt, müßte die Schreibweise so aussehen: Steinhuder-Meer-Bahn.
2 Schreiben des Bankhauses v. 2.9.1872 in StAB L 3 EF 29. Vgl. die Gründungsgeschichte der StMB bei Schneider, Teil II, S. 135-140.
3 Vgl. dazu StAB L102B 3024.
4 Wunstorfer Zeitung v. 24. u. 27.5.1891.
5 StAB L102B 3024. Am 8. Oktober 1893 Haake mit elf Familienangehörigen auf dem Wilhelstein, s. StAB F2 2158.
6 Erläuterungsbericht v. 2.1.1897 in StAB L3 Ef 35a.
7 Löns, Eine Maienfahrt nach Bad Rehburg, undat. Zeitungsausschnitt, Hermann-Löns-Archiv Stadtbibliothek Hannover.
8 Droste, S. 70.
9 Vgl. Ulrich, Prell u.a., Art. Wannsee.
10 Hirt, S. 22 u. 25.
11 Schaumburg-Lippische Landeszeitung vom 28.12.1895.
12 Zeichnungsliste vom Januar 1896 in StAB L102B, Nr. 3024.
13 Vgl. Schneider, Teil II, S. 138f.
14 StAB L3 Ef 35a.
15 Vgl. Schneider, Teil II, S. 138-140.
16 Schaumburg-Lippische Landeszeitung vom 22.5.1898.
17 Löns, Mit der Steinhuder Meerbahn, Hannoverscher Anzeiger v. 24.5.1898.
18 Vgl. Sommerfahrpläne in L3 EF 35b.
19 Tagebuch K. Behrend, Eintragung vom 2.4.1910.
20 Alle Zahlen aus dem 2. Geschäftsbericht der StMB, Anlage I, Wunstorf 1900.
21 Siehe die Beförderungszahlen bei Rogl, S. 109f.; vgl. auch Schneider, Teil II, S. 141f.
22 Zahlen nach StAB F2, 2169 u. 2170 sowie K2 252b u. 252c; vgl. auch die Tabellen im Anhang.
23 Auskunft v. Herrn Lier, Verkehrsverein Steinhude, März 1995.
24 Thiess, Geschichte eines unruhigen Sommers, S. 45.
25 StAB K2 Nr. S 252a.
26 Brief F.W.Bretthauers v. 15.7.1899, in StAB L102b Nr. 3904.
27 Brief Bretthauers v. 21.7.1899, ebd.
28 Vorgang in StAB L102b, Nr. 3904.
29 Das Strandhotel in Steinhude, Hann. Anzeiger, 2.9.1899.
30 Vgl. die Planung Trips in StAB S1 A 582.
31 Traueranzeige in der Leine-Zeitung v. 30.12. 1930; dort auch Nachruf.
32 Sch.-Lipp. Landesztg. v. 22.5.1898.
33 Abschrift in StAB L 102B 3024.
34 Vgl. Busch, S. 113-115, Zitate ebd.
35 StAB K 2 252a, Brief an Hofmarschall v. Ulmenstein v. 30.7.1898.
36 Vgl. Woynas Vita bei Romeyk, S. 411.
37 StAB K 2 252a, Brief an Hofmarschall v. Ulmenstein v. 13.2.1904.
38 Vgl. den Vorgang in StAB L 102B 3961.
39 Romeyk, S. 411.
40 Bühler u.a., S. 162.
41 Brief undat., wahrsch. Nov./Dez. 1898, in: StAB K2 S 252a
42 Bittgesuch v. 9.3.1899 in StAB K2 S 454.
43 Behrens Brief in StAB K2 S 252a.
44 StAB KS252b (Anfrage v. 16.8.1908) u. K2 S 253 acc 38/93.
45 StAB K2 S 252b.
46 Generalzeiger v. 21.4.1967.
47 StAB K2 F 1197a.
48 Abschrift in Brief Manns v. 14.3.1899, in: StAB K2 S 252a.

49 StAB K2 S 454.

50 StAB K2 S 454, Regulativ veröff. in Sch.-Lipp. Landesztg., 13.4.1900.

51 Vgl. die beiden Verzeichn. in StAB K2 S 454.

52 Ebd., jährliche Verzeichnisse.

53 Ochwadt, S. 391.

54 Erinnerung von Otto Büsselberg, 23.5.1995.

55 Vgl. Lauenstein, Müller, S. 24.

56 Vgl. Weski, S. 9.

57 StAB K2 S 455; Hannoverscher Courier v. 9.7.1904, abends; Anzeigen des Fürstentums Schaumburg-Lippe, Jg. 1904.

58 Vgl. StAB L 102 B 3911, Brief E. Schusters v. 15.12.1911.

59 StAB K2 S 252a.

60 StAB K2 S 455.

61 Brief v. 17.8.1908, in StAB K2 S 485.

62 StAB K2 S 252a.

63 StAB K2 S 252a.

64 StAB K2 S 252b.

65 StAB K2 S 252b.

66 StAB K2 S 252c, Brief W.Seegers v. 24.2.1912.

67 Vgl. Schr. v. 26.7.1911 u. v. 14.8.1911, StAB K2 S 252b.

68 Hofmarschallamt an Koliska 23.1.11, StAB K2 S 252b.

69 Bericht v. Bülows in StAB K2 S 252c.

70 Vgl. die Übersicht bei Wehler, S. 778.

71 StAB K2 252c, Brief W.Seegers v. 24.2.1912.

72 StAB KS S 252b (Anfrage v. 16.8.1908) u. K2 S 253 acc 38/93.

73 StAB K2 S 252c.

74 Vermerk v. 15.7.1915 in StAB K2 S 252c.

75 Satzung in StAB L102b Nr. B 3955.

76 Wunstorfer Zeitung, 12.7.1891; Sch.-Lipp. Landeszeitung, 12.7.1907.

77 Vorgang in StAB L 102 B Nr. 4564, August-Oktober 1909.

78 Die gesamte beschriebene Entwicklung nach StAB L 102 B 3621.

79 Schuster an Hofkammer, 24.9.1896, in: StAB K2 S 454; Hinweis auf Teppichflechterei bei Freudenthal, S. 58.

80 Vgl. die Beförderungszahlen zum Wilhelmstein auf Seite 60.

81 Vgl. die Verzeichnisse der Fremdenfahrten mit eigenen Schiffen, etwa für das Jahr 1892/93, in: StAB F2 2170.

82 Anzeige abgedruckt bei Ochwadt, S. 342.

83 Schuster an Hofmarschall, 16.5.1897, in: StAB K2 S 252a.

84 Vgl. StAB L 102B 3911, Brief Schusters v. 7.9.1910.

85 Vgl. auch Brief der Wwe Meuter v. 24.2.1902, in: StAB K2 S 455.

86 Abgedruckt bei Ochwadt, S. 347f.

87 Brief der Wwe Meuter v. 24.2.1902, in: StAB K2 S 455.

88 Schuster an Oberhofmarschall, 5.6.1904, in StAB K2 S 252a.

89 Vorgang vom Mai/Juni 1904 in StAB L 102B 3911.

90 StAB L 102 B 3911.

91 StAB L 102 B 3911, Stellungnahme Feldmann v. 4.10.1909.

92 StAB L 102 B 3911, Schr. Schusters v. 26.11.1909.

93 StAB L 102 B 3911, Briefwechsel v. September 1910.

94 Ebd., Vorgang vom August/Sept. 1911.

95 Ebd., Schreiben des Landrats v. 21.9.1911.

96 Ebd., Vorgang vom 15.12.1911/9.2.1912.

97 Ebd., Brief Schusters vom 26.10.1913.

98 StAB L 102 B 3911, gemeinsames Schreiben aus Hannover u. Linden v. 30.10.1913, Schr. v. Sophie Schuster v. 20.11.1913.

99 Ebd., Briefwechsel 11./13.12.1913.

100 Vgl. Annonce im „Illustrierten Führer"; zum Luft- und Seebad s. Kapitel „Baden".

101 Vgl. ebd. die Abschrift des Erbscheins v. 5. März 1929; bei der Betriebszählung 1907 gab Schuster noch die Seilerei als sein Gewerbe, für das er ein Formular ausfüllen mußte.

102 StAB K2 S 252c.

102a StAB L 102 B 3621.

103 Vgl. StAB K2 S 252c, Vorgänge von 1914-1916.

104 StAB K2 S 464: Nachweisung der an Einwohner Steinhudes erteilten Erlaubnisscheine zum Vermieten von Ruderbooten an Fremde, 1926.

105 Vgl. die verschiedenen Konzessionsvorgänge 1929-1934 in StAB K2 S 464; vgl. auch die Akten der „Meeresklause" in LK NRÜ 3064.

106 Vgl. Oppermann in der Wunstorfer Zeitung v. 15.11.1930.

107 Vgl. die Tätigkeitsberichte des Vereins 1907-19010 in StAB L 102B 3956.

108 Exemplar vorhanden im Historischen Museum Hannover, Inv.-Nr. VM 55842.

109 Vgl. Geschäftsberichte in StAB L 102 B 3956.

110 Verkehrsverein für die Ortschaften um das Steinhuder Meer, Tätigkeitsbericht 1927, Bad Rehburg 1927.

111 HAZ v. 29.2.1964.

112 Vgl. Die Schaumburg-Lippische Heimat. Beilage z. Stadthagener Kreisblatt, Nr. 6/21.7.1934.

113 Zur Geschichte des Verkehrsvereins vgl. Th. Oppermann: 25 Jahre Verkehrsverein für die Ortschaften um das Steinhuder Meer, in: Wunstorfer Zeitung v. 15.11.1930; Akten Studienausschuss in StAB L 102 B 3964.

114 Vgl. dazu auch KA NRÜ 85, z.B. Brief v. 31.3.1930.

115 Eintrag des Seglers Emil A. Gertz ins Fremdenbuch, 20.5.1906

116 Vgl. Plümer u. Hundert Jahre deutscher Segelsport.

117 Vgl. Ring, S. 43.

118 Ebd. S. 44; vgl. Ochwadt, S. 340; StAB K2 S 454/455.

119 Vorgang in den Akten der Hofkammer, Steinhuder See 19.

120 Vgl. Ochwadt, S. 342.

121 WWA Hildesheim, S. 37.

122 Hofkammer, Steinhuder See 19.

123 Vgl. Plümer; DSV-Verlag.

124 StAB K 2 S 252 a.

125 StAB K 2 S 252 b.

126 Folgendes nach der Sch.-Lipp. Landeszeitung, 18.10.1906.

127 HYC- Satzung in StAB L102B 4563.

128 Vgl. Ring, S. 45.

129 Festschrift zum 10jährigen . . ., S. 31.

130 Vgl. Wunstorfer Zeitung v. 22. und 23. 6. 1932, Leine-Zeitung v. 17. u. 20.6.1932 (Waffentag in Hannover); Foto bei Diersche/Rohrssen 1992, S. 34.

131 Laut Fremdenbuch.

132 Festschrift zum 25jährigen . . ., S. 4.

133 Festschrift zum 10jährigen . . ., S. 10.

134 Ring, S. 46.

135 Festschrift zum 25jährigen . . ., S. 11.

136 Festschrift zum 25jährigen . . ., S. 23ff.

137 Brief vom 5.8.1909 in: StAB L 102 B Nr. 4564.

138 Festschrift zum 25jährigen . . ., S. 20.

139 Festschrift zum 10jährigen . . ., S. 15.

Anmerkungen zu „Die Entdeckung des Nordufers"

1 Zit. bei Ochwadt 1975, S. 241.

2 Zit. bei Ochwadt 1975, S. 325ff.

3 Kniep, S. 241.

4 Dannenberg, S.35. Blockhütte bereits eingezeichnet im Blatt 3522/ Wunstorf der Preuß. Landesaufnahme von 1896, hrsg. 1898.

5 Ebrecht an Landrat, 12.10.1903, in StAB L 102B 3904.

6 KrAH KA NRÜ 1424.

7 Dannenberg, S. 35.
8 StAB K2 S 476.
9 So bezeichnet von Ulrich Linse.
10 Jünger, S. 43f. Freundlicher Hinweis von Hildegard Palat, Wunstorf.
11 Sch.-Lipp. Landeszeitung, 18.6.1907.
12 Vgl. auch Schneegluth.
13 Tagebuch Katharina Behrend, 1. Juni 1909.
14 Krabbe, S. 37.
15 Hübotters Artikel in der Wunstorfer Zeitung vom 3.7.1970.
16 Blockhütte erwähnt im „Illustr. Führer", S. 18; vgl. auch WZ, 13.9.1911. Frdl. Hinweis v. Herrn Böhne, Stadtarchiv Wunstorf.
17 Illustrierte Rundschau, 13.9.1913.
18 Der Naturfreund, Jg. 1912, S. 276.
19 Preis genannt bei Dannenberg, S. 35.
20 Zur TET-Stadt vgl. AG Stadtleben e.V., S. 28-31.
21 KrAH KA NRÜ 1424.
22 Pläne u.Skizzen im Bahlsen-Archiv Hannover, ohne Signatur, Briefe und Erläuterungsbericht in Mappe Mardorfer Strand.
23 Vgl. zur Person Katharina Behrends Jung/Scheitenberger.
24 Vgl. Becher, S. 93.
25 Zum ganzen vgl. Behrend, Tagebücher und Fotoalben.

Anmerkungen zu „Tourismus im Zeichen des Mars"

1 Freudenthal, S. 74-77.
2 Die Schaumb.-Lippische Heimat. Heimatbeilage zum Stadthagener Kreisblatt, 26.6.1934.
3 Vgl. Fremdenbuch StAB F 2156.
4 Vgl. KrAH KA NRÜ 1527.
5 Tiemann, S. 58.
6 „Der Kanonengraf", in: Niedersachsen 1911, S. 477-480.
7 Zit. bei Joachim Wolschke-Bulmahn, S. 203, Anm. 5. Zum Komplex „Jugendwehren" überhaupt siehe ebd., v.a. S. 202-226. Vgl. zu diesem Thema auch K.-H Grotjahn, S. 212-250.
8 Wolschke-Bulmahn, S. 220.
9 1904-1964. 60 Jahre Scharnhorstschule Wunstorf. Festschrift zum Jubiläum vom 1.-3. Oktober 1964, S. 57f. Vgl. auch WZ, 6.9.1911.
10 A. Zwoboda, Am Steinhuder Meer, Der Naturfreund, 1912, S. 276.
11 StAB L 102B 3911.
12 Vgl. Grotjahn, S. 220.
13 „Jugendwehr und Heimat", in: Niedersachsen, 15.2.1915 u. 15.3.1915.
14 KrAH NRÜ II, 570.
15 Alle Beispiele in StAB K2 S 252c.
16 Erinnerung von Hildegard Palat, in: 1904-1964. 60 Jahre Scharnhorstschule, S. 59.
17 Vorgang in StAB K2 S. 464; Zitate aus Brief der Schule an Hofkammer vom 14.9.1926.
18 Vgl. Hannoverscher Stahlhelm v. 1. Mai 1932 und StAB K2 S 464.
19 Unterz. am 24.10.1934, in StAB Dep. 11, Acc 31/85 Nr. 4.
20 Brief Marine-HJ an Hofkammer v. 17.4.1937 in StAB K2 S 466.
21 Erinnerung von Hermann Beckedorf beim Gespräch mit Otto Büsselberg am 23.5.1995.
22 StAB K2 S 466.
23 HAZ u. Leine-Zeitung, jeweils 7.6.1997.

Anmerkungen zu „Jahreszeiten"

1 LAWA, S. 107.
2 Lindner, abgedr. bei Ochwadt, S. 319.
3 StAB L 15, Nr. 62, Bd. I.
4 StAB L 15, Nr. 62, Bd. I.
5 Ebd., Schreiben vom 29.2.1856.
6 Ebd.; nachträgliche Genehmigung durch Rentkammer 12.4.1858.
7 Abgedruckt bei Ochwadt, S. 312.
8 Wunstorfer Zeitung, 12.1.1896.
8a Wunstorfer Zeitung. 30.1.1895.
9 StAB L 102 B 3911; vgl. das Porträt Schusters in diesem Buch.
10 Weserland 1913/14, S. 124-126.
11 Festschrift zum 25-jährigen Jubiläum, S. 17.
12 Ebd., S. 18.
13 Ebd., S. 16 u. S. 19.
14 Weserland 1912/13, S. 139.
15 Hannoverscher Anzeiger, 7.1.1928.
16 Mandel, S. 22.
17 HAZ v. 24.2.1977.
18 Siebens, S. 81.
19 K. Behrend, Tagebucheintrag v. 2.4.1910.
20 Auszählung der Fremdenbuch-Einträge durch den Verf. Aus den jew. Fremdenbüchern auch die Nachrichten über die Pfingstgäste 1870 und 1886.
21 Vgl. Verzeichnisse der Fremdenfahrten in StAB F2 2169, 2170, K2 S 252, 252a.
22 Freudenthal, S. 45.
23 Ganymed = in der griechischen Mythologie der schöne Mundschenk des Zeus, so Meyers Gr. Taschenlexikon; Zitat Freudenthal, S. 74.
24 Wunstorfer Zeitung v. Pfingstsonntag, 2. Juni 1895.
25 Heidemann an Hofkammer, 12.6.1900, StAB K2 Nr. S. 454.
26 Vgl StAB K2 S 253, acc. 38/93.
27 Hannoverscher Anzeiger, 18.5.1932.
28 Weserbergland Niedersachsen, Juni 1938.
29 StAB L 102B 3969.
30 Zahlen durch die Motorbootsbetriebsgesellschaft mitgeteilt am 5.6.1944, in: StAB K2 S 466.
31 Brief an Oberkreisdirektor vom 8.Juni 1954, in KrAH LK NRÜ 3067.
32 HAZ, 14.5.1997.
33 Neue Presse, 20.5.1997, Leine-Zeitung, 21.5.1997.
34 Ochwadt 1975, Steinhuder Meer, S. 228.
35 Müller, S. 116; vgl. auch Nahrstedt, S. 66.
36 Art.„Flußbadeanstalten" in: Schmidt, Wolf, S. 31.
37 Nielsen, S. 55.
38 Fürstliche Hofkammer, Acta Steinhuder See 6, Anlegung von Badeanstalten betreffend.
39 Ebd.; Antrag auf Gondel in: Fürstliche Hofkammer, Acta Steinhuder See 8, betr. Gesuch des Kellerwirts Hansing, Steinhude.
40 Löns, ein Julitag am Steinhuder Meer, zit. bei Klein, S. 12.
41 Vorgang in StAB K2 S 252a.
42 Vgl. Art. „Naturheilkunde", in: Schmidt, Wolf, S. 194.
43 Lichtenberg, Schriften und Briefe III, S. 125-129.
44 Krabbe, S. 93.
45 Fürstliche Hofkammer, Acta Steinhuder See Nr. 6.
46 StAB L 102B Nr. 1484.
47 Fürstliche Hofkammer, Acta Steinhuder See Nr. 6.
48 Im Adreßbuch für das Fürstentum Schaumburg-Lippe 1912.
49 Engel, S. 88.
50 StAB L102B, Nr. 1507.

51 Fürstliche Hofkammer, Acta Steinhuder See 6, Anlegung von Bade-anstalten betreffend.
52 Globus, 28.4.1899. Dort auch Rest des Untersuchungsergebnisses.
53 Prospekt „Steinhude am Steinhuder Meer", Hannover, ca. 1926.
54 Weserbergland-Niedersachsen, Juli 1939, S. 3.
55 Naturpark Steinhuder Meer: Info von A-Z. Ihr Urlaubsbegleiter für 1994, S. 29.
56 Vgl. Wunstorfer Stadtanzeiger v. 17.7.1997.
57 Illustrierte Rundschau, 13.9.1913.
58 Becher, S. 216.
59 Krabbe, S. 96.
60 Vgl. Dettbarn-Reggentin.
61 Vorgang in: StAB L 102B 3961.
62 KrAH KA NRÜ 1424, Schr. v. 6.4.1923.
62a Vgl. Schultz/Gostomczyk, S. 89-94.
63 Ebd. und StMB-Betriebsleitung (Hg.): „Führer", ca 1928.
64 Thiess, Freiheit bis Mitternacht, S. 297.
65 Wunstorfer Zeitung, 20.9.1929.
66 StAB L 102B, Nr. 1517.
67 KrAH LK 2913, Bericht vom 5.9.1935.
68 KrAH LK 3067, Brief Verkehrsverein Mardorf an OKD, 8.6.1954.
69 Brief Staatl. Gesundheitsamt Neustadt a. Rbge an Landkreis, 20. Mai 1960, in: KrAH LK NRÜ 1859b.
70 Brief Sagatz an Landkreis v. 13.6.1960 in: KrAH LK NRÜ 1859b.
71 Landkreis Neustadt a. Rbge. an VGH, 15.11.1965 in Akten des Groß-raums; vgl. auch Eberlei, Tabelle 11, S. 134.
72 Verband Großraum Hannover: Faltblatt Badeinsel Steinhude, Hann-over 1975; Akten des Großraums, Februar – September 1973.
73 Planungsgemeinschaft Theine, S. 19.
74 HAZ v. 30.6.1997.
75 Vgl. dazu Fromme/Nahrstedt.

Anmerkungen zu
„Die zwanziger Jahre: Freizeit wird zur Massenbewegung"

1 § 1 Abs. III des Vertrages, in: Schaumburg-Lippische Landesverord-nungen 1920, S. 250.
2 Vgl. Saldern, S. 8.
3 Henning, S. 76.
4 Vgl. Paul, Art. „Wochenende".
5 Hann. Anzeiger, 6.6.1926
6 Hann. Anzeiger, 17.3.1928.
7 Vgl. Opaschowski, S. 22f.
8 Hann. Tageblatt, 7.10.1928.
9 WZ, 16.5.1919, Anzeige.
10 Vgl. Art. „Jugendherbergen" in: Schmidt, Wolf, S. 185f.
11 StAB L 102B, Nr. 1517.
12 Mandel, S. 309-311, mit Foto des Heims.
13 HYC, S. 20f.
14 Hann. Anzeiger, 6.6.1926
15 Dr. Hoffmann von der Industrie- und Handelskammer Schaumburg-Lippe bei der Besprechung Steinhuder Verkehrswünsche am 25.10. 1929, in: StAB L 102B 3964.
16 Hann. Anzeiger, 6.6.1926.
17 Siehe Abbildung bei Masselink, S. 124.
18 Hann. Anzeiger, 6.6.1926.
19 Gespräch mit Otto Büsselberg 23.5.1995.
20 Beispiele aus: StAB K2 S 464.
21 KrAH KA NRÜ 1424.
22 Ebd.
23 Ebd.
24 Ebd.
25 „Unser Wochenend in Steinhude", Hann. Anzeiger 17.3.1928.
26 Erinnerung von Otto Büsselberg am 23.5.1995.
27 Beilage zu Nr. 16 der Wochenschrift „Revue", in Akte KrAH KA NRÜ 1424.
28 So Otto Büsselberg am 23.5.1995.
29 Vgl. Zeitungsart. v. 20. Juni 1950 in Ausschnittsammlung „Steinhu-der Meer" im KrAH.
30 KrAH KA NRÜ 1424.
31 Dannenberg, S. 36.
32 KrAH KA NRÜ 1424.
33 Vgl. StAB L 102B, 3904; Konzessionsentsch. für Nordufer in KrAH KA NRÜ 1424.
34 KrAH KA NRÜ 1424.
35 KrAH KA NRÜ 1424.
36 Brief an den Regierungspräsidenten in Hannover vom 18.7.1936, in: KrAH KA NRÜ 1425.
37 KrAH KA NRÜ 1424.
38 Beilage zum Hannoverschen Kurier, 21.7.1921, Morgens.
39 Das Steinhuder Meer als Naturschutzgebiet, in: Blätter für Schaum-burg-Lippische Heimatkunde 9/1925.
40 Hannoverscher Anzeiger, 28. Oktober 1927.
41 Steinhuder Meerbahn (Hg.): Führer, S. 15.
42 Ebd., S. 14-17, Ottens, wie Anm. 44.
43 Blätter f. Sch.-Lippische Heimatkunde 8/1926.
44 Volkswille v. 24.7. 1927, zit. bei Birkefeld/Jung, S. 115f.
45 Blätter f. Sch.-Lippische Heimatkunde 8/1926.
46 Ottens, wie Anm. 44.
47 Erläuterung von 1932 aus Akte Steinhuder Meer-Ufer, Privatarchiv Peter Hübotter.
48 Ebd., vgl. auch W. Hübötter, Der „Monte bianco" am mare nostrum Steinhudiensis, in: Wunstorfer Zeitung v. 3.7.1970.
49 Vorgang nach StAB L 102B 3963.
50 KrAH KA NRÜ 1424.
51 Brief vom 20.4.1936 in: KrAH KA NRÜ 1425.
52 Vgl. Anzeige in: StMB (Hg.): Führer, S. 4.
53 Der Naturfreund 1912, S. 275f.
54 Volkswille, 25.6.1932.
55 Schr. Tensfelds an Kreisausschuß v. 25.11.1930 u. 30.3.1931 in KrAH KA NRÜ 1425.
56 Text u. Anzeige in: Lührs gelbe Reise- und Städteführer, Bd. 11, Han-nover und seine Ausflugsorte, Rastede 1936, S. 103.
57 Volkswille, 25.6.1932.
58 Brieden u.a., S. 109.
59 Blätter f. Sch.-Lippische Heimatkunde 9/1926.
60 Zu Thiess vgl. G. u. W. Wiebking.
61 StAB L 102 B, Nr. 624.
62 Ebd.
63 Protokoll Studienausschuß v. 25.10.1930, StAB L102B Nr. 3964.
64 Vgl. Foto bei Droste, S. 88.
65 StAB K2 S 252b.
66 WZ, 13.9.1911.
67 Das Steinhuder Meer. Ein Segler-Eldorado, v. Otto Lothar Riemasch, in: Hannoverscher Anzeiger, 6.6.1926.
68 StAB L 102B 1465.
69 Vermerk vom 21.11.1932, in:StAB L102B Nr. 3964.
70 Thiess, Freiheit bis Mitternacht, S. 298.
71 StAB L102B 1465, Brief vom 30.10.1930.
72 StAB L 102B 4632.
73 Masselink, S. 129.

74 Dannenberg, S. 36.
75 KrAH KA NRÜ 84, Protokoll der JHV v. 8.2.1933.
76 StAB L102B 3964.
77 Hannoverscher Kurier, 27.10.1929.
78 Ebd.
79 In: Kanusport – Faltbootsport, Heft 24 v. 16.7.1932.
80 Thiess, Geschichte eines . . ., S. 45f.
81 Vgl. Geschäftsberichte StMB 1915-1919, Steinhuder Meerbahn-Archiv Wunstorf.
82 Vgl. Geschäftsbericht StMB 1921, Steinhuder Meerbahn-Archiv Wunstorf.
83 Brief v. Woynas an Sch.-Lipp. Handelskammer vom 17.5.1923 in StAB L102B 3026.
84 Generalanzeiger v. 25.8.1923.
84a StAB L 102 B 3026, 1.2.1923.
85 Vgl. Geschäftsbericht für das Jahr 1928.
86 Generalanzeiger v. 17.8.1929.
87 Leine-Zeitung, 2.9.1930.
88 Vgl. Papier „Neubau der Wunstorfer Kleinbahnen", StMB-Archiv, ca. 1925.
88a StAB L 102 B 3964.
89 Prot. der 13. Hauptausschußsitzung des Verbandes v. 6.6.1929, in StAB L 102B 3945.
90 Ebd., Protokoll Studienausschuss v. 25.10.1930.
91 Diop, S. 25.
92 Wunstorfer Zeitung, 14.2.1919.
93 Wunstorfer Zeitung, 28.7.1920.
94 Vgl. Maier-Kaienburg, S. 35 und Diop, S. 27.
95 Siehe Schaumburg-Lipp. Landesanzeigen, VO v. 8.2.1927; zur Polizeistunde vgl. StAB L102B 3621.
96 Annonce Blaue Grotte im Prospekt „Steinhude am Steinhuder Meer", hg. vom Verkehrsverein Steinhude, Hannover o.J.; Strandhotel Großenheidorn: Briefkopf in: StAB L 102 B 625.
97 Wunstorfer Zeitung, 2.7.1932.
98 Akte zum Café Rintelmann in KrAH LK NRÜ 1754.
99 StAB L 102 B 1464.
100 StAB L 102 B Nr. 1465, Brief vom 8.6.1931.
101 Vgl. zum Schwimmen Dwertmann, S. 75ff.
102 StAB K2 S 252 b, Brief des SSV Neptun an Frhr. von Ulmenstein vom 30.7.1910.
103 StAB K2 S 252b; Held/Frese, S. 275.
104 StAB K2 S 464: Nachweisung der an Einwohner Steinhudes erteilten Erlaubnisscheine zum Vermieten von Ruderbooten an Fremde, 1926.
105 Kanusport – Faltbootsport, Heft 24 v. 16.7.1932, S. 276.
106 Frese/Held/Langenfeld, S. 252; DKV, S. 26-30.
107 Kanusport – Faltbootsport, Heft 24 v. 16.7.1932, S. 277.
108 Ebd., vgl. auch Heft 34 v. 22.10.1932, S. 399f.
109 KrAH KA NRÜ 1424, Schreiben vom 29.7.1934.
110 Akten dazu im Stadtarchiv Hannover, HR 20, Nr. 443.
111 DKV (Hg.), S. 313; Frese/Held/Langenfeld, S. 254.
112 Vgl. die Festschriften des Schülerturnvereins (s. Quellenverzeichnis im Anhang).
113 Hofkammer-Vermerk 1931 in StAB K2 S 464.
114 Hann. Kurier, 30.4.1926.
115 Im Original unterstrichen.
116 Schreiben des Segelclubs Hannover an die Fürstliche Hofkammer, 15.4.1933, in: StAB K2 S 456.
117 Brief des Verbandes v. 18.10.1933 in: StAB K2 S 456.
118 StAB K2 S 456.
119 Ebd., Vermerk vom 9.11.1933. Der SLSV gibt allerdings Aktiven-Zahlen von 43(1918) bis 50(1933) an, dazu noch Auswärtige, Junioren und Fördernde Mitglieder, sowie zwei Damen; SLSV, S. 28.
120 Vgl. HYC, S. 22-25; vgl. auch Brief der 4 Segelklubs an Hofkammer vom 26.4.1934, in StAB K2 S 456.
121 Wunstorfer Zeitung vom 20.9.1929.
122 Peukert, S. 244ff. Die hannoverschen Zahlen aus: Bracher, Funke, Jacobsen (Hg.), S. 634.
123 Zahlen bei Rogl, S. 109; Mindereinnahme von Landesbaurat Bauer genannt in der Sitzung des „Studienausschusses" v. 25.10.1930, in StAB L 102B 3964, Protokoll S. 4.
124 Ebd., S. 5.
125 Wunstorfer Zeitung vom 13. Juni 1932
126 Bericht über das Reichsbanner-Lager in der 1. Beilage zum Volkswillen, 14. 6. 1932, daraus auch die Zitate.
127 Niedersächsische Volkszeitung, 14.6.1932; Fettdruck im Original.
128 Zu Karwahne vgl. Mertsching, v.a. S. 227-229.
129 Siehe das Ankündigungsplakat in StAB, S 1 Z 167, die Leine-Zeitung v. 22.6.1932, die Wunstorfer Zeitung vom 25. u. 27.6.1932.
130 Wunstorfer Zeitung vom 11.7.1932.

Anmerkungen zu „Tourismus im Dritten Reich"

1 „Immer wieder das Steinhuder Meer", in: Die schaumburg-lipp. Heimat, Heimatbeil. z. Stadth. Kreisblatt, 10. Mai 1934
2 Anlage zum Reichsgesetz über den Reichsfremdenverkehrsverband, in: Mitteilungsblatt des LVV Niedersachsen v. 8.4.1936, KA NRÜ 92.
3 Reichsges. über d. RFVV v. 26.3.1936 und Erläuterung in: Mitteilungsblatt des LVV Niedersachsen v. 8.4.1936.
4 Runderlaß der Preuß. Ministerien v. 12.11.1933, in: Ministerialblatt für die Preußische Innere Verwaltung v. 6.12.1933, KrAH KA NRÜ 92.
5 Anlage zum Mitteilungsblatt des LVV Niedersachsen v. 8.4.1936.
6 KrAH KA NRÜ 92, Rundschreiben der LVV Niedersachsen und Weserbergland vom 5.11.1934.
7 Mitteilungsblatt des LVV Niedersachsen v. 8.11.1935.
8 Rundschreiben des LFVV Niedersachsen-Weserbergland vom 5.7.1938, in KrAH KA NRÜ 85.
9 StAB L 102 B 3947.
10 StAB L 102 B 3947.
11 KrAH KA NRÜ 92, Schr. v. 15.8.1934.
12 Der Vorgang in StAB L 102B 3947.
13 StAB L 102B 3952.
14 Vorgang in KrAH KA NRÜ 93.
15 StAB L 102B 3950.
16 StAB L 102B 3949.
17 Zu Bredthauer nach 40jähriger Tätigkeit lobend-anekdotisch HAZ v. 29.2.1964.
18 Weserbergland-Niedersachsen, Oktober 1937.
19 Tätigkeitsbericht LFV Nds./Weserbergl.1939/1940, S.11, KrAH KA NRÜ 93.
20 KrAH KA NRÜ 92, Rundschr. d. LVV Niedersachsen v. 22.3.1935.
21 Einladung in KrAH KA NRÜ 92.
22 Wunstorfer Zeitung, 12.6.1936.
23 Wunstorfer Zeitung v. 5.11. und 22.12.1936, Geschäftsbericht 1937 des LFV Niedersachsen-Weserbergland. Vgl. auch Leine-Zeitung v. 14.2.1995, Steinhuder Meerblick v. 14.2.1995, sowie Video „Das letzte Boot im Herbst" (1936/1995).
24 Die Schaumb.-Lipp. Heimat, Nr. 4/10.Mai 1934.
25 KrAH KA NRÜ 93.
26 StAB L 102 B 1475.
27 Hermann Beckedorf, Steinhude.
28 Vgl. Frommann, S. 110ff.

29 Spode 1982, S. 291.

30 Rostock/Zadnicek, S. 23f.

31 KdF-Rundschreiben an die Betriebsführer im Kreise Neustadt v. 15.10.1937, in: KrAH KA NRÜ 95.

32 Vgl. Reichel, S. 250, Spode 1982, S. 293.

33 Frommann, Statistik S. 163.

34 Reichel, S. 248.

35 StAB L102 B 3964, Bürgermeister Kloppenburg an Landrat, 21.8.1936, Zitat aus Reichel, S. 235.

36 StAB L 102 B 1476.

37 Akten in KrAH LK 3055.

38 Prospekt in Akte StAB K2 2 466.

39 Vorgang in StAB K2 S 466.

40 Vgl. Hann. Zeitung v. 10.6.1943.

41 Vgl. KrAH LK NRÜ 2913, sowie Bedürftig, Art. „Landjahr".

42 Zu den Vorgängen siehe KrAH LK 2913, v.a. Bericht Landrat an Regierungspräsident v. 5.9.1935.

43 StAB K2 S 466.

44 StAB K2 S 466.

45 Hannoverscher Anzeiger, 21.10.1937.

46 Vgl. Akten in StAB L 102B 3962.

47 Akten in StAB K2 S 466; vgl. auch Hannoverscher Anzeiger, 21.10.1937 u. 9.5.1938.

48 Vgl. Tätigkeitsberichte des LFV Nieders.-Weserbergland, Mitglieder-liste, in: KrAH KA NRÜ 93.

49 StAB K2 S 465.

50 Ebd.

51 Vgl. die Abschriften der Schreiben vom 14. und 15.12.1929 in KrAH KA NRÜ 370.

52 Vgl. StMB, Bericht des Vorstands über die wirtschaftl. u. finanz. Lage v. 2.5.1935, in: KrAH KA NRÜ 370 oder StAB L 4 3680.

53 Hoffmann, S. 12.

54 Vgl. Rogl, S. 29f, S. 54-56 u. S. 86; StMB, Bericht des Vorstands über die wirtschaftl. u. finanzielle Lage v. 2.5.1935, in: KrAH KA NRÜ 370 oder StAB L 4 3680, StMB-Geschäftsberichte.

55 Weserbergland – Niedersachsen, Heft 2/1938.

56 Lührs gelbe Reise- und Städteführer, S. 83.

57 Postkarte im Besitz von Hermann Beckedorf, Steinhude.

58 Die Schaumb.-Lipp. Heimat, Nr. 4/10.Mai 1934.

59 Landesbauamt an Landrat, 3.10.1938, in: StAB L102B 1525.

60 StAB L 102 B 1480, Brief Siebrechts an Landrat v. 4.7.1944.

61 StAB K2 S 476.

61a Thiess, Jahre des Unheils, S. 207.

62 Thiess, Freiheit bis Mitternacht, S. 298.

63 Ebd. S. 411 ff.

64 Ebd., S. 295.

65 Vgl. Thiess, Jahre des Unheils, S. 206-209.

66 Vgl. Anzeige in: StMB (Hg.): Führer, S. 4.

67 W. Hübötter, Der „Monte bianco" am mare nostrum Steinhudiensis, in: Wunstorfer Zeitung v. 3.7.1970.

68 Vgl. StAB L 102B 629 u. 635.

69 Brief H.W. Bosse an Gemeindedirektor Mardorf v. 15.1.1950, in KrAH LK NRÜ 2816.

70 StAB L 102 B 1525, Erläuterungen zum Wirtschaftsplan, S. 1.

71 Polizeiverordnung, betr. die Regelung der Bebauung für das Gelände am Steinhuder Meer und dem Weißen Berg der Gemeinde Mardorf, Kreis Neustadt a. Rbge., in: Amtsblatt der Regierung zu Hannover, 22.2.1941.

72 Ortssatzung der Gemeinde Mardorf für die Bebauung . . . in: Amts-blatt der Regierung zu Hannover, 22.2.1941.

73 H. Garberding: Planung und Naturschutz am Steinhuder Meer, in: Hei-matblätter. Beilage zur Schaumburg-Lippischen Landeszeitung 3/1931.

74 Protokoll der Sitzung vom 25.10.1930 in StAB L102B 3964.

75 Zitierte Briefe in Promenadenbau-Akten in StAB L 102 B 1537.

76 Vgl. StA Wunstorf, Fotoalbum Promenadenbau Steinhude.

77 Zitate aus Fischers Artikel „Taten und Pläne am Steinhuder Meer" in Weserbergland-Niedersachsen, Juli 1939.

78 Ebd.

79 StAB L 102B 1537.

80 Wie Anm. 77.

81 Erläuterungen zum Wirtschaftsplan in StAB L 102 B 1525, S. 4f.

82 Vgl. die Liste des Verkehrsvereins in StAB L 102 B, 3948 und das Verzeichnis der Preisüberwachungsstelle in StAB L 102 B, 3954 v. 12.4.1944.

83 LFV, Unterkunftsverzeichnis. Für Mardorf allerdings nicht die Warte, sondern nur noch Pension Otto Meier angegeben (10 Betten).

84 Tätigkeitsbericht des LFV Nds.-Weserbergl. 1938/1939, S. 9, in KrAH KA NRÜ 93.

85 Brief Richard Fischers v. 15.2.1940, in KrAH KA NRÜ 1425

86 Brief an Landrat v. 21.8.1941 in StAB L 102B 635.

87 Akten in StAB L 102 B 2220.

88 Vgl. Dannenberg, S. 37

89 Entwurf v. 25.6.1970 z. Art. in der Wunstorfer Zeitung v. 3.7.1970, Privatarchiv Peter Hübötter.

90 StAB L 102 B 1480.

91 StAB L 102 B 637.

92 StAB L 102 B 1480.

93 KrAH LK NRÜ 2816, Brief v. 16.3.1950.

94 Brosius, S. 98.

Anmerkungen zu „Die Nachkriegszeit"

1 Prahl, S. 96.

2 Stadtarchiv Hannover, HR 20, 157, 710.

3 Vgl. Brief W. Hübötter v. 23.3.1950 (Abschrift) in KrAH LK NRÜ 2816.

4 Undatierter Artikel ohne Quellenangabe in der Zeitungsausschnitt-sammlung „Steinhuder Meer" im Landkreisarchiv Hannover in Neustadt a. Rbge., ca. Mai 1950.

5 HP v. 13.1.1956.

6 HAZ 25.4.1950.

7 Fremdenverkehrsverein Steinhude (Hg.): Steinhude am Meer, 1953.

8 Norddt. Zeitung, 18.5.1956.

9 Ebd.

10 Seyfang, S. 4; vgl. auch die Übersicht bei Eberlei, S. 134.

11 Neustädter Kreisanzeiger v. 11.6.1958.

12 Vgl. KrAH LK NRÜ 2816.

13 Brief Landkreis/Unt. Naturschutzbehörde an Regierungspräsident v. 12.2.1954, KrAH LK NRÜ 1859.

14 Hannoversche Presse v. 23.6.1955.

15 Undatierter Artikel ohne Quellenangabe in der Zeitungsausschnitt-sammlung „Steinhuder Meer" im Landkreisarchiv Hannover in Neustadt a.Rbge.

16 Diersche, Rohrssen, S. 62.

17 Fremdenverkehrsverein Steinhude (Hg.): Steinhude am Meer, 1953.

18 SLSV, S. 30.

19 DKV, S. 337.

20 Hirt, S. 32.

21 HAZ 25.4.1950.

22 Vgl. zwei undatierte Zeitungsartikel ohne Quellenangabe in der Zei-tungsausschnittsammlung „Steinhuder Meer" im Landkreisarchiv Hanno-ver in Neustadt a. Rbge., ca. Mai 1950.

23 Norddt. Ztg., 1.5.1956

24 KrAH LK NRÜ 1859b, Brief vom 22.5.1959.

25 Vgl. Hübners Brief an Oberkreisdirektor v. 8.6.1954 in KrAH LK 3067, daraus auch die Zitate.

26 Hannoversche Presse, Norddt. Ztg. jew. 1.5.1956.

27 Ebd., Schr. v. 15.4.1959.

28 HP u. Norddt. Ztg. v. 26.3.1957, KrAH LK NRÜ 1859 b.

29 Vgl. Mlynek/Röhrbein, S. 599-601.

30 Erinnerung von Frau Ursula Lödding, Wunstorf, Tochter des damaligen Betriebsleiters der StMB, 1995 (StMB-Archiv).

31 Erinnerung von Frau Angelika Fabian, Ulm, 1995; freundlicherweise zur Verfügung gestellt von Hildegard Palat, Wunstorf.

32 Dem historischen Abriß bei Hoffmann, S.10-23 folgt dieser Abschnitt, soweit nicht anders angegeben.

33 Welt der Arbeit, 24.4.1953.

34 Titel und Zitat aus einem Artikel der Norddt. Zeitung v. 10.10.1952.

35 Klenke, S. 46.

36 Vgl. ebd., S. 47.

37 So Hoffmann, S. 20.

38 Leine-Zeitung, 20.1.1964; Wunstorfer Zeitung, 20.1.1964.

39 Wunstorfer Zeitung, 24.1.1964.

40 HAZ, 14.5.1964.

41 Rogl, S. 42.

42 Vgl. Hoffmann, S. 85-97 und Rogl, S.41-53.

43 HAZ 13./14. 11. 1965.

44 Ruhrig, zit. bei Hirt, S. 34.

45 Hirt, S. 34.

46 HAZ/Leine-Zeitung, 13.8.1969.

46a HAZ, 15.1.1998.

47 Hannoversche Presse, 13.8.1969 u. HAZ/Leine-Zeitung, 13.8.1969.

48 HAZ, 27.6.1968.

49 Platzordnung für Zeltlagerplätze am Nordufer des Steinhuder Meeres gemäß der Polizeiverordnung vom 8. Februar 1940, 8. Februar 1941, in: Amtsblatt der Regierung zu Hannover, Hannover, 22.2.1941, in: KrAH LK 2816.

50 Brief v. 19.7.1950 in KrAH LK 2816.

51 Brief H.W. Bosse an Gemeindedirektor Mardorf v. 15.1.1950, in KrAH LK NRÜ 2816.

52 Vgl. die Briefe vom September 1949 in KrAH LK NRÜ 2816.

53 Brief Landkreis/Untere Naturschutzbehörde an Regierungspräsident, 12.2.1954, in KrAH LK 1859.

54 Vgl. Knebel, S. 165-169 und Glaser, S. 216.

55 Brief v. 9.1.1959 an Verkehrsverein Mardorf in KrAH LK NRÜ 1859b.

56 Ebert 1963, zitiert bei Hirt, S. 34.

57 Vgl. HP v. 13.8.1969 u. HAZ v. 17./18.7.1971.

58 Ca. Ende 1970, zustimmender Leserbrief v. 4.1.71.

58 Vgl. Tabelle 21 bei Deckert, S. 51.

60 Dr. Preising lt. Leine-Zeitung v. 13.12.1956.

61 Ebd.

62 Ortssatzung vom 15.8.1955 in KrAH LK NRÜ 2817.

63 Hannoversche Rundschau v. 7.8.1958.

64 Hirt, S. 88.

65 Brief W. Hübotter v. 19.2.1957, Privatarchiv Peter Hübotter.

66 Hannoversche Presse, 26.3.1957.

67 Hannoversche Presse, 3.10.1957.

68 Brief an Regierungsbaurat Stüber v. 19.2.1957, an Hillebrecht und an J. Schulte vom 14.1.1957, Privatarchiv Peter Hübotter.

69 Brief an Landkreis v. 7.6.1956 in KrAH LK NRÜ 2817.

70 Schr. „an alle Abt. im Hause", 25.4.1962, KrAH LK NRÜ 1859b.

71 Verband Großraum Hannover an Landkreis Neustadt/Rbge., 26.4.1963, KrAH LK NRÜ 1859b.

72 Hann. Presse v. 10.5.1967, Bericht üb. Kreisheimattag.

73 Hirt, S. 85.

74 Sowie 5,4 % sonstige Wochenendhausbesitzer; Hirt, S. 36.

75 Auskunft Bauordnungsamt Neustadt a. Rbge., Juli 1997.

75a KrAH LK NRÜ 1859b.

76 Akten des Großraums, v.a.Gemeinde Mardorf an VGH v. 27.8.1971 u. Beschluß Verbandsvorstand v. 8.10.1973.

77 HAZ, 25./26.2.1961.

78 Hirt, S. 33.

79 Vgl. den Plan in StAB A 32004.

80 Prot. der Sitzung des Großraumverbandes Hannover mit Vertretern der Südufer-Gemeinden am 15.9.1966.

81 HAZ, 9.10.1963, daraus auch das folgende.

82 HAZ, 23.7.1964; vgl. auch Röhrig, S. 111-113.

83 Vgl. Eberlei, S. 144

84 Röhrig, S. 112.

85 Vgl. Eberlei, S. 150-154.

86 Landkreis Neustadt a. Rbge. an VGH, 15.11.1965; vgl. auch Eberlei, Tabelle 11, S. 134.

87 Seyfang, S. 8.

88 Löns, Ein Julitag am Steinhuder Meer, zit. bei Klein, S. 12.

89 DLRG-Bezirk Hannover: 10 Jahre Rettungsdienst am Steinhuder Meer, von Bezirksleiter Hans Orthmann, 1964, in: Akten des Großraums

90 Zum folgenden vgl. auch die Arbeitsberichte des DLRG-Bezirks Hannover für 1966, 1967 u. 1968 in: Akten des Großraums.

91 HAZ-Leine-Zeitung, 29.5.1968.

92 Vgl. Anhang zum Brief DLRG-Bezirk Hannover an VGH v. 13.1.1971, in: Akten des Großraums.

93 Vgl. Deister-Leine-Zeitung v. 16.12.1978.

Anmerkungen zu „Erholungsgebiet im Großraum Hannover"

1 Protokoll der Sitzung des Studienausschusses v. 25.10.1930, in: StAB L102B, Nr. 3964.

2 Vgl. Art. „Raumordnung" in: Schmidt, Wolf, S. 142f.

3 Seyfang, S. 1; Haubner/Heuwinkel, S. 95.

4 Zweckverband Großraum Hannover, S. 20.

5 Schulze, S. 209.

6 Seyfang, S. 1.

7 Ebd., S. 7.

8 VGH-Papier v. 6.6.1973 anläßl. 800-Jahr-Feier Mardorf, in Akten des Großraums.

9 Ebd.

10 Akten des Großraums, Brief VGH an Landkreis Neustadt a. Rbge. v. 13.5.1966.

11 Hann. Presse, 15.6.1972.

12 Vgl. Brief Landkreis Neustadt a. Rbge. an VGH v. 15.11.1965, Vermerk Großraum v. 15.3.1966, Brief Landkreis Neustadt a. Rbge. an VGH v. 12.5.1967, in Akten des Großraums.

13 HP v. 6.5.1968.

14 HP v. 10.9.1968, HAZ Burgdorf v. 10.9.1968.

15 Ebd., S. 13; F-Plan i.d.F. v. 19.6.1967 in Akten Großraum.

16 Akten des Großraums, Beschluß v. 10.5.1974.

17 Generalanzeiger v. 21.4.1967

18 Auskunft H.-G. Vorholt, Stadtarchivar Wunstorfs, v. 27.10.1997.

19 1941 in der Zeitschrift „Raumforschung und Raumordnung", vgl. Durth, S. 178.

20 Vertrag in Akten des Großraums, Beihilfen Steinhude.

21 HAZ/Leinezeitung, 17./18.2.1968.
22 Ebd. u. Neustädter Anzeiger v. 19.4.1967.
23 Vgl. Art. „Professor Reichow erläuterte Steinhudes Zukunft", HAZ-Leinezeitung v. 14.4.1970, sowie Niederschrift der Sitzung des Verbands-Ausschusses für Orts- und Landesplanung am 11.1.1971 in Steinhude, in: Akten des Großraums, Beihilfen Steinhude.
24 Vgl. dazu auch HP Schaumburg v. 10.9.1968.
25 Vgl. Prot. der Besprechung v. 6.2.1973 in Akten des Großraums.
26 HAZ v. 12.3.1971.
27 Gespräch mit Willi Rehbock, 4.7.1997.
28 HAZ, 17./18.7. 1971; vgl. auch Diersche/Rohrssen I, S. 71.
29 Vgl. Schulz, S. 210.
30 HAZ v. 18.6.1970.
31 Vgl. IIAZ v. 7.9.1972 u. NHP Neustadt v. 14.10.1972, Akten des Großraums, dort auch „Stichworte zur Planungsvariante" der Architektengruppe Immendorf v. 12.3.1971.
32 HP Neustadt v. 10.3.1972.
33 HAZ-Leinezeitung v. 4.1.1972.
34 HAZ, 10.9.1968 und 11.1.1973.
35 WWA Hildesheim, S. 43.
36 HP Schaumburger Land v. 12.7.1968.
37 Gespräch mit K.H. Garberding am 28.5.1997; vgl. auch Brief Notgemeinschaft/Wettfahrtvereinigung Steinhuder Meer an Landwirtschaftsminister u. an Regierungspräsident v. 24.4.1974 in LK 3175.
38 Seyfang, S. 14.
39 Deckert, S. 4a-f.
40 Ebd, S. 28.
41 Ebd., S. 61.
42 Ebd., S. 31f.
43 Ebd., S. 73.
44 Ebd., S. 73.
45 Ebd., S. 52.
46 Ebd., S. 65.
47 HAZ, 11.1.1973; Seyfang, S. 11.
48 Mandel, S. 378.
49 Seyfang, S. 13.
50 Großraum Hannover, Faltblatt: Badeinsel Steinhude, Hannover 1975.
51 Ebd.
52 Seyfang, S. 7.
53 HP Kreis Neustadt v. 27.3.1968.
54 Eberlei, S. 49.
55 LK NRÜ 3175.
56 Gespräch mit K.H. Garberding am 28.5.1997. Vgl. auch Koberg, S. 96-110.
57 Vgl. Eberlei, Tabelle 11, S. 134.
58 Siebens, S. 81.
59 Eberlei, S. 36 u. S. 87, Anm. 1.
60 Vgl. Tabelle 4 bei Eberlei, S. 88f; zur Einstufung der Moorente s. Heckenroth, S. 5.
61 Vgl. Faltblatt ÖSSM „Die Moore am Steinhuder Meer".
62 Fecker/Velten/Wagenführ, S. 26.
63 Ebd., S. 16.
64 Ebd., S. 39.
65 Rehbock, S. 2 u. S. 68-70.
66 Ebd., S. 51.
67 Nds. Sozialministerium: Radfernweg Hannover-Steinhuder Meer-Dümmer, Ausgabe Hannover 1990.
68 Koberg, S. 96.
69 Vgl. Freizeitkarte Naturpark Steinhuder Meer 1: 25.000.
70 Zit. nach Siebens, S. 83.
71 Flächennutzungsplan Stadt Wunstorf, S. 46, Anm. 1.
72 Aus dem Text der Urkunde, Großraum Hannover.
73 Vgl. Siebens, S. 80-83.
74 Vgl. Verband Deutscher Naturparke (VDN) 1995, S. 67-73.
75 Gespräch mit K.H. Garberding am 28.5.1997.
76 Ebd; Vgl. auch Leine-Zeitung, 1.5.1997; Freizeitkarte Naturpark Steinhuder Meer 1: 25.000; diverse Faltblätter der ÖSSM.
77 Faltblatt JH Mardorf.
78 HAZ v. 9.7.1976, Leine-Zeitung v. 18.4.1978.
79 Siebens, S. 81.
80 Vgl. z.B. SLSV, S. 17-27.
81 Seyfang, S. 5, der von 90 Wettfahrten pro Jahr spricht.
82 Hannoversche Presse, 13.8.1969 u. HAZ/Leine-Zeitung, 13.8.1969.
83 Vermerk v. 14.4.1970 über die Hildesheimer Kanu- u. Segelgilde in Akten des Großraums.
84 Vermerk VGH v. 30.1.1973; Auflistung von 1978 in LK 3175.
85 Seyfang, S. 8.
86 HAZ v. 15.7.1976.
87 HAZ, 30.12.1978.
88 Auskunft Frau Pineda, Bezirksregierung Hannover, 17.7.1997.
89 Festschrift 10 Jahre SG – Segelclub Garbsen e.V. 1972-1982.
90 Planungsgemeinschaft Theine, S. 19 u. S.22; HAZ, 3.6.1997.
91 Vgl. Ochwadt, S. 363; Seyfang, S. 2.
92 Vgl. Eberlei, S. 94f.
93 Vgl. Eberlei, S. 144; Dembke u.a., Vorabdruck, S. 1.
94 Wasserwirtschaftsamt Hildesheim, S. 21.
95 Steinhuder Meerblick, 14.5.1997.
96 Vgl. Faltblatt ÖSSM „Wohin mit dem Steinhuder-Meer-Schlamm?".
97 HAZ, 4.12.1996; Wunstorfer Stadtanzeiger, 15.5.1997; Leine-Zeitung, 17.5.1997.
98 Deckert, S. 4b.
99 Seyfang, S. 6f.
100 HAZ v. 8.1. u. 13.1.1997.
101 Gespräch mit W.Rehbock, 4.7.1997.
102 Planungsgemeinschaft Theine, S. 2 u. 3.
103 Planungsgemeinschaft Theine, S. 10ff.
104 Planungsgemeinschaft Theine, S. 15.
105 Vgl. Planungsgemeinschaft Theine, S. 24ff. sowie Übersicht 5.3.
106 Gespräch mit Herrn Kriegel/KGH am 7.7.1997.
107 Rehbock, S. 51-54, Abb. 19 auf S. 52.
108 Bauer, S. 19.
109 Bauer, S. 77.
110 Vgl. Deckert, S. 4.
111 Bauer, Abb. 8 auf S. 23.
112 Planungsgemeinschaft Theine, S. 21.
113 Flächennutzungsplan Stadt Wunstorf, S. 47, Bauer, S. 24ff.
114 Bauer, S. 36-39.
115 Vgl. die Daten im Anhang bei Völksen, S. 84 u, 89, sowie die Karte „Camping in Niedersachsen" ebd. in der Anlage.
116 Steinhuder Meer - Unterkunftsverzeichnis/Gaststätteninformation 1994/95.
117 Gespräch mit W. Rehbock am 4.7.1997.
118 Auflistung nach Bauer, S. 25-28.
119 HAZ v. 1.10.1997.
120 Schlupp/Peters 1984, S. 32.
121 Ebd., S. 37f.
122 Museumsführer, S. 468-470.
123 Steinhuder Meerblick, 14.5.1997.
124 Vgl. Bauer, S. 90f.
125 Bauer, S. 84ff; Anzeige in der Verlagsbeilage „Golf" der HAZ v. 18.4.1997.
126 Bauer, 91-95.
127 VDN 1995, S. 70.

Quellenverzeichnis

Um das Buch zu schreiben, mußten zahlreiche Quellen ausgewertet werden. Dabei sind einige Bestände besonders hervorzuheben. Im Niedersächsichen Staatsarchiv in Bückeburg werden die Akten des früheren Meereseigentümers und seiner Verwaltung aufbewahrt, also die Bestände des Fürstlichen Hausarchivs und der Fürstlichen Hofkammer. Wertvolles Material fand sich dort vor allem in Gestalt der Fremdenbücher des Wilhelmsteins, in die sich über 150 Jahre hinweg zehntausende Gäste eingetragen haben, und der Verzeichnisse der Fahrten zum Wilhelmstein, die Aufschluß über Besucherzahlen bereits seit einem Vierteljahrhundert vor der Eröffnung der Steinhuder Meerbahn ermöglichen. In den Akten betreffend die Insel Wilhelmstein und das Befahren des Meeres fanden sich zahlreiche Konzessions- und andere Vorgänge. Wertvoll waren hier auch die gut verzeichneten Akten des Landratsamtes Stadthagen. Als zweites wichtiges Archiv ist das des Landkreises Hannover zu nennen, das insbesondere die Rekonstruktion der Entwicklung am Nordufer ermöglichte, da es die Akten des früheren Kreises Neustadt a. Rbge. aufbewahrt. Wichtig waren auch die Zeitungsausschnittsammlungen des Landkreisarchivs, des Historischen Museums Hannover und des Hermann-Löns-Archivs der Stadtbibliothek Hannover. Zahlreiche Zeitungsartikel und Abbildungen stammen aus dem Stadtarchiv Wunstorf. Im Archiv der Steinhuder Meerbahn in Wunstorf fanden sich vor allem deren Geschäftsberichte sowie Zeitungsauschnitte und Fotos; leider wurden wichtige historische Quellen bei einem Umzug vor einigen Jahren vernichtet. Schließlich wurden noch Aktenbestände des Kommunalverbands Großraum Hannover vor allem über die Entwicklung der 60er und 70er dieses Jahrhunderts eingesehen.

Ungedruckte Quellen, Archive

1. Niedersächsisches Staatsarchiv Bückeburg (StAB)

Fürstliches Hausarchiv
Fremdenbücher des Wilhelmsteins
F2 2148: 1767-1814
F2 2149: 1814-1823
F2 2150: 1823-1831
F2 2151: 1831-1838
F2 2152: 1837-1861
F2 2153: 1856-1873
F2 2154: 1865-1873
F2 2155: 1873-1878
F2 2156: 1879-1883
F2 2157: 1883-1887
F2 2158: 1888-1895
F2 2159: 1895-1906
F2 2160: 1906-1915
F2 2169
F2 2170

Akten des Hofmarschallamts, der Rent- und der Hofkammer
K2 F 1197a
K2 S 252, 252a, 252b, 252c, 443, 454-456, 464-466, 473/1, 476, 485
K2 W 136, 148
Orig K 186

Akten der Schaumburg-Lippischen Landesregierung
L3 Ef 29, 35a, 35b
L4 3680

Akten des Militär-Departements
L 15, 62, Bände I-VII

Akten des Landratsamtes Stadthagen
L 102B 624, 625, 629, 635, 637, 1464, 1465, 1475, 1476, 1480, 1484, 1507, 1517, 1525, 1537, 2220, 3064, 3621, 3904, 3911, 3947-3950, 3952, 3955, 3956, 3962-3964, 3969

Akten des Schaumburg-Lippischen Heimatvereins
Dep. 11 Acc 31/85 Nr. 4

Kartenarchiv
S1 A 582, 32004
S1 B 1764, 1859, 12159
S1 Z 167

2. Fürstliche Hofkammer, Bückeburg
Actae Steinhuder See 6, 8, 19

3. Archiv des Landkreises Hannover, Neustadt a. Rbge. (KrAH)
KA NRÜ 84, 85, 92, 93, 95, 370, 1424, 1425,
LK NRÜ 1754, 1859, 1859b, 2816, 2817, 2913, 3064, 3067, 3175
Zeitungsausschnittsammlung

4. Kommunalverband Großraum Hannover
Diverse Akten, Zeitungsausschnitte, Literatur

5. Archiv der Steinhuder Meerbahn GmbH, Wunstorf
Geschäftsberichte, Zeitungsartikel, Fotos, Erinnerungen von Ursula Lödding an die 50-Jahr-Feier der Steinhuder Meerbahn 1948, Diverses

6. Stadtarchiv Wunstorf
Fotoalbum Promenadenbau, Wunstorfer Stadt- und Landbote, Wunstorfer Zeitung, Fotos, Diverses

7. Niederländisches Fotoarchiv, Rotterdam
Tagebücher, Reisetagebuch und Fotoalbum von Katharina Eleonore Behrend

8. Hermann-Löns-Archiv der Stadtbibliothek Hannover
Zeitungsausschnittsammlung

9. Bahlsen-Archiv, Hannover
Mappe Mardorfer Strand, Plan 1.1000, Panorama-Ideenskizze, Fotoalben der Söhne Hermann Bahlsens

10. Niedersächsisches Institut für Sportgeschichte Hoya
Festschriften, Literatur

11. Privatarchiv Peter Hübotter, Hannover
Akte Steinhuder Meer, diverse Pläne, Monte Bianco – Fast eine Bildergeschichte, von Wilhelm Hübotter

12. Archiv der Ortsgemeinschaft Seeprovinz des Schaumburg-Lippischen Heimatvereins /Hermann Beckedorf
Postkarten, Fotos, Diverses
Chronologie des Fleckens Steinhude 1846-1891, angefangen von Bürgermeister Bredthauer
Fürstlich-Schaumburg-Lippischer Seglerverein: Festschrift zum 25jährigen Bestehen des Vereins, 1933

Gedruckte Quellen

Adreßbuch für das Fürstentum Schaumburg-Lippe, 1912 (StAB)
Freizeitkarte Naturpark Steinhuder Meer 1:25.000
Fremdenverkehrsverein Steinhude (Hg.): Steinhude am Meer 1953
Großes Landes-Adressbuch für Provinz Hannover, Großherzogtum Oldenburg, Freistaat Bremen, Hannover 1899
Hannoverscher Touristenverein: Jahresbericht des Hannoverschen Touristenvereins für das Jahr 1888
Jugendherberge Mardorf: Faltblatt

Landesfremdenverkehrsverband Niedersachsen-Weserbergland, Bäder, Sommerfrischen und Unterkünfte Steinhuder Meer 1941 (Stadtarchiv Wunstorf)
Niedersächsisches Sozialministerium: Radfernweg Hannover-Steinhuder Meer-Dümmer, Ausgabe Hannover 1990
Ökologische Schutzstation Steinhuder Meer: „Neue Wege im Naturschutz"; Faltblätter „Die Moore am Steinhuder Meer" und „Wohin mit dem Steinhuder-Meer-Schlamm?", alle o.J.
Spilcker, B.C.: Historisch-topographisch-statistische Beschreibung von Hannover, Hannover 1819
Schaumburg-Lippische Landesanzeigen, diverse Jahrgänge
Schaumburg-Lippischer Seglerverein e.V. Hannover: 75 Jahre 1908-1983. Festschrift zum 75jährigen Bestehen, Hannover 1983
Steinhuder Meer – Unterkunftsverzeichnis/Gaststätteninformation 1994/95
Topographische Karte 1:25.000 der Königlich-Preußischen Landesaufnahme 1896, Blatt 3522/Wunstorf, Repr. hg. vom Niedersächsischen Landesverwaltungsamt/Landesvermessung, Hannover
Verband Großraum Hannover: Badeinsel Steinhude, Faltblatt, 1975
Verkehrsverein Steinhude (Hg.): Prospekt „Steinhude am Meer", Hannover o.J., ca. 1926
Verschönerungsverein Steinhude: Bildheft „Steinhude für Touristen", ca. 1910, Exemplar vorhanden im Historischen Museum Hannover, Inventar-Nr. 33842

Zeitungen und Zeitschriften

Blätter für Schaumburg-Lippische Heimatkunde (1925 u. 1926)
Daheim (1882)
Generalanzeiger (Stadthagen; diverse)
Globus (1899)
Hannoversche Allgemeine Zeitung (diverse)
Hanoversche Anzeigen (1797)
Hannoversche Presse (diverse)
Hannoverscher Anzeiger (diverse)
Hannoverscher Kurier (diverse)
Hannoversches Magazin (1816)
Hannoversches Tageblatt (diverse)
Die Heimat. Heimatbeilage zum Stadthagener Kreisblatt (1931)
Heimatblätter. Beilage zur Schaumburg-Lippischen Landeszeitung (1931)
Illustrierte Rundschau (1913)
Journal von und für Deutschland (1788)
Kanusport-Faltbootsport (1932)
Leine-Zeitung

Der Naturfreund. Zeitschrift des Touristenvereins „Die Natur-
freunde" (diverse)
Neue Hannoversche Presse (diverse)
Norddeutsche Zeitung (1956)
Revue (1930)
Die Schaumburg-Lippische Heimat, Heimatbeilage zum Stadt-
hagener Kreisblatt (1934)
Schaumburg-Lippische Heimatblätter (1965)
Schaumburg-Lippische Landeszeitung, (Beilage 1920)
Steinhuder Meerblick
Vaterländisches Archiv des Historischen Vereins für Nieder-
sachsen (1836)
Volkswille (diverse)
P.F. Weddigens Neues fortgesetztes Westphälisches Magazin
zur Geographie, Historie und Statistick (1798/99)
Welt der Arbeit (1953)
Weserbergland-Niedersachsen (diverse)
Weserland (1913/14)
Wunstorfer Stadtanzeiger (1997)
Wunstorfer Stadt- und Landbote
Wunstorfer Zeitung (diverse)

Video

Herbert Dreyer: „Das letzte Boot im Herbst", 1936, neu bearb.
u. auf Videoformat 1995

Gespräche

Mit Otto Büsselberg und Hermann Beckedorf, Steinhude, am
23.5.1995
Mit Karl-Heinz Garberding, Ökologische Schutzstation Steinhuder Meer, am 28.5.1997
Mit Jürgen Kriegel, Kommunalverband Großraum Hannover,
am 7.7.1997
Mit Willi Rehbock, Verkehrsbüro Steinhude, am 4.7.1997

Telefonauskünfte

Frau Pineda, Bezirksregierung Hannover
Bauordnungsamt Stadt Neustadt a. Rbge.
Walter Liehr, Steinhuder Personenschiffahrt, Steinhude

Literaturverzeichnis

Achten, Udo: ... Denn was uns fehlt ist Zeit. Geschichte des arbeitsfreien Wochenendes, Köln 1988

80 Jahre 1887-1967 Schülerturnverein Ratsgymnasium Hannover, Hannover 1967

AG Stadtleben e.V. (Hg.): Ungebautes Hannover. Städtebauliche Projekte, Ideen und Utopien, 2. Aufl. Hannover 1991

Allgemeine Deutsche Biographie, Bände 40 u. 41

Backhauß, Thomas/Fesche, Klaus: Eisen, Dampf und Samt, Hannover 1991

(Baedeker): Mittel- und Nord-Deutschland. Handbuch für Reisende von Karl Baedeker. 15. Aufl. Coblenz 1872

(Baedeker): Mittel- und Nord-Deutschland, westl. bis zum Rhein. Handbuch für Reisende von Karl Baedeker. 20. Aufl. Leibzig 1883

Baedeker, Karl: Nordwestdeutschland. Handbuch für Reisende, 23. Aufl. Leipzig 1889

Bauer, Uta: Entwicklungstendenzen und Planungskonzepte zur Erweiterung des touristischen Angebots in der Fremdenverkehrsregion Steinhuder Meer, Diplomarbeit Hannover 1996

Becher, Ursula A.J.: Geschichte des modernen Lebensstils. Essen-Wohnen-Freizeit-Reisen, München 1990

Bedürftig, Friedemann: Lexikon III. Reich, Hamburg 1994

Bei der Wieden, Brage: Schaumburger Lesebuch, Stadthagen 1989

Bracher, Karl Dietrich/Funke, Manfred/Jacobsen, Hans-Adolf (Hg.): Die Weimarer Republik 1918-1933. Politik, Wirtschaft, Gesellschaft, Bonn 1987

Brieden, Hubert, u.a.: Wo 's Dörflein traut zu Ende geht: Radwandern in der Region um das Steinhuder Meer. Natur, Geschichte, Gegenwart, Neustadt 1996

Brosius, Dieter: Juden in Schaumburg 1848-1945, in: Schaumburg-Lippische Mitteilungen Heft 21/1971, S. 59-98

Bühler, E. u.a.: Heimatchronik des Kreises Neustadt a. Rbge., Köln 1954

Buschmann, Walter: Linden. Geschichte einer Industriestadt im 19. Jahrhundert, Hildesheim 1981

van Capelle, Jürgen: „Als wenn ein Tropfen Blausäure in den Rhein fiele". Umweltgeschichtliche Aspekte der hannoverschen Stadtgeschichte, Hannoversche Geschichtsblätter NF 47, 1993, S. 125-153

Dannenberg, Helmut: Mardorf 1173-1973. Streiflichter aus acht Jahrhunderten, Mardorf 1973

Deckert, Peter: Erholung und Freizeit am Steinhuder Meer. Eine empirisch-soziologische Untersuchung über Struktur, Einstellung und Verhalten der Besucher, Hannover 1974

Dembke, K. u.a.: Über die Folgen der Belastung des Steinhuder Meeres mit Abwasser, Staatl. Medizinaluntersuchungsamt Hannover 1972

Dettbarn-Reggentin, Jürgen: Strandbad Wannsee. Badegeschichte aus achtzig Jahren, Berlin 1987

Deutscher Kanu-Verband e.V. (Hg.): 50 Jahre Deutscher Kanu-Verband e.V., Hannover 1964

Diersche, Rudi/Rohrssen, Helmut: Steinhude am Meer. Sammlung historischer Fotos und Texte, Steinhude 1992

Diersche, Rudi/Rohrssen, Helmut: Steinhude am Meer. Historie und Histörchen in Wort und Bild, Teil 2 der Sammlung, Steinhude 1993

Diop, Marina: Ein Vergnügungsbummel durch das Hannover der Zwanziger Jahre, in: v. Saldern, Adelheid/Auffahrt, Sid: Wochenend und schöner Schein. Freizeit und modernes Leben in den Zwanziger Jahren. Das Beispiel Hannover, Berlin 1991, S. 25-33

Droste, Konrad: ... der Gesundtheyt wegen und des Vergnuehgens halber ... Bad Rehburg 1690-1990. Ein Beitrag zur Medizinalgeschichte der Mittelweser-Region, Nienburg/Weser 1989

Dupke, Thomas: Mythos Löns. Heimat, Volk und Natur im Werk von Hermann Löns, Wiesbaden 1993

Durth, Werner: Deutsche Architekten. Biographische Verflechtungen 1900-1970, 3. Aufl. Braunschweig/Wiesbaden 1988

Dwertmann, Hubert: Schnattergänse und tadellose Vollkommenheit. Hannovers Schwimmsport auf dem Weg zur öffentlichen Anerkennung, in: Niedersächsisches Institut für Sportgeschichte Hoya (Hg.): Sport in Hannover von der Stadtgründung bis heute, Göttingen 1991, S. 75-81

Eberlei, Bruno: Ökologische Tragfähigkeit räumlicher Nutzung. Theoretische und praktische Erörterung am Modellbeispiel Steinhuder Meer, Diss. Hannover 1985

Engel, August: Weserbuch. Ein erklärender Begleiter auf der Weserreise, mit Berücksichtigung der Fulda von Kassel ab, Hameln 1845 (ND Hameln 1990)

Fecker, Jochen/Velten, Norbert/Wagenführ, Karin: Auswirkungen des Freizeitverkehrs und der kommerziellen Nutzung des Steinhuder Meeres auf die Wasservögel in den Naturschutzgebieten am Ost- und Westufer, Gutachten im Auftrag der Bezirksregierung Hannover, Braunschweig 1982

Fesche, Klaus: Vom „reizlosen See" zum „Wannsee von Hannover". Ein Beitrag zur regionalen Tourismusgeschichte, in: Schaumburg-Lippische Mitteilungen Heft 31/1995, S. 142-176

Flächennutzungsplan für die Stadt Wunstorf, Erläuterungsbericht, Wunstorf 1982

Franke, Jutta: Illustrierte Fahrrad-Geschichte, Berlin 1987

Frese, Oliver/Held, Christian/Langenfeld, Hans: Kanu, in: Niedersächsisches Institut für Sportgeschichte Hoya (Hg.): Sport in Hannover von der Stadtgründung bis heute, Göttingen 1991, S. 252-254

Freudenthal, August: Zum Steinhuder Meer und zu den Höhen von Rehburg und Loccum. Ein Himmelfahrtsausflug, in: Aus dem Calenberger Lande, Bremen 1895, (ND Hannover 1980), S. 43-120

Frommann, Bruno: Reisen im Dienste politischer Zielsetzungen. Arbeiter-Reisen und „Kraft durch Freude"-Fahrten, Diss. Stuttgart 1992

Fromme, Johannes/Nahrstedt, Wolfgang (Hg.): Baden gehen. Freizeitorientierte Bäderkonzepte – Antworten auf veränderte Lebens-, Reise- und Badestile, Bielefeld 1989

50 Jahre Hannoverscher (ursprüngl. Hagenburger) Yacht-Club, Hannover 1956

(Gotthelf, Jeremias): Jeremias Gotthelfs Reisebericht 1821. Hg. und mit einem Nachwort versehen von Kurt Guggisberg, Zürich 1953

Gresky, Wolfgang: Der Reichsgraf Johann Ludwig von Wallmoden-Gimborn und sein Schlößchen im Georgengarten, in: Hannoversche Geschichtsblätter NF 36, 1982, S. 251-279

Grotjahn, Karl-Heinz: Stahl und Steckrüben. Beiträge und Quellen zur Geschichte Niedersachsens im Ersten Weltkrieg (1914-1918), Band 2, Hameln 1993

Gruner, Justus: Meine Wallfahrt zur Ruhe und Hoffnung oder Schilderung des sittlichen und bürgerlichen Zustands Westphalens am Ende des achtzehnten Jahrhunderts, Frankfurt am Main 1802

Haubner, Karl/Heuwinkel, Dirk: Zur regionalen Planung und Entwicklung im Großraum Hannover, in: Eriksen, Wolfgang/Arnold, Adolf: Hannover und sein Umland. Festschrift zur Feier des 100jährigen Bestehens der Geographischen Gesellschaft zu Hannover 1878-1978, Hannover 1978, S. 94-113

Heckenroth, Hartmut: Übersicht über die Brutvögel in Niedersachsen und Bremen und Rote Liste der in Niedersachsen und Bremen gefährdeten Brutvogelarten, Stand 1995, in: Informationsdienst Naturschutz Niedersachsen 1/1995

Held, Christian/Frese, Oliver: Rudern, in: Niedersächsisches Institut für Sportgeschichte Hoya (Hg.): Sport in Hannover von der Stadtgründung bis heute, Göttingen 1991, S. 274-279

Henning, Friedrich Wilhelm: Humanisierung und Technisierung der Arbeitswelt. Über den Einfluß der Industrialisierung auf die Arbeitsbedingungen, in: Jürgen Reulecke (Hg.), Fabrik, Familie, Feierabend, Wuppertal 1978, S. 57-88

Herder, Johann Gottfried: Briefe. Dritter Band der Gesamtausgabe, Mai 1773-September 1776, bearb. v. Wilhelm Dobbek u. Günter Arnold, Weimar 1978

Hirt, Hartmut: Die Bedeutung der Seen des niedersächsischen Tieflandes für den Fremdenverkehr, Hildesheim 1968

Hoerner, Ludwig: Agenten, Bader und Copisten. Hannoversches Gewerbe-ABC 1800-1900, Hannover 1995

Hoffmann, Rudolf: Die zweckmäßige Ausgestaltung der Steinhuder Meer-Bahn nach raumordnerischen und volks- und betriebswirtschaftlichen Gesichtspunkten. Gutachten erstattet im Auftrage des Herrn Niedersächsischen Ministers der Finanzen, 1964

Hübner, Regina und Manfred: Der deutsche Durst. Illustrierte Kultur- und Sozialgeschichte, Leipzig 1994

Hübotter, Peter/Ochwadt, Curd: Das Steinhuder Meer. Karte mit Flur- und Fischerflurnamen, Hannover 1967

Hundert Jahre deutscher Segelsport, o.O. 1988

Jünger, Friedrich Georg: Grüne Zweige. Ein Erinnerungsbuch, München 1951

Jung, Martina/Scheitenberger, Martina: „Muscheln & Abenteuer" Katharina Behrend – Aufbruch mit der Kamera, in: Aus einem bürgerlichen Frauenleben. Beilage des Historischen Museums Hannover zum Ausstellungskatalog Katharina Eleonore Behrend Photographien 1904-1928, Stiftung Niederländisches Fotoarchiv, Rotterdam 1992

Klein, Fritz: Mit Hermann Löns durch Niedersachsen, Hannover 1987.

Klenke, Dietmar: „Freier Stau für freie Bürger". Die Geschichte der bundesdeutschen Verkehrspolitik, Darmstadt 1995

Klose, Hans: Fünfzig Jahre staatlicher Naturschutz. Ein Rückblick auf den Weg der deutschen Naturschutzbewegung, Gießen 1957

Knebel, Hans-Joachim: Soziologische Strukturwandlungen im modernen Tourismus, Stuttgart 1960

Kniep, Ernst: Illustriertes Reise- und Wanderbuch durch die Provinz Hannover, o.J. (ca. 1898)

Knocke, Helmut/Thielen, Hugo: Hannover. Kunst- und Kulturlexikon, Hannover 1994

Koberg, Heinz: Natur- und Landschaftsschutz im Landkreis Hannover, hrsg. v. Landkreis Hannover, Hannover 1995

Krabbe, Wolfgang R.: Gesellschaftsveränderung durch Lebensreform. Strukturmerkmale einer sozialreformerischen Bewegung im Deutschland der Industrialisierungsperiode, Göttingen 1974

Krippendorf, Jost: Die Landschaftsfresser: Tourismus und Erholungslandschaft – Verderben oder Segen? Bern, 3. Aufl. 1981

Krohn, Heinrich: Welche Lust gewährt das Reisen! Mit Kutsche, Schiff und Eisenbahn, 2. Aufl. München 1987

Kuhnert, Reinhold P.: Badereisen im 18. Jahrhundert. Sozialleben zur Zeit der Aufklärung, in: Journal für Geschichte 1/1987, S. 14-21

Länderarbeitsgemeinschaft Wasser: Seen in der Bundesrepublik Deutschland, München 1985

Landesfremdenverkehrsverband Niedersachsen Weserbergland: Bäder, Sommerfrischen und Unterkünfte Steinhuder Meer, Hannover 1941

Langenfeld, Hans: Hannovers Segelrevier Nr. 1. Die Anfänge der hannoverschen Segelei auf dem Steinhuder Meer, in: Niedersächsisches Institut für Sportgeschichte, Hoya e.V. (Hg.): Sport in Hannover von der Stadtgründung bis heute, Göttingen 1991, S. 128-130

Lauenstein, Fritz/Müller, Kurt W.L.: Das Steinhuder Meer, Kassel 1972

Lauterbach, Burkhart (Hg.): Großstadtmenschen. Die Welt der Angestellten, Frankfurt 1995

Lessing, Theodor: Einmal und nie wieder. Lebenserinnerungen, Gütersloh 1969

Lessing, Theodor: Haarmann. Die Geschichte eines Wehrwolfs und andere Gerichtsreportagen, hg. von Rainer Marwedel, Frankfurt 1989

Lichtenberg, Georg Christoph: Schriften und Briefe, Band 4, Frankfurt o.J.

Linse, Ulrich: Barfüßige Propheten. Erlöser der Zwanziger Jahre, Berlin 1983

Lüder, Detlev: Von der Sänfte zur Stadtbahn, Hannover 1976

Mandel, Armin: Das Wunstorf-Buch, Wunstorf 1990

Marwedel, Rainer: Theodor Lessing 1872-1933. Eine Biographie, Darmstadt und Neuwied 1987

Masselink, Thomas: „. . . daß Benzin dazu gehört." Tankstellen auf öffentlichen Straßen und Plätzen im Hannover der Zwanziger Jahre, in: von Saldern, Adelheid/Auffahrt, Sid (Hg.): Wochenend und schöner Schein. Freizeit und modernes Leben in den Zwanziger Jahren. Das Beispiel Hannover, Berlin 1991, S. 122-130

Mertsching, Klaus: Berthold Karwahne: Biographie einer hannoverschen NS-Größe, in: Hannoversche Geschichtsblätter, NF 38, 1984, S. 217-236

Meyers Großes Taschenlexikon in 24 Bänden, Mannheim 1990

Mlynek, Klaus/Röhrbein, Waldemar R.: Geschichte der Stadt Hannover. Band 2: Vom Beginn des 19. Jahrhunderts bis in die Gegenwart, Hannover 1994

Müller, Siegried: Leben im alten Hannover. Kulturbilder einer deutschen Stadt, Hannover 1986

Museumsführer Niedersachsen und Bremen, bearb. v. Hans Lochmann, 6. Aufl. Bremen 1995

Nahrstedt, Wolfgang: Die Entstehung der Freizeit, dargestellt am Beispiel Hamburgs. Ein Beitrag zur Strukturgeschichte und zur strukturgeschichtlichen Grundlegung der Freizeitpädagogik, Göttingen 1972

Neutsch, Cornelius: Die Kunst, seine Reisen wohl einzurichten. Gelehrte und Enzyklopädisten, in: Bausinger, Hermann/Beyrer, Klaus/Korff, Gottfried: Reisekultur. Von der Pilgerfahrt zum modernen Touristen, München 1991, S. 146-152

Niedersächsisches Institut für Sportgeschichte Hoya (Hg.): Sport in Hannover von der Stadtgründung bis heute, Göttingen 1991

Nielsen, Stefan: Wasser ist zum Waschen da? Flußbäder in Hannover im 19. Jahrhundert, in: Niedersächsisches Institut für Sportgeschichte Hoya (Hg.): Sport in Hannover von der Stadtgründung bis heute, Göttingen 1991, S. 55-59

Ochwadt, Curd: Vom „Dreyfachen Reich der Natur im Schaumburgischen Lande". Arthur Conrad Ernstings Beitrag zu C. A. Dolles Schaumburgischen Geschichtswerken, in: Schaumburg-Lippische Mitteilungen, Heft 21/1971, S. 45-58

Ochwadt, Curd: Das Steinhuder Meer. Eine Sammlung von Nachrichten und Beschreibungen, 2. Aufl. Bückeburg 1975

Ochwadt, Curd: Wilhelmstein und Wilhelmsteiner Feld – Vom Werk des Grafen Wilhelm, Hannover o.J.

Opaschowski, Horst W.: Einführung in die Freizeitwissenschaft, 2. Aufl. Opladen 1994

Paul, Hermann: Deutsches Wörterbuch, 9. Aufl. Tübingen 1992

Peukert, Detlev J.K.: Die Weimarer Republik. Krisenjahre der klassischen Moderne, Frankfurt 1987

Planungsgemeinschaft Theine: Grundlagenuntersuchung zum (Nah-) Erholungsverkehr am Steinhuder Meer, Textband, Hannover 1993

Plümer, Carola: Die Entwicklung des Segelsports in Deutschland (unter besonderer Berücksichtigung des Wettsegelns). Diplomarbeit Deutsche Sporthochschule Köln 1971

Radkau, Joachim: Geschichte der Nervosität, in: Universitas 6/1994, S. 533-544

Rehbock, Willi: Steinhuder Meer: Eine Region im Nutzungskonflikt zwischen Naturschutz und Tourismus, Dipl.-Arbeit Hannover 1994

Reichel, Peter: Der schöne Schein des Dritten Reiches. Faszination und Gewalt des Faschismus, Frankfurt 1993

Reulecke, Jürgen: „Veredelung der Volkserholung". Sozialreformerische Bestrebungen zur Gestaltung der arbeitsfreien Zeit im Kaiserreich, in: Gerhard Huck (Hg.), Sozialgeschichte der Freizeit, Wuppertal 1982, S. 141-160

Ring, Christel Eleonore: Vom Lustsegeln zum Sportsegeln, in: v. Saldern, Adelheid/Auffahrt, Sid: Wochenend und schöner Schein. Freizeit und modernes Leben in den Zwanziger Jahren. Das Beispiel Hannover, Berlin 1991, S. 43-52

Röhrbein, Waldemar R. (Hg.): Der Maschsee, Hannover 1986

Röhrig, Herbert: Pläne um das Steinhuder Meer, in: Niedersachsen Heft 3/1964, S. 106-113

Römhild, Regina: Histourismus. Fremdenverkehr und lokale Selbstbehauptung, Frankfurt 1990

Romeyk, Horst: Die leitenden staatlichen und kommunalen Verwaltungsbeamten der Rheinprovinz 1816-1945, Düsseldorf 1994

Rostock, Jürgen/Zadnicek, Franz: Paradiesruinen. Das KdF-Seebad der Zwanzigtausend auf Rügen, 3. Aufl. Berlin 1995

Rothert, Wilhelm: Die innere Mission in Hannover, Hamburg 1878

Saldern, Adelheid v./Auffahrt, Sid: Wochenend und schöner Schein. Freizeit und modernes Leben in den Zwanziger Jahren. Das Beispiel Hannover, Berlin 1991

Salemke, Gerhard: Die alten Kähne vom Steinhuder Meer in Niedersachsen, in: Niedersachsen 3/1965, S. 396-405

Salvisberg, Paul v.: Der Radfahrsport in Bild und Wort, München 1897 (ND Hildesheim 1980)

Schaumburg-Lippischer Seglerverein e.V. Hannover: 75 Jahre 1908-1983

Schlupp, C. H./Peters, E. W.: Dorferneuerung Mardorf, Neustadt a. Rbge. 1984

Schmalz, Theodor: Denkwürdigkeiten des Grafen Wilhelm zu Schaumburg-Lippe, Hannover 1783

Schmidt, Arno: Fouqué und einige seiner Zeitgenossen, Zürich 1993

Schmidt, Wolf (Hg.): Von „Abwasser" bis „Wandern". Ein Wegweiser zur Umweltgeschichte, Hamburg 1986

Schnath, Georg: Geschichte Hannovers im Zeitalter der neunten Kur und der englischen Sukzession 1674-1714, Band 1, Hildesheim 1938

Schneegluth, Hans-Otto: Ein Besuch bei „gustaf nagel" am Arendsee, in: Nienburger Heimatkalender 1996, S. 72-76

Schneider, Karl Heinz: Schaumburg in der Industrialisierung. Teil I: Vom Beginn des 19. Jahrhunderts bis zur Reichsgründung; Teil II: Von der Reichsgründung bis zum Ersten Weltkrieg, Melle 1994 und 1995

Schneider, Karl Heinz: Der Bau der Eisenbahn Hannover-Minden, in: Schaumburg-Lippische Mitteilungen, Heft 31/1995, S. 113-141

Schroeter, Ludwig Philipp: Versuch einer historischen Nachricht von den Anlagen und Einrichtungen bey den Schwefelquellen zu Nendorf, in: Neues Westphälisches Magazin zur Geographie, Historie und Statistik, Heft 10/1792, auch als Monographie Rinteln 1792

Schultz, Anni/Gostomczyk, Stefan: „Arbeiter gehören unter die Brause". Öffentliche Brause- und Wannenbäder in Hannover, in: Saldern/Auffahrt, S. 89-94

Schulz, Hans-Joachim: Sicherung und Entwicklung von Erholungsgebieten im Großraum Hannover, in: Das Gartenamt, 5/1971, S. 203-211

Schwarzwälder, Herbert: Reisebeschreibungen des 18. Jhdts. über Norddeutschland, in: Griep, Wolfgang/Jäger, Hans-Wolf (Hg.): Reise und Realität am Ende des 18. Jhdts., Heidelberg 1983, S. 127-168

Seedorf, Hans Heinrich/Meyer, Hans-Heinrich: Landeskunde Niedersachsen. Band 1: Historische Grundlagen und naturräumliche Ausstattung, Neumünster 1992

Sellmann, Martin: In kritischer Zeit die Selbständigkeit Schaumburg-Lippes bewahrt: Reichsgraf Johann Ludwig von Wallmoden-Gimborn, in: die esche 2/1976, Bückeburg

Seyfang, Volker.: Fallstudie zur Vorbereitung der Europäischen Fachkonferenz 1975 „Erholung in der Landschaft und Schutz der Natur", Thema „Entwicklungsplanung Naturpark Steinhuder Meer", Hannover 1975

Siebens, Siegfried: Steinhuder Meer – Besucherlenkung am Wasser, in: Nationalpark 3/1992, S. 80-83

Spode, Hasso: „Der deutsche Arbeiter reist": Massentourismus im Dritten Reich, in: Huck, Gerhard (Hg.): Sozialgeschichte der Freizeit. Untersuchungen zum Wandel der Alltagskultur in Deutschland, 2. Aufl. Wuppertal 1982

Spode, Hasso: Geschichte des Tourismus, in: Heinz Hahn/H. Jürgen Kagelmann: Tourismuspsychologie und Tourismussoziologie. Ein Handbuch zur Tourismuswissenschaft, München 1993, S. 3-9

Stadt Wunstorf: Erläuterungsbericht zum Flächennutzungsplan, 1982

Steinwascher, Gerd: Projekte zur Trockenlegung des Steinhuder Meeres, in: Schaumburg-Lippische Heimatblätter 36. Jg./1985, S. 23-28 u. S. 44f

Thiess, Frank: Die Geschichte eines unruhigen Sommers. Roman. Wien 1952

Thiess, Frank: Gäa, Wien und Hamburg 1957

Thiess, Frank: Freiheit bis Mitternacht, Wien 1967

Thiess, Frank: Jahre des Unheils, Wien 1972

Tiemann, Hermann: Geschichte der Festung Wilhelmstein im Steinhuder Meer, Stadthagen 1907

Ulrich, Horst/Prell, Uwe u.a. (Red.): Berlin-Handbuch, Lexikon der Bundeshauptstadt, Berlin 1992

Vanselow, Karl (Hg.): Die Schönheit. Erster Luxusband. Auswahl aus den ersten drei Bänden der Schönheit, Berlin, Leipzig, Wien o.J.

Verband Deutscher Naturparke: Die deutschen Naturparke – Bundeswettbewerb der Naturparke 1995 – Vorbildliche Gestaltung und Nutzung von Gewässern für die landschaftsbezogene und umweltverträgliche Erholung, Osnabrück 1995

Völksen, Gerd: Das Campingwesen in Niedersachsen. Struktur, wirtschaftliche Bedeutung, landesplanerische Problematik, Göttingen 1986

Wangenheim, Friedrich Hermann Albrecht v.: Beiträge zu einer Familiengeschichte der Freiherren von Wangenheim beider Stämme, Wangenheim und Winterstein, ... Göttingen 1874

Wasserwirtschaftsamt Hildesheim, Bericht Steinhuder Meer 1989, Hildesheim 1989

Wehler, Hans-Ulrich: Deutsche Gesellschaftsgeschichte. Band 3: Von der „Deutschen Doppelrevolution" bis zum Beginn des Ersten Weltkriegs 1849-1914, München 1995

Weski, Timm: Die Auswanderer des Steinhuder Meeres. Ein Vorbericht, in: Mitteilungen aus dem Museum der Deutschen Binnenschiffahrt Duisburg-Ruhrort, Duisburg 1984

Wiebking, Gerhard/Wiebking, Wolfgang: Frank Thiess am Steinhuder Meer, Großenheidorn 1990

Wiegmann, Wilhelm: Heimatkunde des Fürstenthums Schaumburg-Lippe, 2. Aufl. Stadthagen 1912

Wilhelm Graf zu Schaumburg-Lippe: Schriften und Briefe. Band 3: Briefe, Frankfurt 1983

Wolschke-Bulmahn, Joachim: Auf der Suche nach Arkadien. Zu Landschaftsidealen und Formen der Naturaneignung in der Jugendbewegung und ihrer Bedeutung für die Landespflege, München 1990

Zimmermann, Johann Georg: Ueber die Einsamkeit, 4 Bde. Leipzig 1785

Zweckverband Großraum Hannover: Der Großraum Hannover. Entwicklung-Funktion, Hannover 1983

Danksagung

Außer den im Vorwort genannten haben mich folgende Personen und Institutionen bei der Erstellung des Buches unterstützt. Dafür danke ich ihnen sehr herzlich.

Friedrich-Wilhelm Apitius, Barsinghausen
Rolf Aurich, Berlin
Bahlsen-Archiv, Hannover
Wilhelm Bartling, Schneeren
Uta Bauer, Hannover
Berg- und Stadtmuseum der Stadt Obernkirchen
Otto Brümmer, Schneeren
Otto Büsselberg, Steinhude
Rudi Diersche, Steinhude
Käthe Fesche, Klein-Heidorn
Fürst Philipp Ernst zu Schaumburg-Lippe, Bückeburg
Fürstliche Hofkammer, Bückeburg
Karl-Heinz Garberding, Großenheidorn
Heinrich Gehle, Wunstorf
Rolf de Groot, Obernkirchen
Werner Heine, Hannover
Historisches Museum Hannover
Ruth und Peter Hübotter, Hannover
Martina Jung, Hannover
Stefan Kleinschmidt, Bielefeld
Bettina Korff, Neustadt a. Rbge.
Klaus Krekeler, Rinteln
Dr. Karljosef Kreter, Hannover
Jürgen Kriegel, Hannover
Landeshauptarchiv Koblenz
Landesvermessung + Geobasisinformation Niedersachsen (LGN)
Landkreis Hannover, Abt. Kartographie/Bildarchiv
Landkreis Hannover, Kreisarchiv
Ingrid Lange, Hannover
Ursula Lödding, Wunstorf

Museum zur Stadtgeschichte Neustadt a. Rbge.
Museum für Verkehr und Technik, Berlin
Martina Neuhäuser, Hannover
Niederländisches Fotoarchiv, Rotterdam
Niedersächsische Landesbibliothek Hannover
Niedersächsisches Institut für Sportgeschichte Hoya
Niedersächsisches Landesinstitut für Fortbildung und
    Weiterbildung im Schulwesen und Medienpädagogik
Niedersächisches Staatsarchiv Bückeburg
Ökologische Schutzstation Steinhuder Meer, Winzlar
Hildegard Palat, Wunstorf
Willi Rehbock, Steinhude
Karl Hermann Ristow, Wunstorf
Schaumburgisches Heimatmuseum „Eulenburg", Rinteln
Schaumburg-Lippischer Heimatverein, Ortsgemeinschaft
    Seeprovinz
Martina Scheitenberger, Hannover
Hans Schettlinger, Großenheidorn
Kay Schweigmann-Greve, Hannover
Edith Schuster, Steinhude
Bernd Silbermann, Luthe
Staatsbibliothek zu Berlin – Preußischer Kulturbesitz
Stadtarchiv Hannover
Stadtarchiv Wiesbaden
Stadtarchiv Wunstorf
Stadtbibliothek Hannover
Technische Informationsbibliothek der Universität Hannover
Tourismusverband Hannover Region
Inge Unbehauen, Diekhof

Bücher zur Landes- und Kulturgeschichte im Verlag für Regionalgeschichte

Karsten Althöfer-Westenhoff und Bernd Josef Wagner
Geschichte im Fluß
Zur Umweltgeschichte von Werre und Else im östlichen Westfalen
= Herforder Forschungen Band 15
1997. ISBN 3-89534-203-3. Gebunden, 20 x 21 cm. 144 S. mit 66 Abb. 29,80 DM

Peter Aufgebauer, Uwe Ohainski und Ernst Schubert (Hg.)
Festgabe für Dieter Neitzert zum 65. Geburtstag
= Göttinger Forschungen zur Landesgeschichte Band 1
1998. ISBN 3-89534-224-6. Broschiert, 21 x 15 cm. 432 S. mit 35 Abb. 48,- DM

Andreas Beaugrand
Wesertal
Die Geschichte eines Energieversorgungsunternehmens
= Studien zur Regionalgeschichte Band 3
1995. ISBN 3-89534-108-8. Gebunden, 25 x 17 cm. 336 S. mit 14 Abb. 68,- DM

Helge Bei der Wieden
Ein norddeutscher Renaissancefürst
Ernst zu Holstein-Schaumburg 1569-1622
= Kulturlandschaft Schaumburg Band 1
1994. ISBN 3-89534-125-8. Gebunden, 21 x 13 cm. 120 S. mit 29 Abb. 24,80 DM

Marlis Buchholz, Claus Füllberg-Stolberg und Hans-Dieter Schmid (Hg.)
Nationalsozialismus und Region
Festschrift für Herbert Obenaus zum 65. Geburtstag
= Hannoversche Schriften zur Regional- und Lokalgeschichte Band 11
2. Auflage 1997. ISBN 3-89534-188-6. Broschiert, 21 x 15 cm. 472 S. mit 5 Abb. 48,- DM

Werner Freitag
Pfarrer, Kirche und ländliche Gemeinschaft
Das Dekanat Vechta 1400-1803
= Studien zur Regionalgeschichte Band 11
1998. ISBN 3-89534-217-3. Gebunden, 25 x 17 cm. 384 S. mit 1 Abb. 68,- DM

Werner Freitag (Hg.)
Das Dritte Reich im Fest
Führermythos, Feierlaune und Verweigerung in Westfalen 1933-1945
1997. ISBN 3-89534-200-9. Gebunden, 25 x 21 cm. 272 S. mit 184 Abb. 48,- DM

Sabine Glatter, Andrea Jensen, Katrin Keßler und Ulrich Knufinke
Die Bauwerke und Einrichtungen der jüdischen Gemeinde in Celle
Synagoge – Mikwe – Friedhof
= Kleine Schriften zur Celler Stadtgeschichte Band 2
1997. ISBN 3-89534-219-X. Gebunden, 25 x 17 cm. 104 S. mit 64 Abb. 24,80 DM

Carl-Hans Hauptmeyer (Hg.)
Hannover und sein Umland in der frühen Neuzeit
Beiträge zur Alltags,- Sozial- und Wirtschaftsgeschichte
= Hannoversche Schriften zur Regional- und Lokalgeschichte Band 8
1994. ISBN 3-89534-114-2. Broschiert, 21 x 15 cm. 240 S. 24,80 DM

Thorsten Heese
Neue Wege durchs Land
150 Jahre Eisenbahn im Kreis Herford
= Herforder Forschungen Band 14
2. Auflage 1998. ISBN 3-89534-239-4. Gebunden, 20 x 21 cm. 156 S. mit 92 Abb. 34,- DM

Kultursekretariat NRW Gütersloh (Hg.)
Deutsche Nationaldenkmale 1790-1990
1993. ISBN 3-927085-93-6. Broschiert, 26 x 21 cm. 232 S. mit 139 Abb. 30,- DM

Babette Lissner (Hg.)
Das Kaiser-Wilhelm-Denkmal 1896-1996
Öffentlichkeit und Politik zwischen Tradition und Moderne
1998. ISBN 3-89534-212-2. Broschiert, 21 x 15 cm. 120 S. mit 1 Abb. 18,- DM

Joachim Meynert und Gudrun Mitscke
Die letzten Augenzeugen zu hören
Interviews mit antisemitisch Verfolgten aus Ostwestfalen
1998. ISBN 3-89534-227-0. Gebunden, 24 x 16 cm. 160 S.
mit einer Audio-CD. 29,80 DM

Joachim Meynert, Josef Mooser und Volker Rodekamp (Hg.)
Unter Pickelhaube und Zylinder
Das östliche Westfalen im Zeitalter des Wilhelminismus
1888 bis 1914
= Studien zur Regionalgeschichte Band 1
1991. ISBN 3-927085-29-4. Broschiert, 25 x 17 cm. 506 S.
mit 204 Abb. 58,- DM

Ulrike Möllney
Norddeutsche Presse um 1800
Zeitschriften und Zeitungen in Flensburg, Braunschweig,
Hannover und Schaumburg-Lippe im Zeitalter der Franzö-
sischen Revolution
= Studien zur Regionalgeschichte Band 8
1996. ISBN 3-89534-176-2. Gebunden, 25 x 17 cm. 336 S.
mit 21 Abb. 58,- DM

Christoph Mörstedt
Mühlen im Kreis Herford
Historisches Kataster
= Herforder Forschungen Band 13
1995. ISBN 3-89534-117-7. Broschiert, 27 x 21 cm. 300 S.
mit 500 Abb. 45,- DM

Uwe Ohainski und Jürgen Udolph
Die Ortsnamen des Landkreises und der Stadt Hannover
= Niedersächsisches Ortsnamenbuch Teil I
= Veröffentlichungen des Instituts für Historische Landes-
forschung der Universität Göttingen Band 37
1998. ISBN 3-89534-230-0. Gebunden, 24 x 16 cm. 616 S.
68,- DM

Christiane Orzschig
Die Liebsten ruhn schon lange
Der Alte Friedhof in Minden
1998. ISBN 3-89534-226-2. Gebunden, 21 x 15 cm. 224 S.
mit 135 Abb. 38,- DM

Ingrid Schäfer
Privatwald in Lippe
Natur und Ökonomie zwischen 1750 und 1950
= Sonderveröffentlichungen des Naturwissenschaftlichen
und Historischen Vereins für das Land Lippe Band 54
1998. ISBN 3-89534-234-3. Broschiert, 23 x 16 cm. 208 S.
mit 49 Abb. 29,80 DM

Hans-Dieter Schmid (Hg.)
Feste und Feiern in Hannover
= Hannoversche Schriften zur Regional- und Lokalgeschichte Band 10
1995. ISBN 3-89534-143-6. Broschiert, 21 x 15 cm. 256 S.
mit 47 Abb. 29,80 DM

Ernst Schubert
Fahrendes Volk im Mittelalter
1995. ISBN 3-89534-155-X. Gebunden, 24 x 16 cm.
512 S. 58,- DM

Gabriela Signori (Hg.)
Meine in Gott geliebte Freundin
Freundschaftsdokumente aus klösterlichen und huma-
nistischen Schreibstuben
= Religion in der Geschichte Band 4
2. Auflage 1998. ISBN 3-89534-232-7. Broschiert,
21 x 15 cm. 152 S. 28,- DM

Kerstin Stockhecke
Marie Schmalenbach 1835-1924
Pfarrersfrau und Schriftstellerin aus Westfalen
= Religion in der Geschichte Band 2
2. Auflage 1994. ISBN 3-89534-120-7. Gebunden,
21 x 15 cm. 208 S. mit 50 Abb. 29,80 DM

Frigga Tiletschke und Christel Liebold
Aus grauer Städte Mauern
Bürgerliche Jugendbewegung in Bielefeld 1900-1933
= Schriften der Historischen Museen der Stadt Bielefeld
Band 7
1995. ISBN 3-89534-154-1. Gebunden, 21 x 20 cm. 312 S.
mit 150 Abb. 48,- DM

Jan Peter Wiborg
Bokeloh
Ein Dorf im Strukturwandel
= Wunstorfer Beiträge Band 2
1998. ISBN 3-89534-166-5. Gebunden, 24 x 17 cm. 144 S.
mit 40 Abb. 24,80 DM

Alle Bücher sind beim Verlag für Regionalgeschichte
(Postfach 10 29 26, 33529 Bielefeld, Tel. 0 52 09 / 98 02 66,
Fax 0 52 09 / 98 02 77) und in jeder Buchhandlung
erhältlich